TESTEZ VOTRE Q.I.

Anne Bacus

TESTEZ VOTRE Q.I.

Tests de Quotient intellectuel

MARABOUT

SOMMAIRE

PASSER DES TESTS : UN ACTE COURANT

Passer des tests est devenu aujourd'hui une situation banale. Examen, embauche, permis de conduire, orientation sont autant de situations où l'on est testé.

En ce qui concerne les enfants et les adolescents, les tests sont rarement les seuls outils utilisés, mais ils sont une aide importante à la décision. Faciles à passer et à corriger, ils permettent une approche objective et équitable de la personne. Et s'ils ne décrivent pas l'enfant, ils décrivent avec pertinence certains de ses traits.

Le comportement humain est déterminé par de nombreux facteurs et il serait abusif de penser qu'un test puisse suffire à tout expliquer. La valeur d'une note de performance ou de Q.I. est donc toujours à resituer dans un contexte et à mettre en parallèle avec d'autres critères de personnalité, comme la persévérance ou la créativité.

LES TESTS D'INTELLIGENCE

Ce sont les tests les plus anciens et les plus utilisés.

Les tests d'intelligence utilisés par les psychologues professionnels sont fiables dans la mesure où ils ont été construits avec de grandes précautions : ils sont fidèles, mesurent ce qu'ils sont censés mesurer et sont étalonnés sur une population qui servira de référence à l'analyse des résultats. Bien entendu, le résultat d'un test d'intelligence n'est valide qu'à condition qu'il soit passé dans les conditions même où il a été standardisé. Cela relève de la responsabilité du professionnel qui fait passer les épreuves et qui en interprète les résultats.

Les tests mentaux ont été beaucoup critiqués et, bien sûr, ils sont loin d'être parfaits. S'ils ne sont pas totalement indépendants du niveau culturel (bien que les efforts des constructions aillent dans ce sens), ils restent néanmoins les moins biaisés de tous les autres types d'examen, évaluation, jugement ou méthode de sélection. Le candidat brillant issu d'un milieu socioculturel défavorisé, ou qui a mal réussi dans ses études, a plus de chances de se sortir d'un test objectif standard que d'une orientation au jugé comme cela se pratique souvent.

QU'EST-CE QUE L'INTELLIGENCE ?

Si l'on parle d'intelligence sans vraiment définir ce mot, c'est que personne parmi les chercheurs, psychologues ou simples citoyens, n'est d'accord sur la définition. Néanmoins, le terme est généralement bien compris par tous. La psychométrie, science de la mesure des capacités mentales, représente la première tentative d'appliquer des méthodes quantitativement rigoureuses, déjà employées avec succès dans d'autres sciences, au fonctionnement de l'esprit humain. Elle a abouti au fait suivant : un test soigneusement conçu, standardisé sur la population d'origine et validé statistiquement, peut situer une personne par rapport à cette population selon son habileté logique et mentale. Le bon degré de validité offre une meilleure prédictibilité que les autres méthodes ou jugements développés par ailleurs. C'est la raison pour laquelle les tests, bien que si décriés, sont autant utilisés, dans le milieu scolaire comme dans le milieu professionnel.

Je laisserai de côté la question de savoir si l'intelligence relève de la nature ou de la culture, si elle est innée ou acquise. Piégée idéologiquement, cette question a généré une quantité énorme de polémiques et de littérature. La position des chercheurs sérieux est toujours la même : les deux, naturellement, nature et culture. Impossible de construire une intelligence sans matériaux de départ (et ces matériaux sont largement distribués à tous). Impossible tout autant de se contenter des matériaux bruts, sans organisation ni apprentissage.

De même, pour être champion de course à pied, faut-il à la fois de bonnes dispositions physiques de départ et un rigoureux entraînement.

LES DIFFÉRENTS TYPES D'INTELLIGENCE

L'intelligence que mesurent ces tests est l'aptitude à comprendre et résoudre rapidement des petits problèmes logiques. Mais il existe bien d'autres formes d'intelligence, que chacun possède en plus ou moins grande quantité. Chacune de ces formes d'intelligence a son importance dans la vie personnelle, sociale et professionnelle.

Citons l'intelligence de l'autre, l'intelligence des mots, l'aptitude spatiale, la créativité, l'intelligence artistique, l'intelligence intuitive, le sens de l'organisation, etc. Ce qui fait l'intelligence de chacun, et qui lui est propre, n'est rien d'autre que la résultante de toutes ces composantes.

LE Q.I.

Le quotient intellectuel (ou Q.I.) est une façon de mesurer la réussite aux tests d'intelligence, mais c'est une notion qui est moins utilisée aujourd'hui. Il représente en réalité la précocité d'un enfant par rapport à l'ensemble des enfants de son âge dans le domaine mesuré. Il reflète essentiellement une aptitude mentale à résoudre rapidement des petits problèmes de logique à support de chiffres, de formes, de dessins, de lettres ou de mots.

Le Q.I. n'a pas une valeur absolue : une marge d'erreur existe, qui explique que l'on ne trouve pas toujours le même résultat avec des tests différents. La distribution des notes de l'échantillon n'est pas non plus toujours la même. De plus, cette notion de Q.I. ne s'applique pas pour les adultes. Cela explique que, même pour les enfants, elle soit maintenant tombée un peu en désuétude. On lui préfère la notion de décile, qui se contente de situer chacun, adulte ou enfant, par rapport aux résultats obtenus par un large échantillon de sa population d'origine. On compare l'individu par rapport aux résultats obtenus par un groupe qui a servi d'échantillonnage. On dira par exemple de quelqu'un qu'il est dans le deuxième décile si ses résultats le situent entre les 10 % et les 20 % meilleurs.

Il a été montré que l'entraînement aux tests améliore dans une certaine mesure les résultats. Être familier avec ce type d'épreuves permet de les passer plus facilement. C'est tout l'intérêt d'un ouvrage comme celui-ci, qui aide celui qui l'utilise à se familiariser avec les épreuves possibles d'un test.

LES TESTS DE CE LIVRE

Les tests de ce livre n'ont pas été standardisés ni étalonnés sur une assez grande population pour qu'il soit possible de fournir une note de Q.I. ou un décile.

Parce qu'on les passe seul, des tests comme ceux de ce livre ne valent pas ceux qui sont passés par un psychologue dans son cabinet. Des biais existent et l'on peut toujours en fausser les résultats. Mais ces tests permettent un bon reflet du fonctionnement mental global, et les appréciations données, si le test a été passé honnêtement, sont très utiles.

Ces tests seront en tous cas précieux pour tous ceux qui s'attendent à devoir un jour passer des tests d'intelligence, c'est-à-dire presque tout le monde. Les faire dans de bonnes conditions, s'entraîner sérieusement, essayer de comprendre les solutions aux questions que l'on n'a pas résolues, sont autant de démarches qui vous aideront dans un futur proche.

Il est en effet prouvé que, s'il est impossible de modifier l'intelligence d'un individu, il est tout à fait possible d'en améliorer le fonctionnement et l'efficacité. De même, certaines influences extérieures peuvent agir sur un résultat à un test : émotivité, nouveauté ou, au contraire, habitude, entraînement, etc. Ce livre peut vous aider à employer au mieux, dans une situation de test, vos capacités mentales. Il va vous familiariser avec les questions que vous pouvez rencontrer, ce qui peut être, en situation d'embauche par exemple, un avantage déterminant par rapport aux autres candidats.

Vous entraîner aux tests d'intelligence et améliorer vos résultats peut donc vous rendre de grands services dans la vie. Mais cela peut aussi, en vous faisant découvrir le plaisir qu'il y a à exercer son intelligence sur ce genre de tests et de quiz divers, vous permettre d'accéder à un passe-temps qui vous passionnera.

Le chapitre 1 regroupe des tests faciles qui peuvent être passés par tous et constituent une bonne mise en route.

Le chapitre 2 vous permet de vous entraîner sur des exercices spécifiques : logique numérique, verbale, spatiale, cartes à jouer et dominos.

Le chapitre 3 est constitué de trois tests de difficulté croissante qui vous permettront d'améliorer progressivement votre niveau de compétence.

Dans **le chapitre 4**, cinq tests de difficulté équivalente vous permettent finalement d'évaluer votre Q.I. Passer un ou deux tests avant tout entraînement et les autres ensuite vous permettra de mesurer les progrès accomplis.

Le chapitre 5 vous propose une méthode simple et claire pour améliorer vos résultats.

Et **le chapitre 6** vous fournit l'ensemble des corrigés et des explications relatifs aux tests qui précèdent.

MODE D'EMPLOI DE CES TESTS

- Passez chaque test séparément, dans le calme et seul, lorsque vous disposez de temps et sachant que vous ne serez pas interrompu.
- Répondez aux questions les unes après les autres. Ne restez pas bloqué sur une question qui vous résiste : passez à la suivante au bout d'un temps de réflexion raisonnable, quitte à y revenir à la fin du test.
- Respectez le temps maximum indiqué pour chaque test.
- Reportez-vous aux corrections et comptez un point par réponse bonne et complète. Essayez de comprendre vos réponses fausses.
- Surtout, considérez ces tests comme un jeu. Prenez plaisir à exercer votre intelligence logique sur ces petits problèmes sans trop vous soucier du résultat... C'est ainsi qu'il sera meilleur !

CHAPITRE 1

TESTS D'INTELLIGENCE POUR SE METTRE EN ROUTE

Chapitre 1

Ces tests, faciles, sont destinés aux débutants, à ceux qui n'en ont jamais passé, afin qu'ils puissent se familiariser avec ce type d'exercices.

Il est évident qu'il existe un certain effet d'entraînement dont bénéficient les plus habitués. C'est pourquoi il est bon de prendre confiance en soi sur des tests simples, avant de s'attaquer aux plus complexes. Les systèmes logiques qui les sous-tendent sont en nombre limité : ce sont donc les mêmes que l'on retrouvera.

Ces tests sont également destinés aux jeunes à partir de 11 ans jusqu'à 15 ans. Une grille des résultats a été conçue pour eux (page 457). À partir de 16 ans, les jeunes relèvent des tests pour adultes.

Test 1

Durée de l'exercice : 1h 1/2

1. Utilisez une fois chaque voyelle pour compléter ce mot :

P - P - L - - R -

2. Voici une série de cinq nombres en ordre croissant. Quatre d'entre eux suivent une certaine règle. Un seul est là en plus et ne suit pas la règle. Lequel ?

4 7 10 13 15

3. Parmi les cinq figures proposées, quelle est celle qui manque ci-dessous ?

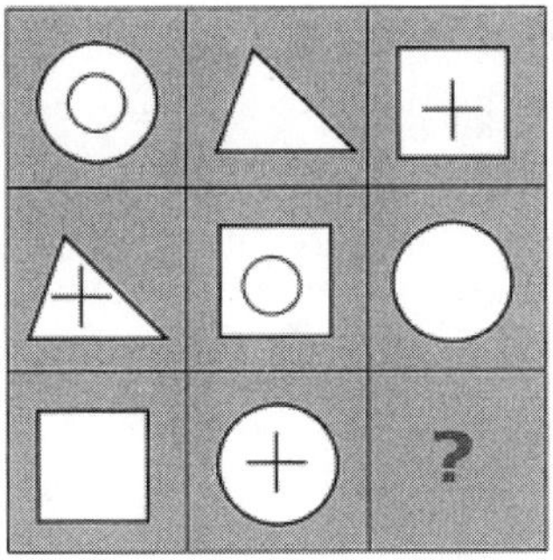

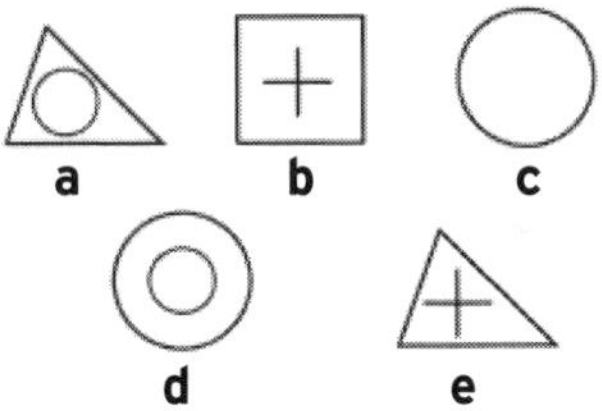

voir solution page 446

Chapitre 1

4. Lequel de ces mots ne va pas avec les autres ?

Bourgogne **Normandie** **Auvergne**
Grande-Bretagne **Provence**

5. Dans cette suite de lettres se cachent deux nombres. Lesquels ?

D T R O E U

I Z Z E E

6. Laquelle, parmi les figures proposées, prolonge la série ?

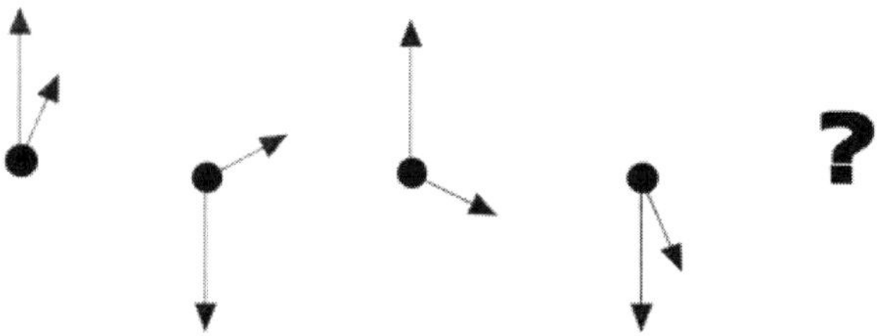

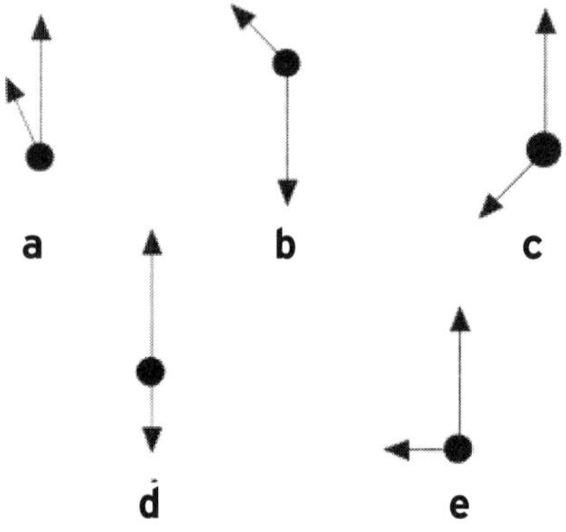

voir solution page 446

7. Dans un magasin, vous achetez pour 39,90 € de fournitures. À la caisse, vous payez avec un billet de 100 €. Combien la caissière vous rend-elle ?

8. Parmi cette série de syllabes, trouvez les deux qui, réunies, désignent une personne de la famille.

TAS COU LIM

SIN SOIR BA

9. Quel est le domino suivant ?

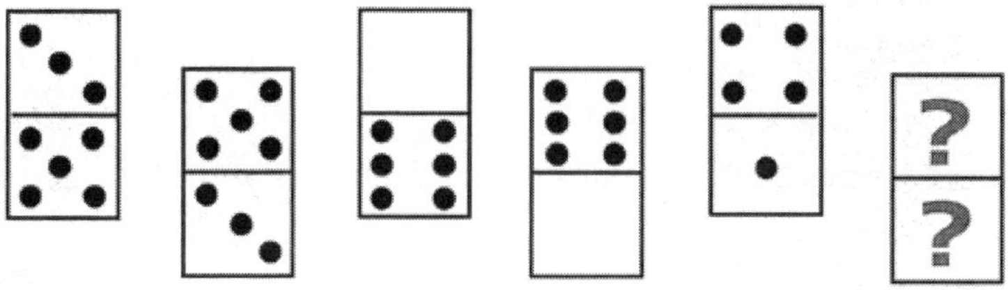

10. Décryptez ces anagrammes et trouvez un meuble.

SDO AIOERRM MUELP EEBRTIL

voir solution page 446

Chapitre 1

11. Essayez de résoudre cette analogie.

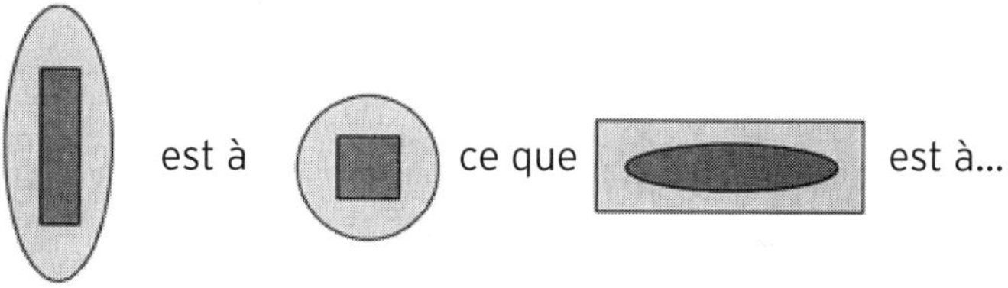

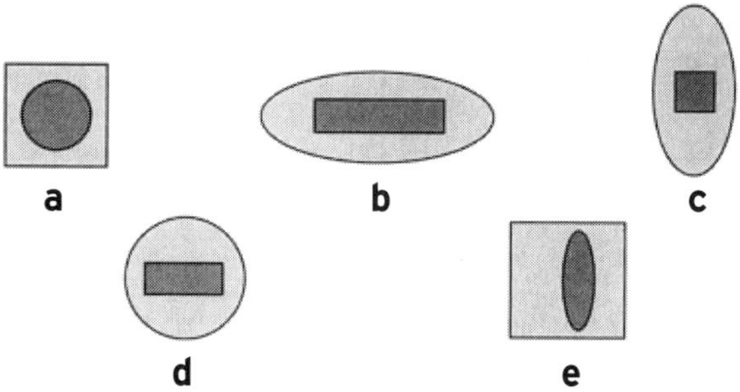

12. Lequel de ces dessins est différent des autres ?

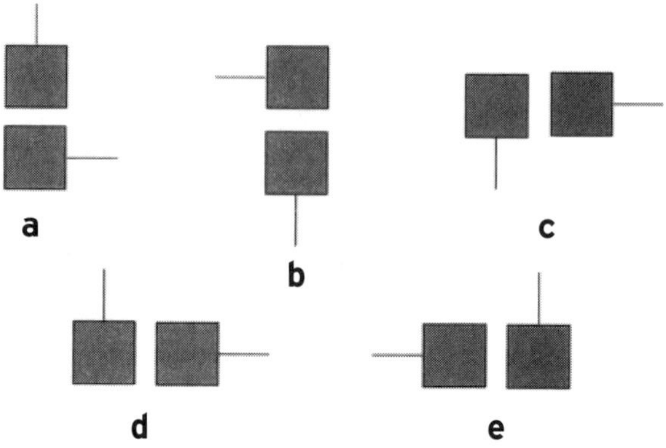

voir solution page 446

13. Quel est l'intrus ?

H M X N A

14.

bleu

vert

?

jaune

rouge

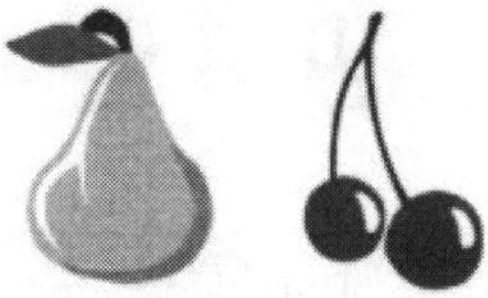

15. Trouvez le mot inscrit dans le sens des aiguilles d'une montre ainsi que la lettre manquante :

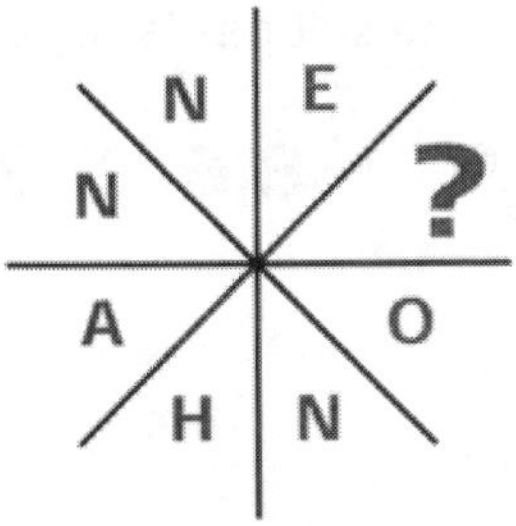

voir solution pages 446-447

Chapitre 1

16. Complétez ces deux mots qui se prononcent de la même façon mais s'écrivent différemment et désignent :

une durée **un coup**

- E - - E **- E - - T**

17. Quelle lettre prolonge la série ?

D C E C F C ?

18. Parmi ces mots, quels sont les deux qui ont le même sens ?

volontaire **distrait** **impoli**

étourdi **bienveillant**

19. Voici une série de cinq nombres en ordre croissant. Quatre d'entre eux suivent une certaine règle. Un seul est là en plus et ne suit pas la règle. Lequel ?

5,2 6,9 8,6 9,5 10,3

voir solution page 447

20. Quel mot ne va pas avec les autres ?

impensable **impeccable** **inimaginable**

incroyable **inconcevable**

21. Quel est le domino suivant ?

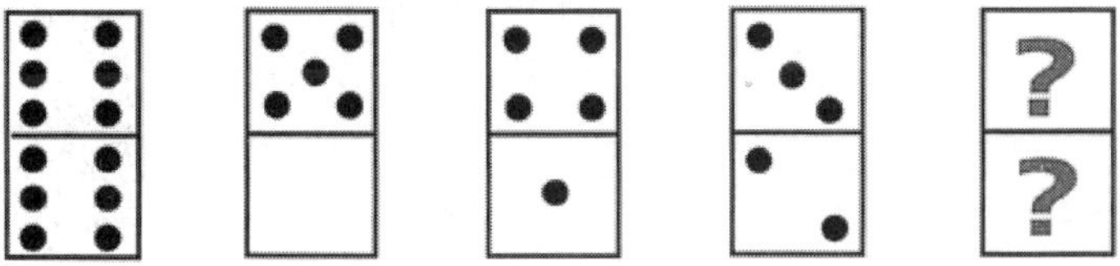

22. Quel dessin prolonge la série ?

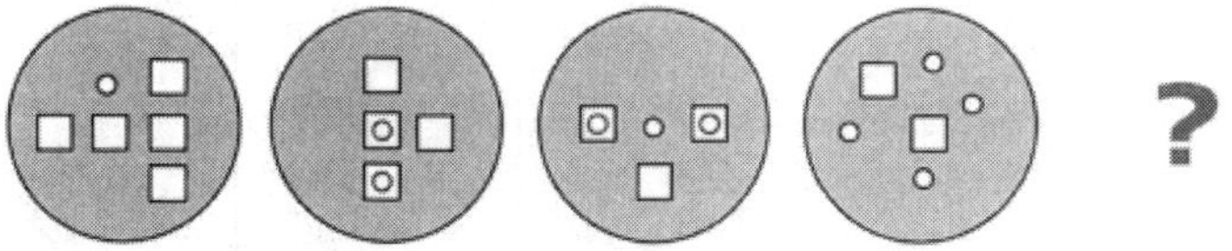

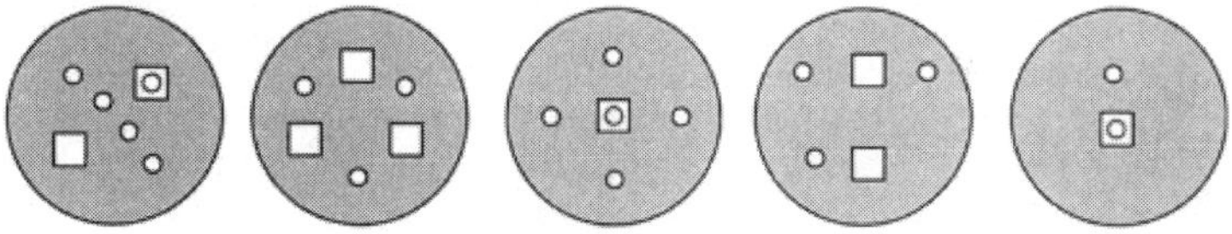

a **b** **c** **d** **e**

23. Trouvez deux mots qui se prononcent de la même façon mais s'écrivent différemment et désignent :

un mammifère / une sorte de poil

voir solution page 447

Chapitre 1

24. Essayez de résoudre cette analogie :

CERF est à **BICHE** ce que **BOUC** est à ?

25. Quel est le dessin manquant ?

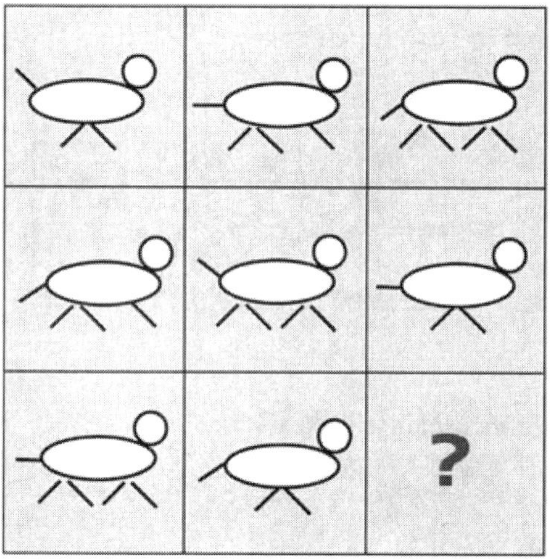

a

b

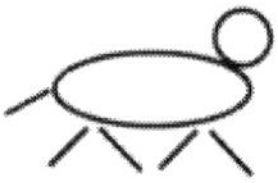

c

d

e

26. Quels sont les deux mots qui ont des sens contraires ?

dépendant **fatal** **valet** **capable** **autonome**

voir solution page 447

27. Trouvez deux mots qui se prononcent pareillement mais s'écrivent différemment et désignent :

un élu / un parent

28. Essayez de résoudre cette analogie :

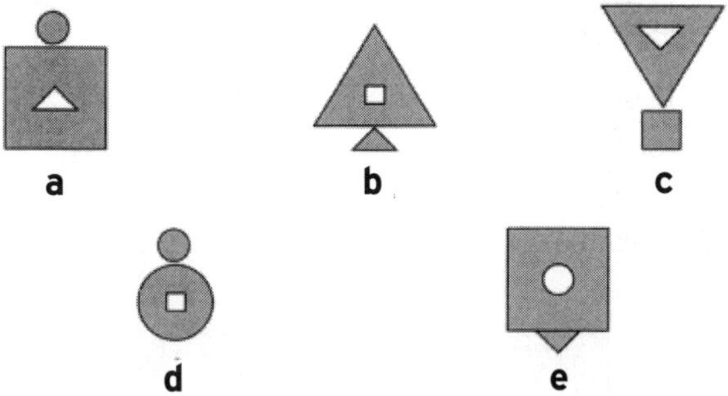

29. Remettez les mots de cette phrase en ordre et dites si elle est vraie ou fausse.

à difficile corde la est

grimper lisse

30. Que vaut la moitié du triple du nombre de lettres du mot « maison » ?

voir solution page 447

Chapitre 1

31. Lequel de ces dessins ne va pas avec les autres ?

32. Quel est l'intrus ?

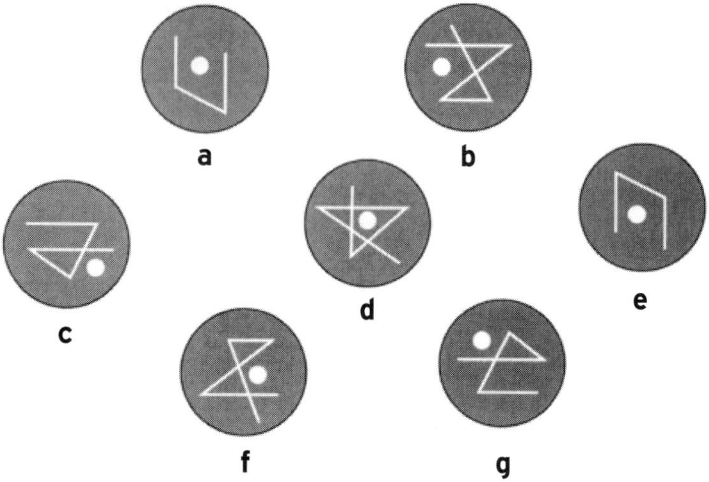

voir solution pages 447-448

33. Quel est le nombre manquant ?

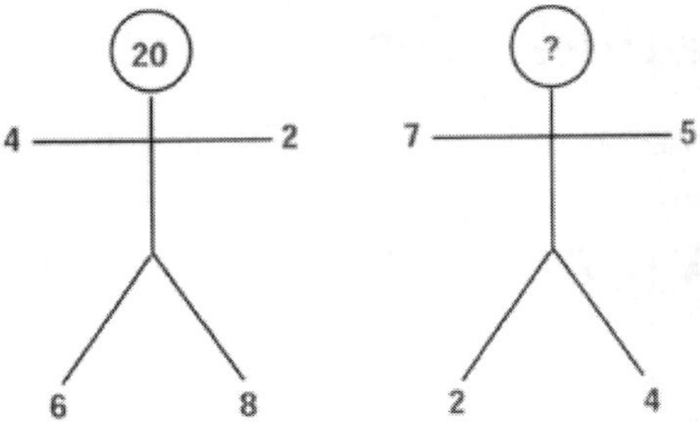

34. Quel dessin complète la série ?

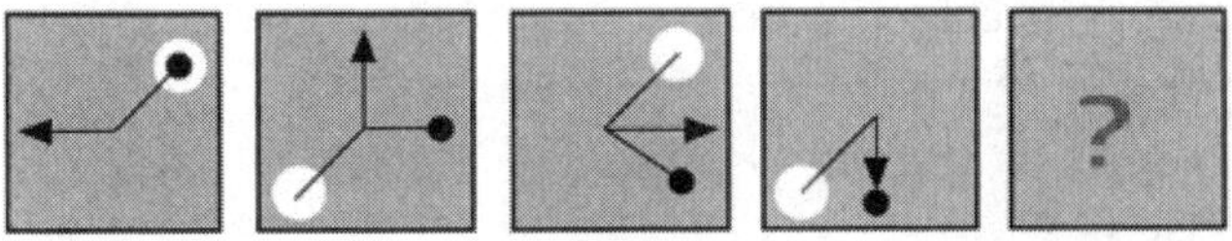

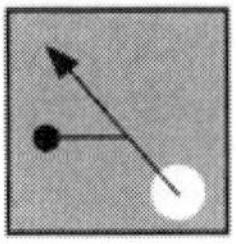

a

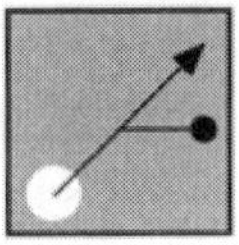

b

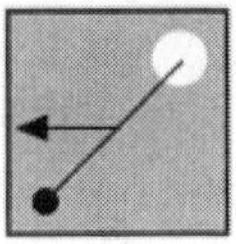

c

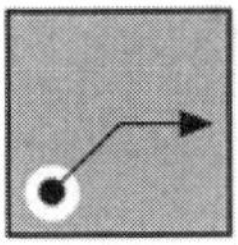

d

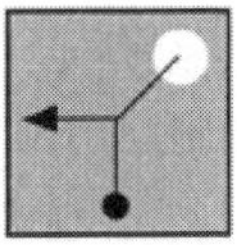

e

35. Décryptez ces anagrammes et trouvez un fruit :

LFEUR AANCPE FOUE SRIECE

voir solution page 448

Chapitre 1

Test 2

Durée de l'exercice : 1h 1/2

1. Trouvez les trois lettres qui terminent le premier mot et commencent le second :

P A R A - - - P U T E

2. Quel nombre prolonge la série ?

6 8 12 18 26 ?

3. Quelle est la figure manquante ?

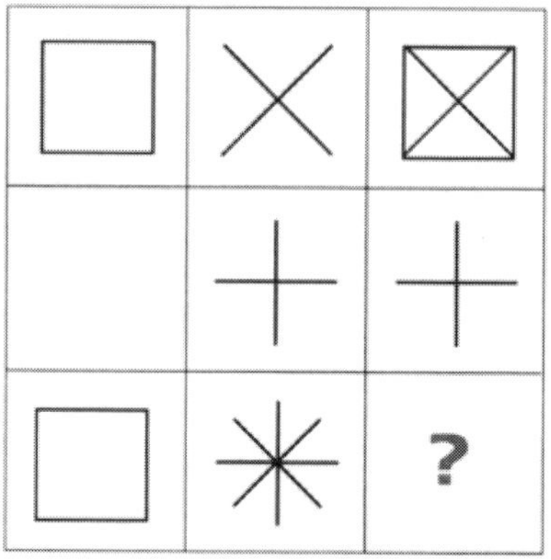

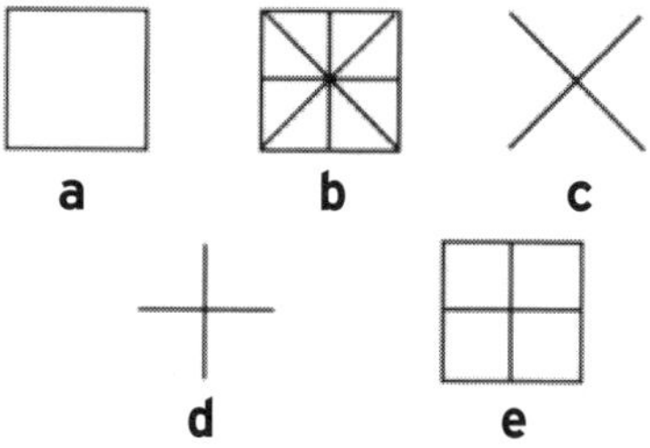

voir solution page 448

4. Quels sont les deux mots dont le sens est proche ?

DISCUSSION DISPUTE PROCÈS
AVIS CONFLIT

5. Quel dessin prolonge la série ?

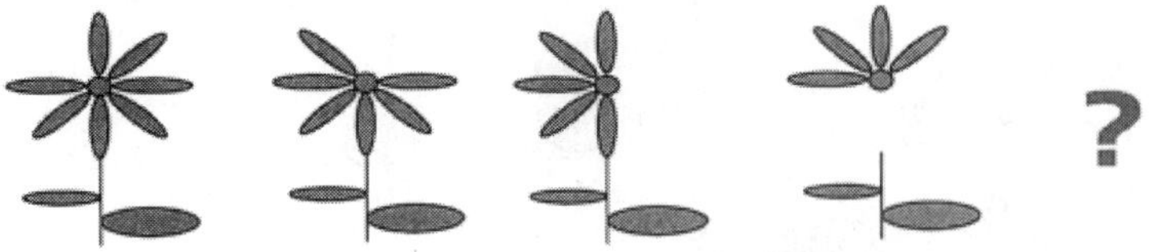

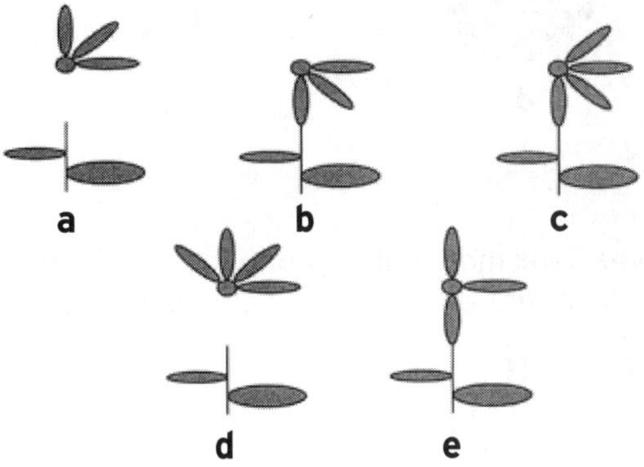

6. Décryptez ces anagrammes et trouvez le mot « qui a des lettres » :

AATBLHPE OANF
AARPIEULP OISOSNP

voir solution page 448

Chapitre 1

7. Essayez de résoudre cette analogie :

 est à  ce que  est à...

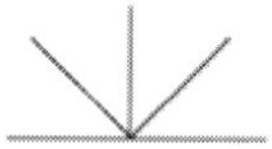

a

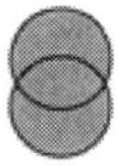

b

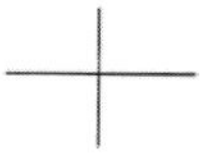

c

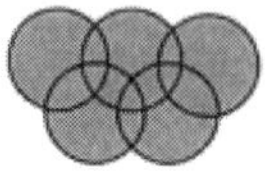

d

e

8. Trouvez deux mots qui se prononcent de la même façon, mais s'écrivent différemment et signifient :

un métal / agir

9. Quel est le domino manquant ?

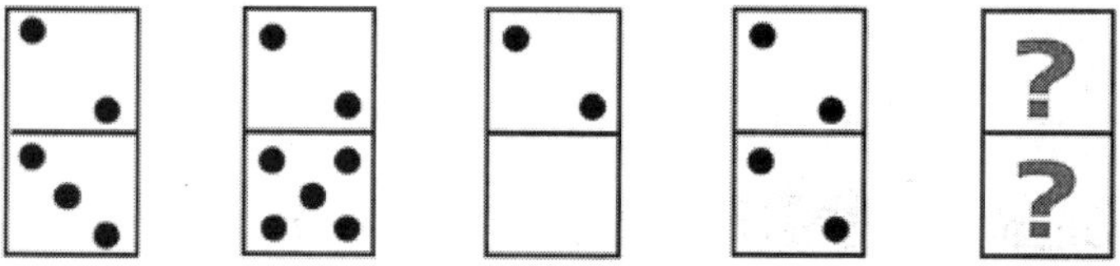

voir solution pages 448-449

10. Trouvez le chiffre manquant :

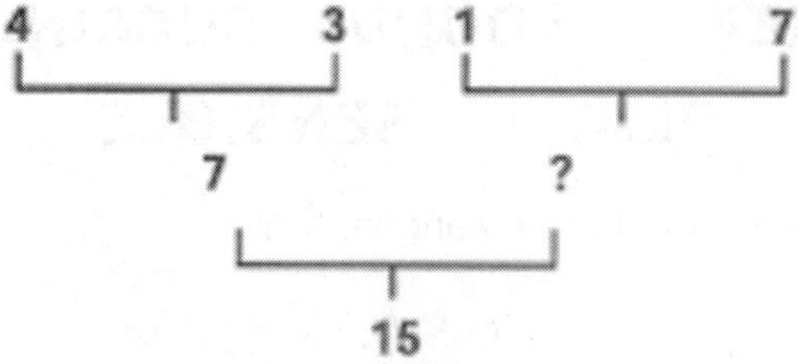

11. Reliez deux de ces groupes de lettres pour trouver un mot signifiant le contraire de « creuser » :

BAL CAL BOM AME BER IEN

12. Lequel de ces dessins ne va pas avec les autres ?

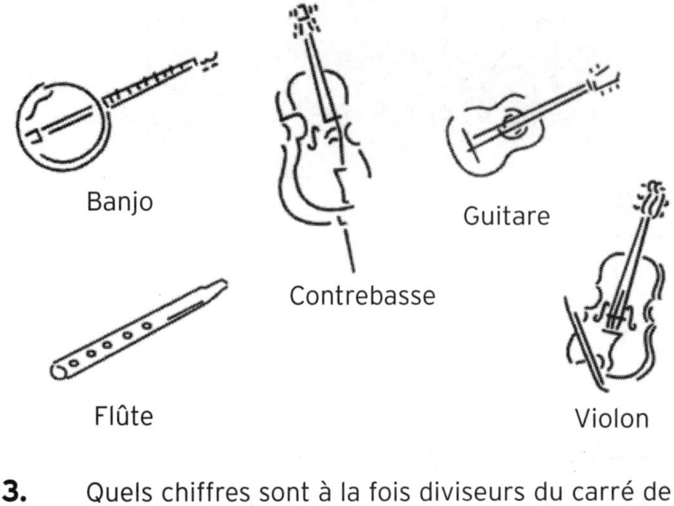

13. Quels chiffres sont à la fois diviseurs du carré de six et du triple de 15 ?

voir solution page 449

Chapitre 1

14. Trouvez les deux mots dont le sens est proche :

BREF LOURD SUCCINCT
PLAT SENSIBLE

15. Quelle est la figure manquante ?

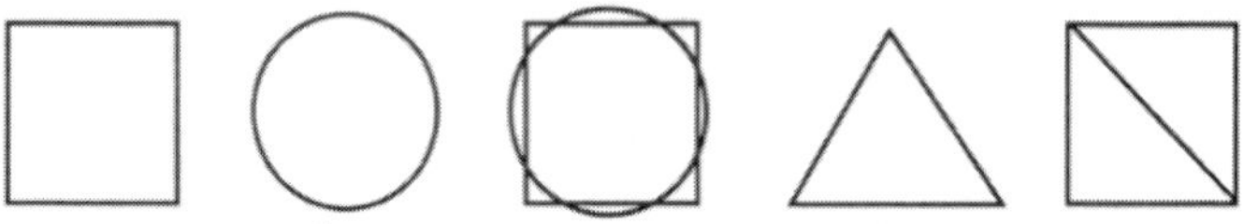

a **b** **c** **d** **e**

16. Quelle lettre de l'alphabet prolonge la série ?

D F H J ?

voir solution page 449

17. Trouvez les deux mots qui se prononcent pareillement mais s'écrivent différemment et sont :

une conjonction / un mois

18. Quel est le mot intrus ?

dégradé **blâmé** **délabré**
altéré **détérioré** **abîmé**

19. Décryptez les anagrammes et trouvez comment on est lorsqu'on reçoit une bonne nouvelle :

OITLEV TNLE TTSREI XOUJEY

20. Quel dessin complète la série ?

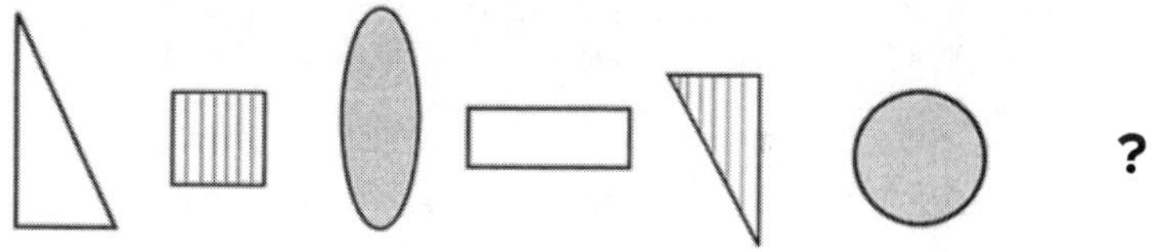

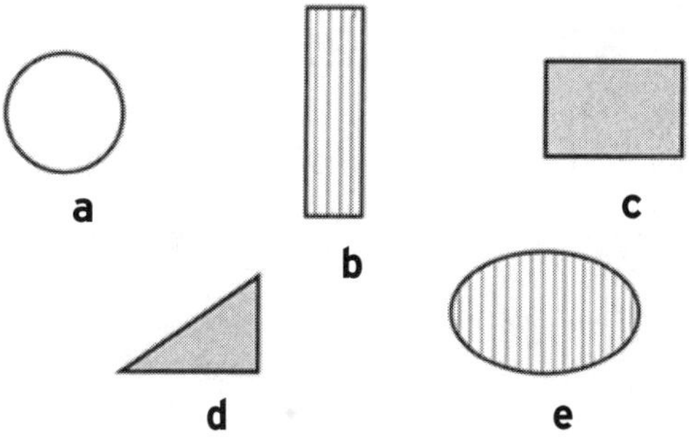

voir solution page 449

Chapitre 1

21. Ôtez un aliment, il reste un plat :

S P O U A I P N E

22. Quelles sont les deux figures différentes des quatre autres ?

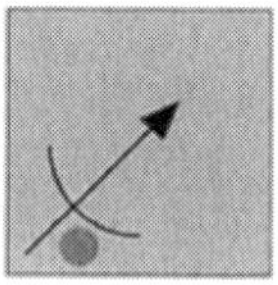
a

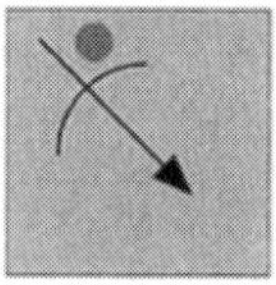
b

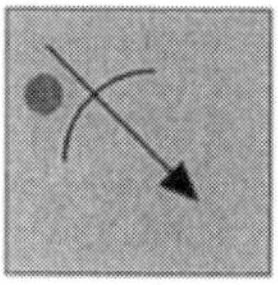
c

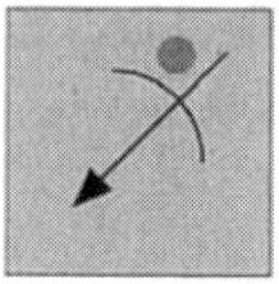
d

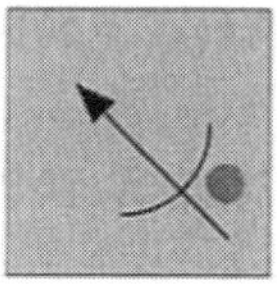
e

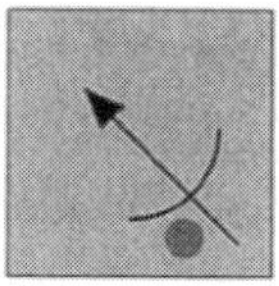
f

23. Dans cette série de cinq nombres, quatre suivent une certaine règle. Un seul vient en plus et ne la suit pas. Lequel ?

35 33 30 25 20

24. Parmi ces mots, quels sont les deux de sens contraire ?

uniforme habillé utilisé

imité varié

voir solution page 449

25. Remettez les mots de cette phrase en ordre et dites si elle est vraie ou fausse :

PAS PENSER C' PERPLEXE QUOI
EST SAVOIR ÊTRE NE

26. Lequel de ces dessins ne va pas avec les autres ?

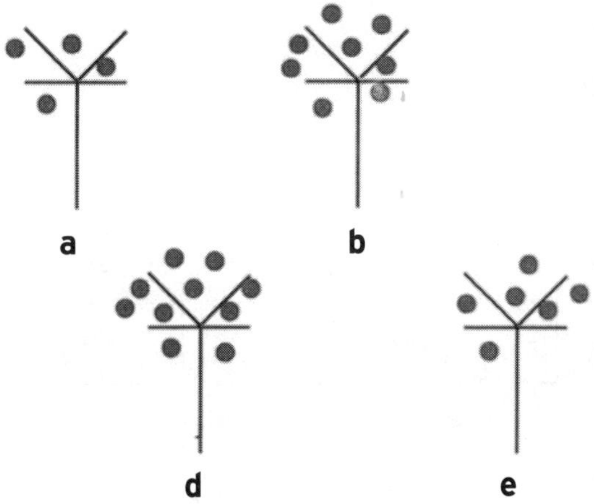

27. Trouvez le mot inscrit dans le sens des aiguilles d'une montre ainsi que la lettre manquante :

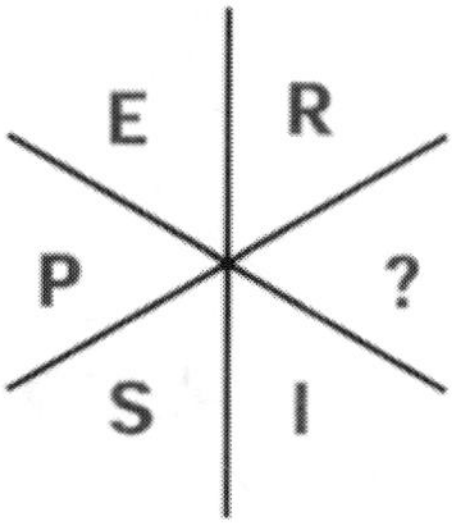

voir solution pages 449-450

Chapitre 1

28. Quel dessin ne va pas avec les autres ?

a b c

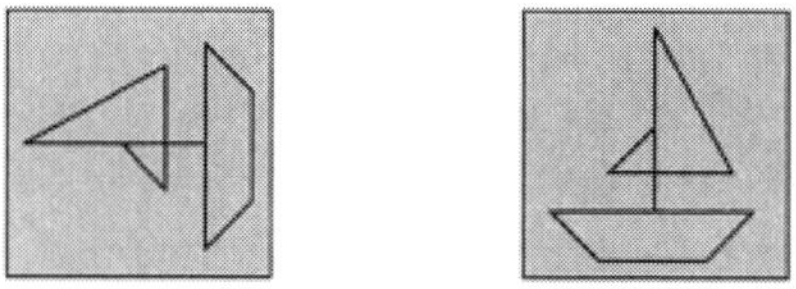

d e

29. Quel dessin prolonge la série ?

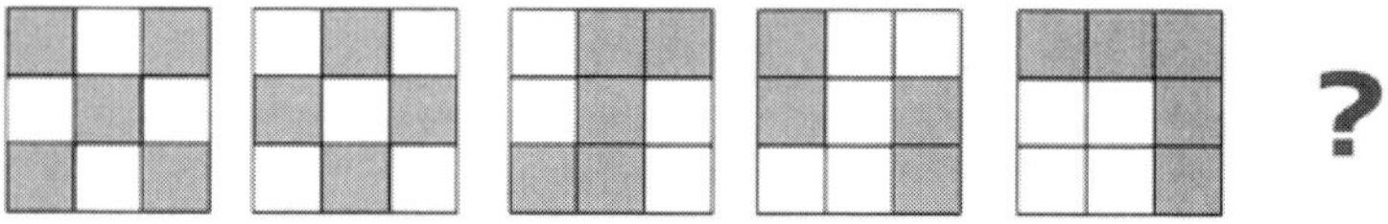

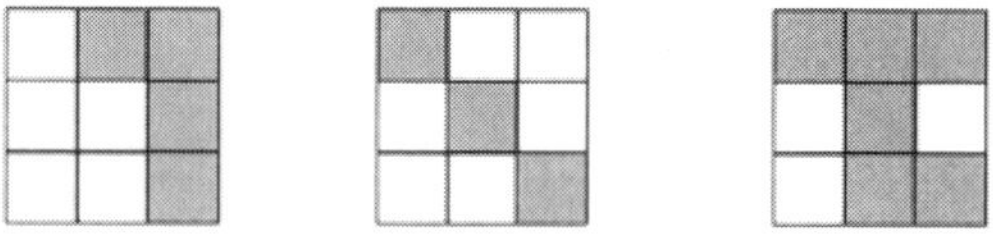

a b c

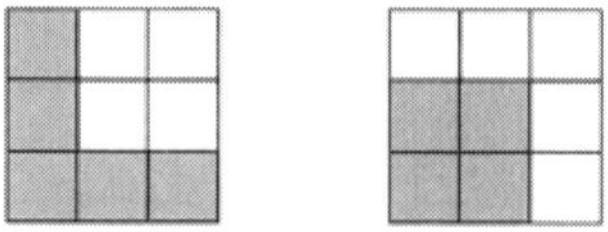

d e

30. Essayez de résoudre cette analogie :

PENDULE est à **HEURE** ce que **THERMOMÈTRE** est à ?

voir solution page 450

31. Et celle-ci :

 est à **PARIS** ce que  est à ?

32. Quel dessin ne va pas avec les autres ?

fourmi

taupe

mouche

araignée

coccinelle

33. Trouvez le mot manquant dans les parenthèses :

nudité	**(nuage)**	**voilage**
couteau	**(?)**	**bâché**

voir solution page 450

Chapitre 1

34. Quels sont les chiffres manquants ?

6 4	7 1	13 3
6 10	4 3	10 7
4 5	4 3	? ?

35. Quel est le dessin manquant ?

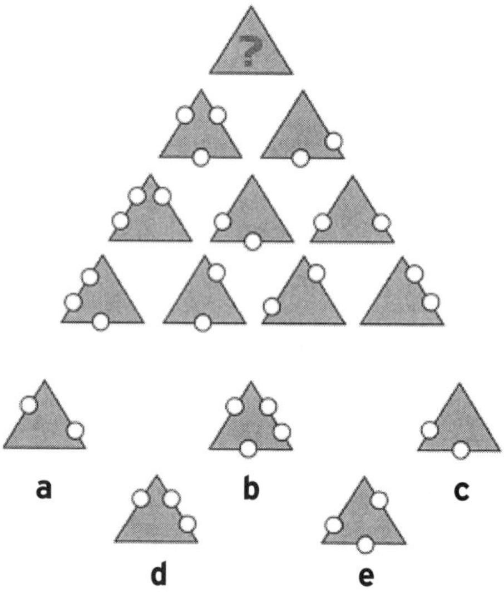

voir solution page 450

Test 3

Durée de l'exercice : 1h 1/2

1. Quel mot intrus ne va pas avec les autres ?

jadis autrefois bientôt

hier avant

2. Quelle est la carte manquante ?

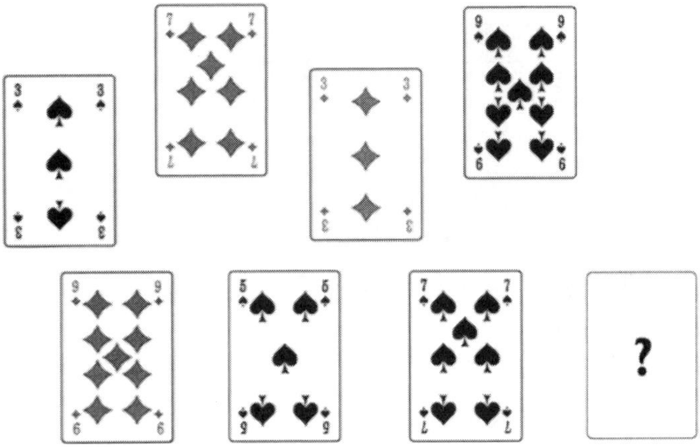

3. Quels sont les deux mots qui ont des sens proches ?

gauche petit maladroit

fort méchant

voir solution pages 450-451

Chapitre 1

4. Quel est le dessin suivant ?

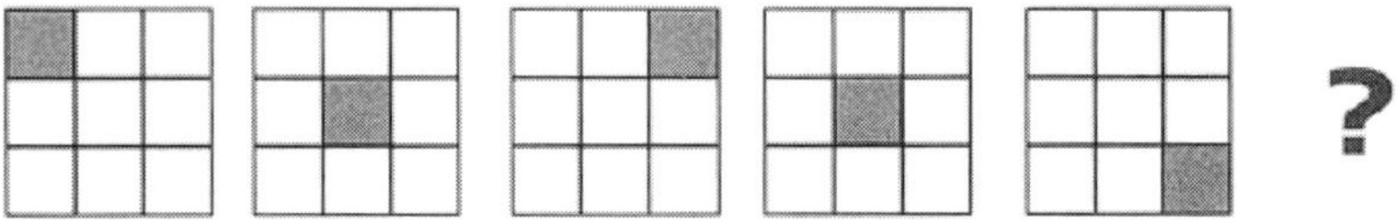

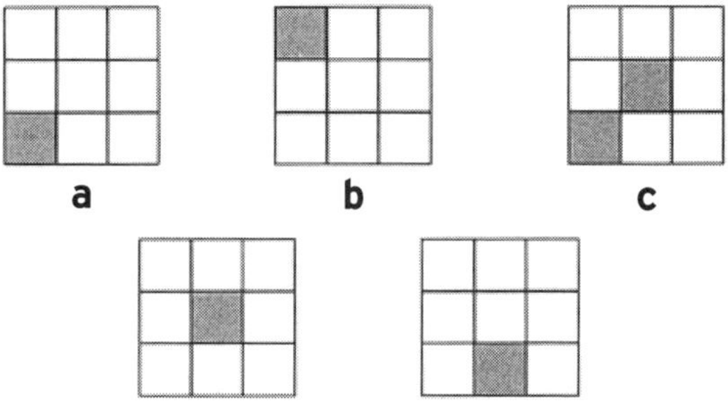

a b c d e

5. Ôtez une fille, il vous reste un garçon :

A P N N A E U L

6. Quel est le nombre suivant ?

21 18 15 12 ?

7. Résolvez cette analogie.
MUSIQUE est à **NOTES** ce que **MOTS** est à ?

voir solution page 451

8. Trouvez les deux groupes de lettres qui vont ensemble.
Indice : une matière scolaire.

BOL ASM CUL
CAL TER FRA

9. Quel est le dessin manquant ?

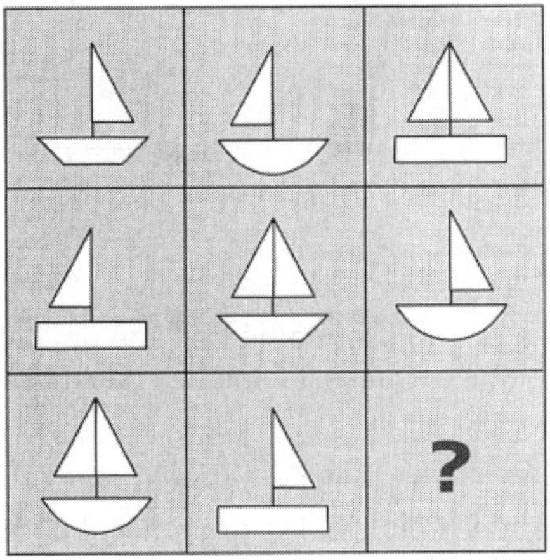

a

b

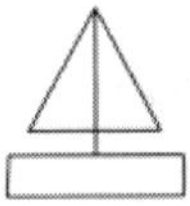
c

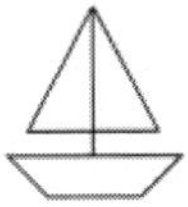
d

e

10. Remettez ces mots dans l'ordre et trouvez un comédien.
PPRIEA REUDO AASLTME ATRUEC

voir solution page 451

Chapitre 1

11. Lequel de ces dessins ne va pas avec les autres ?

12. Pierre a à la fois la moitié de l'âge de Matthieu et sept ans de moins. Quel est l'âge de chacun ?

13. Trouvez deux mots qui se prononcent pareillement mais s'écrivent différemment et sont :

un pronom personnel / un lieu géographique

14. Essayez de résoudre cette analogie :

S est à **R** ce que **U** est à ?

voir solution page 451

15. Remettez cette phrase dans l'ordre et dites si elle est vraie ou fausse :

RIVIÈRE UN EST DE SARDINE POISSON LA

16. Quel est le carré manquant ?

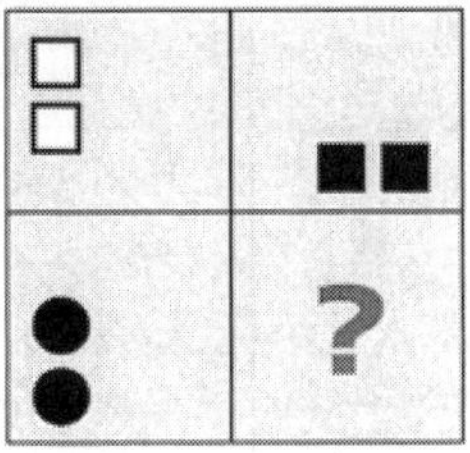

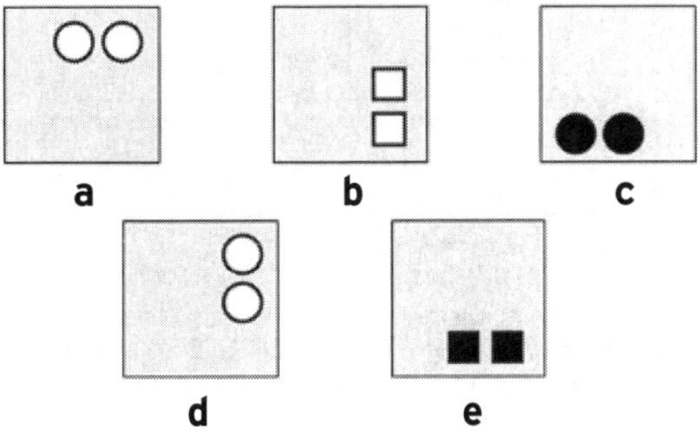

17. Quel mot peut-on écrire à la place du point d'interrogation ?

rocher

caillou

nicolas alain ? paul romain

gravier

galet

voir solution page 451

Chapitre 1

18. Dans chaque case notée de **a** à **i** se trouve la superposition du dessin de la ligne et de la colonne correspondantes. Une des neuf intersections est fausse. Laquelle ?

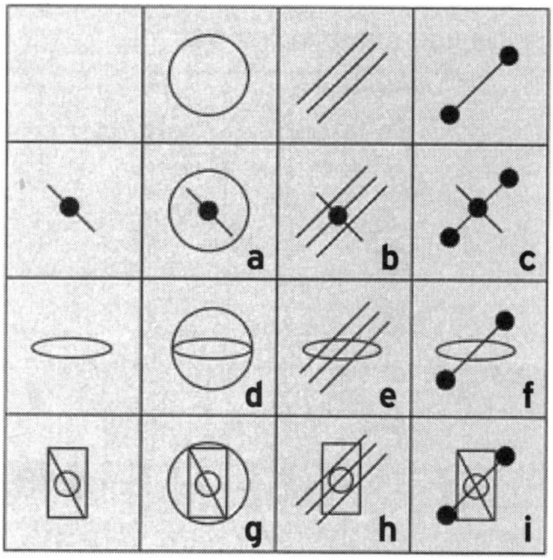

19. Dans cette série de cinq nombres, quatre suivent une certaine règle. Un seul vient en plus et ne la suit pas. Lequel ?

3 6 8 12 24

20. Quel est le mot qui ne va pas avec les autres ?

blâmer traîner réprimander
corriger disputer critiquer

voir solution page 451

21. Et ici, quel est l'intrus ?

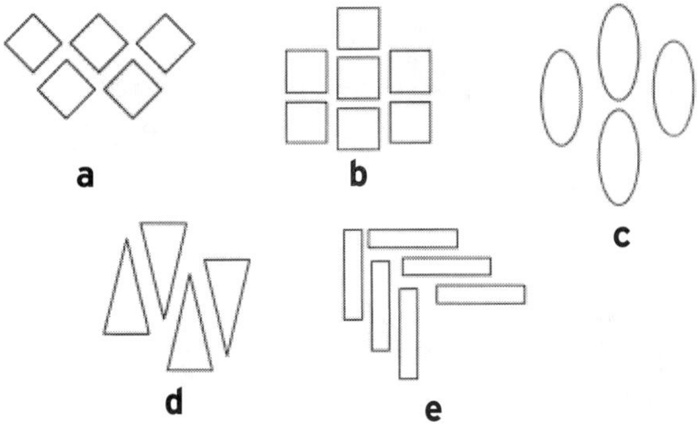

22. Trouvez le mot inscrit dans le sens des aiguilles d'une montre ainsi que la lettre manquante :

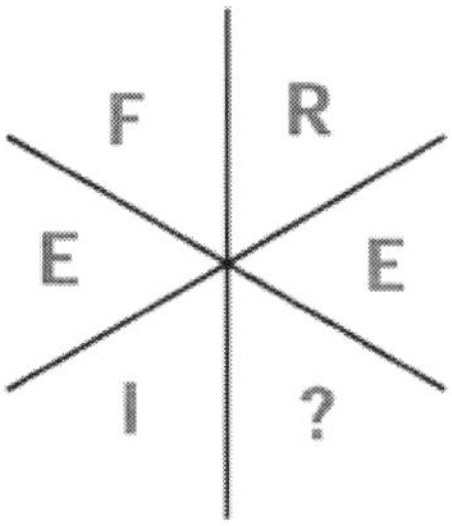

23. Si j'ôte un quart de deux tiers, combien reste-t-il ?

voir solution page 452

Chapitre 1

24. Essayez de résoudre cette analogie :

 est à  ce que  est à...

25. Quelle lettre prolonge la série ?

A C B D F E G I ?

26. Dans cette série de mots, quels sont les deux de sens contraire ?

GÂTEUX FIN GIGANTESQUE

POMPEUX MINUSCULE DOUX

voir solution page 452

27. Quel dessin ne va pas avec les autres ?

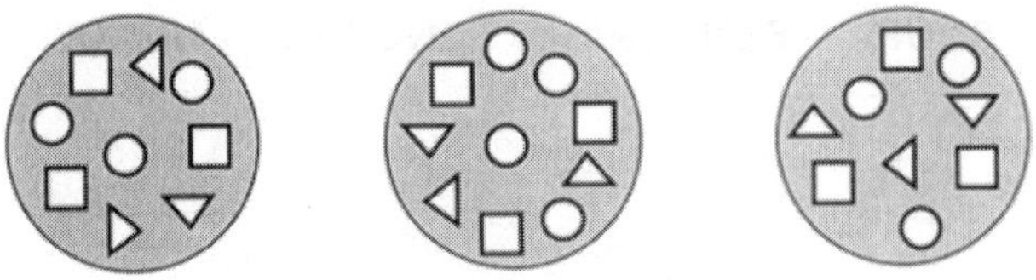

a **b** **c**

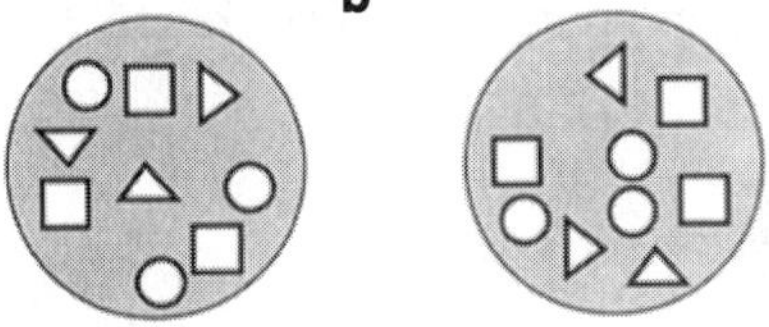

d **e**

28. Complétez :

MARTEAU

SCIE

B L ? P M

FOURCHE

TOURNEVIS

29. Quel est le nombre manquant ?

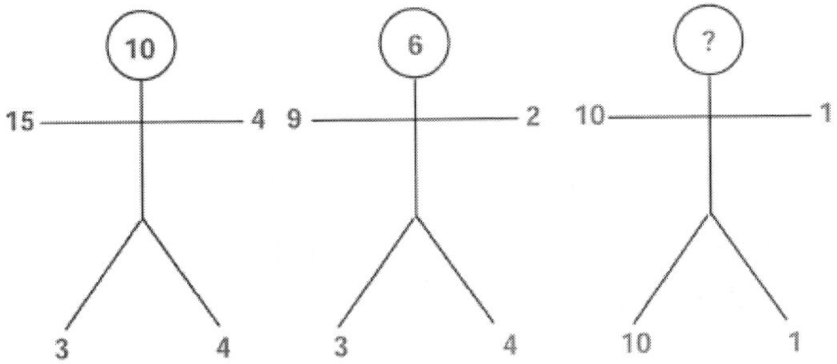

voir solution page 452

Chapitre 1

30. Résolvez ces anagrammes pour trouver un pays :

SOUR EENTURL EENGSPA NVOIA

31. Quel dessin poursuit la série ?

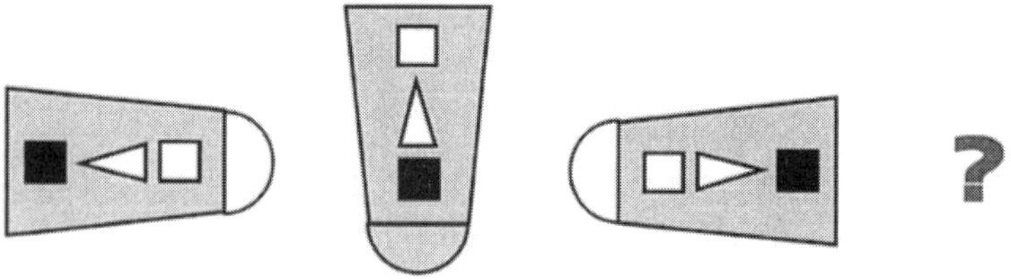

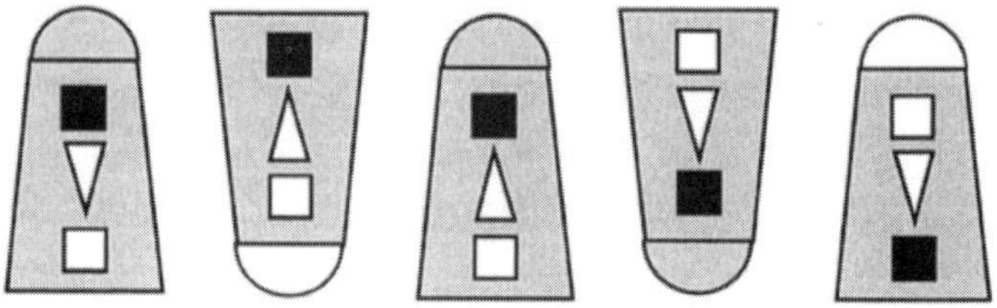

a b c d e

32. Deux de ces mots ont un sens proche. Lesquels ?

ÔTER ÉPLUCHER MANGER
CUEILLIR CASSER PELER

voir solution page 452

33. Quel est le dessin manquant ?

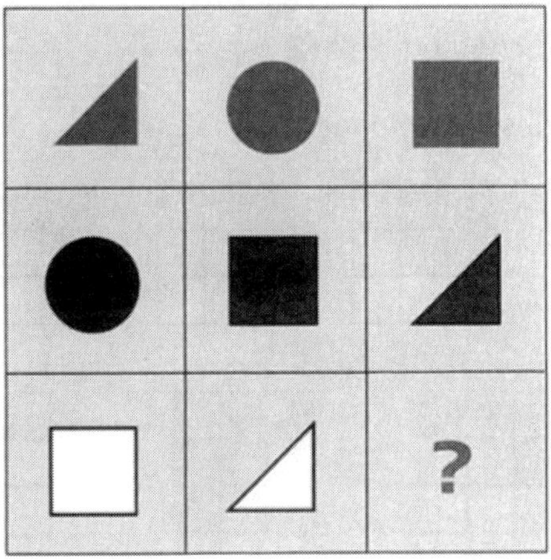

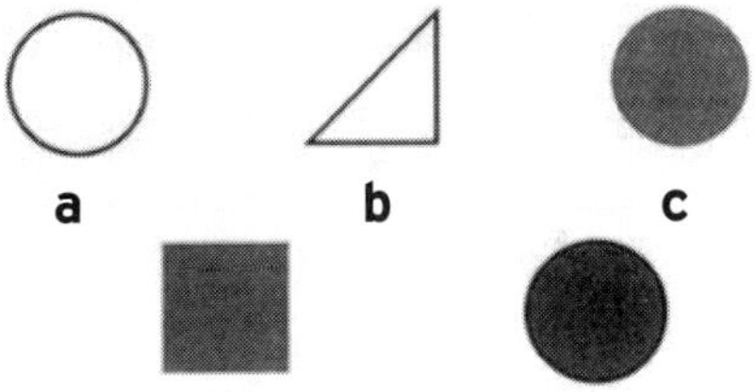

a b c

d e

34. Trouvez deux mots qui se prononcent pareillement mais s'écrivent différemment et sont :

UN ADJECTIF POSSESSIF / UN POISSON

35. Trouvez les trois lettres qui terminent le premier mot et commencent le second :

F A R - - - Q U E

voir solution page 452

Chapitre 1

Test 4

Durée de l'exercice : 1h 1/2

1. Quel dessin prolonge la série ?

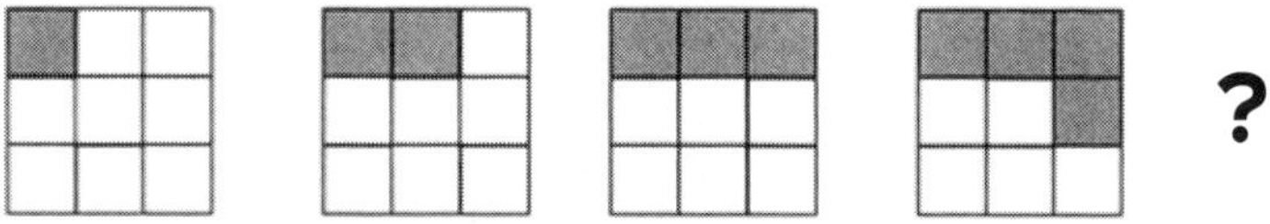

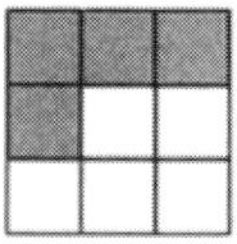

a

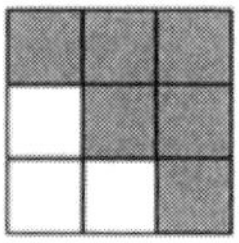

b

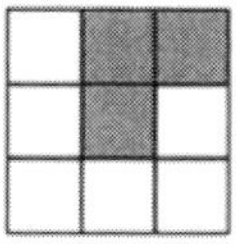

c

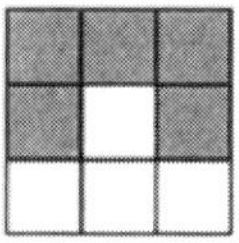

d

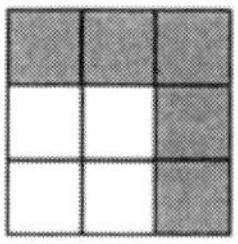

e

2. Quelle lettre prolonge la série ?

S R Q P O ?

3. Remettez les mots de cette phrase dans l'ordre et dites si elle est vraie ou fausse :

les feu traversent piétons rouge au

voir solution page 453

4. Parmi les cinq propositions, laquelle complète ces séries ?

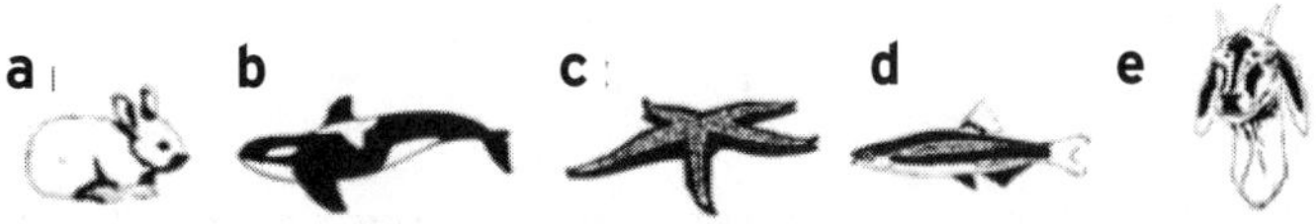

5. Combien vaut le double du quart ?

6. Dans cette liste, quels sont les deux mots de sens contraire ?

domination **conquête** **soumission**

attention **ordre** **ascension**

voir solution page 453

Chapitre 1

7. Quels sont les deux dessins différents des quatre autres ?

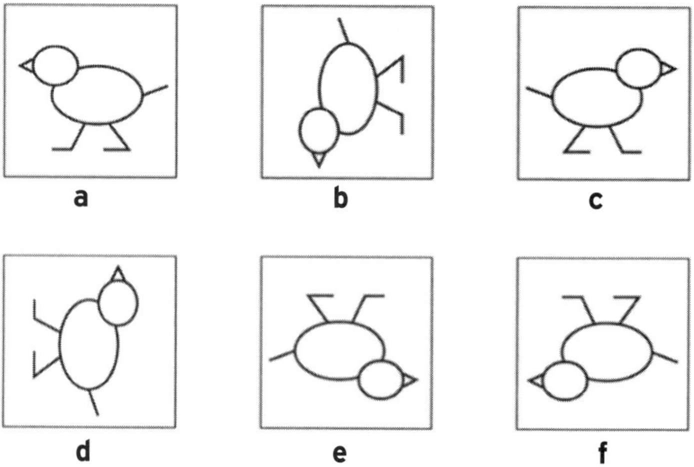

8. Décryptez ces anagrammes et trouvez ce que l'on porte au carnaval :

RALD COEUSMT LVCHAE
RTONME

9. Trouvez deux mots qui se prononcent pareillement mais s'écrivent différemment et désignent :

une cruche / du cuir

voir solution page 453

10. Mettez deux de ces syllabes ensemble pour faire une habitation.

ÎLE MES MAI

ENT CAR SON

11. Quel dessin ne va pas avec les autres ?

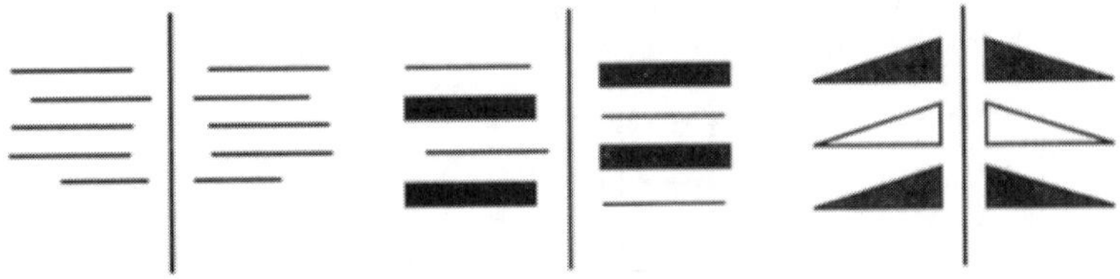

a b c

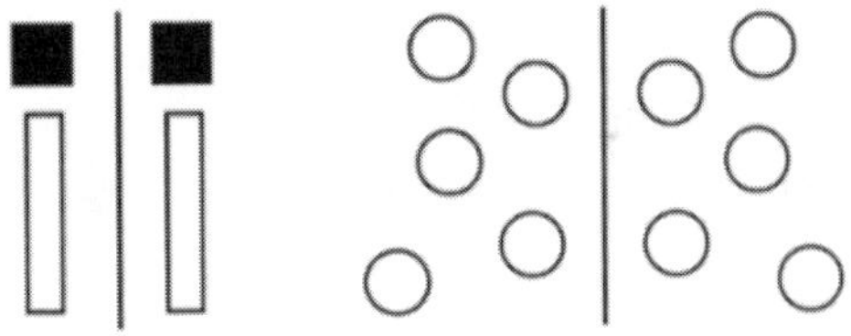

d e

12. Quel mot ne va pas avec les autres ?

sculpture couture

culture

voiture peinture

voir solution page 453

Chapitre 1

13. Quel dessin prolonge la série ?

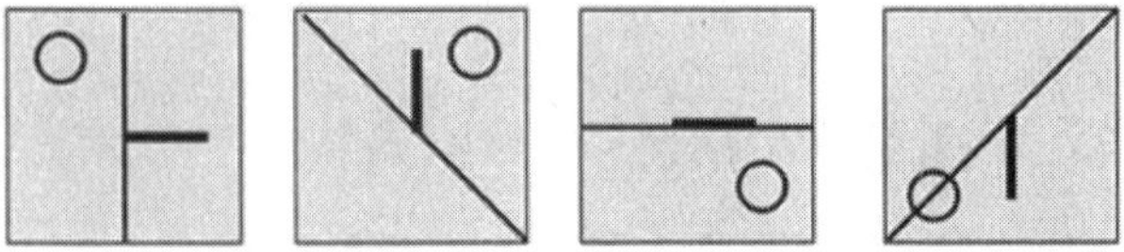 **?**

a

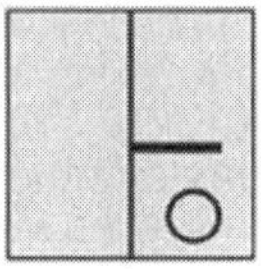
b

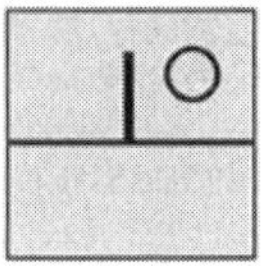
c

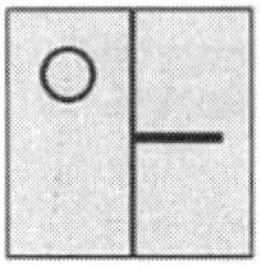
d

e

14. Quel nombre prolonge la série ?

208 104 52 26 ?

15. Quel dessin ne va pas avec les autres ?

voir solution page 453

16. Quel dessin prolonge la série ?

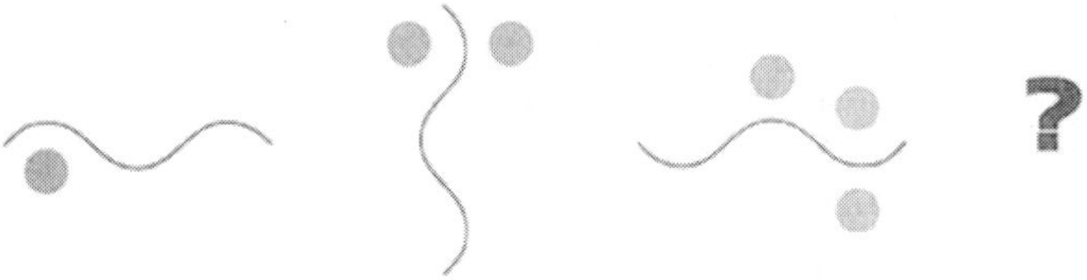

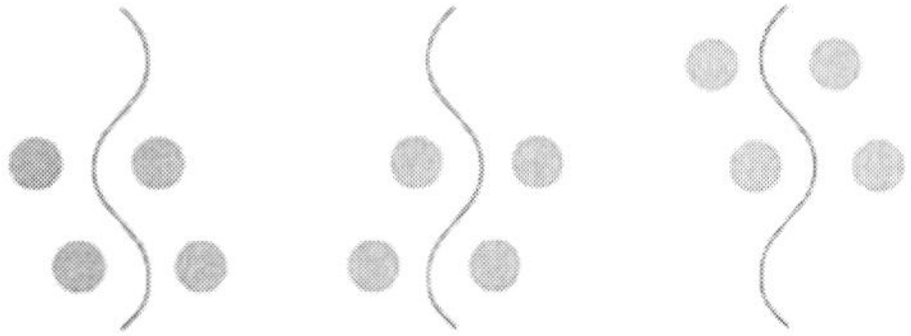

a **b** **c**

d **e**

17. Voici une analogie à résoudre :

HACHE est à **BÛCHERON** ce que **SCIE** est à ?

18. Parmi ces mots, quels sont les deux qui ont des sens proches ?

vraisemblable **sûr** **faux**
correct **possible** **attendu**

voir solution page 454

Chapitre 1

19. Quel dessin prolonge la série ?

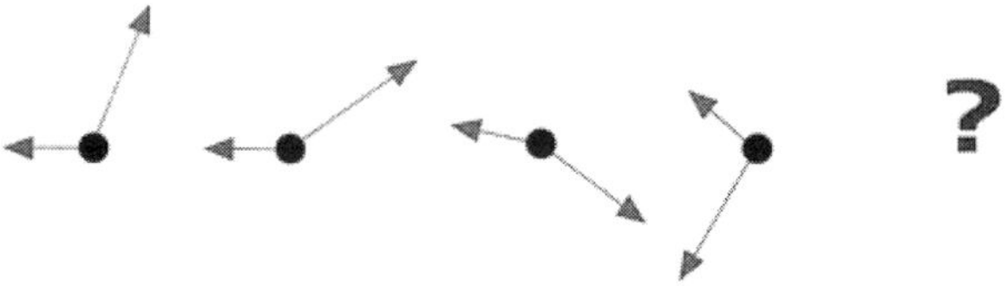

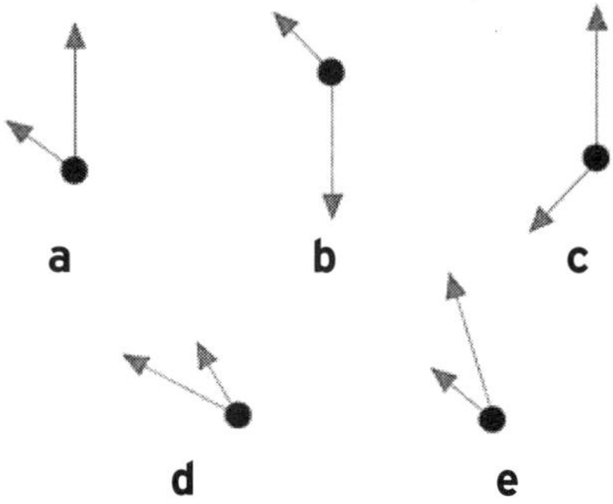

20. Quel arbre ne va pas avec les autres ?

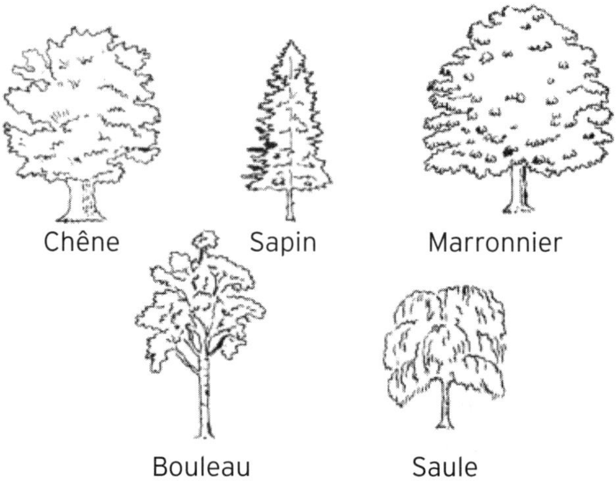

voir solution page 454

21. Quel est le dessin qui manque ?

22. Si **5** vaut **25**

et **4** vaut **16**,

alors combien vaut **7** ?

23. Ôtez une île, il reste une mer :

C O M A R N S C H E E

voir solution page 454

Chapitre 1

24. Quelle carte manque-t-il ?

25. Résolvez ces anagrammes afin de trouver un animal :

OAYNRC HNSSRIOE ASVE EIULTP

26. Résolvez cette analogie :

voir solution page 454

27. Quel dessin complète la série ?

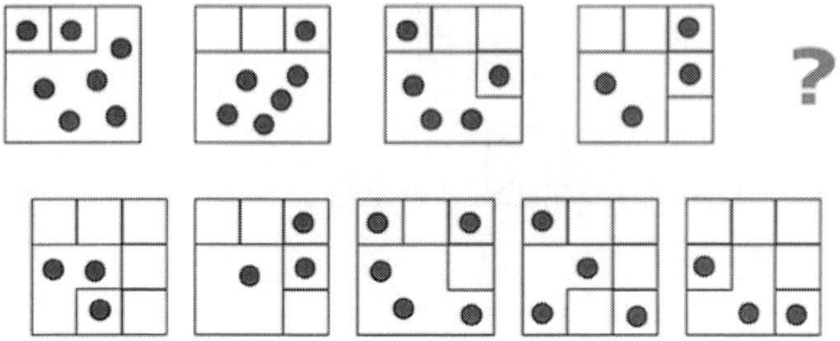

a b c d e

28. Trouvez deux mots qui se prononcent de la même façon, mais s'écrivent différemment et signifient :

Ici / Fatigué

29. Quels sont les nombres manquants ?

3 4	6 5	18 9
9 8	4 6	36 14
8 9	3 7	? ?

voir solution page 454

Chapitre 1

30. Quel est le dessin manquant ?

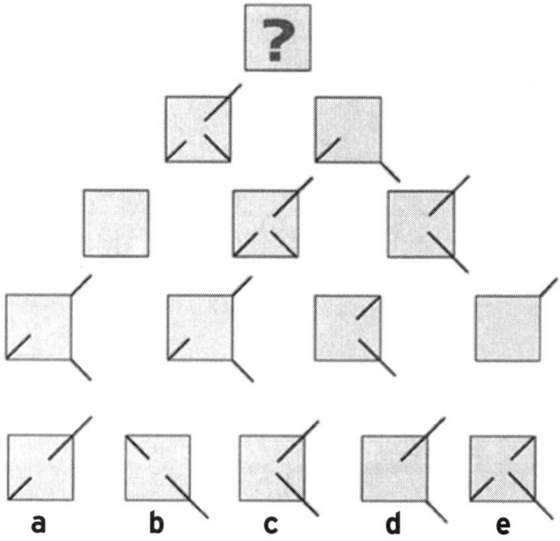

31. Utilisez une fois chaque voyelle pour compléter ce mot :

P - - R - - -

32. Trouvez le mot inscrit dans le sens des aiguilles d'une montre ainsi que la lettre manquante.

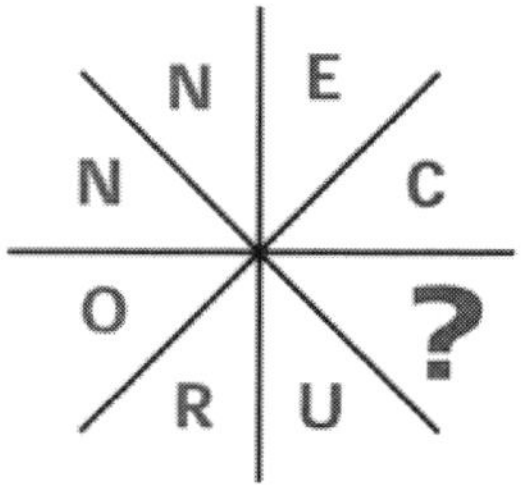

voir solution pages 454-455

33. Quel drapeau prolonge la série ?

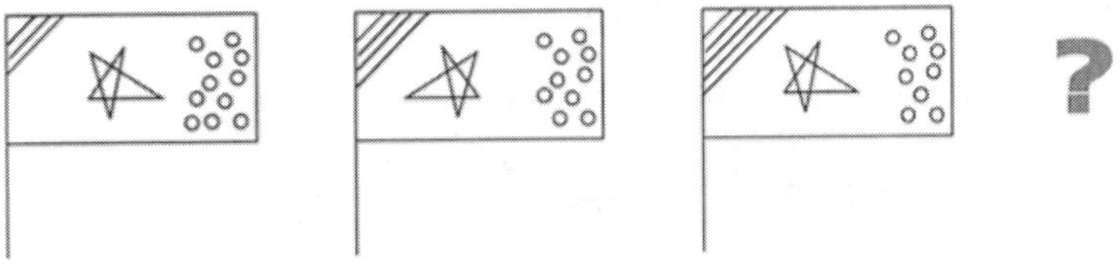

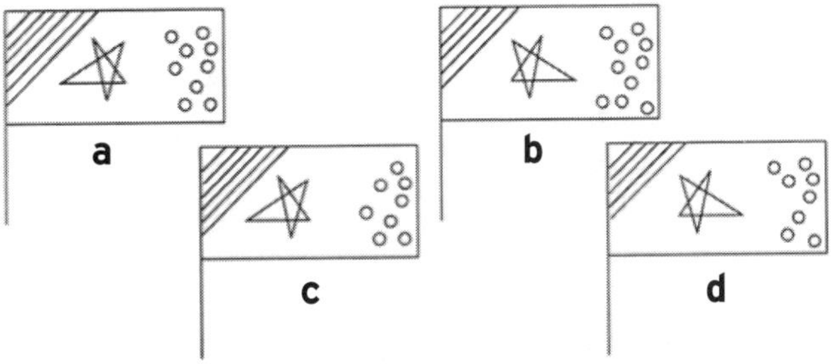

34. Dans cette série de mots, quels sont les deux qui ont le même sens ?

don secours présent
danger futur accueil

35. Quelle lettre vient compléter la série ?

X Y M N B C K ?

voir solution page 455

Chapitre 1

Test 5

Durée de l'exercice : 1h 1/2

1. Quelle est la carte manquante ?

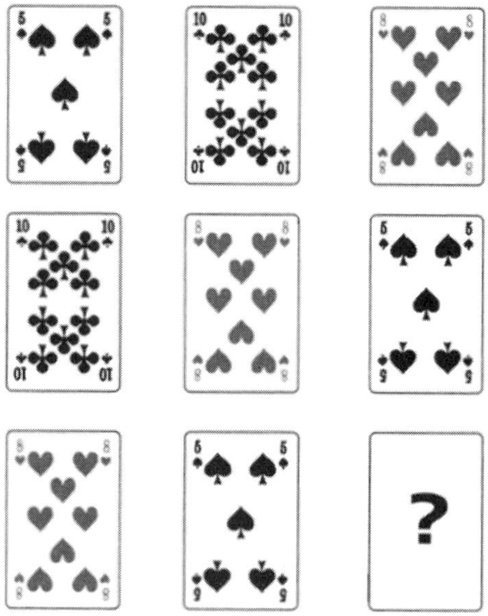

2. Quel est le nombre qui prolonge la série ?

9 15 21 27 ?

3. Lequel de ces mots ne va pas avec les autres ?

pianiste artiste flûtiste

violoniste guitariste

voir solution page 455

4. Dans chaque case notée de **a** à **i** se trouve la superposition du dessin de la ligne et de la colonne correspondantes. Une des neuf intersections est fausse. Laquelle ?

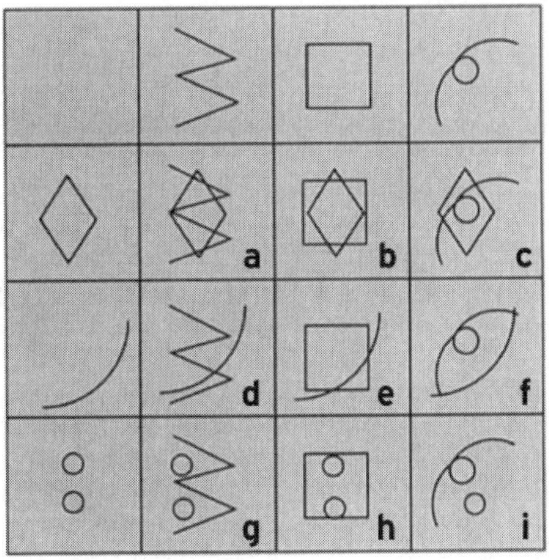

5. Joignez deux de ces syllabes pour former un animal :

BOL OIS COM

EAU TAS AUX

6. Essayez de résoudre cette analogie :

MASSUE est à **FUSIL** ce que **GROTTE** est à ?

chasse préhistoire maison

caverne baïonnette

voir solution page 455

Chapitre 1

7. Remettez en ordre les mots suivants afin de trouver une fleur blanche.

RDOUE TUMEUG NNOOGI NEUL

8. Lequel de ces dessins ne va pas avec les autres ?

9. Deux de ces mots ont un sens proche. Lesquels ?

vaincre craindre grandir gagner

manier perdre écraser

10. Essayez de résoudre cette analogie :

A est à **Z** ce que **C** est à ?

voir solution page 455

11. Quelles sont les valeurs du domino manquant ?

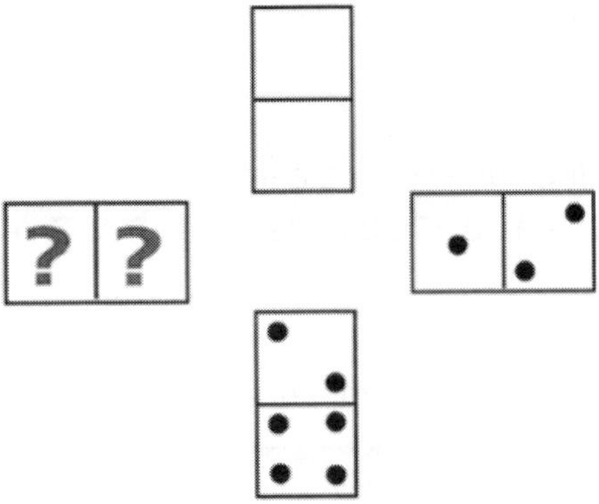

12. Trouvez deux mots qui se prononcent de la même façon mais s'écrivent différemment et sont :

un liquide / vilain

13. Quel dessin ne va pas avec les autres ?

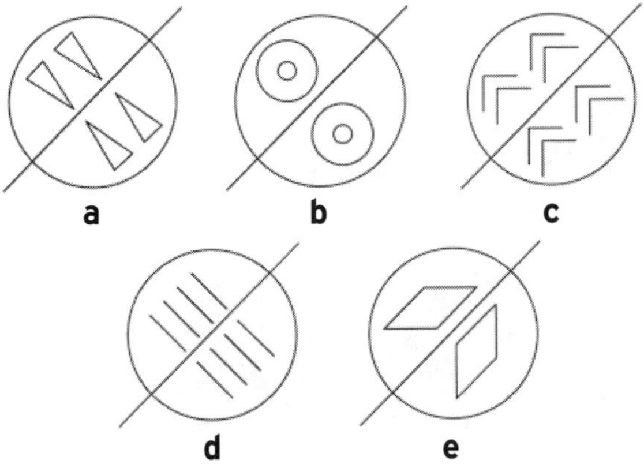

voir solution page 456

Chapitre 1

14. Combien vaut le double du cinquième de la moitié de cent ?

15. Voici une nouvelle analogie :

ROSE est à **POSE** ce que **RÂLE** est à ?

16. Quelle est la figure manquante ?

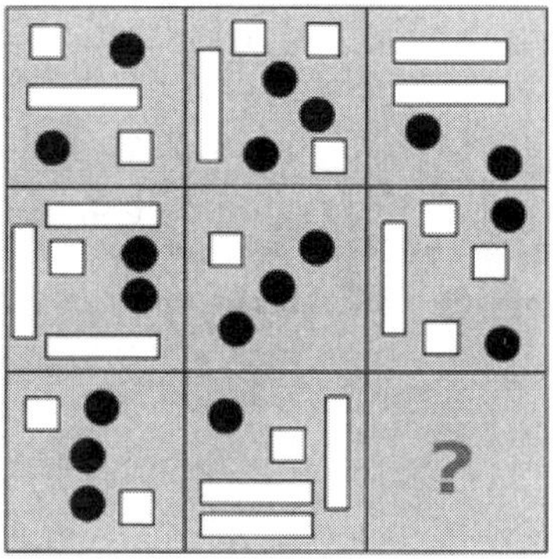

a

b

c

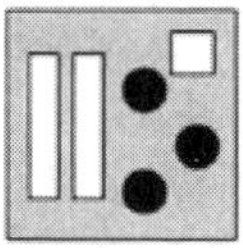

d

e

voir solution page 456

17. Complétez ce mot qui est à la fois un fruit et une profession :

- - - C - -

18. Quel est l'intrus ?

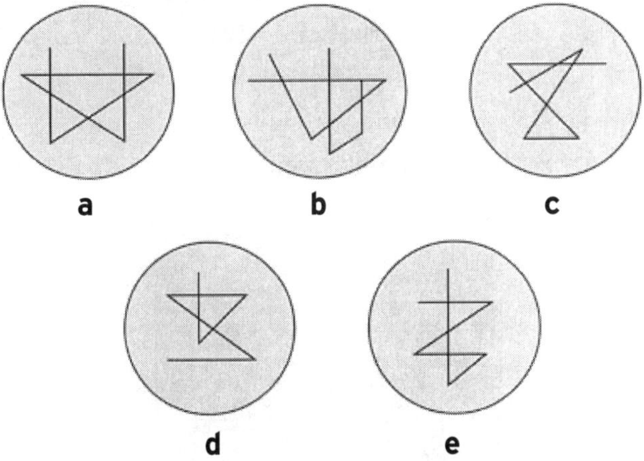

19. Ôtez un fruit, reste un légume :

P N A O V E I T R E

20. Remettez les mots de cette phrase en ordre et dites si elle est vraie ou fausse.

FEUILLES AU LEURS PERDENT LES PRINTEMPS ARBRES

voir solution page 456

Chapitre 1

21. Quelle lettre vient prolonger la série ?

L M P Q T U ?

22. Remettez ces mots en ordre et trouvez un défaut :

speesra nieb rneiva rivel

23. Quel est le dessin manquant ?

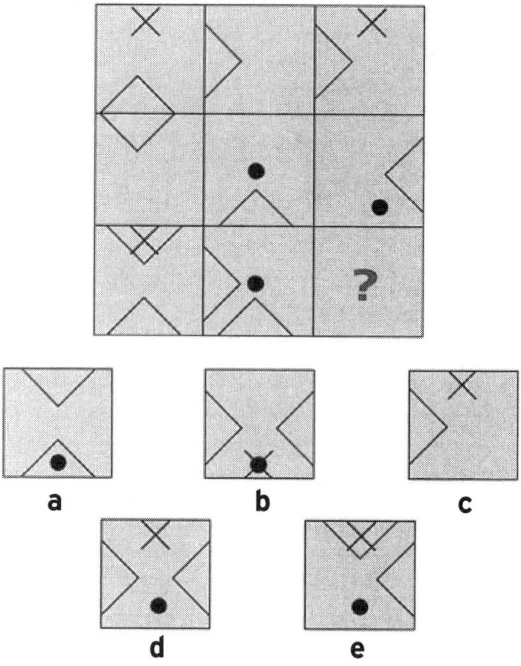

voir solution page 456

24. Quel est le chiffre manquant ?

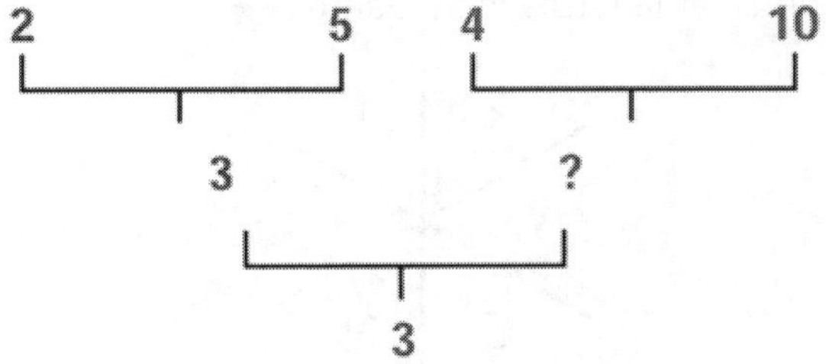

25. À vous de résoudre cette analogie :
COUDRE est à **COUSU** ce que **NAÎTRE** est à ?

26. Résolvez cette analogie :

 est à  ce que  est à...

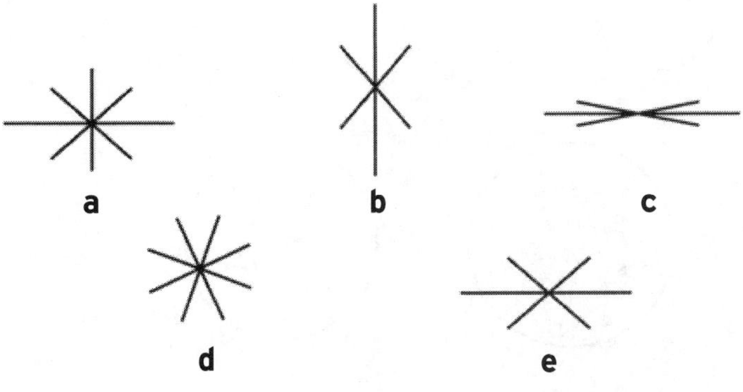

voir solution page 456

Chapitre 1

27. Trouvez le mot écrit dans le sens des aiguilles d'une montre et la lettre manquante :

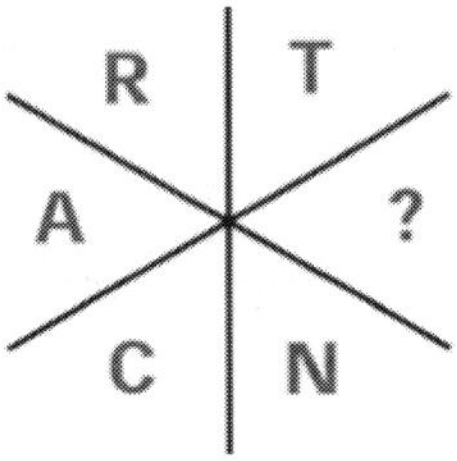

28. Trouvez deux mots qui se prononcent pareillement mais s'écrivent différemment et désignent :

une surface / une période

29. Quel est l'intrus ?

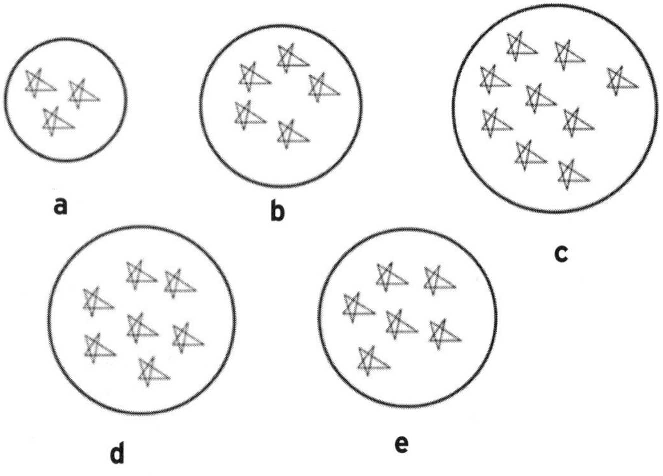

voir solution pages 456-457

30. Un foulard coûtait 20 €. Son prix a augmenté de 20 %. Quel est son nouveau prix ?

31. Trouvez deux mots qui se prononcent pareillement mais s'écrivent différemment et désignent :

une couleur / un animal

32. Quelle est la carte manquante ?

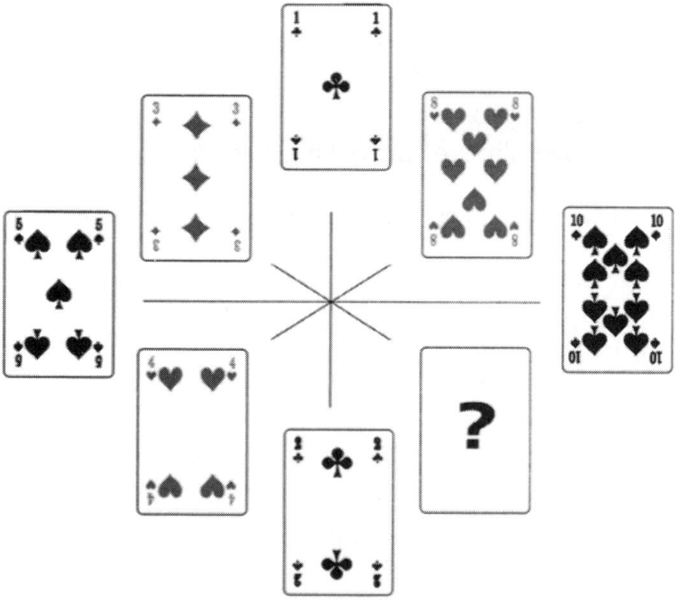

voir solution page 457

Chapitre 1

33. Parmi ces mots, quels sont les deux de sens contraire ?

DÉFENDRE / BATTRE / NUIRE

INTÉRESSER / PERMETTRE

34. Quel mot ne va pas avec les autres ?

vache chèvre mouton

poule oie

35. Trouvez l'heure qui prolonge la série :

9:40 10:05 10:30 10:55 ?

voir solution page 457

CHAPITRE 2

TESTS POUR S'ENTRAÎNER

Chapitre 2

Tests verbaux

Exercice n° 1

Compréhension et raisonnement à support verbal

Durée de l'exercice : 20 minutes.

Quel mot a les deux sens suivants ?

1. signalé .... ville
2. monnaie.................................... honnête
3. foule .... marteau
4. rémunération......................... braderie
5. suggérer.................................... respirer

Quel mot finit le premier et commence le second ?

6. TA.. TON
7. DE .... IGE
8. ENTRE... IER
9. PI .... SURE
10. TRUB.. CEAU

Quel est l'intrus ?

11. cahier manteau crayon cartable livre
12. fourchette marteau vis clou perceuse
13. pomme cerise citron carotte framboise
14. brouillé lourd dur battu poché
15. déclive pente diagonale aplomb dévers

voir solution page 458

16. se promener déambuler arpenter cheminer se balader
17. se réfugier s'évader s'enfuir détaler s'esquiver
18. émaner descendre provenir comparer dériver

Deux de ces mots ont un sens proche, lesquels ?

19. questionner vouloir chercher interroger suspecter
20. cuisine chambre corridor salon couloir vasistas
21. parler fredonner crier annoncer chantonner louer
22. fainéant badaud oisif paresseux reposé idiot
23. illustre orgueilleux méritoire célèbre épique vif
24. acidité amertume goût âcreté salaison saveur
25. réprimer gêner préserver achopper déranger garder

Quel mot peut venir se placer juste avant chacun de ceux-ci pour former de nouveaux mots ou expressions ?

Ex : le mot « dé » peut venir se placer avant faire, lit *et* route, *pour former* défaire, délit *et* déroute.

26. levée mise tenir morte
27. être fait tôt venu
28. âge bleu relief morceau

Quel mot peut venir se placer juste après chacun de ceux-ci pour former de nouveaux mots ou expressions ?

29. quelque faire mauvaise prendre
30. peau vin place lanterne

voir solution pages 458-459

Chapitre 2

Exercice n° 2

Les séries verbales : antonymes et synonymes

Les tests suivants sont à base de mots, c'est pour cela qu'ils sont dits « verbaux ». Dans les premiers exercices, vous devez trouver le synonyme (mot de même sens) d'un mot fourni parmi une liste de mots, dans les dix suivants, un mot de sens contraire (un antonyme). Enfin, dans les dix derniers, il s'agit à nouveau de trouver un synonyme, mais le mot cible est inséré dans une phrase, ce qui rend parfois l'exercice plus facile. Ces tests de vocabulaire témoignent de votre aptitude à comprendre et manier la langue française. Ils sont d'autant plus importants dans le recrutement que vous postulez pour un emploi où vous serez en contact avec l'écrit. Vous trouverez d'autres tests de connaissance verbale à la fin de cet ouvrage.

Dans les épreuves comme celles-ci, où la bonne réponse est cachée parmi les cinq proposées, vous pouvez toujours, en cas de doute, tenter de procéder par élimination.

Durée de l'exercice : 30 minutes.

Parmi les cinq mots proposés, quel est celui dont le sens se rapproche le plus du mot en majuscules ?

1. CHAGRIN
dépit joie cuir tristesse pitié

2. RESPECTABLE
joyeux estimable aimable hautain amical

3. CORPULENT
ennuyeux sportif grand gros voyant

4. MALIN
pingre rusé difficile câlin efficace

voir solution page 459

5. PIÉTÉ
courage force douleur foi amitié

6. OBLIQUE
penché rigide durable dessin ligne

7. FLEXIBLE
liquide portable tube rigide pliable

8. CAMOUFLER
gifler montrer déguiser habiller ganter

9. ÉRUDIT
agricole ignorant parlé cultivé connu

10. OSTENSIBLE
accessoire caché bougeoir enlevé voyant

Parmi les cinq mots proposés, quel est celui dont le sens est contraire à celui du mot en majuscules ?

11. GENTIL
gourmand menteur avare méchant tendre

12. SOMBRE
nuit blanc clair soleil foncé

13. RIGIDE
mobile moderne mystérieux morbide fixé

14. SAVANT
humain innocent naïf ignorant loyal

15. RASSEMBLER
opposer douter disperser renoncer relaxer

16. FINI
terminé infini régulé irrité prolongé

17. RÉSOLU
révulsé introduit dénoncé révocable hésitant

voir solution pages 459-460

Chapitre 2

18. ARDU
énergique rentable effectif facile calme

19. NAÏF
rusé enfantin confiant candide vieux

20. ABSTRAIT
physique principal politique périssable pratique

Quel est, parmi les quatre mots proposés, celui dont le sens se rapproche le plus du sens du mot souligné ?

21. Cette personne m'a été conseillée pour sa <u>dextérité</u>.
habileté ponctualité courtoisie coopération

22. L'équipement de cet atelier est <u>obsolète</u>.
complexe pratique dépassé pointu

23. Le principal avait une grande <u>latitude</u> dans le choix du matériel.
aide liberté habitude exigence

24. Un écrivain <u>prolifique</u> écrit des livres :
difficiles populaires talentueux nombreux

25. Le policier avait trouvé des traces <u>indubitables</u> d'arsenic.
importantes suffisantes certaines douteuses

26. Les adolescents sont souvent d'une telle <u>présomption</u> !
suffisance modestie intelligence intuition

27. La femme s'adressait à la foule d'un ton <u>pathétique</u>.
comique émouvant vibrant agressif

28. L'expérience des hommes est faite des <u>sédiments</u> successifs dont la vie a tapissé leur cœur.
amours événements chagrins dépôts

29. La châtelaine demanda au <u>trouvère</u> d'égayer son repas.
danseur jongleur poète musicien

30. Le discours du patron les mit dans un grand <u>désarroi</u>.
silence courage désaccord trouble

voir solution page 460

Exercice n° 3

Les analogies verbales

Les analogies peuvent être à support de mots, de symboles, de chiffres, etc. et faire appel à des compétences bien différentes. Mais elles se présentent toujours de la même manière :

A / B § C / D

/ signifie « est à » et § signifie « comme » ou « ce que ».

Il faut donc lire « A est à B ce que C est à D ».

Le plus souvent, l'élément D manque et il va falloir le retrouver parmi plusieurs propositions. Le travail consiste à repérer la réponse qui complète le mieux l'analogie. On retrouve la règle des séries précédentes de cette partie de l'ouvrage : trouver quelle loi relie A et B, puis l'appliquer à C afin de trouver D. Parmi les mots proposés, l'un permet de constituer entre C et D une relation absolument parallèle à celle existant entre A et B. C'est celui qu'il faut trouver. Bien souvent, cela aide de faire une phrase pour illustrer la relation existant entre A et B.

Exemples :

1. LETTRES / MOT § NOTES / ?

(se lit : « Lettres » est à « mot » ce que « notes » est à ?)

histoire musique livre comédie

La phrase : « Les lettres servent à écrire des mots comme les notes servent à écrire... de la musique » aide à trouver la réponse.

2. GRAND / PETIT § MAIGRE / ?

(se lit : « Grand » est à « petit » ce que « maigre » est à ?)

gros gentil voûté mince

Quand vous avez repéré la relation entre « grand » et « petit », vous pouvez vous dire que : « grand » est le contraire de « petit », comme « maigre » est le contraire de... « gros ».

Chapitre 2

Les dix premières analogies que vous aurez à trouver se basent essentiellement sur des contraires (comme dans l'exemple 2) ou sur des similitudes de sens, dont vous commencez à avoir l'habitude. Les vingt dernières se basent sur des relations que vous aurez à identifier, comme dans l'exemple 1.

Durée de l'exercice : 30 minutes.

1. MONTÉE / ÉLÉVATION & DESCENTE / ?
ondulation changement abaissement action trajet

2. DÉCÉDER / NAÎTRE & MOURIR / ?
arriver crier partir vivre s'endormir

3. AIGU / SOPRANO & GRAVE / ?
basse intermédiaire féminine opéra chanteuse

4. HISTOIRE / RÉALITÉ & CONTE / ?
guerre fiction légende géographie duc

5. BON /JUSTE & LIVRE / ?
travail méchant enfant lecture ouvrage

6. POMME /POIRE & NOIX / ?
cerise raisin tomate coquille noisette

7. EFFRAYER / RASSURER & PRENDRE / ?
ouvrir donner encourager révérer arracher

8. HOMME / FEMME & CHEVAL / ?
enfant vache ferme sexe jument

9. GAUCHE / MALADROIT & HABILE / ?
grave astuce droite avisé débutant

10. MEILLEUR / PIRE & MÊLER / ?
donner séparer mieux emmêler mélanger

11. CHEF / ORCHESTRE & PRÉSIDENT / ?
pays violoniste principal discours gens

12. ÉCURIE / CHEVAL & PORCHERIE / ?
mouton porc poulailler vache ferme

13. MOINEAU / PIGEON & CARPE / ?
mouche perruche brochet baleine chat

voir solution pages 460-461

14. VIOLET / COULEUR & CURRY / ?
valeur mauve cuisine épice riz

15. LAVE / VOLCAN & EAU / ?
air bulle fumée montagne source

16. GLACE / FROID & DÉSERT / ?
loin petit sec animaux bonbon

17. BANANE / PELER & POMME DE TERRE / ?
manger éplucher frites pomme ramasser

18. ABOYER / CHIEN & RUGIR / ?
lion serpent meugler mouton miauler

19. TAILLEUR / COUD & ACTRICE / ?
danse tissu joue coupe parle

20. PEINE / LARMES & JOIE / ?
sourire fille dragon rêve plaisir

21. MAI / JUIN & OCTOBRE / ?
avril juillet novembre décembre août

22. FILS / PÈRE & FILLE / ?
cousine femme oncle mère nièce

23. ENVOYÉ / REÇU & LANCÉ / ?
jeté attrapé courrier avalé lu

24. ROBE / TISSU & PNEU / ?
manteau voiture cuir caoutchouc lisse

25. LIRE / LECTURE & SE NOURRIR / ?
aliments livre histoire consommer nourriture

26. PLUIE / MOUILLE & FLAMME / ?
feu fond répare brûle eau

27. MOTS / PHRASE & PAGES / ?
livre lettres paragraphe lignes histoire

28. AVION / HÉLICOPTÈRE & BARQUE / ?
planeur bus paquebot train vélo

29. PANSEMENT / COUPURE & FICELLE / ?
note blessure enfant paquet emballer

30. BLANC / NEIGE & NOIR / ?
vent glace rouge flocons charbon

voir solution page 461

Chapitre 2

Exercice n° 4

De la pensée aux mots

Vous trouverez ici un mélange de tests semblables à ceux que vous venez de faire et pour lesquels vous êtes maintenant bien entraîné.

Durée de l'exercice : 35 minutes

1. Quel mot de 3 lettres finit le premier mot et commence le second ?

BAN . . . TE

2. Quel est l'intrus ?

a. septentrion **b. nordique** **c. austral**
d. boréal **e. arctique**

3. Quel mot a les deux sens suivants :

feuillet / jeune garçon

4. Parmi ces mots brouillés, lequel n'est pas une partie de la maison ?

rum **eeefnrt** **iott** **inehc** **tpreo**

5. Quelles sont les voyelles qui permettent de compléter le mot ?

. B R . C . T

6. Quel mot peut compléter ces trois-là ?

vase **espace** **huis**

7. Quel est le groupe de lettres qui, mis à la suite de ceux-ci, pourrait former des mots ?

BAT... **V...** **RAD...** **CHAP...**

voir solution page 462

8. Quel mot peut finir le premier mot et commencer le second ?

I N G … I O N

9. Quel adjectif peut qualifier ces trois mots ?

compte chapeau chiffre

10. Quel mot a les deux sens suivants :

lettre / argent

11. Deux de ces mots ont un sens proche. Lesquels ?

a. façonner b. enjoliver c. enluminer
d. couronner e. embellir

12. Quelles sont les 3 voyelles qui permettent de compléter le mot ?

L . . . R

13. Parmi ces mots brouillés, lequel n'est pas un membre de la famille ?

nseoiuc meia ruseo
antet rmee

14. Quel groupe de lettres mis à la suite de ceux-ci pourrait former des mots ?

B.... IV.... M.... N....

15. Quel mot peut précéder ces trois-là ?

course carême clos

16. Quel mot a les deux sens suivants :

roman / poids

voir solution page 462

Chapitre 2

17. Deux de ces mots ont un sens proche. Lesquels ?

a. sommaire **b. capricieux** **c. autoritaire**
d. requise **e. impérieux**

18. Lequel de ces mots brouillés n'est pas un fromage ?

mmeebtcra **uelb** **rreeyug**
eiemrta **made**

19. Quel mot peut précéder ces trois-là ?

morte **propre** **basse**

20. Quel groupe de lettres pourrait former des mots commençant par les lettres suivantes ?

L... P... ACT... CAM...

21. Quelles voyelles permettent de compléter le mot ?

P . L . T .

22. Quel mot finit le premier et commence le second ?

M A I . . . O R E

23. Quel mot a les deux sens suivants ?

légume / ragoût

24. Quel mot de 3 lettres peut former de nouveaux mots s'il précède les mots suivants ?

...POT **...BUT** **...CHER** **...QUE**

25. Quelles voyelles permettent de compléter le mot ?

. GL . S .

 voir solution page 462

Chapitre 2

Séries de chiffres et de lettres

Exercice n° 1

Tous ces tests sont sur le même modèle : des chiffres ou des lettres vous sont présentés dans une disposition particulière. Votre tâche consiste à trouver la logique de l'ensemble afin de deviner le chiffre ou la lettre que cache le point d'interrogation.

Séries de chiffres

Durée de l'exercice : 30 minutes pour les chiffres et 30 minutes pour les lettres.

1.

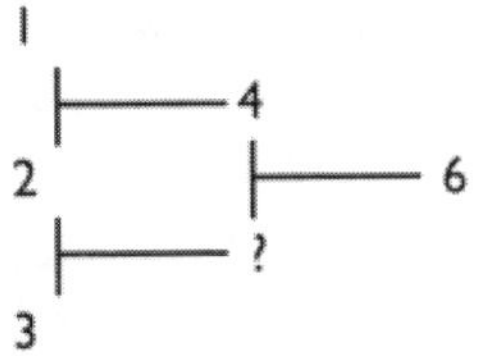

2. 10 9 7 4 ?

3.

4. 0 2 2 4 6 ?

5. 3 6 9 12 ?

6. 1 2 4 8 16 ?

voir solution pages 463-464

Chapitre 2

7.

12	(29)	17
23	(?)	7

8. 4 5 3 4 2 3 ? ?

9.

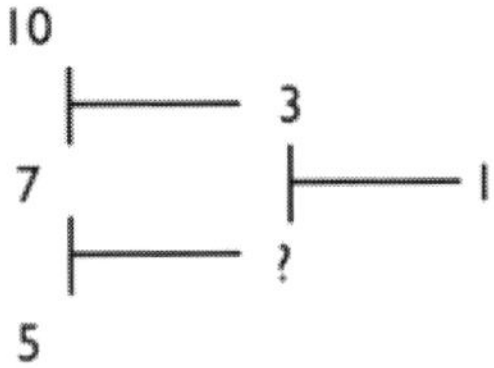

10. 324 108 36 12 ?

11. 5 7 12 14 19 21 ?

12. 3 13 22 30 37 ?

13.

11	15	19
3	10	6
8	5	?

14.

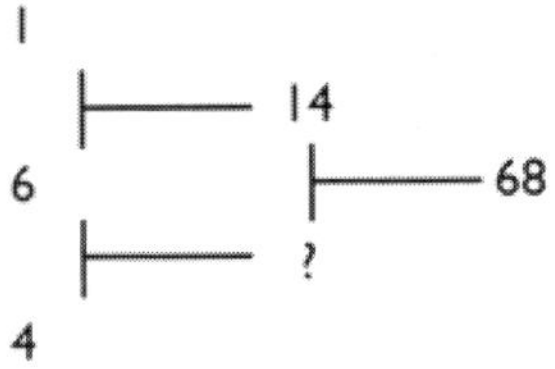

15. 4 6 9 13 ?

16. 9 12 17 24 ?

voir solution page 464

17.

6	12	17	20
18	36	51	?

18. 52 36 28 24 ?

19.

33	(12)	45
13	(?)	58

20.

4	2	6
7	8	15
3	1	?

21. 6 2 11 4 17 8 ? ?

22. 4 7 11 14 25 28 ? ?

23. 1 5 13 29 ?

24. 10 11 15 22 32 ?

25.

39	(22)	28
6	(?)	12

26.

7	5
10	9

4	11
8	3

18	8
?	17

27.

5	5	5
6	7	2
0	9	?

voir solution pages 464-465

Chapitre 2

28.

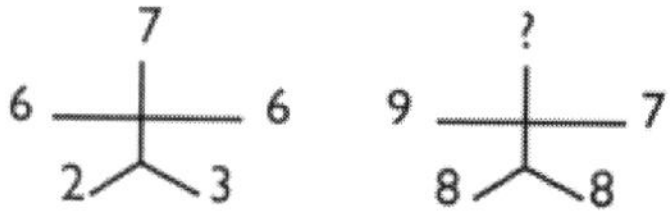

29.

6	(12)	4
7	(?)	6

30.

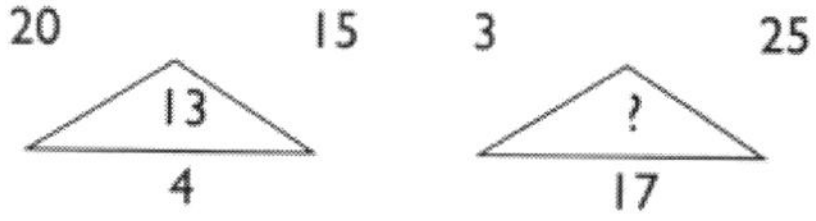

Séries de lettres

31. L N P R ?

32. R Q P O ?

33.

A	B	C
E	?	G
I	J	K

34. A 1 F 6 I 9 P ?

35. **COR** est à **BNQ**
ce que **DIS** est à ?

36. **371** est à **CGA**
ce que **235** est à ?

37. F 7 J 11 C ?

38. E H K N ?

voir solution pages 465-466

39. V R N J ?

40.

E	D	C
O	N	M
U	?	?

41. T 19 P 15 M 12 Z ?

42. **BAT** est à **CBU**
ce que **ROI** est à ?

43.

H	J	L
L	N	P
U	?	?

44. **DAME** est à **FCOG**
ce que **CLEF** est à ?

45. AB CE FI ??

46. C G F J I M L ?

47. **LJIK** **ZXWY** **QO ? ?**

48. D K E L F M G N ? ?

49. J C H E F G ? ?

50. Q P N K ?

voir solution pages 466-467

Chapitre 2

Exercice n° 2

Durée de l'exercice : 50 minutes

1. Quelle lettre vient compléter la série ?

C E G I ?

2. Quelle lettre vient compléter la série ?

O N M L ?

3. Quel groupe de lettres suit logiquement ceux-ci ?

bcad fgeh ...

a. jkil b. lijk c. ijkl d. kilj e. jikl

4. Quel groupe de lettres complète ceux-ci ?

VUT
UTV
...

5. Quel nombre vient compléter la série ?

5 8 11 14 ?

a. 16 b. 17 c. 18 d. 19 e. 20

6. Quel nombre vient compléter la série ?

76 67 58 ?

a. 45 b. 39 c. 43 d. 47 e. 49

7. Quel nombre vient compléter la série ?

21 16 18 13 15 ?

a. 12 b. 17 c. 10 d. 9 e. 11

8. Quel nombre vient compléter la série ?

3 3 6 18 ?

a. 24 b. 30 c. 44 d. 60 e. 72

9. Quels nombres viennent compléter la série ?

3 1 6 3 12 5 ? ?

a. 15 ; 8 b. 24 ; 8 c. 32 ; 6 d. 24 ; 7 e. 18 ; 7

 voir solution page 468

10. Quel nombre s'inscrit entre les parenthèses ?

9	(22)	13
12	(?)	15

a. 27 b. 33 c. 17 d. 42 e. 24

11. Quel nombre s'inscrit entre les parenthèses ?

10	(22)	7
3	(13)	5
14	(?)	8

a. 37 b. 6 c. 27 d. 22 e. 33

12. Quel est le nombre manquant ?

2	10	5
4	4	1
3	?	6

a. 14 b. 12 c. 9 d. 21 e. 18

13. Quel est le nombre manquant ?

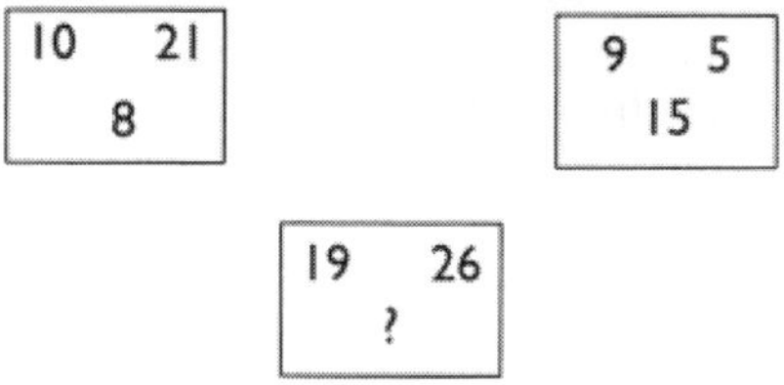

a. 25 b. 23 c. 12 d. 7 e. 21

14. Quel est le nombre manquant ?

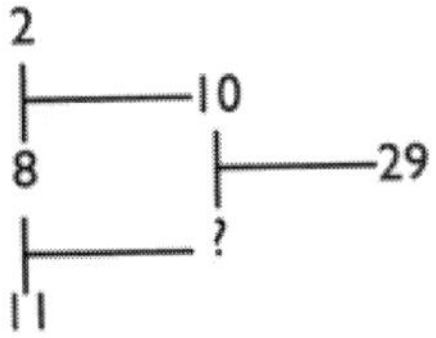

a. 18 b. 19 c. 21 d. 7 e. 27

voir solution page 468

Chapitre 2

15. Quel est le nombre manquant ?

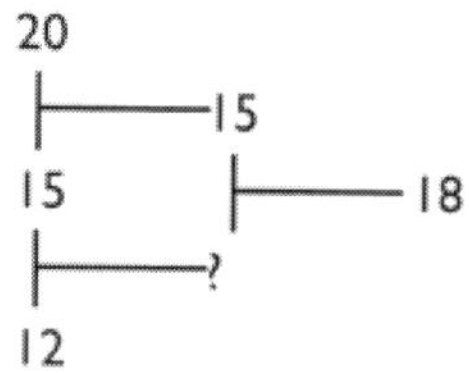

a. 6 b. 27 c. 12 d. 9 e. 3

16. Quel nombre vient compléter la série ?

343 512 729 ?

a. 989 b. 845 c. 922 d. 899 e. 1 000

17. Quel nombre vient compléter la série ?

1 440 240 48 12 ?

a. 4 b. 3 c. 6 d. 8 e. 5

18. Quel est le nombre manquant ?

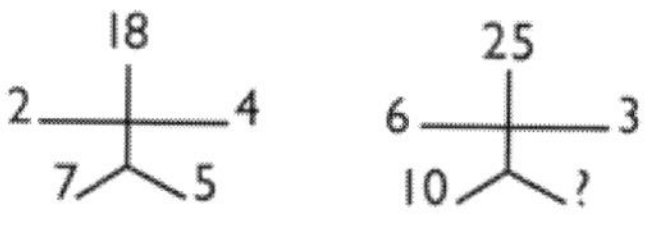

a. 8 b. 12 c. 6 d. 4 e. 5

19. Quel est le nombre manquant ?

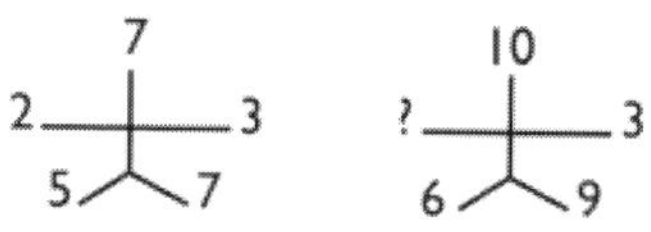

a. 4 b. 5 c. 2 d. 1 e. 3

voir solution pages 468-469

20. Quel chiffre vient compléter la série ?

e4 c2 h7 a?

a. 25 b. 3 c. 0 d. 10 e. 1

21. Quel nombre s'inscrit dans le triangle ?

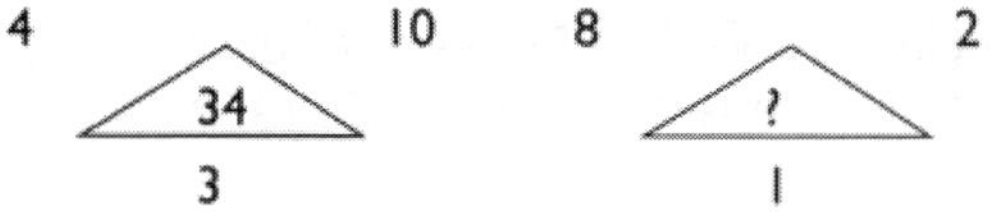

a. 30 b. 22 c. 18 d. 25 e. 34

voir solution page 469

Chapitre 2

Tests à base de dessins

Exercice n° 1

Séries graphiques

Cet exercice se compose de trente items. Ces suites et exercices logiques n'ont comme support que des formes géométriques et ne comportent ni chiffres ni lettres. La bonne réponse est à trouver parmi cinq proposées. Réussir cet exercice nécessite à la fois des capacités de raisonnement, de rapidité et de représentation spatiale.

Durée de l'exercice : 60 minutes.

Parmi les cinq proposés, quel est le dessin qui prolonge la série ci-dessous ?

1.

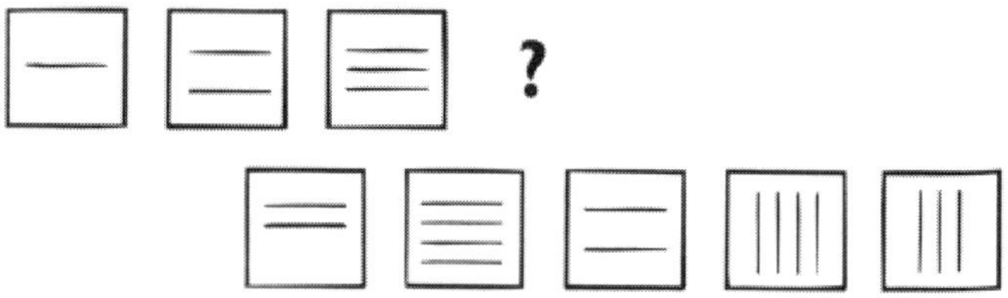

a b c d e

2.

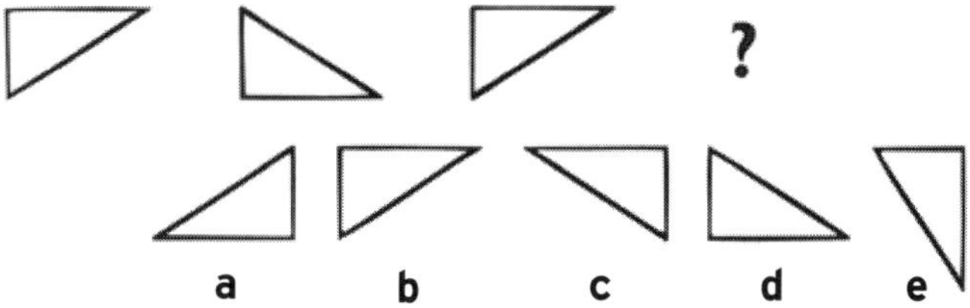

a b c d e

voir solution page 470

3.

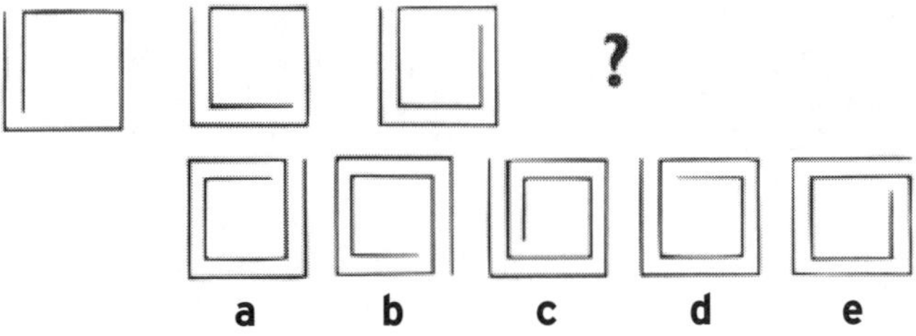

4.

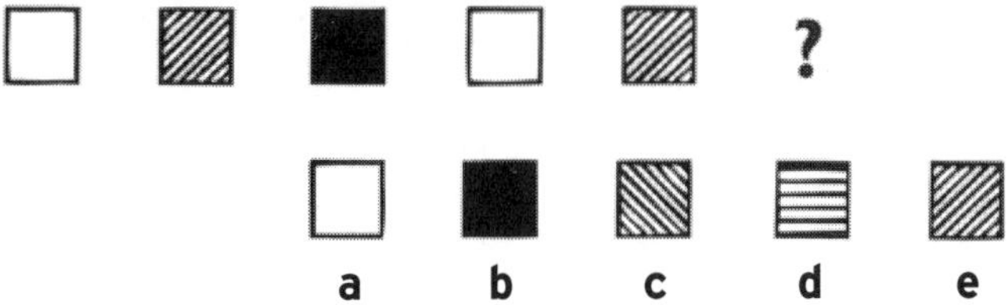

5.

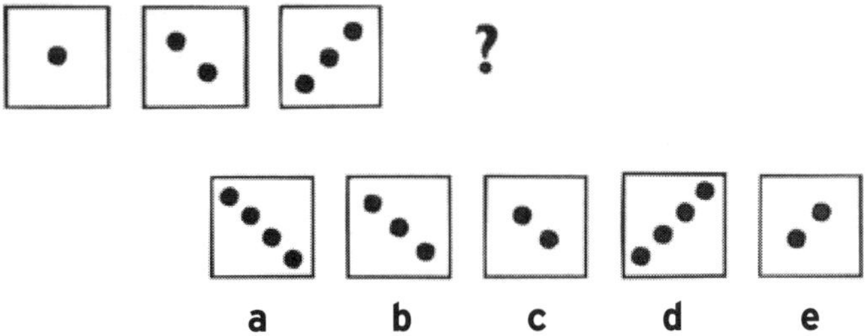

6.

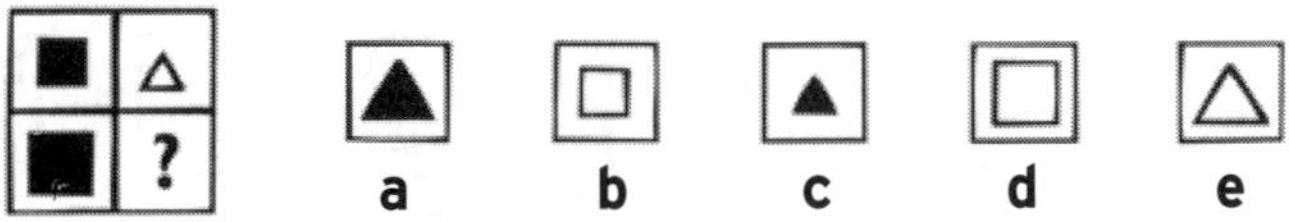

voir solution page 470

Chapitre 2

7.

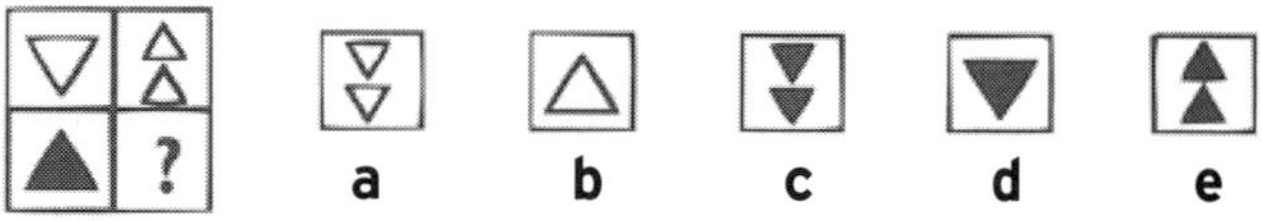

8.

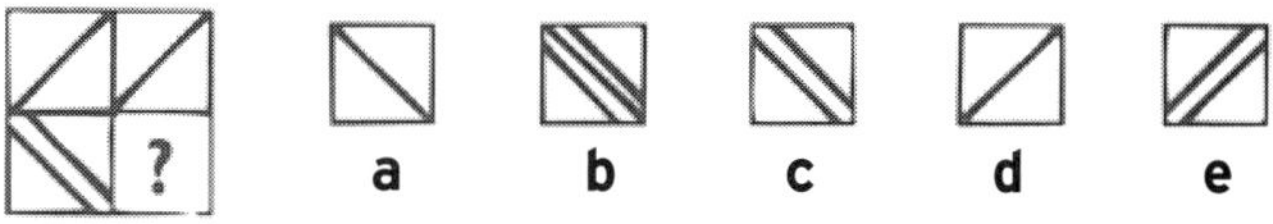

9.

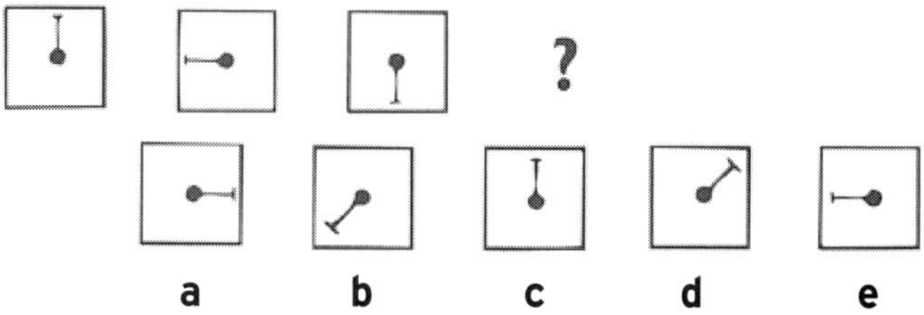

10.

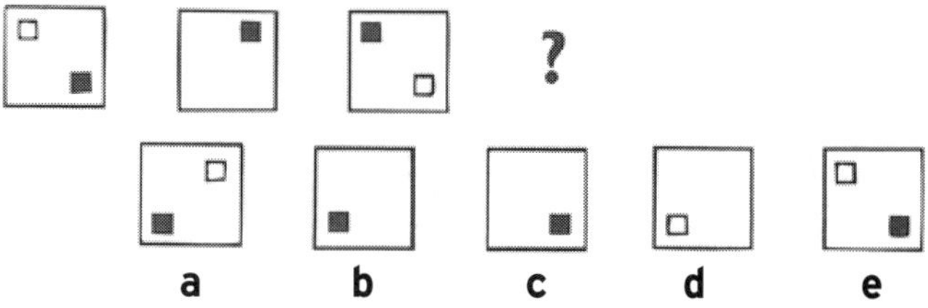

voir solution pages 470-471

11.

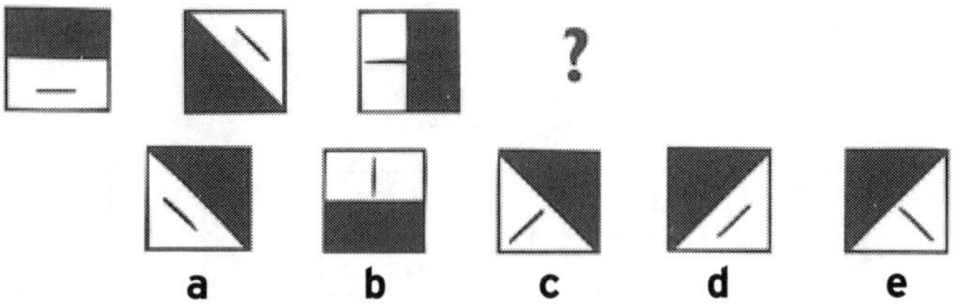

12.

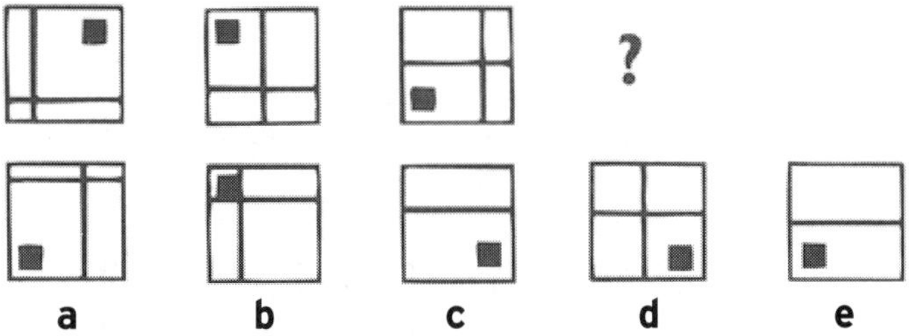

13.

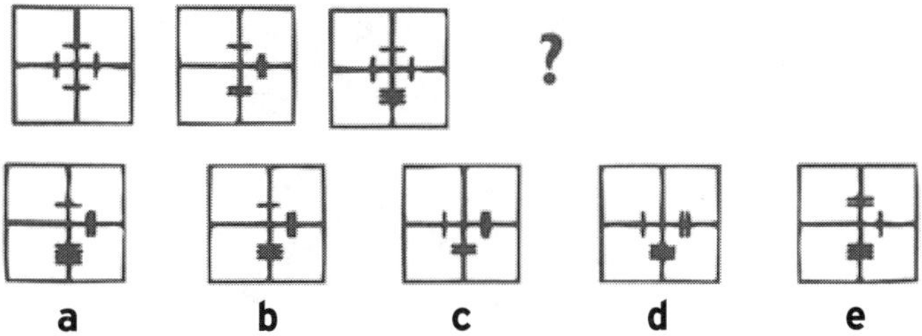

14.

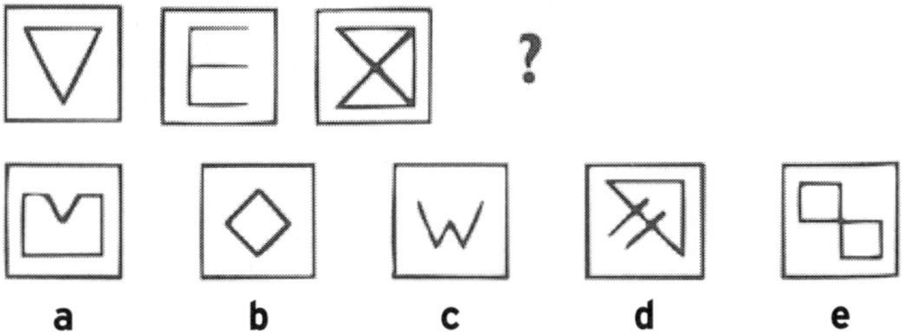

voir solution page 471

Chapitre 2

15.

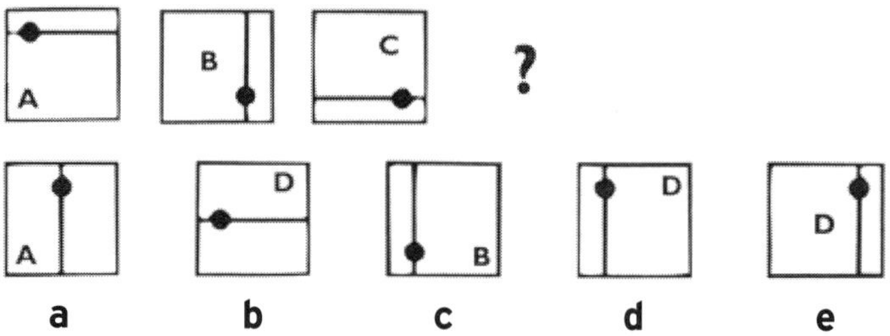

16.

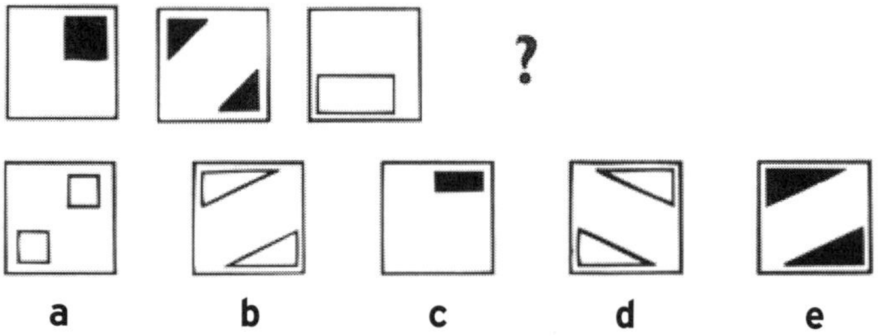

17.

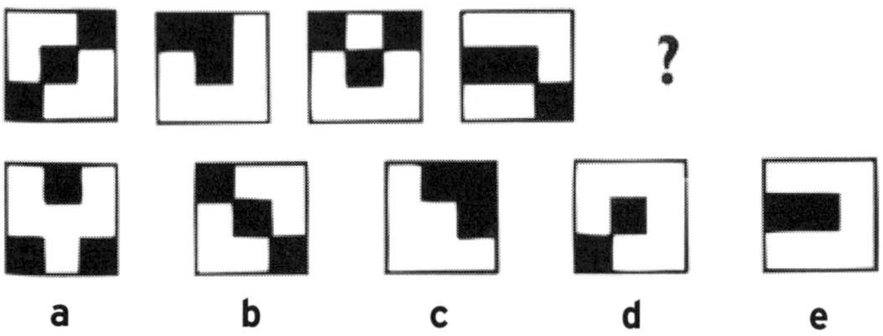

voir solution pages 471-472

Parmi les cinq proposés, quel est le dessin qui ne va pas avec les autres ?

18.

a b c d e

19.

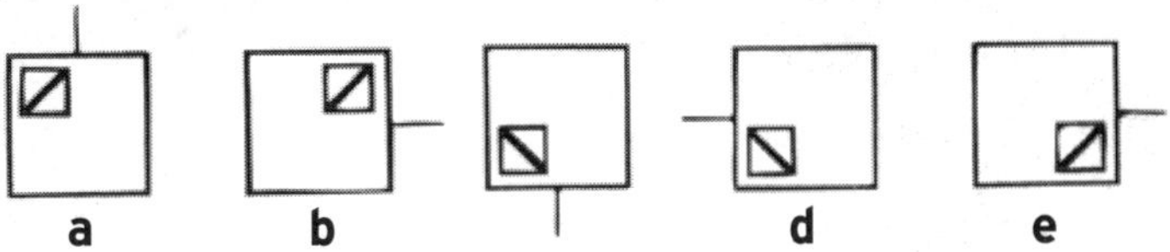

a b c d e

20.

a b c d e

21.

a b c d e

22.

a b c d e

voir solution page 472

Chapitre 2

Ce dessin a été tourné sur lui-même, puis retourné recto verso. Parmi les cinq proposés, quel dessin en est le résultat ?

23.

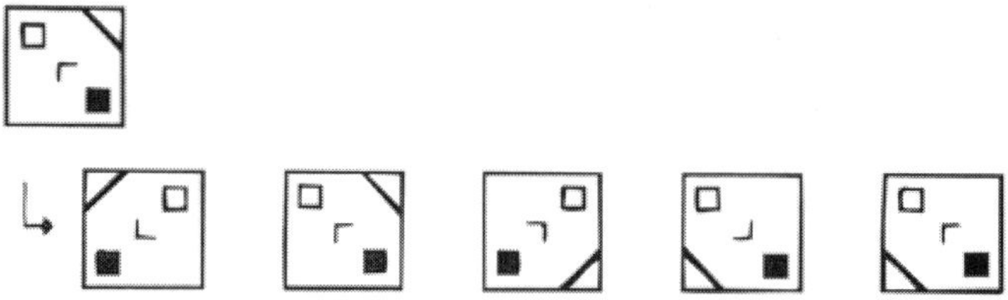

a b c d e

24.

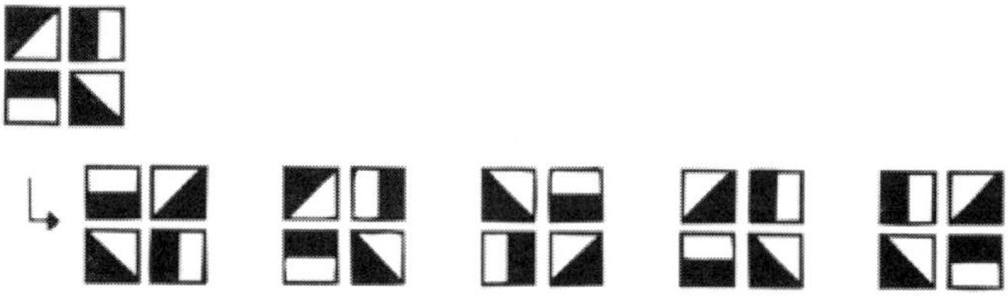

a b c d e

25.

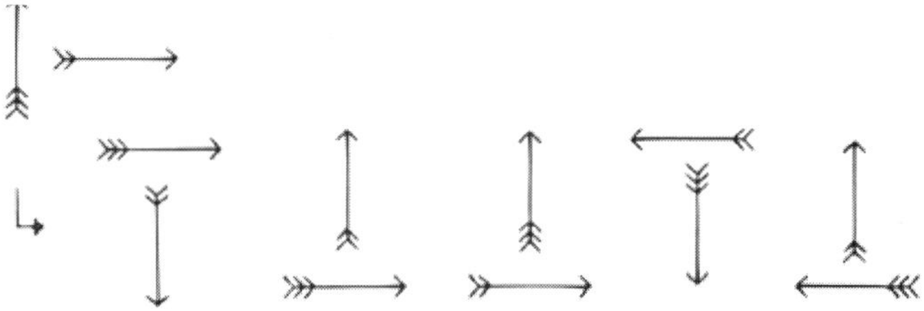

a b c d e

26.

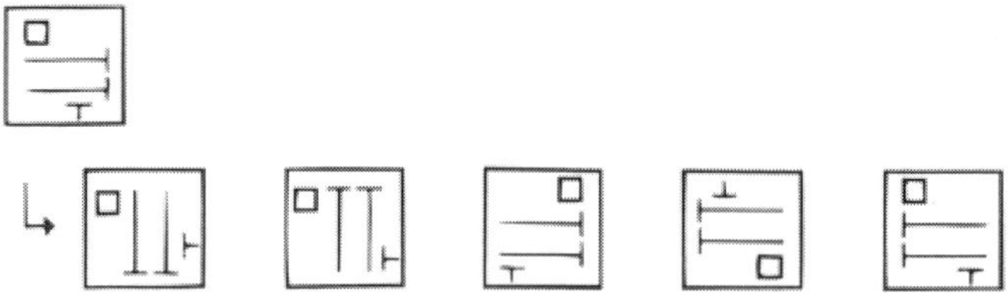

a b c d e

voir solution pages 472-473

Chapitre 2

La consigne fait partie des dessins. Il s'agit de transposer une règle : A est à B ce que C est à ... La réponse se trouve parmi les cinq dessins proposés.

27. 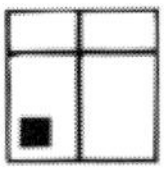 est à  ce que  est à ?

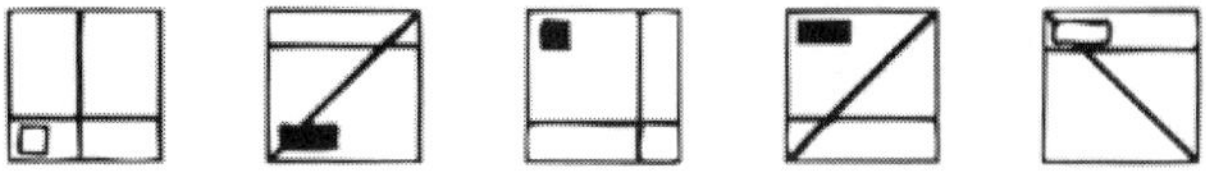

a **b** **c** **d** **e**

28.  est à  ce que 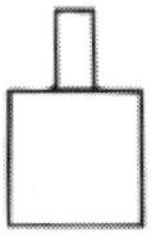 est à ?

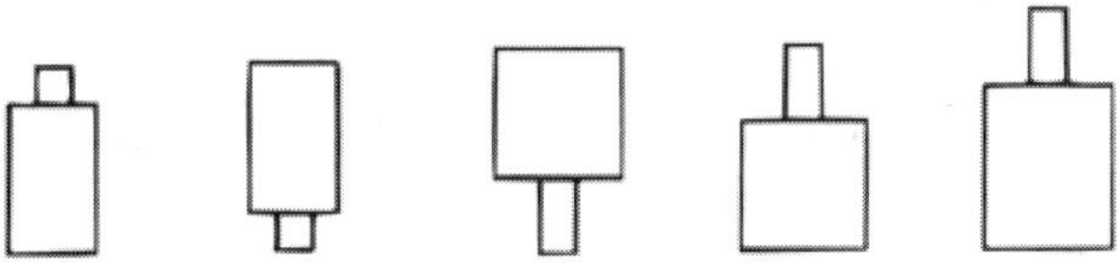

a **b** **c** **d** **e**

voir solution page 473

Chapitre 2

29.

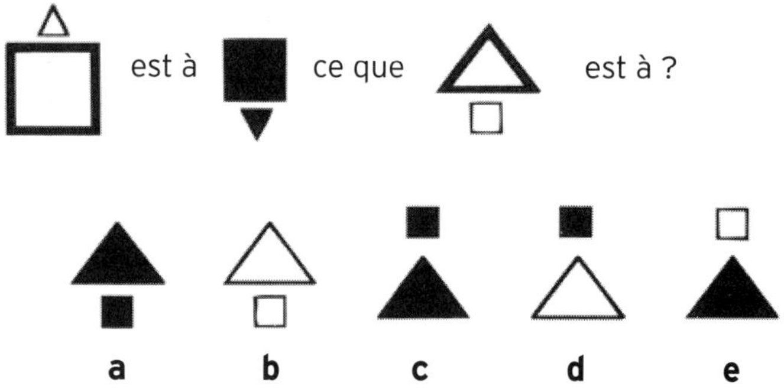

30.

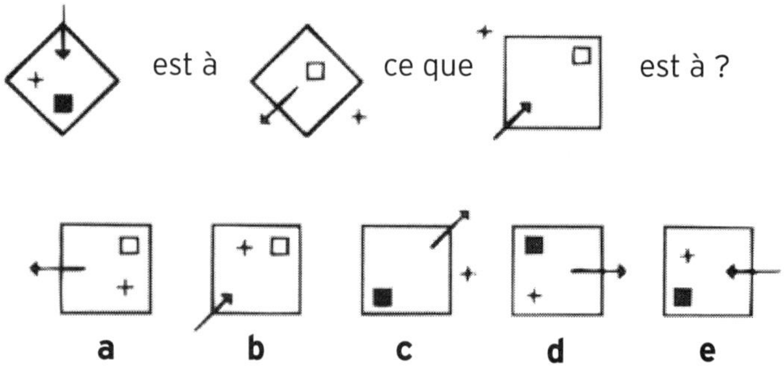

voir solution page 473

Exercice n° 2

Matrices

Cet exercice se compose de vingt items. Chaque item se présente sous la forme d'un carré contenant huit figures géométriques réparties sur trois lignes. La figure située en bas à droite manque. Elle doit être déduite des huit figures présentes, en découvrant la loi qui les régit. Cette figure manquante se trouve parmi les six proposées sous le carré, nommées de a à f.

Durée de l'exercice : 30 minutes.

1.

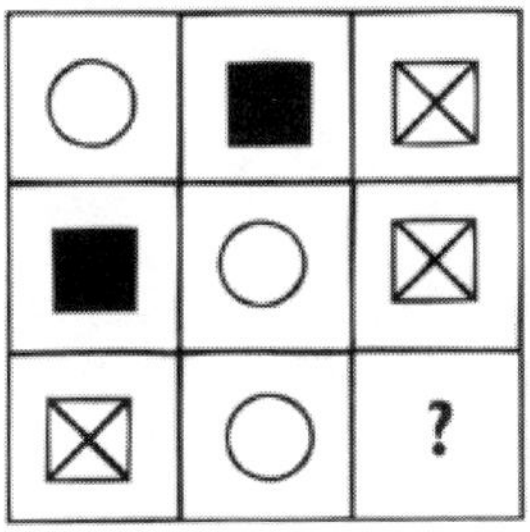

a b c d e f

voir solution page 474

Chapitre 2

2.

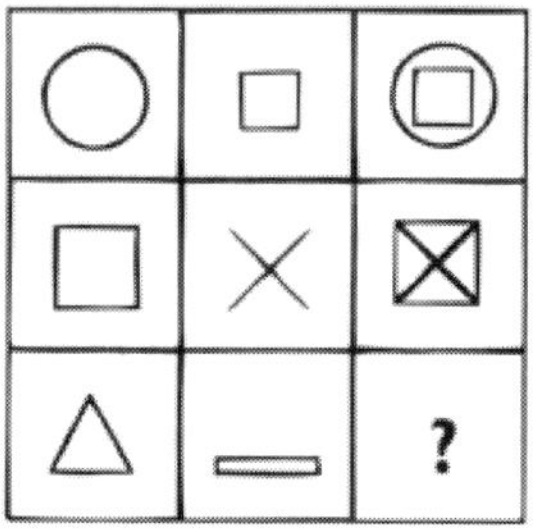

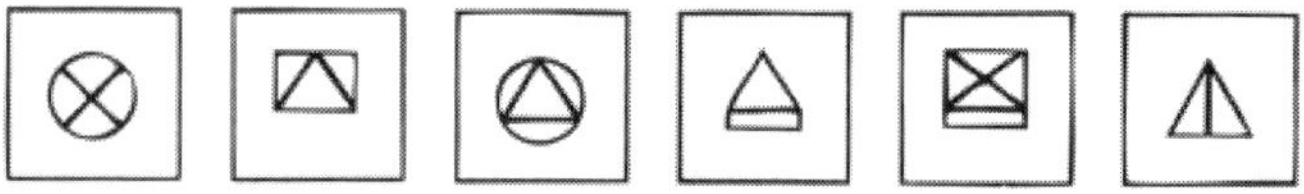

a **b** **c** **d** **e** **f**

3.

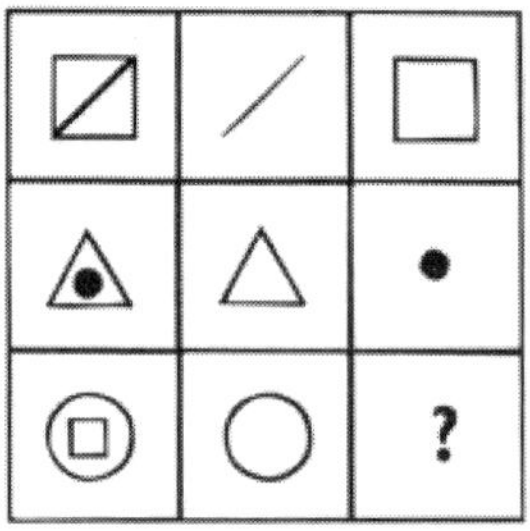

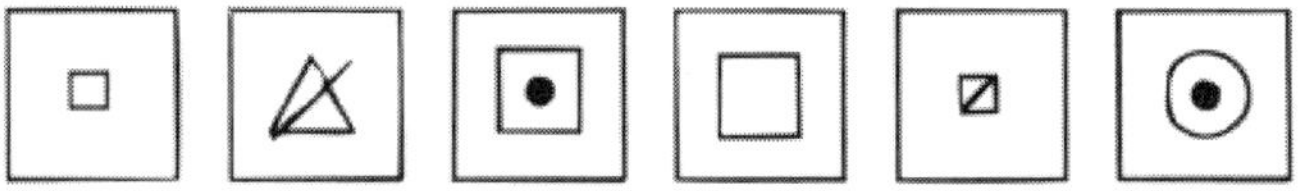

a **b** **c** **d** **e** **f**

voir solution page 474

4.

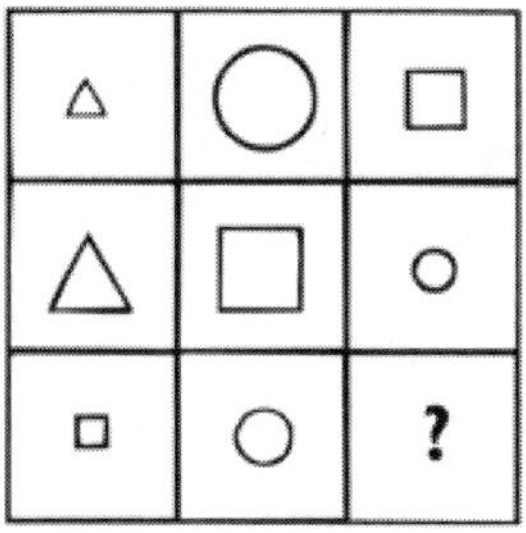

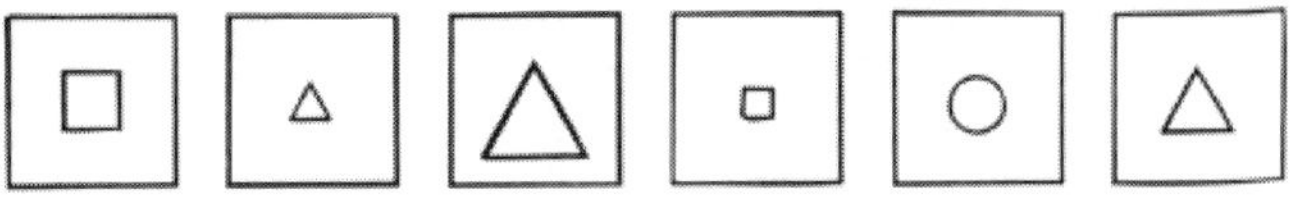

a b c d e f

5.

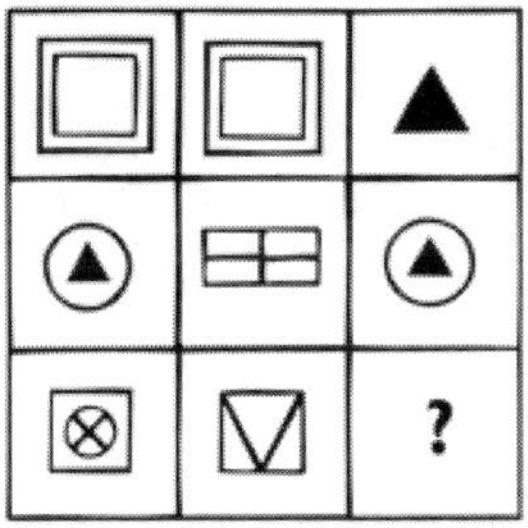

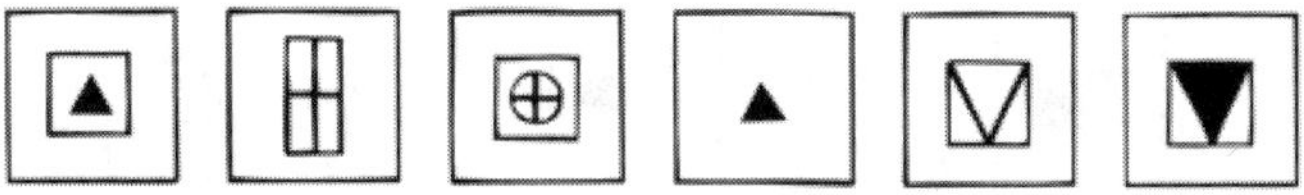

a b c d e f

voir solution pages 474-475

Chapitre 2

6.

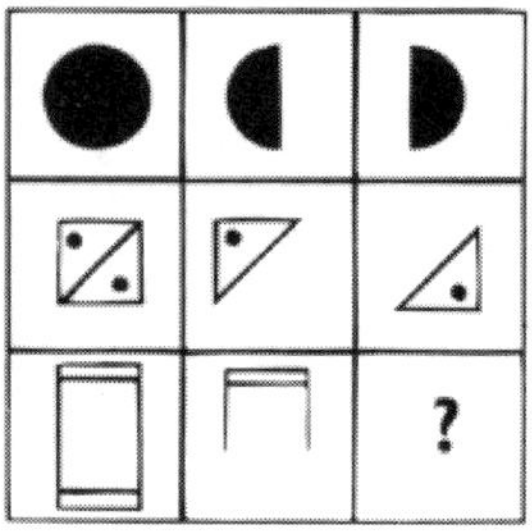

a **b** **c** **d** **e** **f**

7.

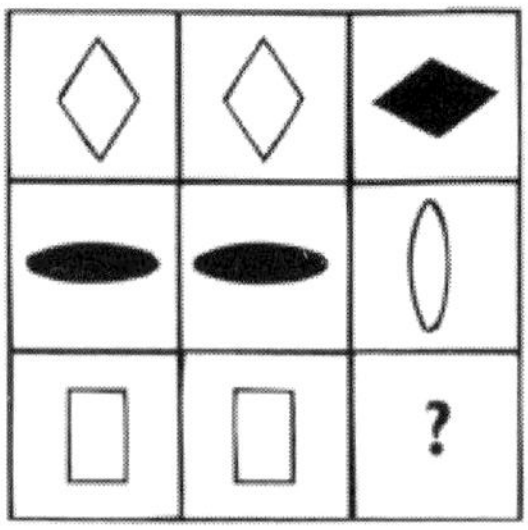

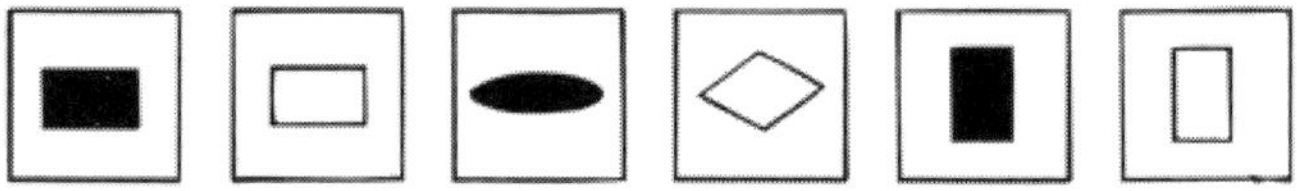

a **b** **c** **d** **e** **f**

voir solution page 475

8.

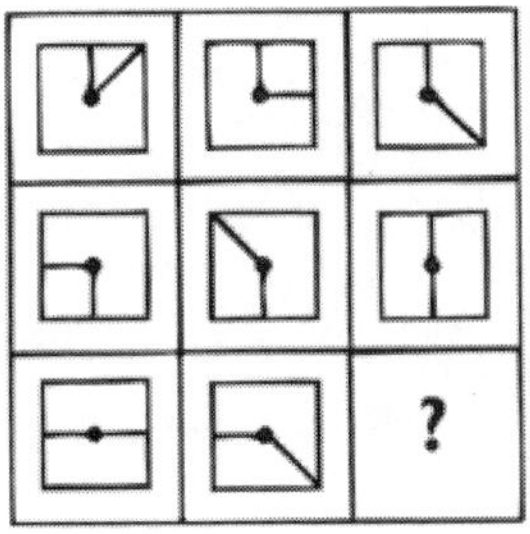

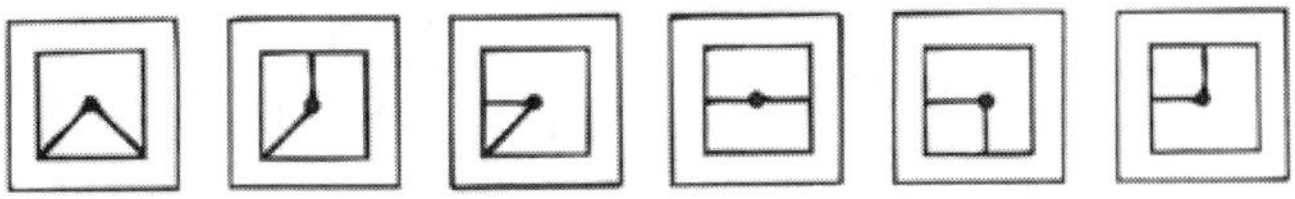

a b c d e f

9.

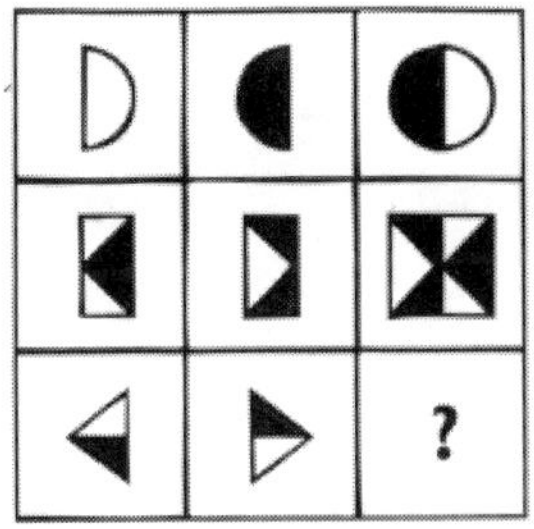

a b c d e f

voir solution page 475

Chapitre 2

10.

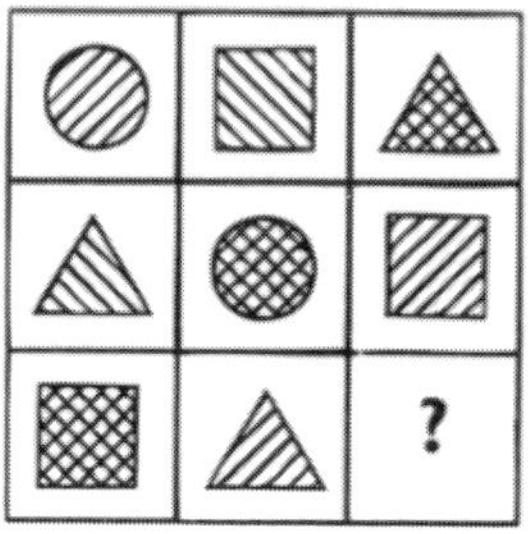

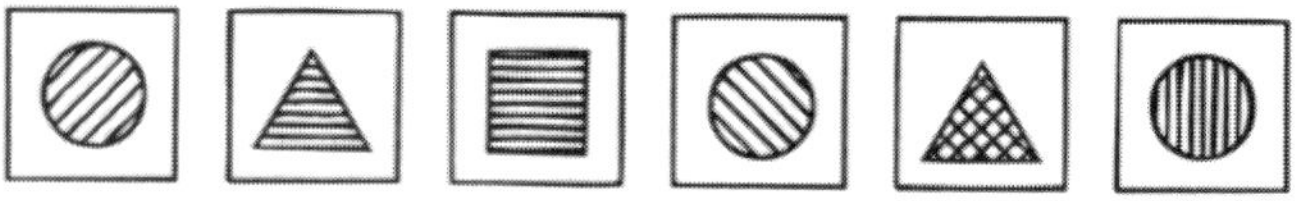

a **b** **c** **d** **e** **f**

11.

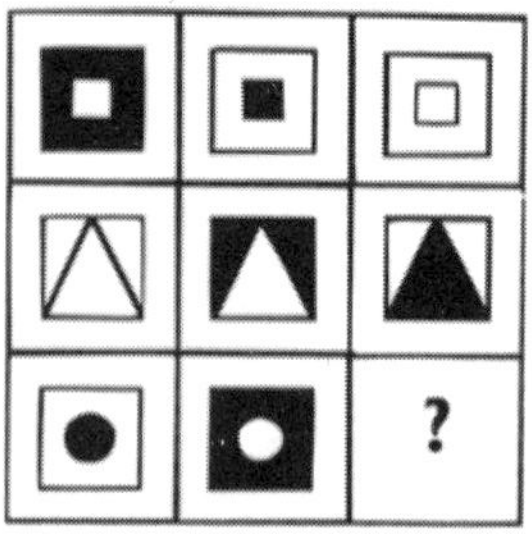

a **b** **c** **d** **e** **f**

voir solution page 476

12.

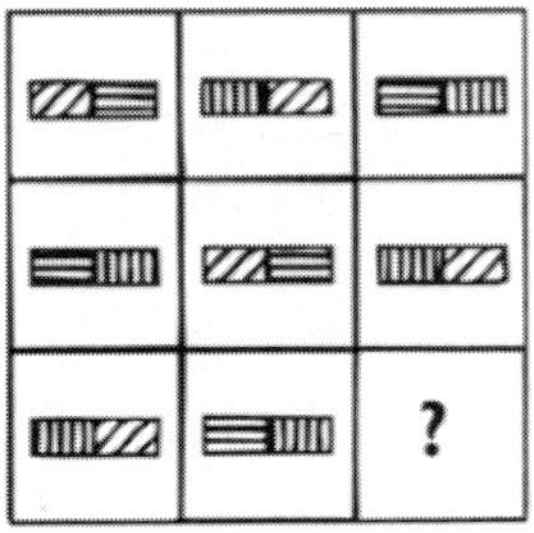

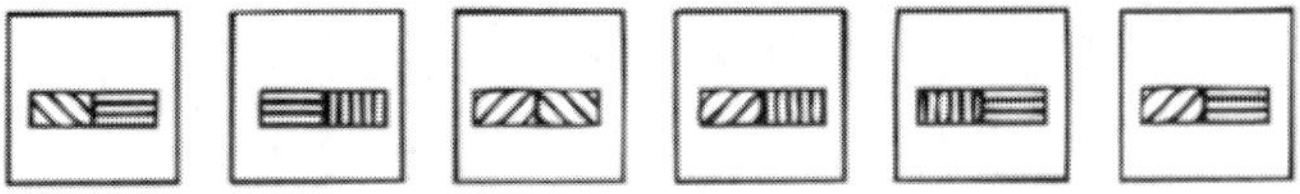

a b c d e f

13.

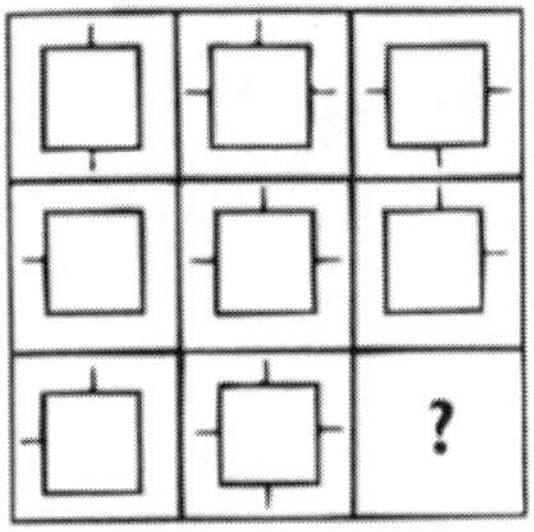

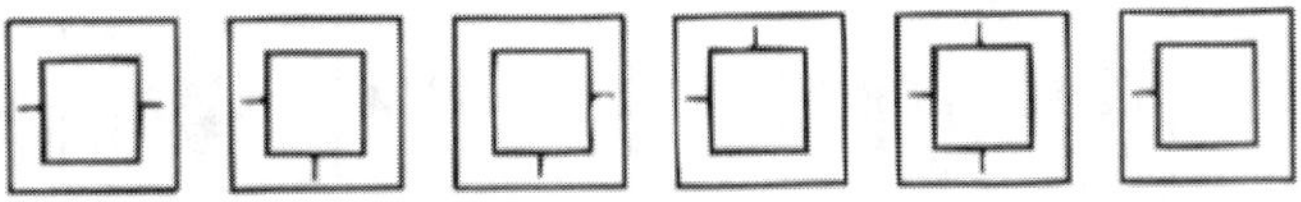

a b c d e f

voir solution page 476

Chapitre 2

14.

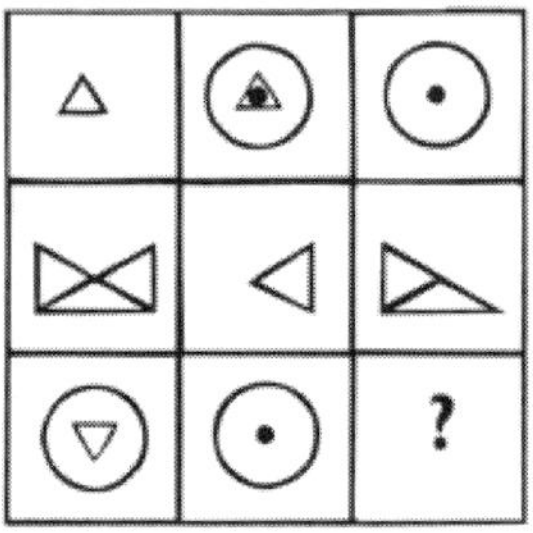

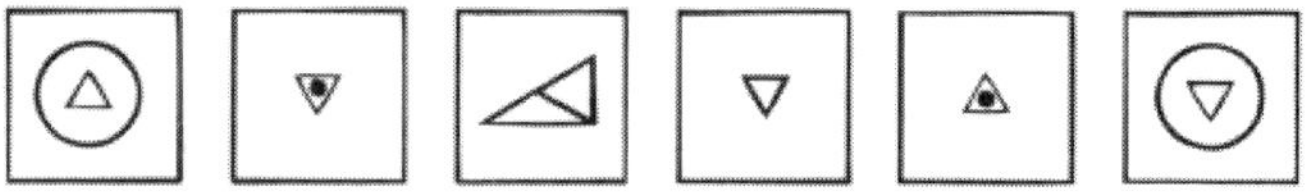

a b c d e f

15.

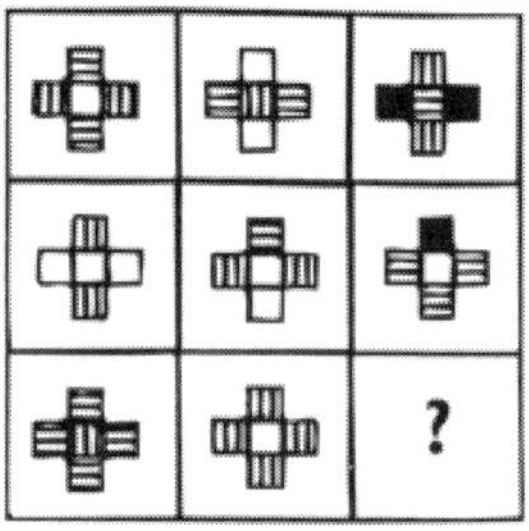

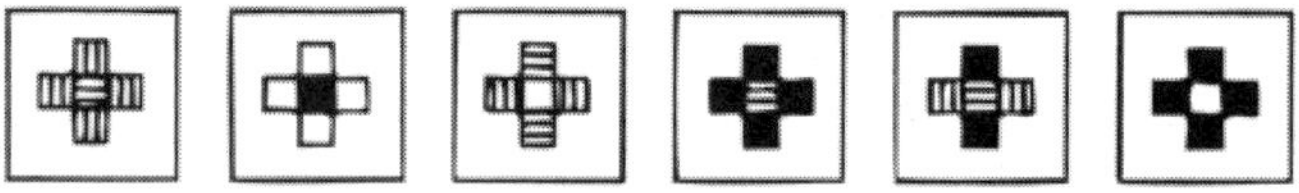

a b c d e f

 voir solution page 476

16.

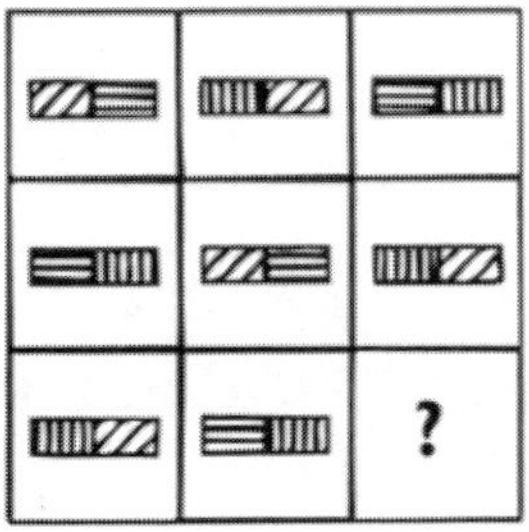

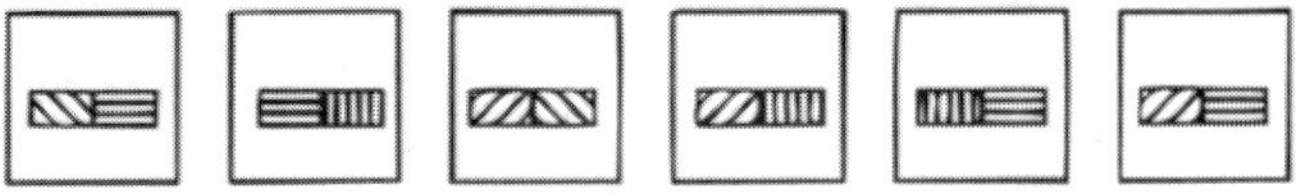

a b c d e f

17.

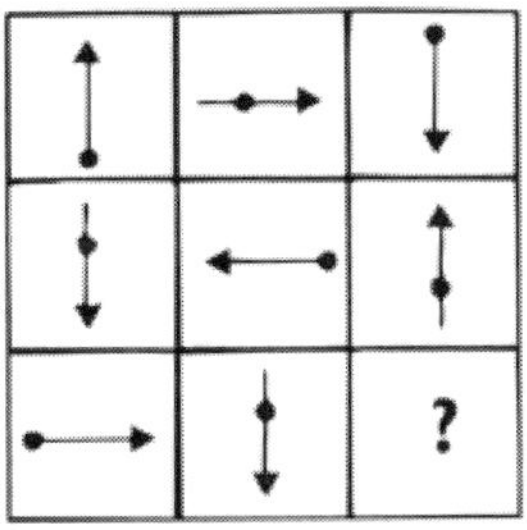

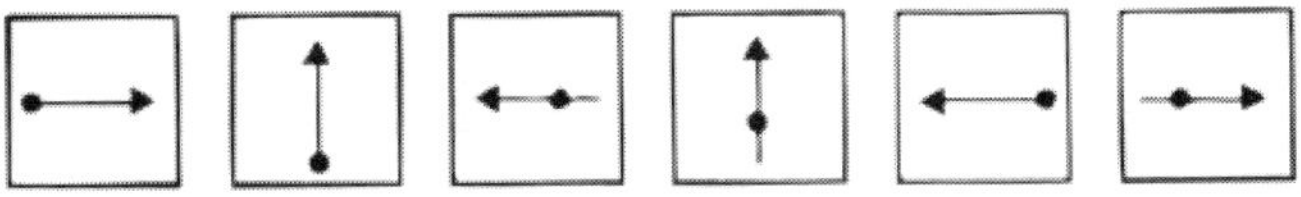

a b c d e f

voir solution page 477

Chapitre 2

18.

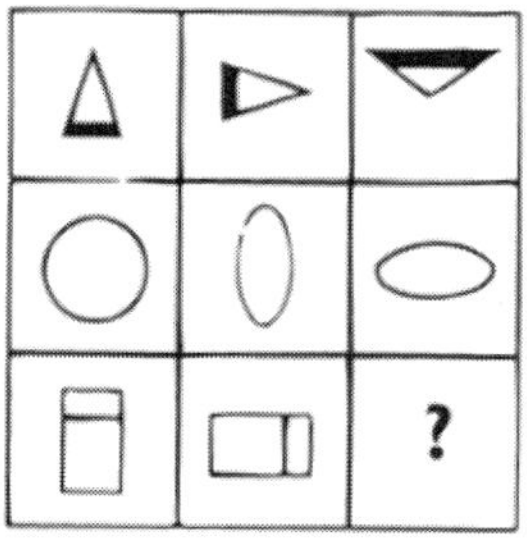

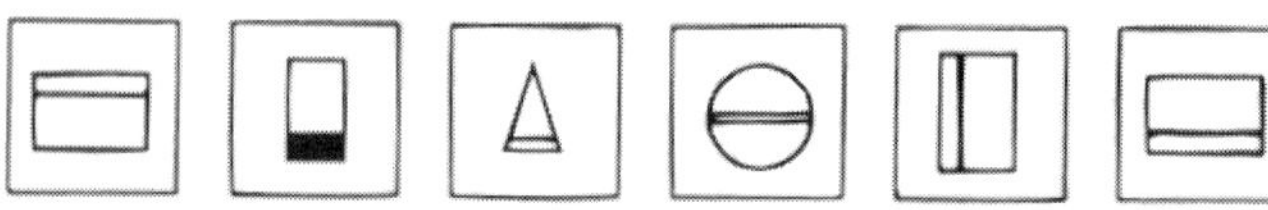

a **b** **c** **d** **e** **f**

19.

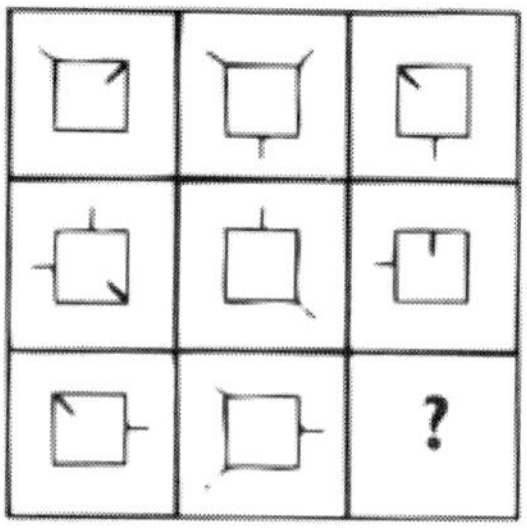

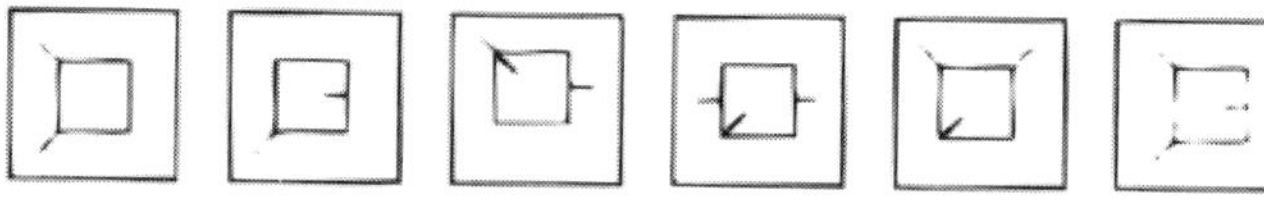

a **b** **c** **d** **e** **f**

voir solution page 477

20.

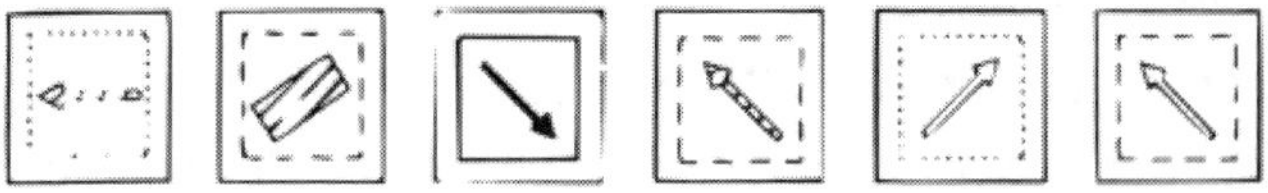

a b c d e f

voir solution page 477

Chapitre 2

Exercice n° 3

Les séries spatiales

Dans ces suites logiques, il s'agit à nouveau de réfléchir sur des dessins géométriques, mais l'exercice, quoique similaire, est un peu différent de celui des séries de dessins. Ici, il s'agit essentiellement de projeter mentalement des déplacements ou des retournements de figures. Certaines personnes n'ont aucune difficulté pour se représenter ce que donnera une figure que l'on a retournée recto verso. Pour d'autres, c'est très difficile. C'est cette compréhension des représentations dans l'espace qui est ici testée.

Durée de l'exercice : 30 minutes.

Quelle figure, parmi les cinq proposées, est identique à celle du haut qui a été pivotée ?

1.

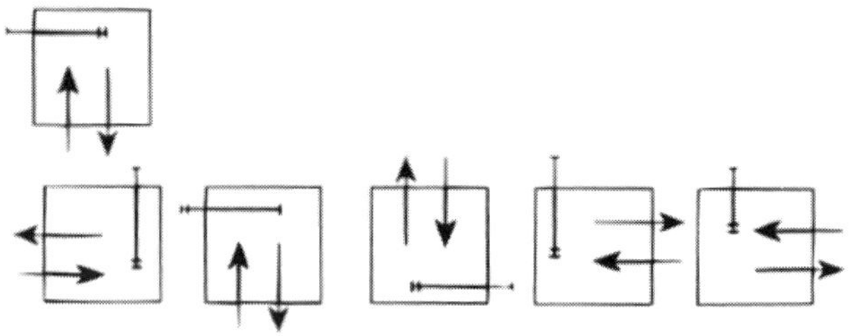

a b c d e

2.

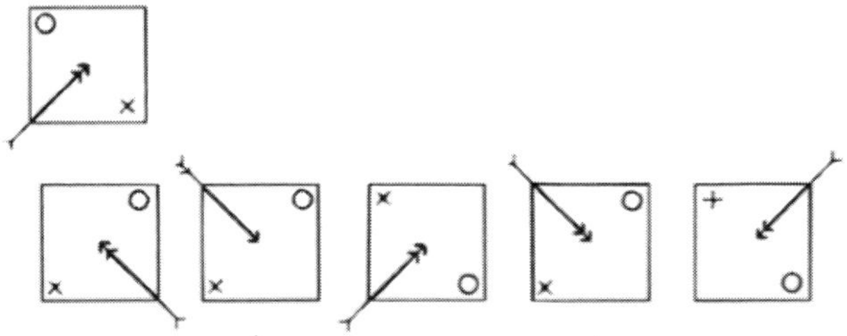

a b c d e

voir solution page 478

3.

a b c d e

4.

a b c d e

5.

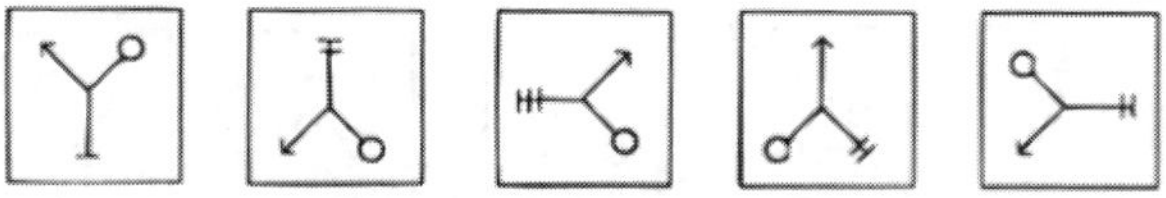

a b c d e

voir solution page 478

Chapitre 2

La figure du haut a été pivotée puis retournée recto verso. Quel est le résultat parmi les cinq figures proposées ?

6.

a b c d e

7.

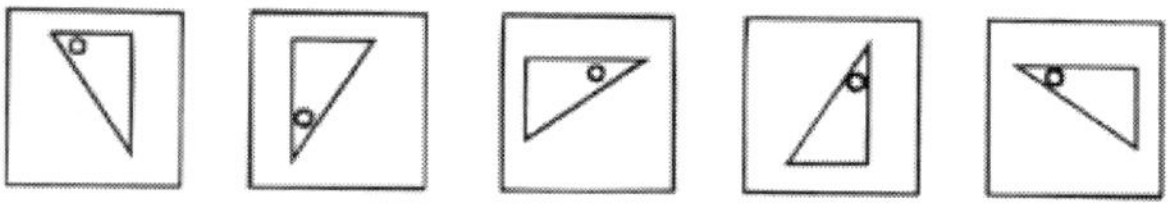

a b c d e

8.

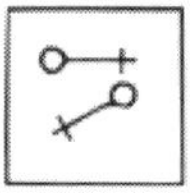

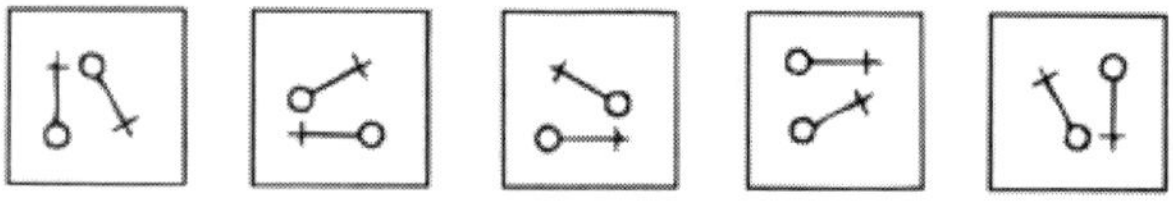

a b c d e

voir solution page 478

9. 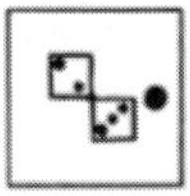

a b c d e

10. 

a b c d e

Combien ce solide a-t-il de faces ?

11. 

14. 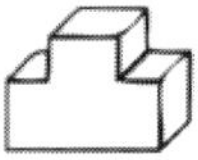

12. 

15. 

13. 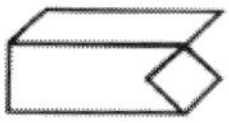

voir solution page 478

Chapitre 2

Quelle figure diffère des trois autres quant à la position du point ?

16.

a **b** **c** **d**

17.

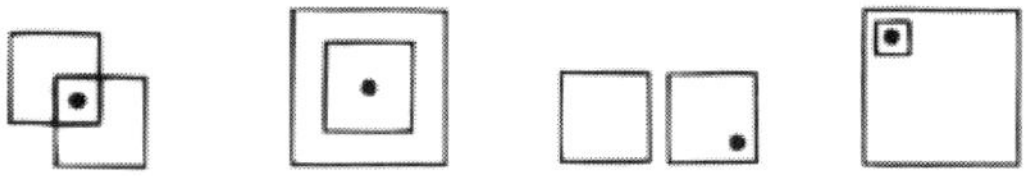

a **b** **c** **d**

18.

a **b** **c** **d**

19.

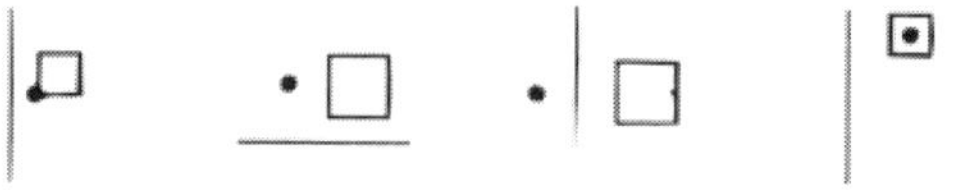

a **b** **c** **d**

20.

a **b** **c** **d**

voir solution page 478

Chapitre 2

Tests à base de cartes à jouer

Exercice n° 1

Cet exercice est composé de vingt items. Chacun représente un groupe de cartes à jouer. Les quatre couleurs sont représentées (pique, cœur, carreau et trèfle), mais les valeurs des cartes ne vont que de un à dix (l'as compte pour un et les figures sont exclues).

Dans chaque groupe de cartes, l'une n'est pas représentée. Vous devez deviner à la fois la valeur et la couleur de la carte manquante en fonction de la position et des caractéristiques des autres cartes.

Durée de l'exercice : 30 minutes.

1.

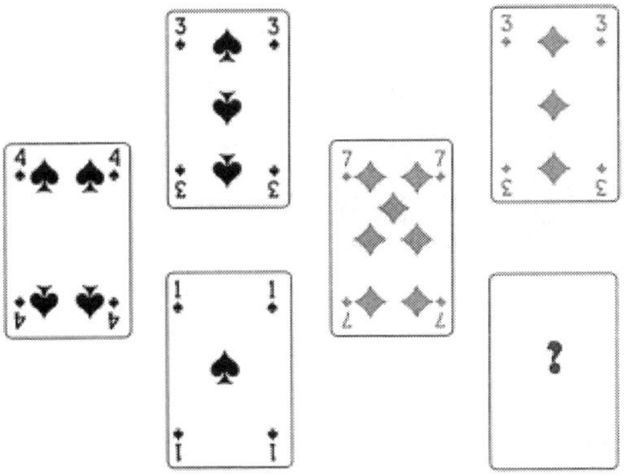

voir solution page 479

Chapitre 2

2.

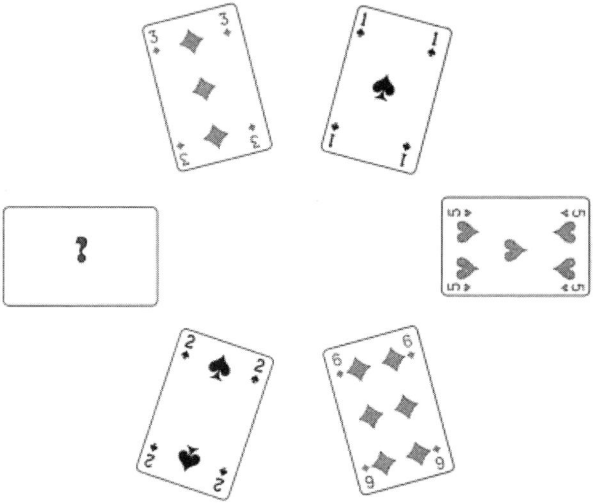

3.

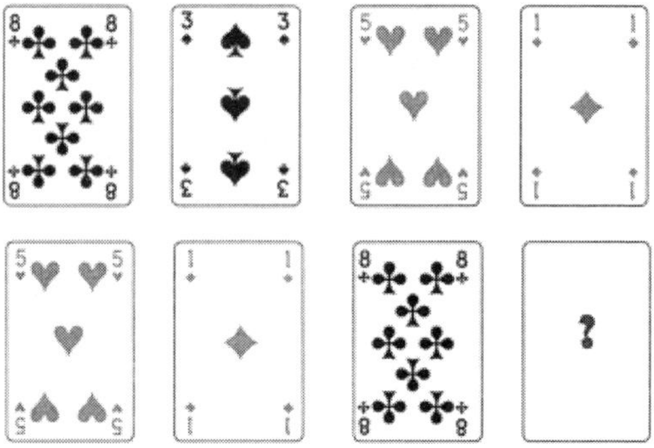

voir solution page 480

4.

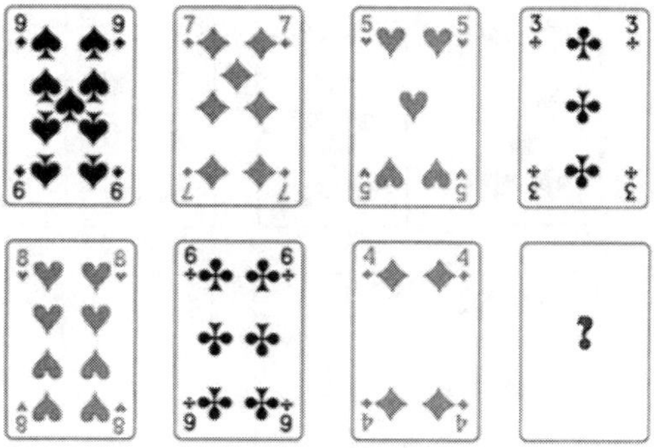

5.

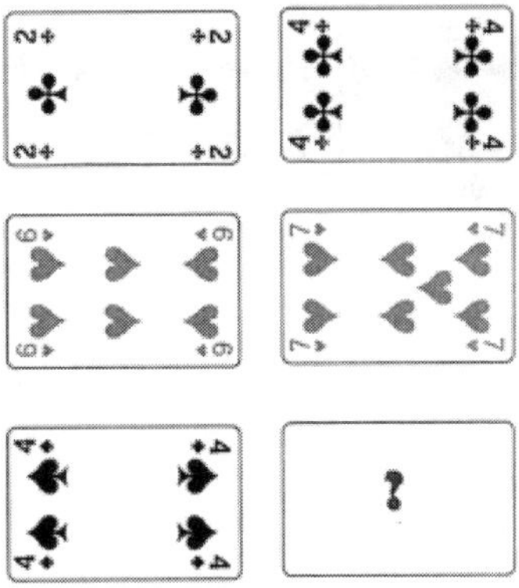

voir solution pages 481-482

Chapitre 2

6.

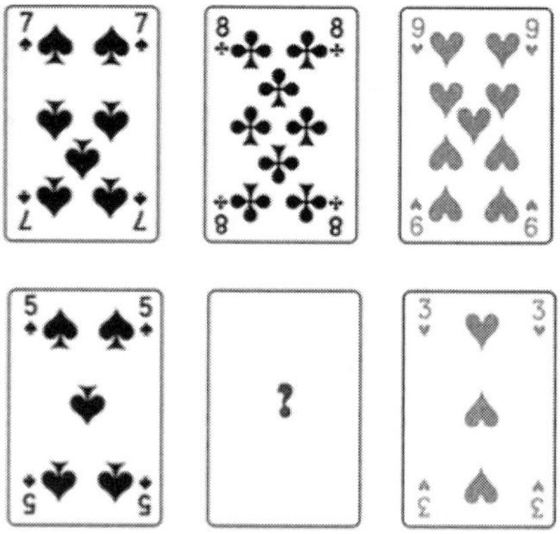

7.

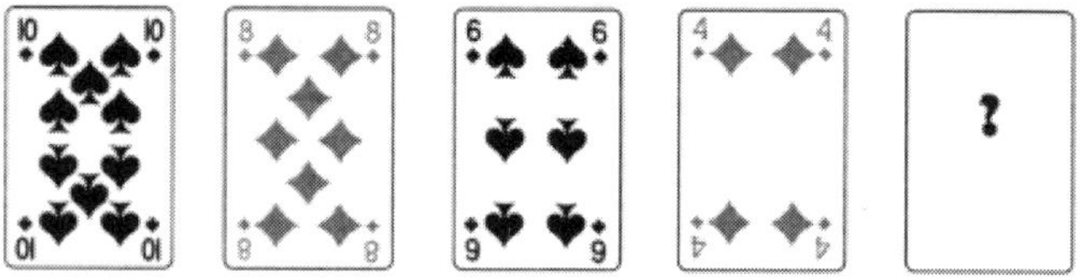

voir solution page 482

8.

9.

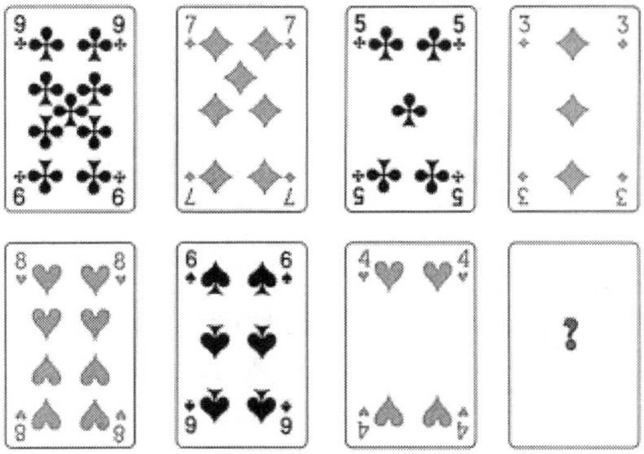

voir solution page 483

Chapitre 2

10.

11.

voir solution page 484

12.

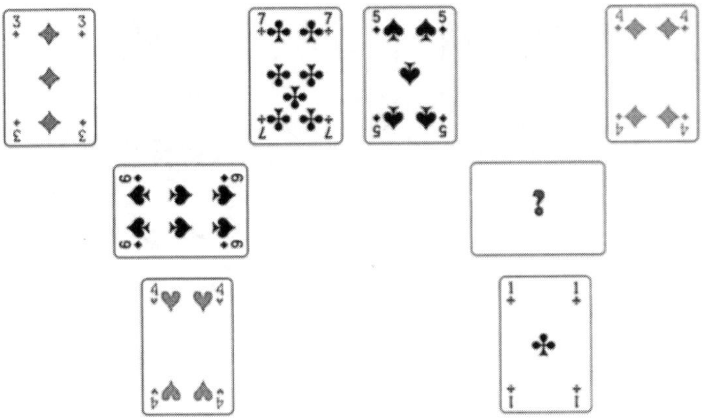

13.

voir solution page 485

Chapitre 2

14.

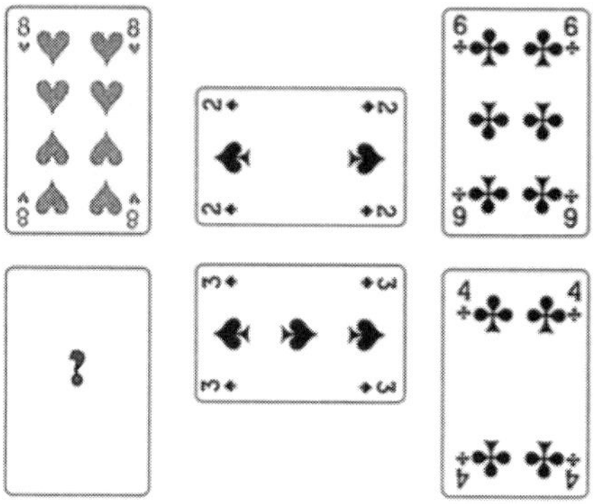

15.

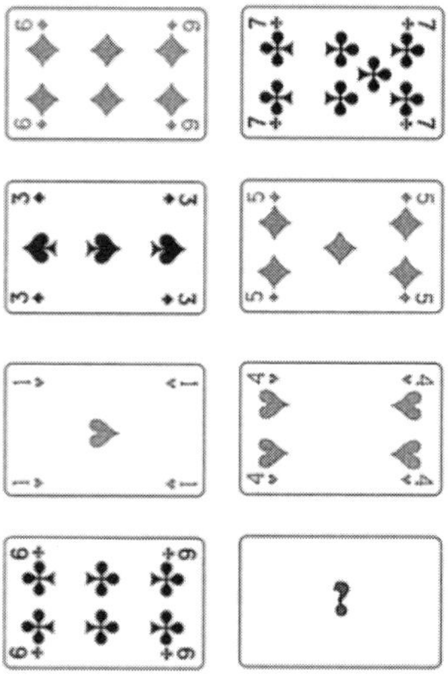

voir solution page 486

16.

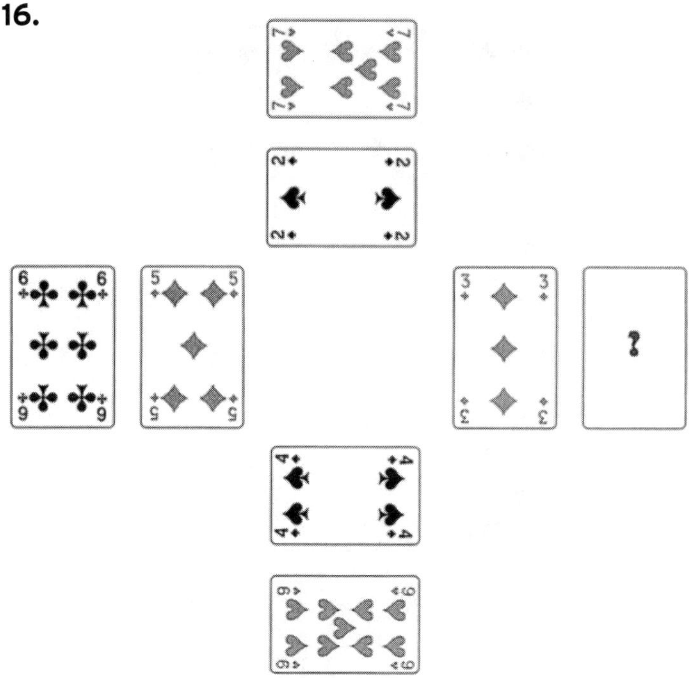

voir solution page 486

Chapitre 2

17.

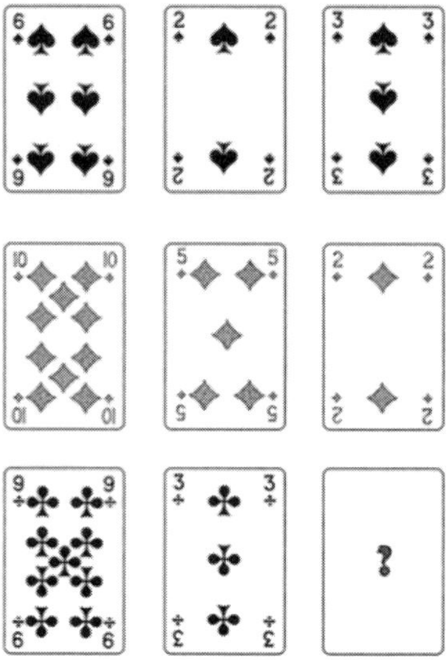

18.

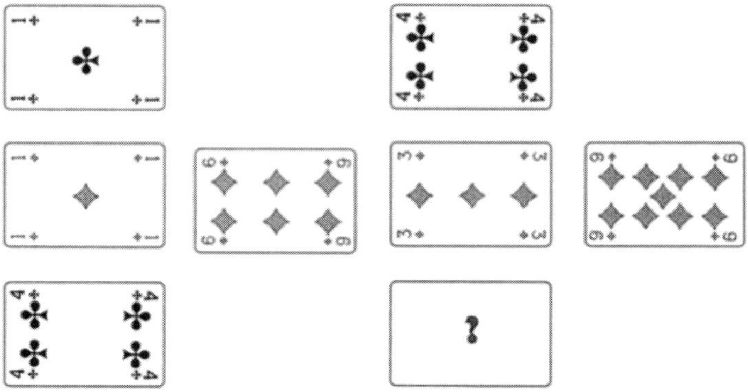

voir solution page 487

19.

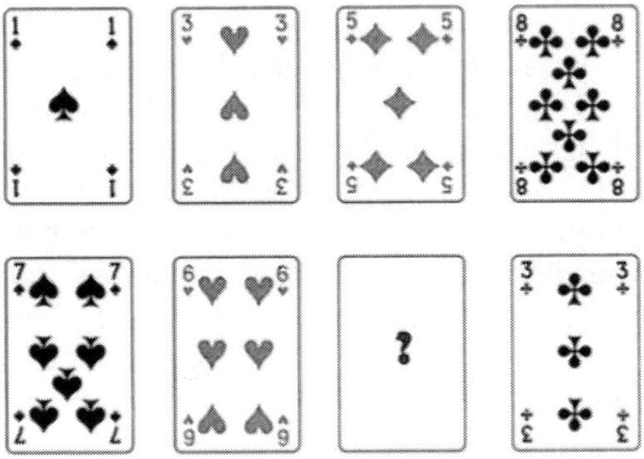

20.

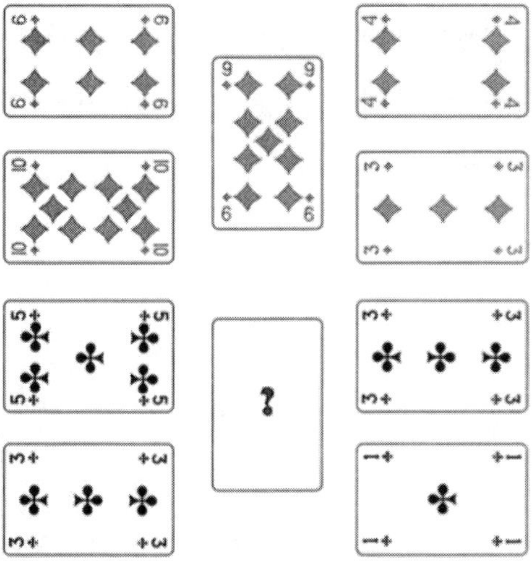

voir solution page 488

Chapitre 2

Exercice n° 2

Une carte manque à chaque groupe. Vous allez devoir deviner sa couleur et sa valeur. Pour cela, vous allez vous aider de la disposition et des caractéristiques des autres cartes. Parfois les cartes sont de valeurs croissantes ou décroissantes ; parfois elles s'additionnent deux à deux ; d'autres fois encore les cartes sont les mêmes en ligne ou en colonne, mais en ordre différent. Les systèmes sont variés, mais toujours assez simples. À vous de repérer le système logique de chaque groupe de cartes et d'identifier celle qui manque.

Durée de l'exercice : 20 minutes.

1.

2.

voir solution page 489

3.

4.

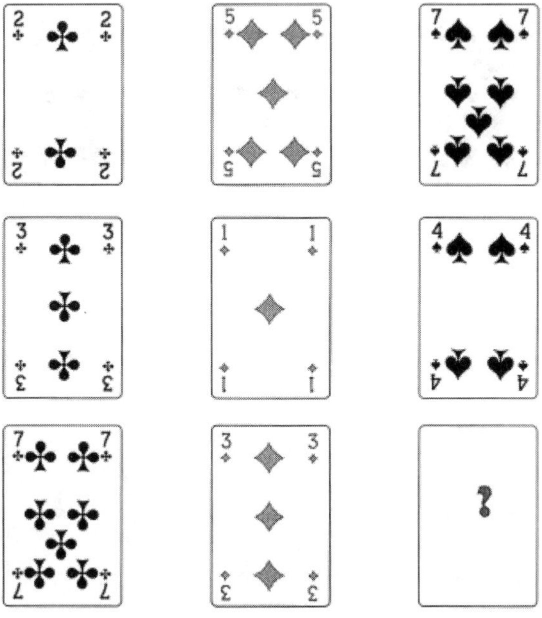

voir solution page 489

Chapitre 2

5.

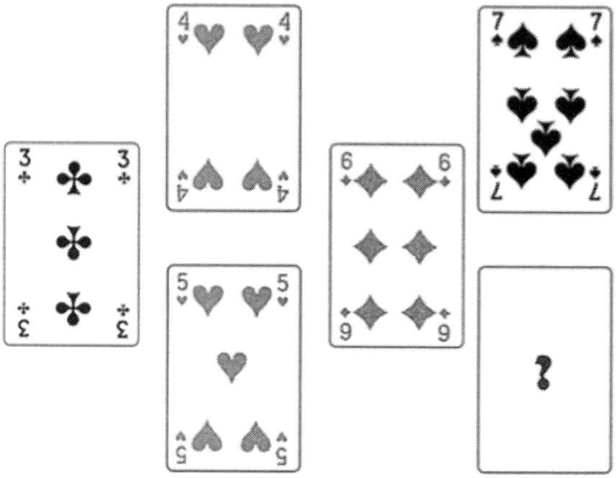

6.

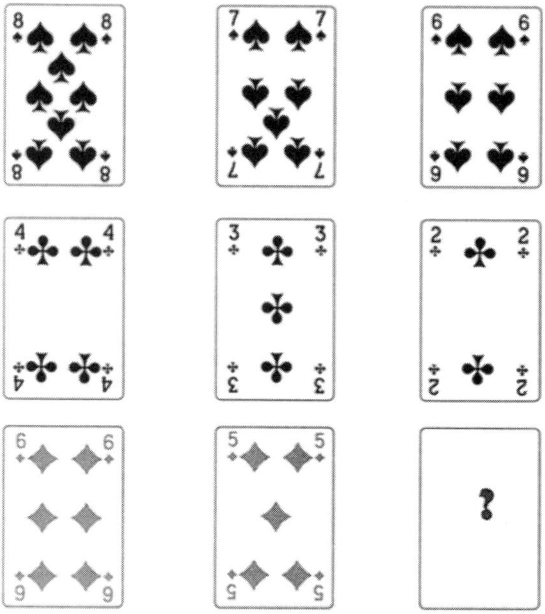

voir solution page 489

7.

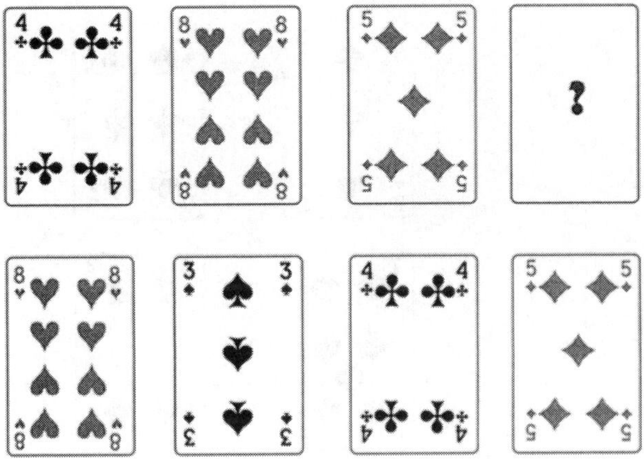

voir solution page 489

Chapitre 2

8.

voir solution page 489

9.

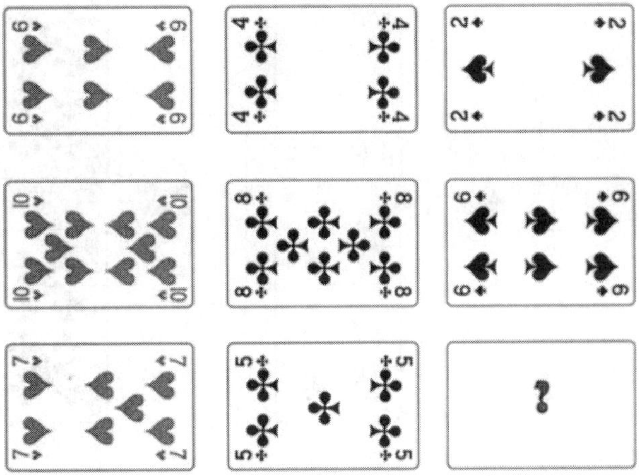

10.

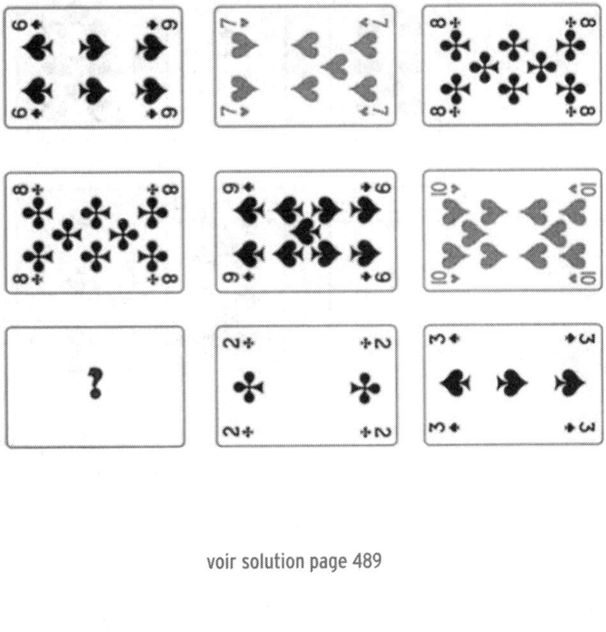

voir solution page 489

Chapitre 2

11.

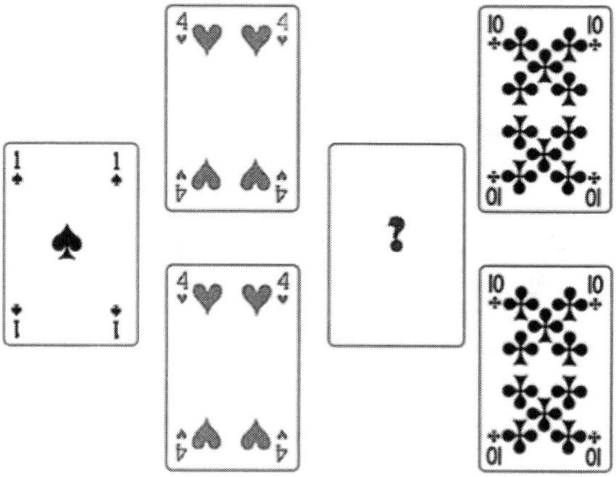

12.

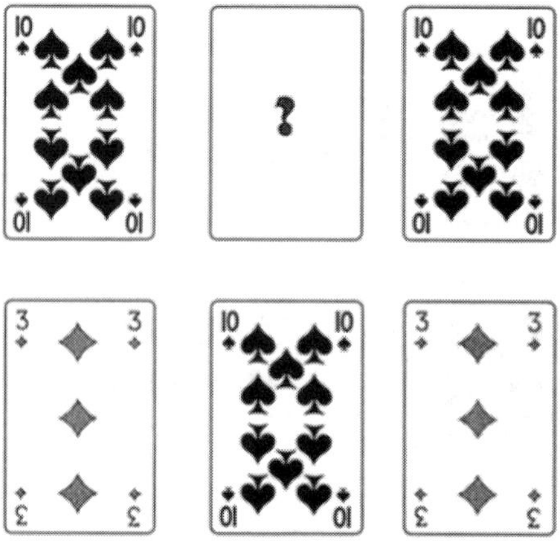

voir solution page 489

13.

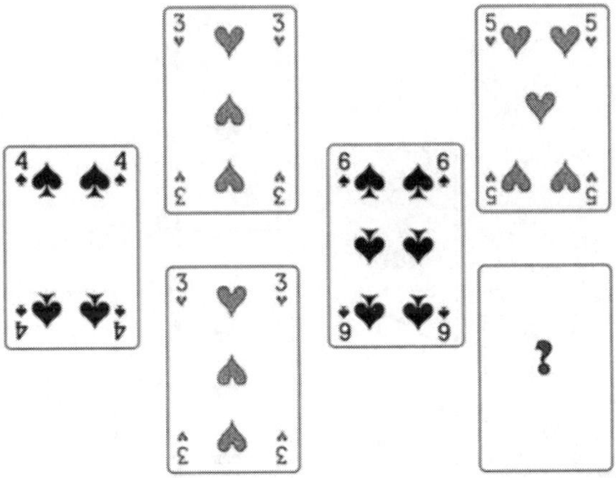

14.

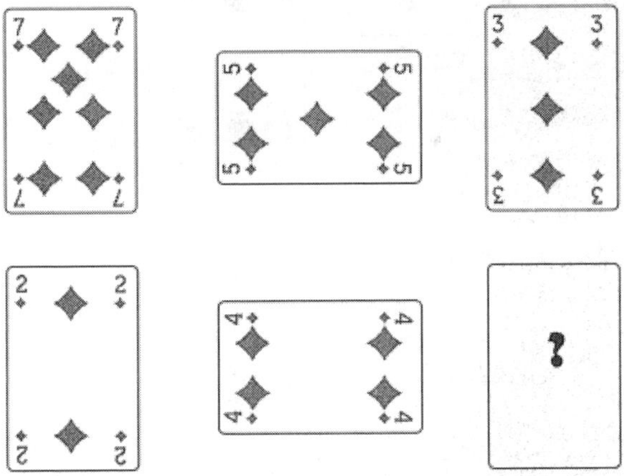

voir solution page 489

Chapitre 2

15.

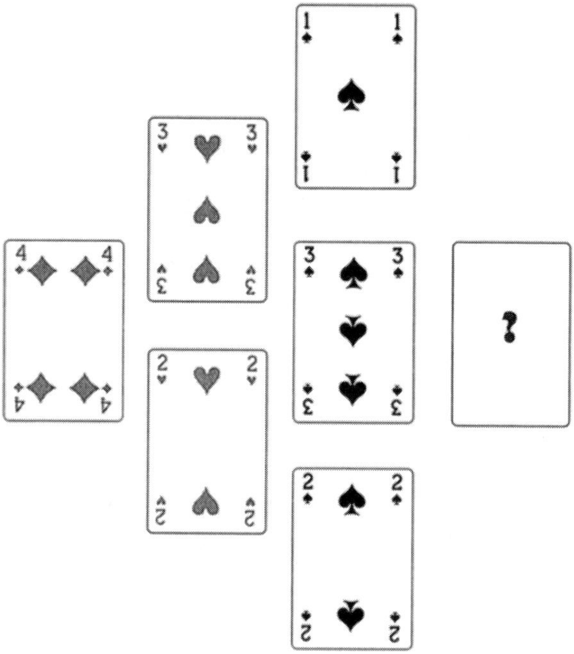

voir solution page 489

Chapitre 2

Tests à base de dominos

Exercice n° 1

Cet exercice est composé de trente items. Chaque item représente un groupe de dominos, dont l'un, masqué, est à deviner. Rappelons que chaque moitié de domino peut prendre une valeur allant de zéro à six, qui correspond au nombre de points dessinés.

Quand les valeurs se suivent, c'est la valeur zéro qui suit la valeur six. L'ordre est donc : 0 1 2 3 4 5 6 0 1 2 3... En ordre inverse (décroissant), c'est le six qui suit le zéro.

Durée de l'exercice : 40 minutes.

1.

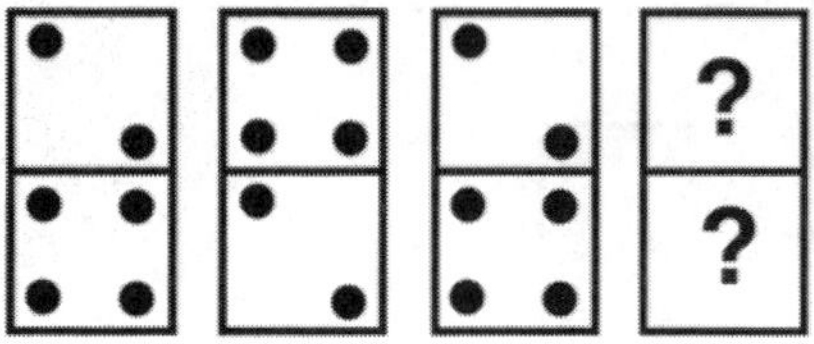

2.

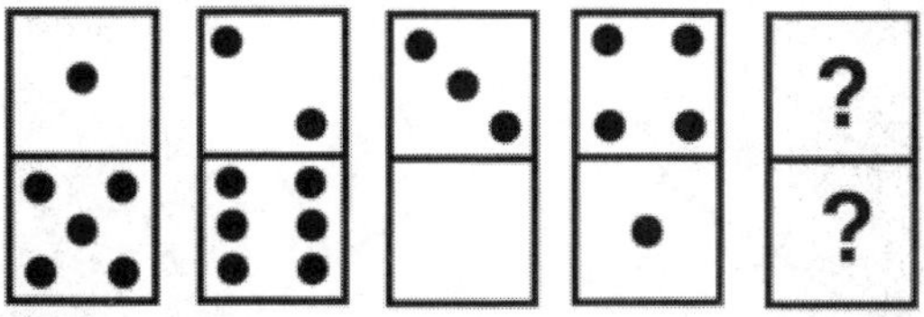

voir solution page 490

Chapitre 2

3.

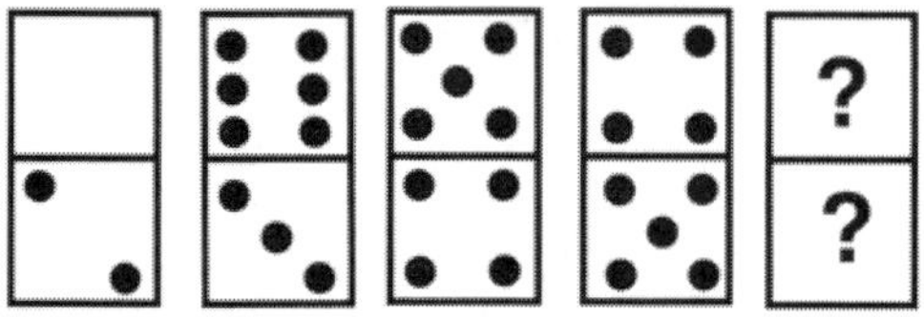

4.

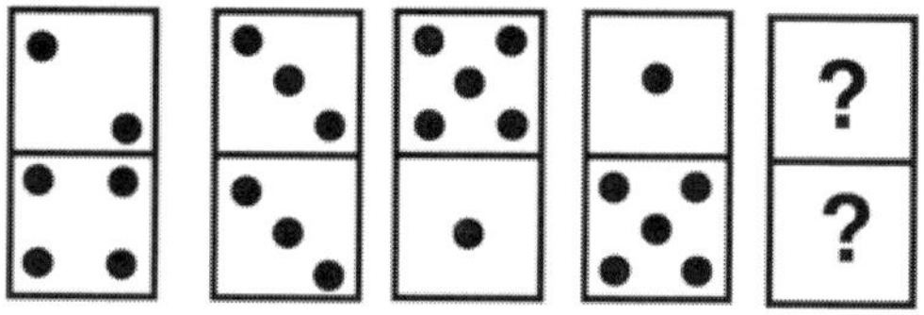

5.

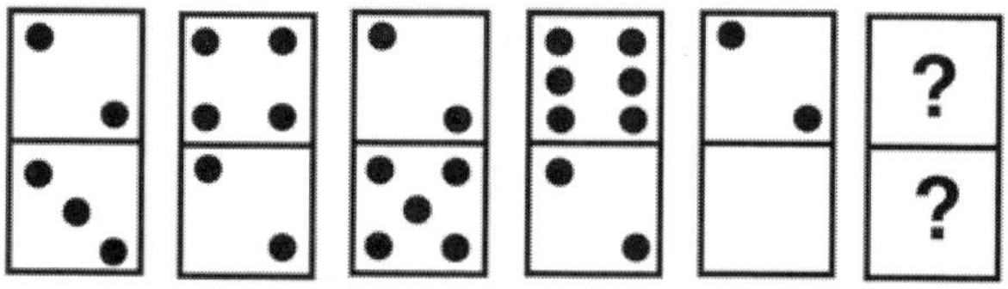

6.

voir solution pages 490-491

7.

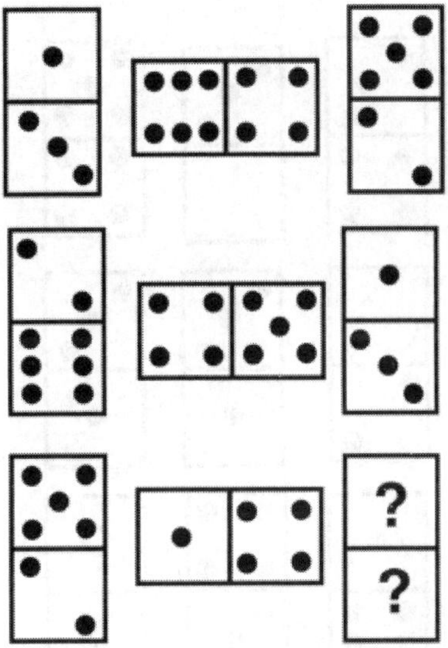

8.

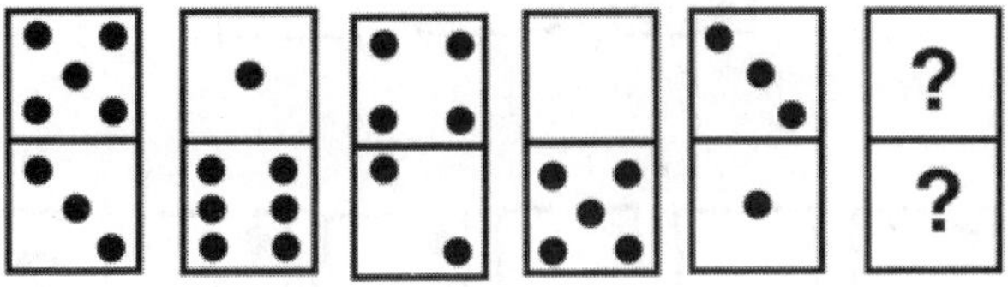

9.

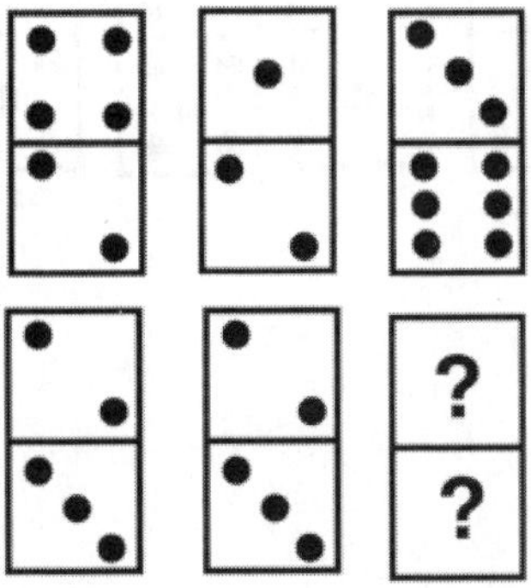

voir solution page 491

Chapitre 2

10.

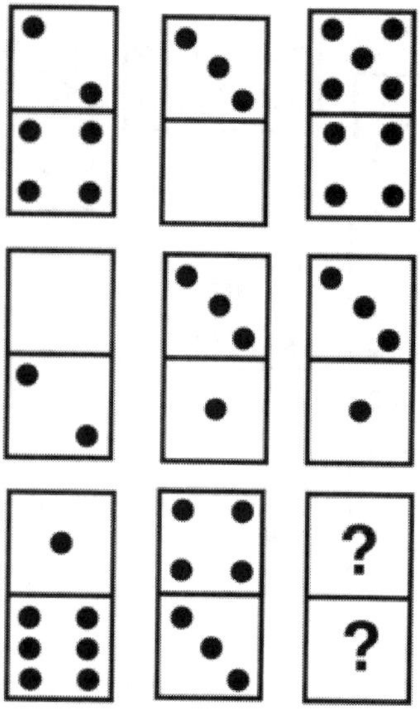

11.

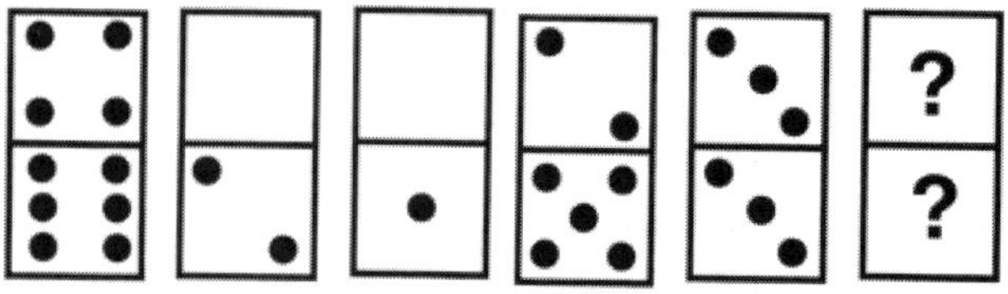

voir solution page 492

12.

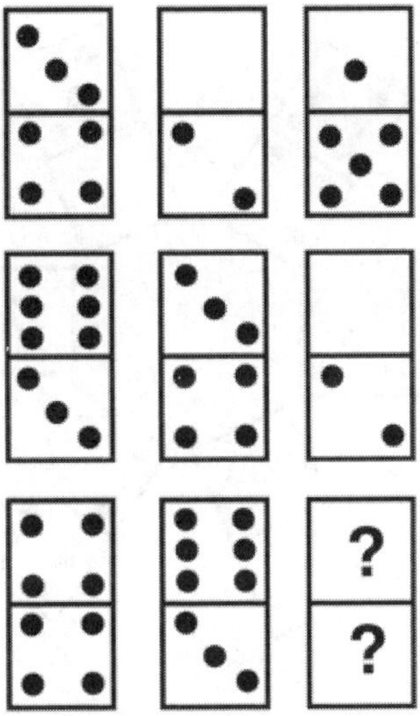

13.

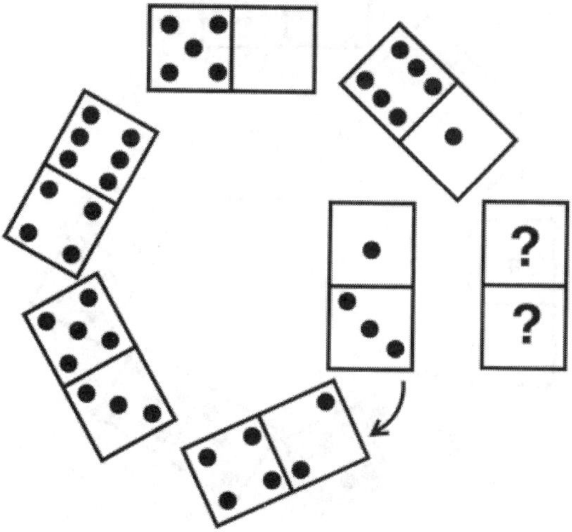

voir solution page 492

Chapitre 2

14.

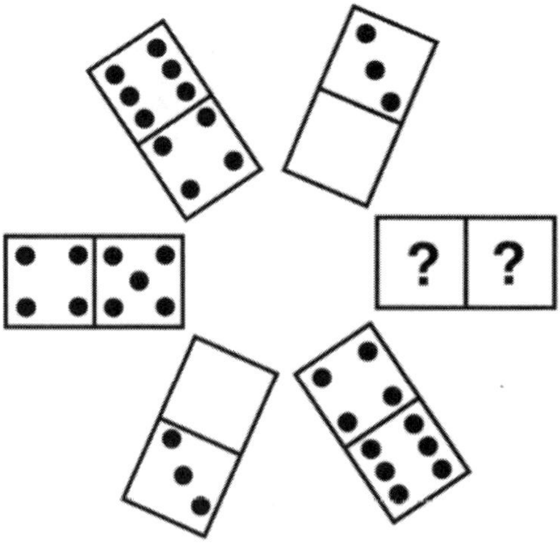

15.

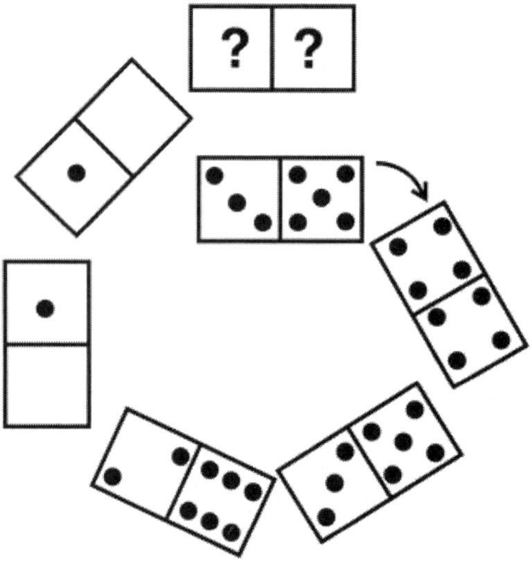

voir solution page 493

16.

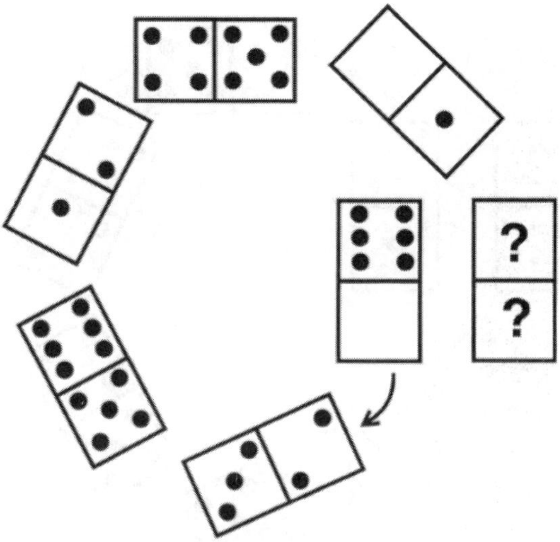

17.

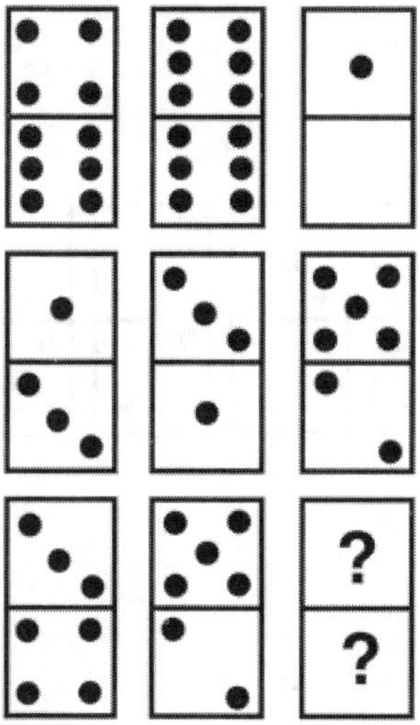

voir solution page 493

Chapitre 2

18.

19.

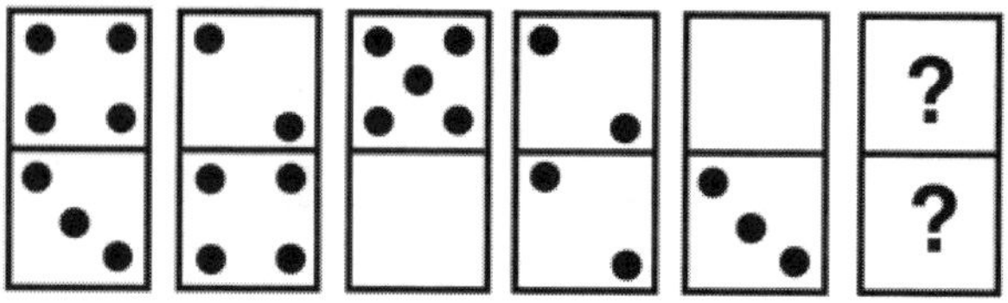

voir solution pages 493-494

20.

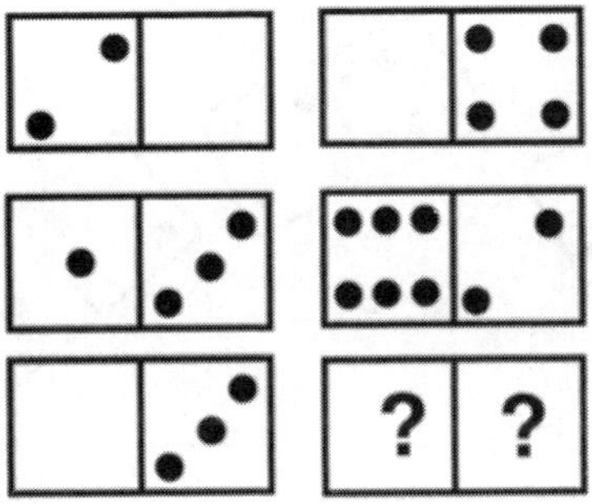

21.

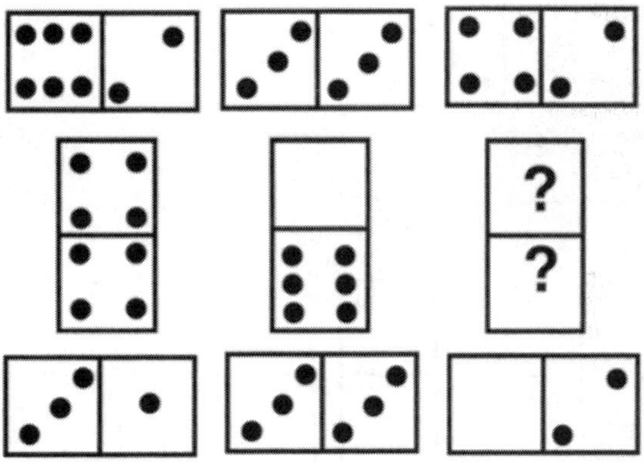

voir solution page 494

Chapitre 2

22.

23.

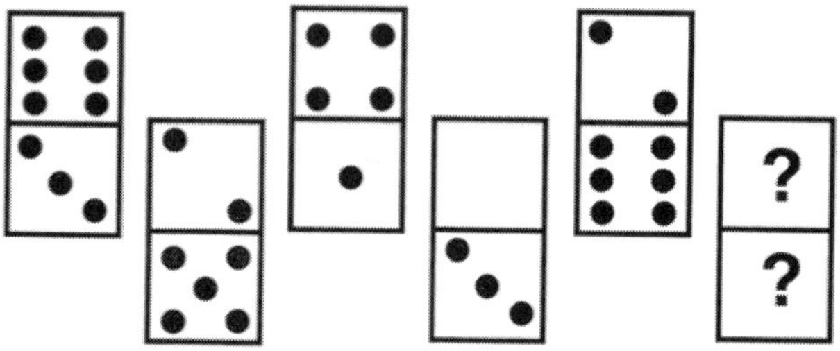

voir solution pages 494-495

24.

25.

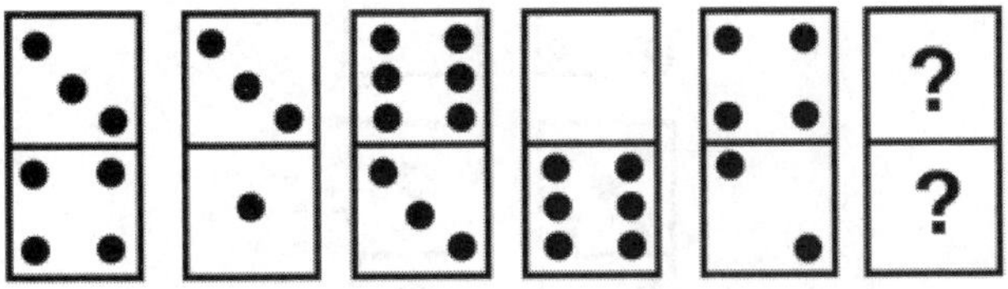

voir solution page 495

Chapitre 2

26.

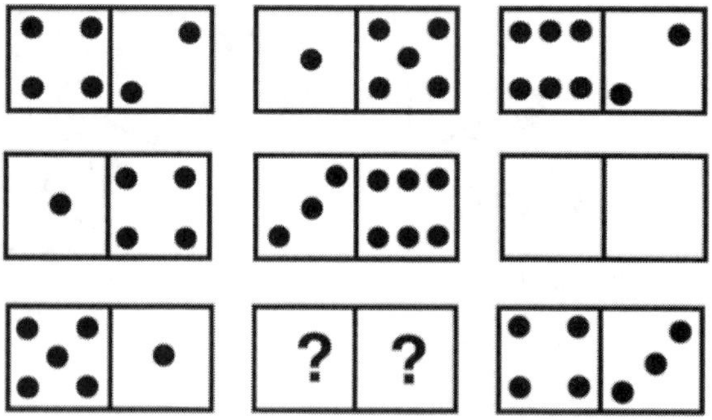

27.

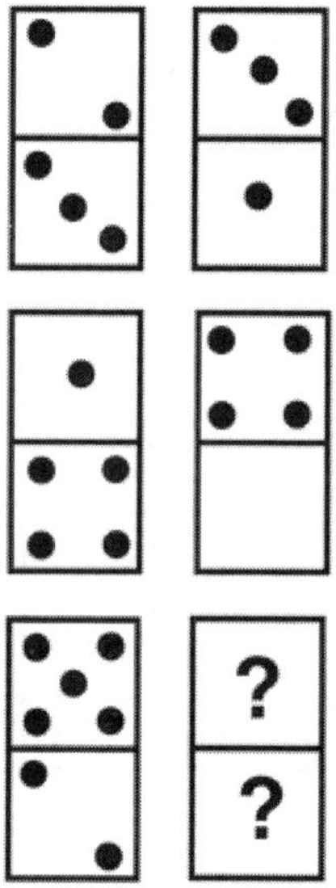

voir solution pages 495-496

28.

29.

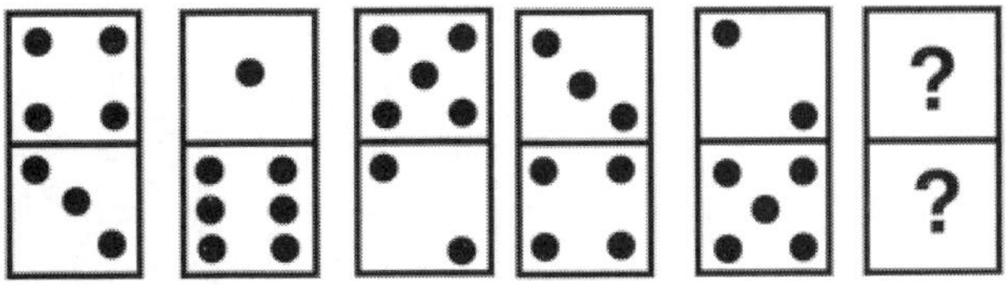

voir solution page 496

Chapitre 2

30.

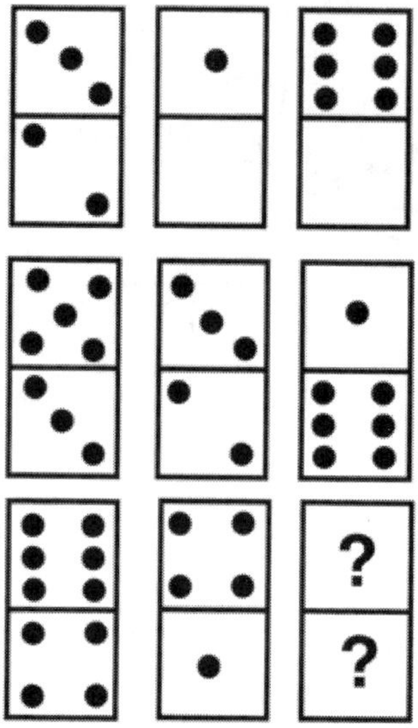

voir solution page 497

Exercice n° 2

Voici de nouvelles séries de dominos semblables aux précédentes.

Durée de l'exercice : 30 minutes.

1.

2.

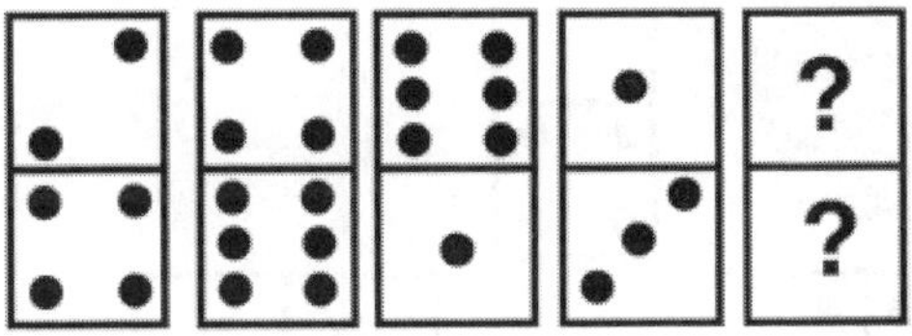

3.

voir solution page 497

Chapitre 2

4.

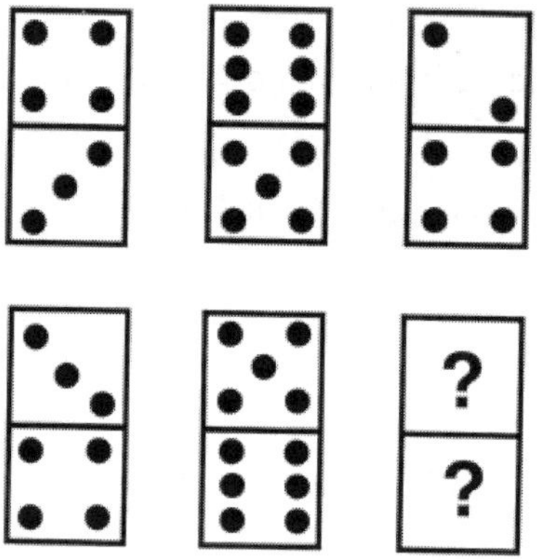

5.

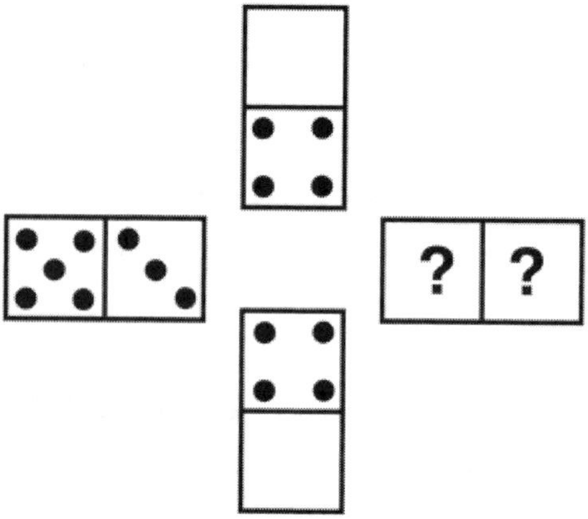

voir solution page 497

6.

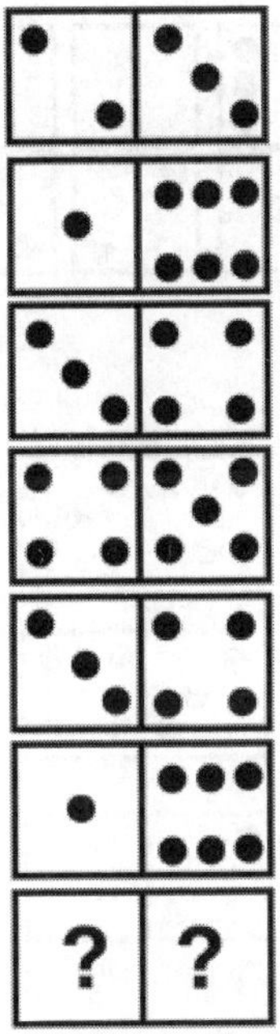

7.

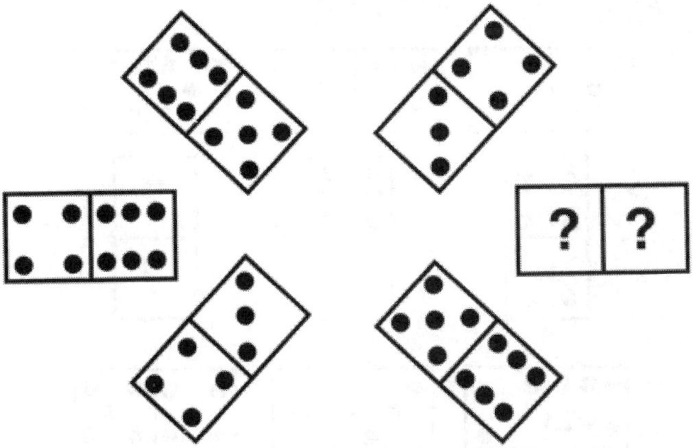

voir solution page 497

Chapitre 2

8.

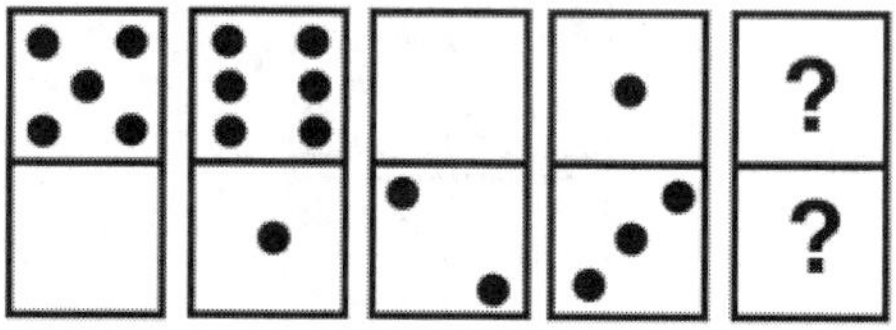

9.

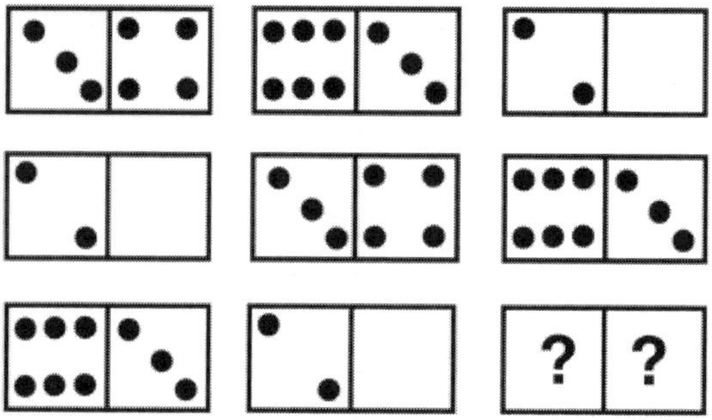

10.

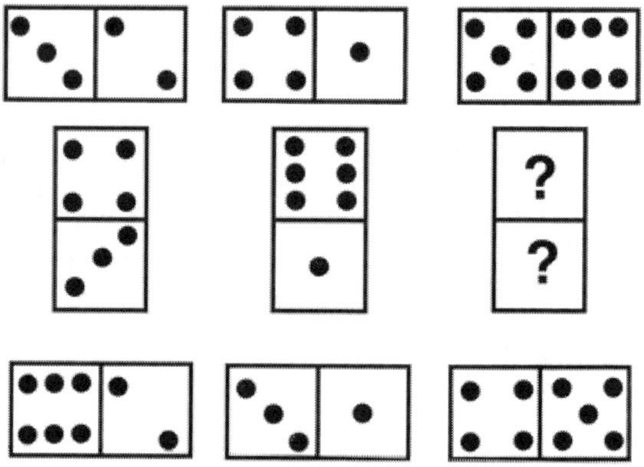

voir solution pages 497-498

11.

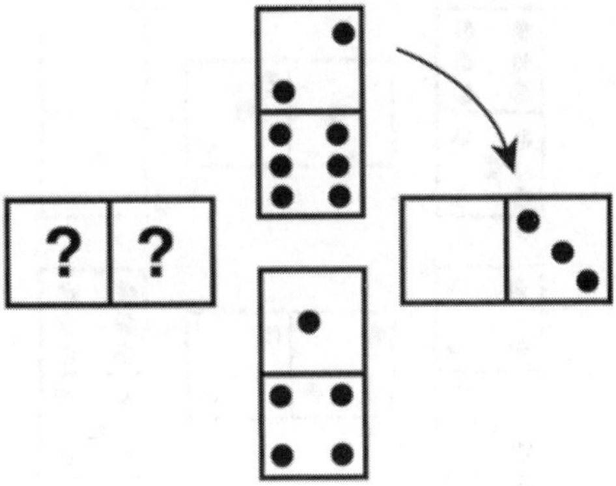

12.

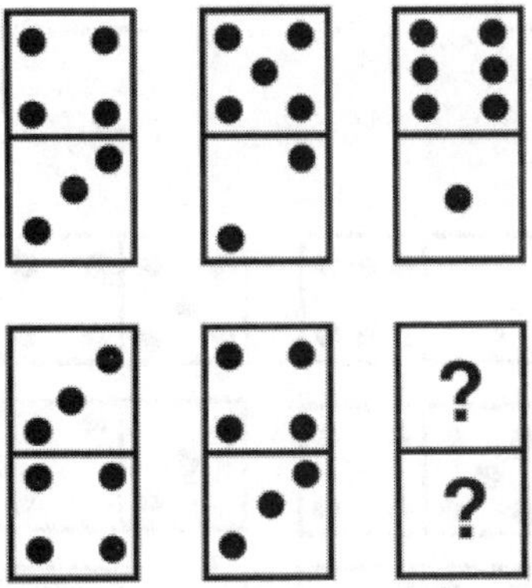

voir solution page 498

Chapitre 2

13.

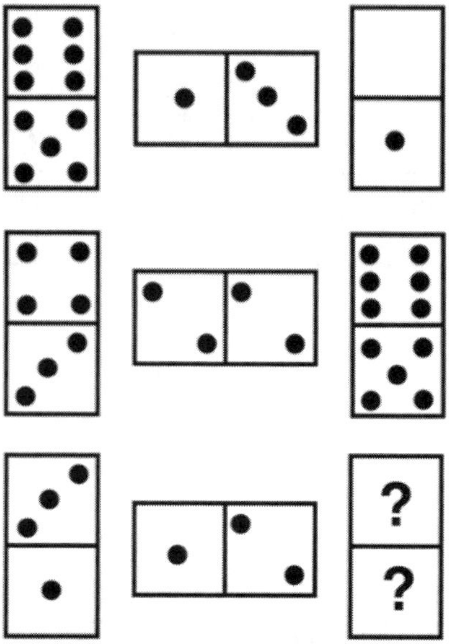

14.

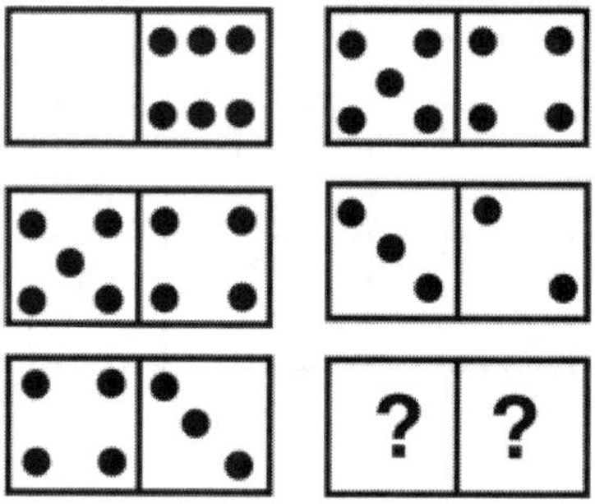

voir solution page 498

15.

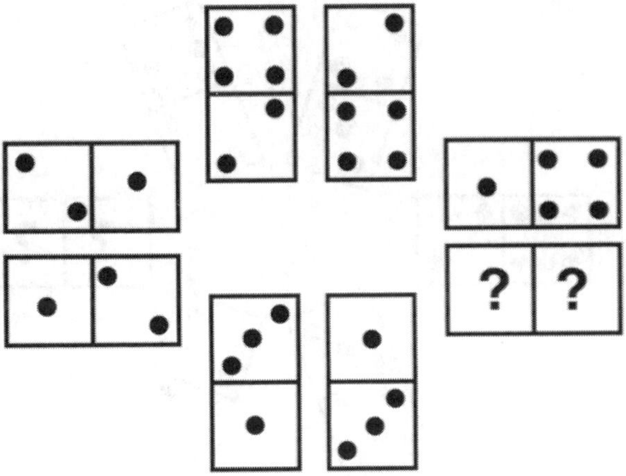

16.

voir solution page 498

Chapitre 2

17.

18.

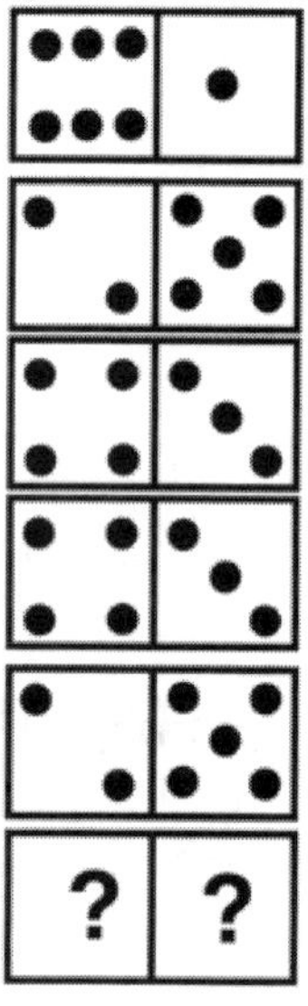

voir solution page 498

19.

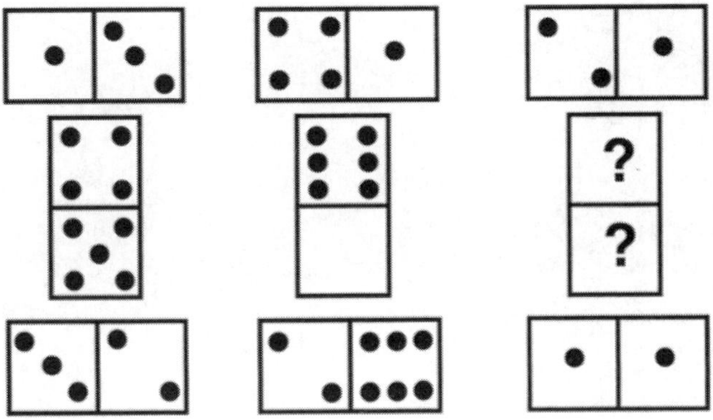

20.

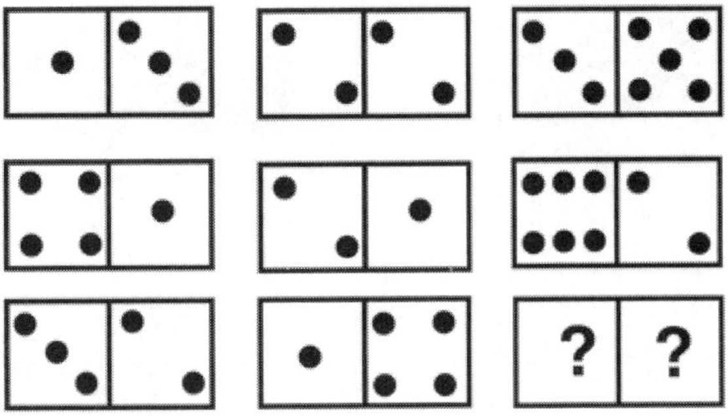

voir solution page 498

CHAPITRE 3

TESTS POUR PROGRESSER

Chapitre 3

Test 1

Ce test, plutôt facile, n'est pas limité en temps.

1. Quelle figure, parmi les 6 proposées, vient continuer la série ?

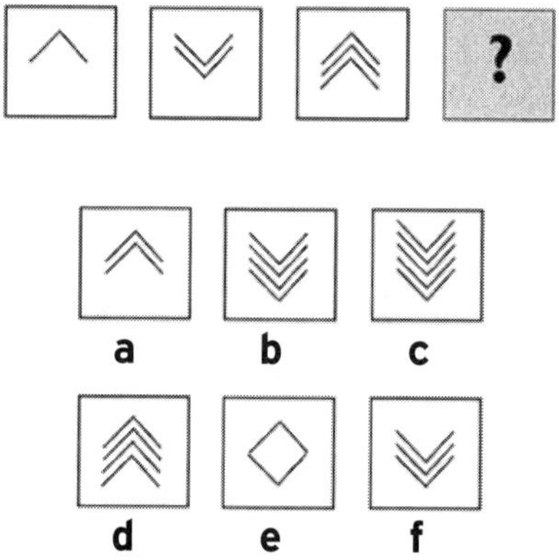

2. Quelle figure, parmi les 6 proposées, vient compléter le carré ?

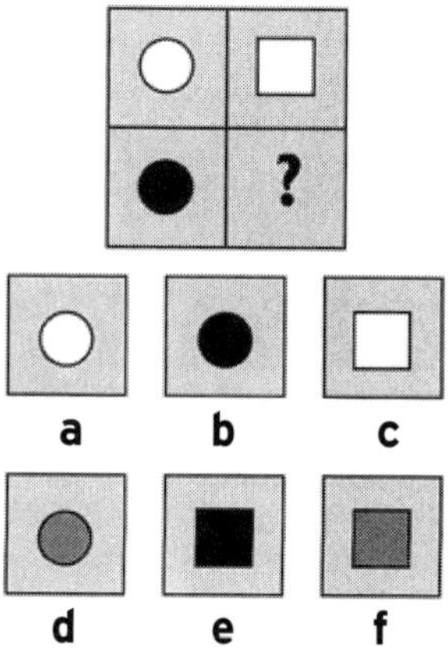

voir solution page 499

3. Quelle figure, parmi les 6 proposées, vient continuer la série ?

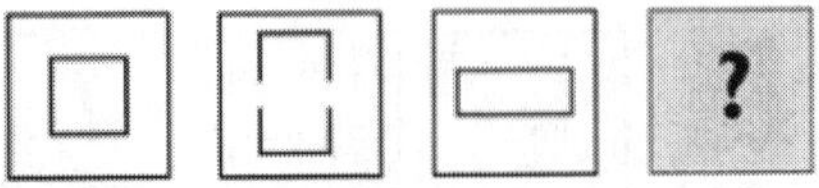

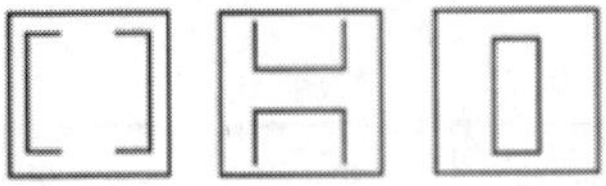

a **b** **c**

d **e** **f**

4. Voici une série de dominos. Chaque côté d'un domino peut compter entre 0 et 6 points. À vous de retrouver les valeurs manquantes.

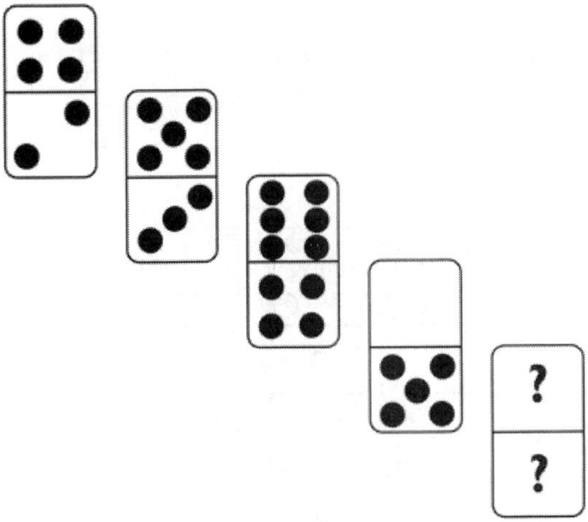

voir solution page 499

Chapitre 3

5. Quelle figure, parmi les 6 proposées, vient continuer la série ?

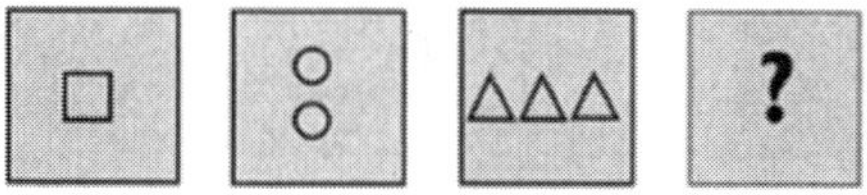

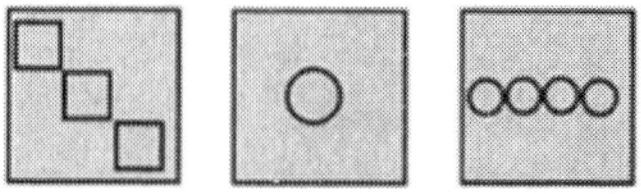

a **b** **c**

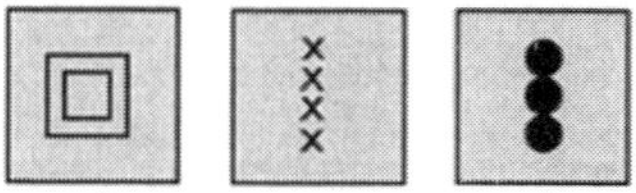

d **e** **f**

6. Quelle figure, parmi les 6 proposées, vient continuer la série ?

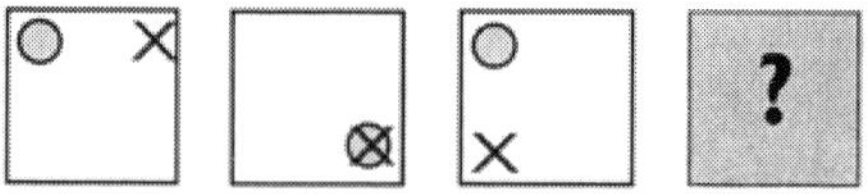

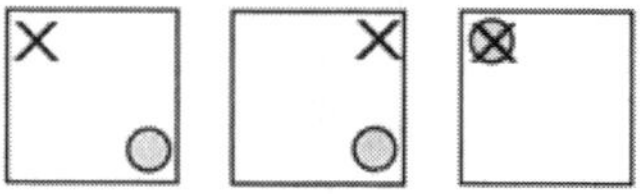

a **b** **c**

d **e** **f**

voir solution page 499

7. Quel mot ne va pas avec les autres ?

a. accorder **b. permettre** **c. patienter**
d. consentir **e. autoriser** **f. tolérer**

8. Quelle figure, parmi les 6 proposées, vient compléter le grand carré ?

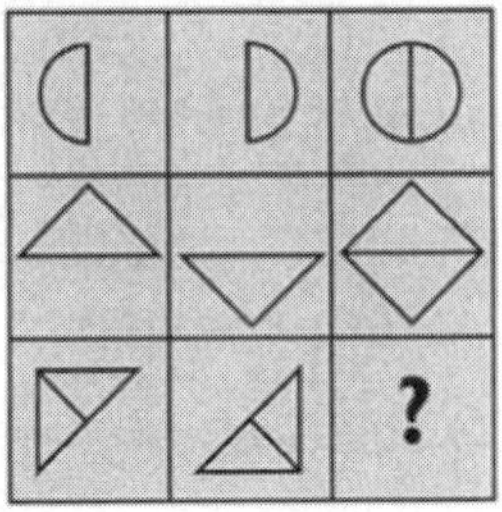

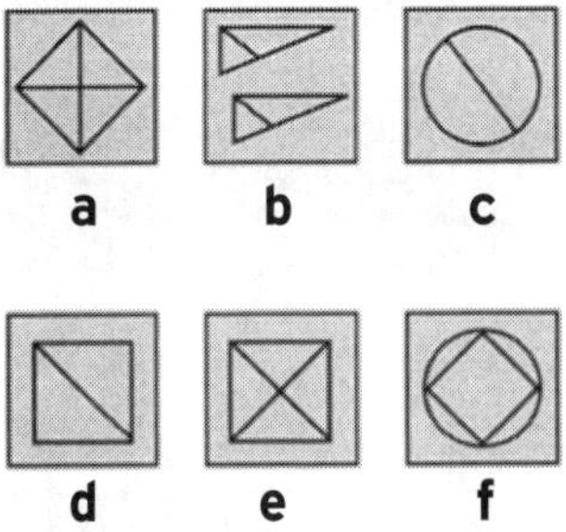

9. Quel mot prolonge la série ?

amour baiser caresse douceur ?

a. tendresse **b. câlin** **c. envie**
d. désir **e. beauté**

voir solution page 499-500

Chapitre 3

10. Parmi les 5 figures proposées, laquelle ne va pas avec les 4 autres ?

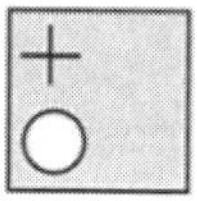 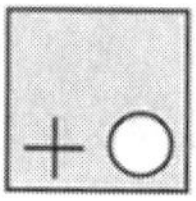 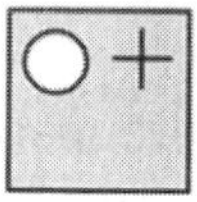

a **b** **c**

 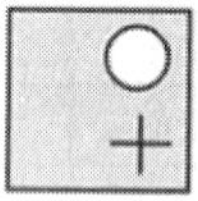

d **e**

11. Parmi les 5 figures proposées, pouvez-vous trouver celle qui remplace le point d'interrogation ?

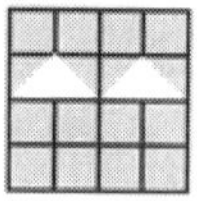 est à 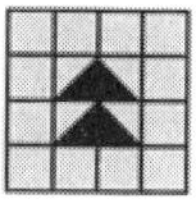 ce que 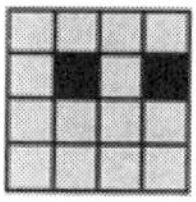 est à ?

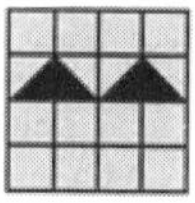 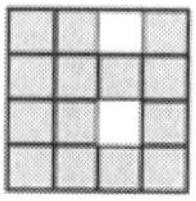 

a **b** **c**

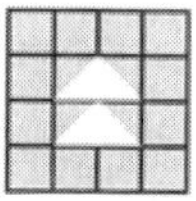 

d **e**

voir solution page 500

12. Quelle figure, parmi les 6 proposées, vient continuer la série ?

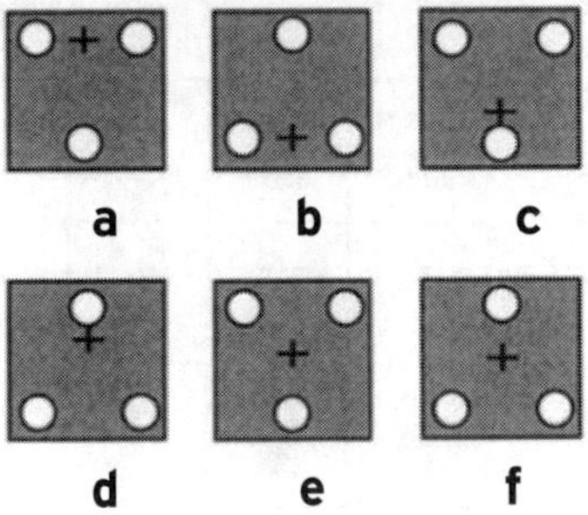

13. Quelle figure, parmi les 6 proposées, vient continuer la série ?

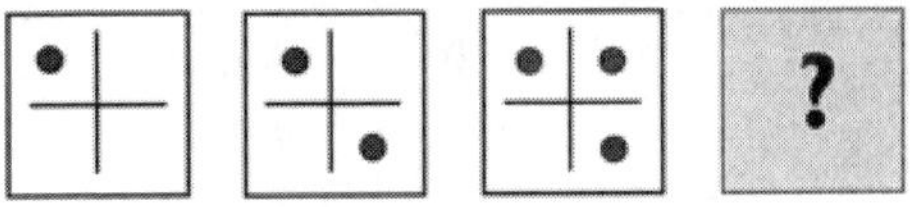

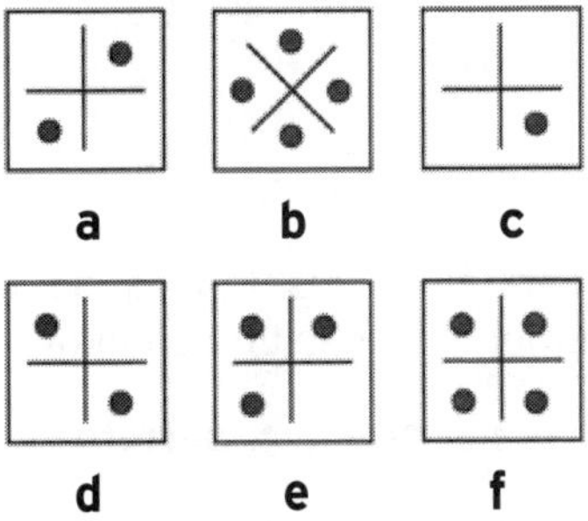

voir solution page 500

Chapitre 3

14. Quel mot ne va pas avec les autres ?

a. terrifier **b. surprendre** **c. effrayer**
d. apeurer **e. épouvanter** **f. terroriser**

15. Quelle figure, parmi les 6 proposées, vient compléter le grand carré ?

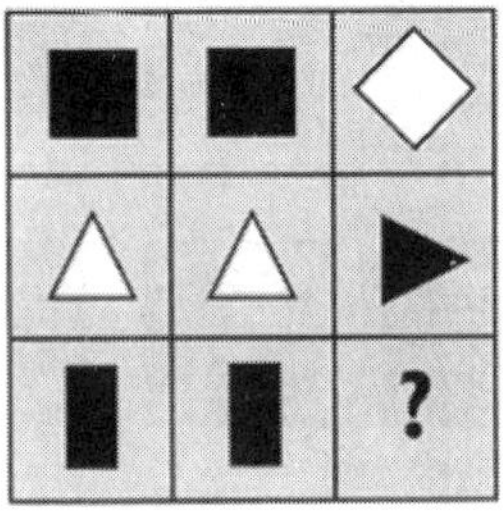

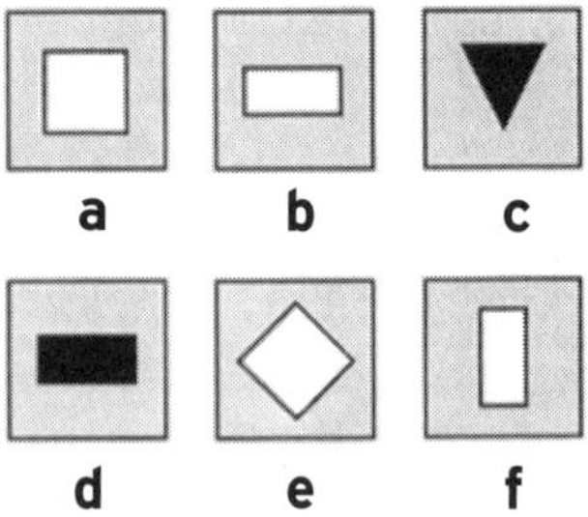

16. Remettez en ordre les lettres de chaque mot, puis trouvez lequel n'est pas une couleur.

a. soer **b. needtr** **c. anrmro** **d. gisr**

voir solution page 500

17. Quelle figure, parmi les 6 proposées, vient continuer la série ?

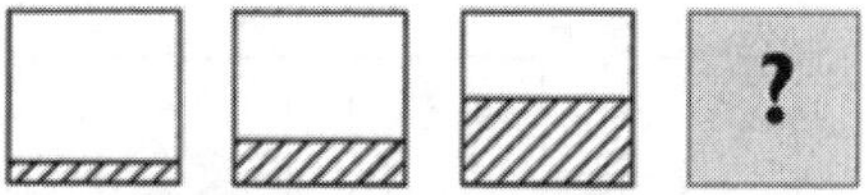

a **b** **c**

d **e** **f**

18. Voici une série de dominos. Chaque côté d'un domino peut compter entre 0 et 6 points. À vous de retrouver les valeurs manquantes.

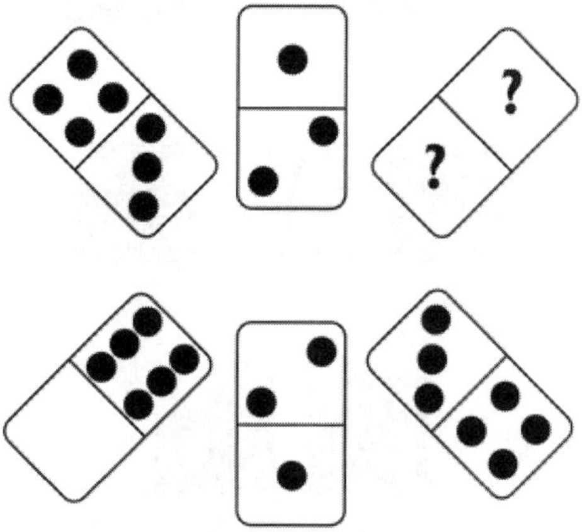

voir solution page 500

Chapitre 3

19. Parmi les 5 figures proposées, laquelle ne va pas avec les autres ?

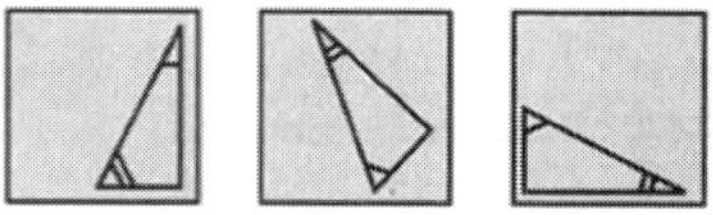

a b c

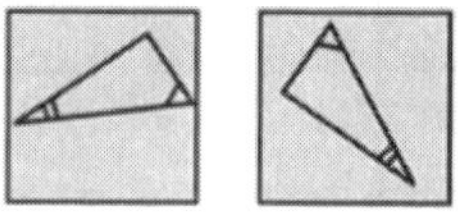

d e

20. Parmi les 5 figures proposées, pouvez-vous trouver celle qui remplace le point d'interrogation ?

 est à  ce que  est à ?

a b c

d e

voir solution page 500

21. Quelle figure, parmi les 6 proposées, vient continuer la série ?

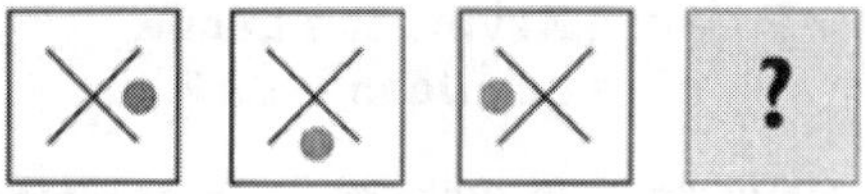

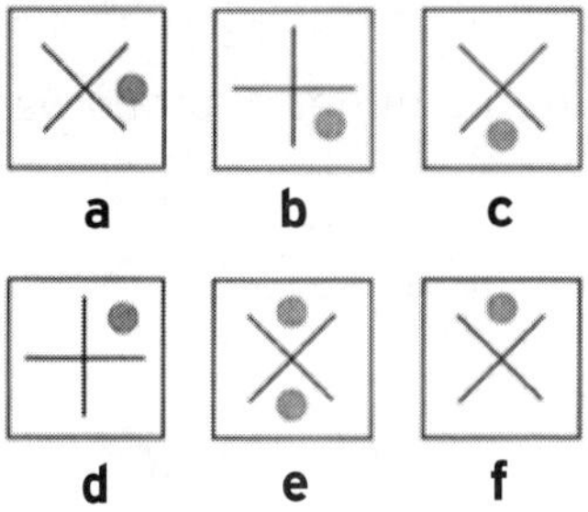

22. Quelle figure, parmi les 6 proposées, vient continuer la série ?

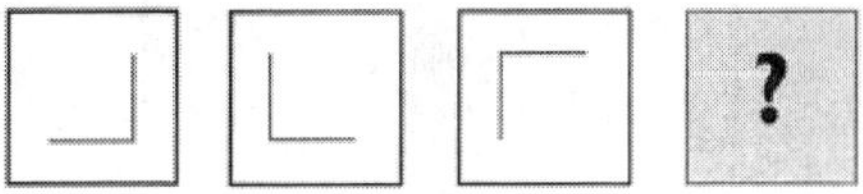

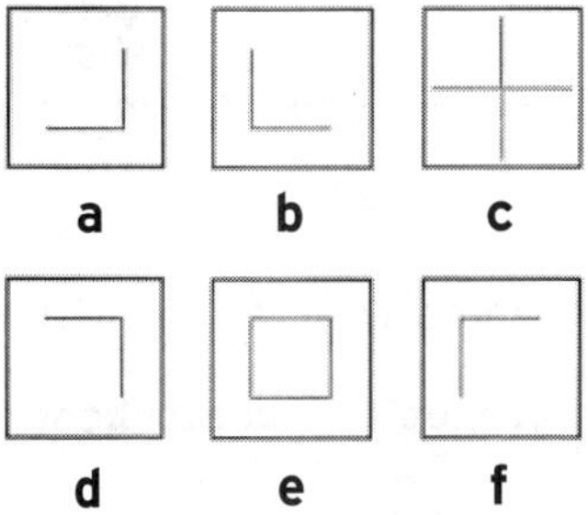

voir solution page 501

Chapitre 3

23. Quel mot prolonge la série ?

Luc est à **Pia**
ce que **Kevin** est à **Léone**
et ce que **Jean** est à ?

a. Brigitte **b. France** **c. Martine**
d. Laure **e. Adeline** **f. Anne**

24. Quelle figure, parmi les 6 proposées, vient compléter le grand carré ?

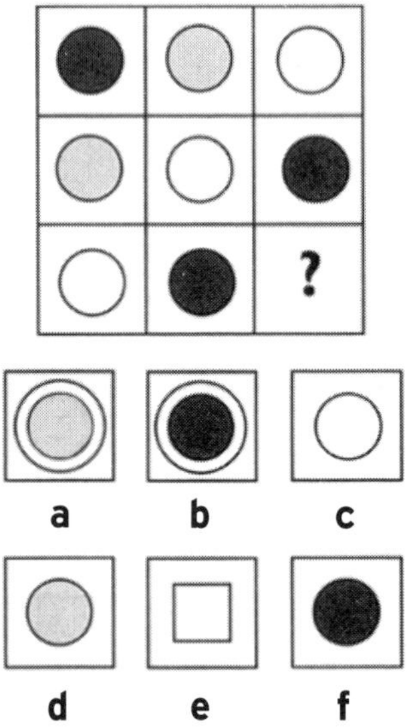

25. Lequel de ces mots n'est pas un instrument de musique ?

a. euogr **b. raeph** **c. attubeor** **d. naiop**

voir solution page 501

26. Quelle figure, parmi les 6 proposées, vient continuer la série ?

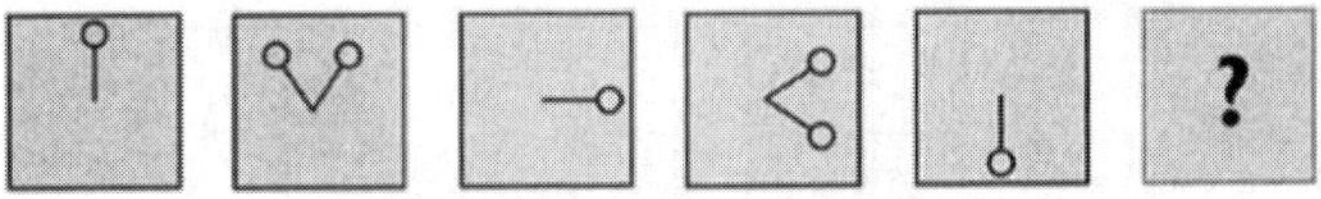

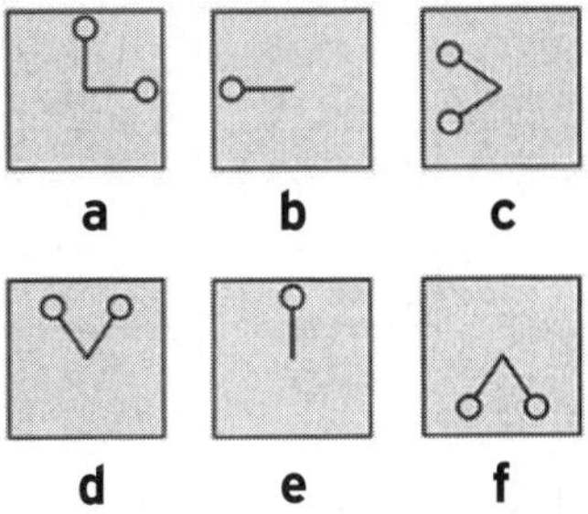

27. Voici une série de dominos. Chaque côté d'un domino peut compter entre 0 et 6 points. À vous de retrouver les valeurs manquantes.

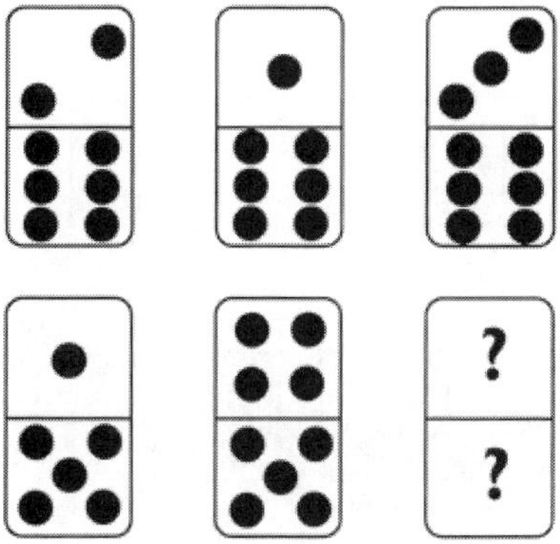

voir solution page 501

Chapitre 3

28. Parmi les 5 figures proposées, laquelle ne va pas avec les autres ?

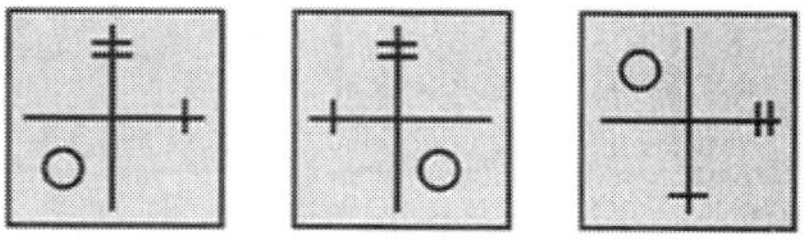

a **b** **c**

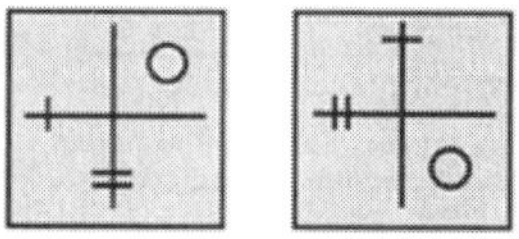

d **e**

29. Parmi les 5 figures proposées, pouvez-vous trouver celle qui remplace le point d'interrogation ?

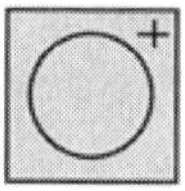 est à 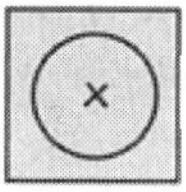 ce que 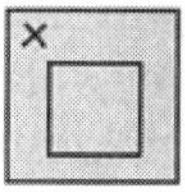 est à ?

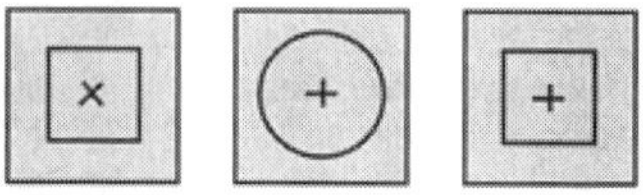

a **b** **c**

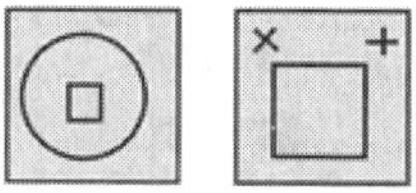

d **e**

voir solution page 501

30. Quelle figure, parmi les 6 proposées, vient continuer la série ?

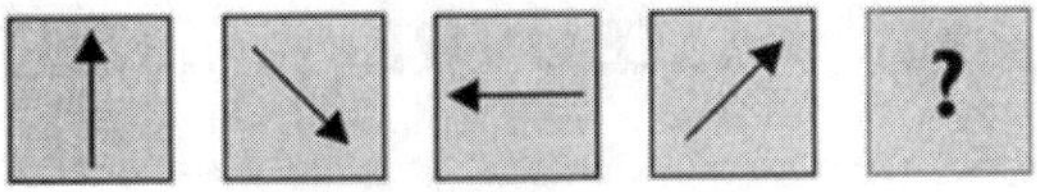

a b c

d e f

31. Quelle figure, parmi les 6 proposées, vient continuer la série ?

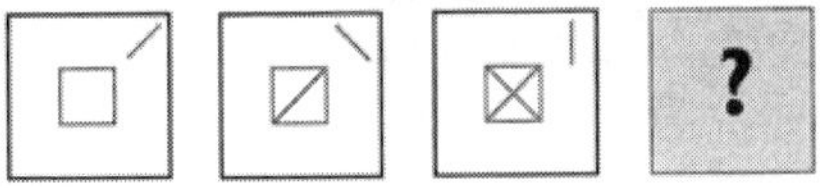

a b c

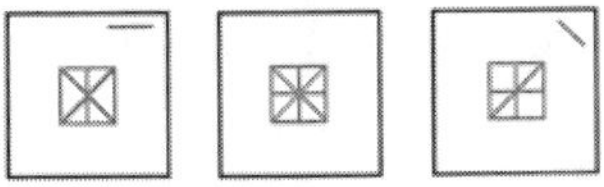

d e f

voir solution pages 501-502

Chapitre 3

32. Quel mot peut précéder chacun de ces 3 mots pour en former un autre ?

...SEL ...ŒUVRE ...MOT

33. Quelle figure, parmi les 6 proposées, vient compléter le grand carré ?

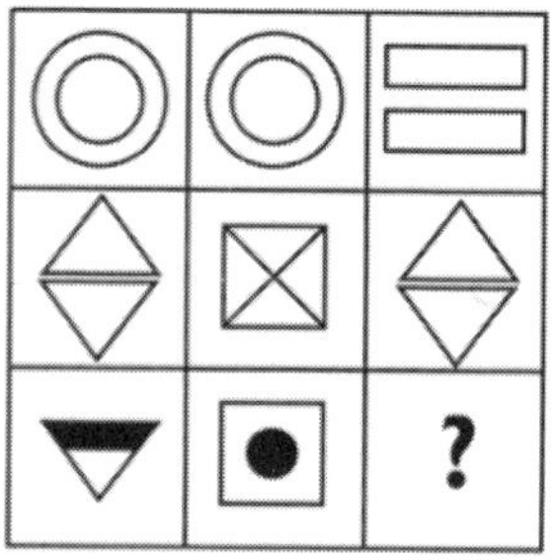

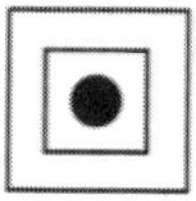
a

b

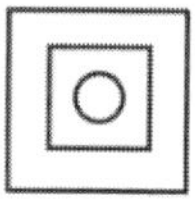
c

d

e

f

34. Qui, parmi ces personnes, ne fait pas partie de la famille ?

a. enclo **b. emrè** **c. sfli** **d. niiovs**

voir solution page 502

35. Quelle figure, parmi les 6 proposées, vient continuer la série ?

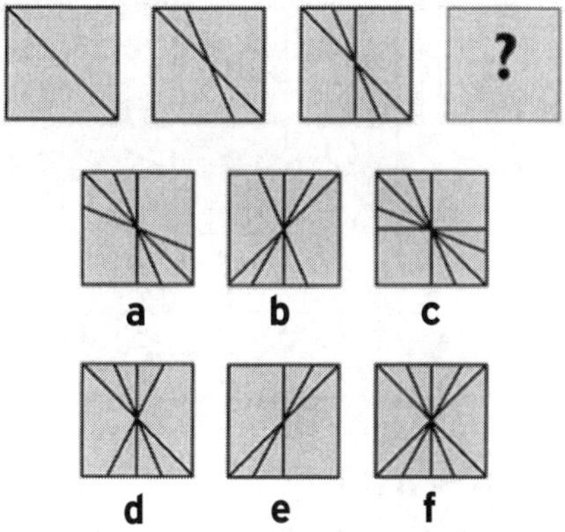

36. Voici une série de dominos. Chaque côté d'un domino peut compter entre 0 et 6 points. À vous de retrouver les valeurs manquantes.

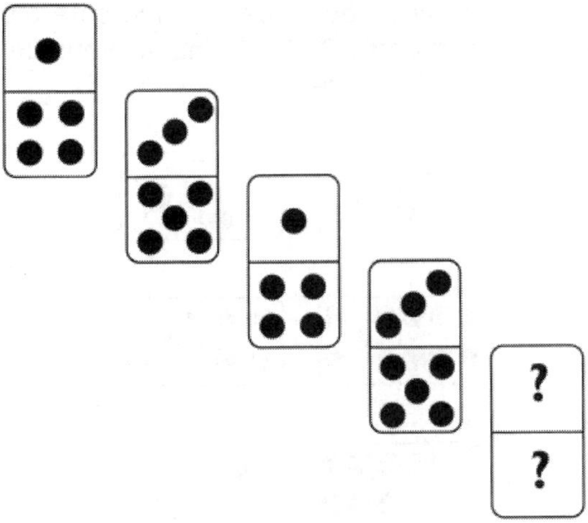

voir solution page 502

Chapitre 3

37. Quelle figure, parmi les 6 proposées, vient compléter le carré ?

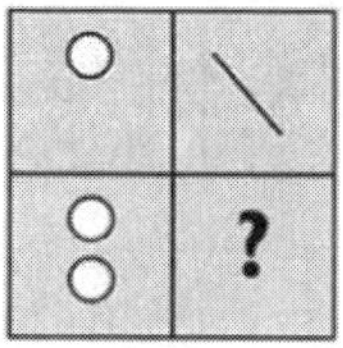

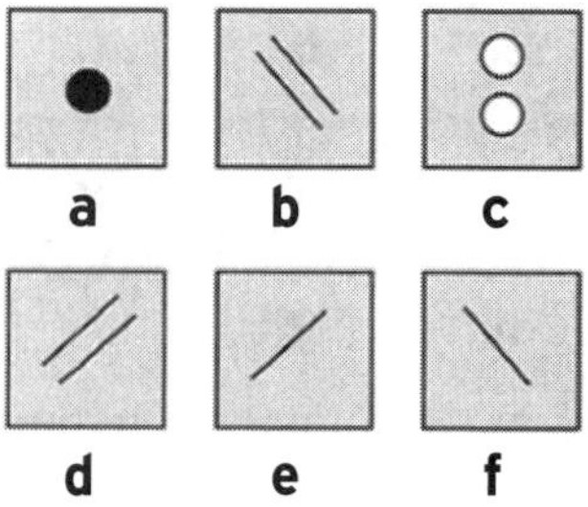

38. Voici une série de dominos. Chaque côté d'un domino peut compter entre 0 et 6 points. À vous de retrouver les valeurs manquantes.

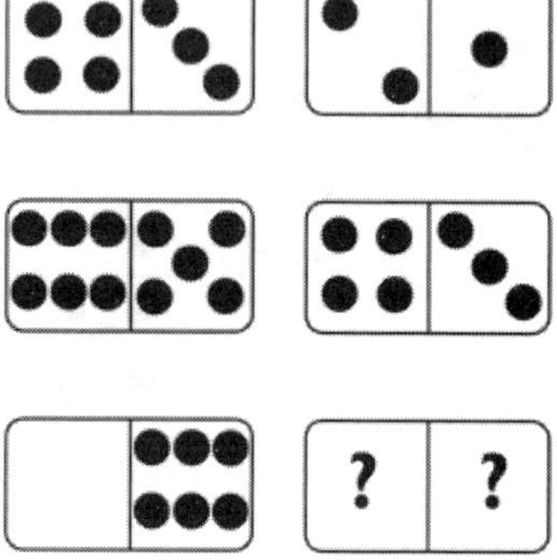

voir solution page 502

Test 2

Ce test, de difficulté moyenne, n'est pas limité en temps.

1. Quelle figure, parmi les 6 proposées, vient prolonger la série ?

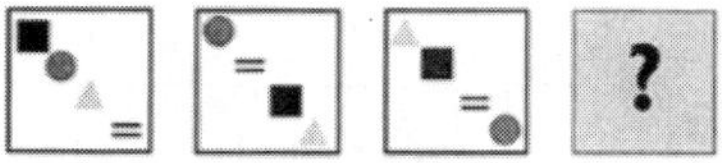

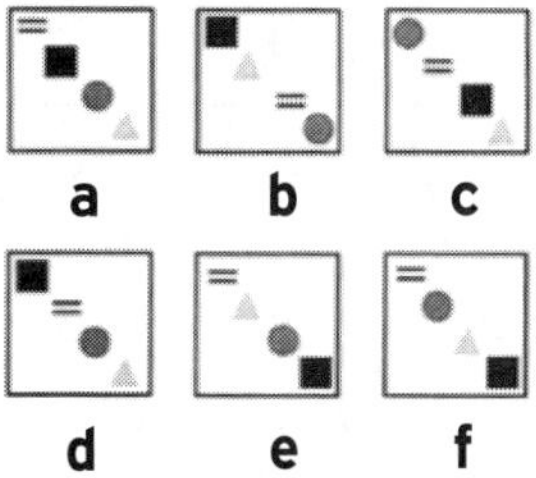

2. Parmi les 6 figures proposées, laquelle vient compléter le carré ?

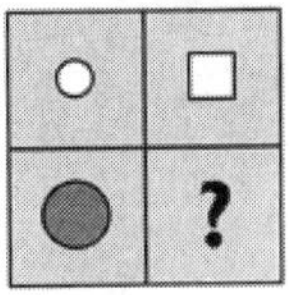

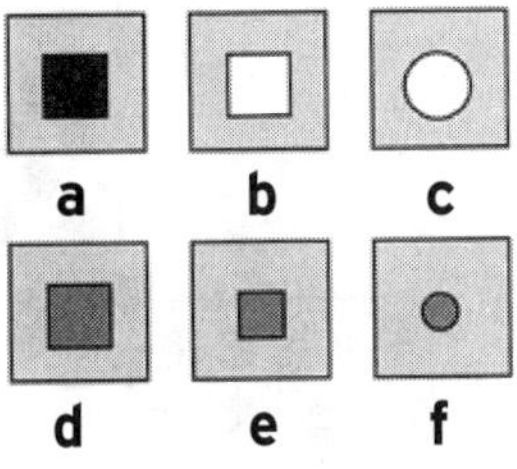

voir solution page 502

Chapitre 3

3. Quelle figure, parmi les 6 proposées, vient compléter la série ?

a b c

d e f

4. Voici une série de dominos. Chaque côté d'un domino peut compter entre 0 et 6 points. À vous de retrouver les valeurs manquantes.

voir solution page 503

5. Quelle figure, parmi les 6 proposées, vient compléter la série ?

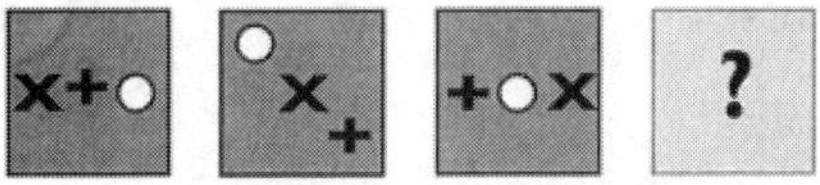

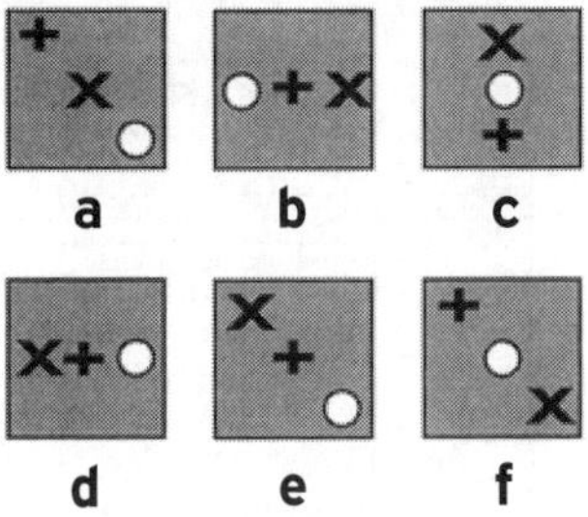

6. Quelle figure, parmi les 6 proposées, vient compléter la série ?

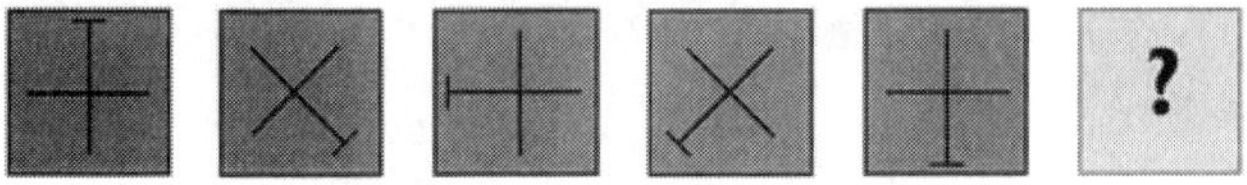

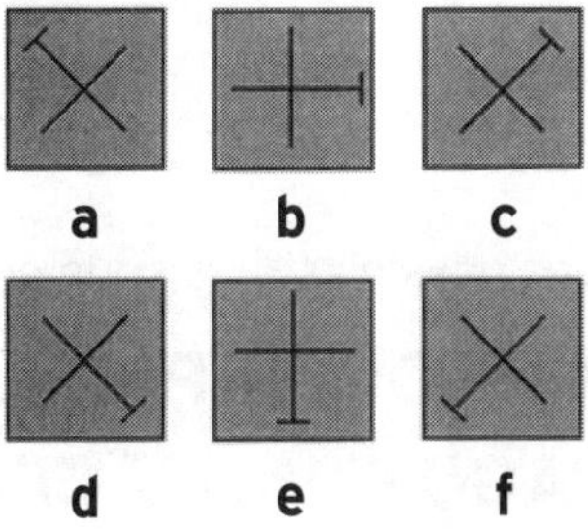

voir solution page 503

Chapitre 3

7. Quel mot ne va pas avec les autres ?

a. se figurer **b. s'imaginer** **c. conjecturer**
d. spéculer **e. savoir** **f. supposer**

8. Quelle figure, parmi les 6 proposées, vient compléter le grand carré ?

a **b** **c**

d **e** **f**

9. Lequel de ces pays n'est pas situé en Europe ?

a. GLUIQEEB b. OIHEEPTI c. EENROGV
d. LORPAGUT e. NACFER

voir solution page 503

10. Parmi les 7 figures proposées, quelle est celle qui ne va pas avec les 6 autres ?

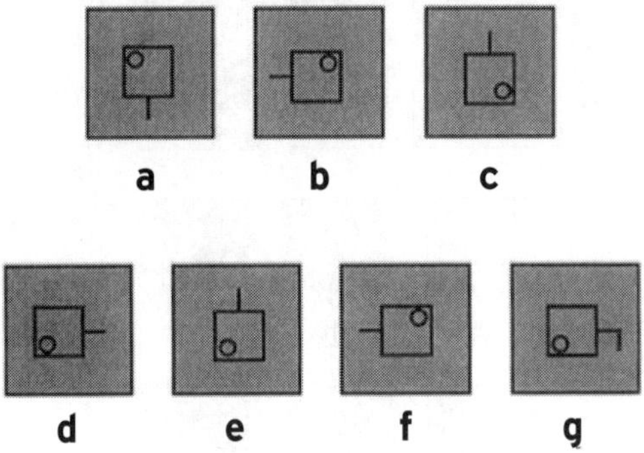

11. Voici une série de dominos. Chaque côté d'un domino peut compter entre 0 et 6 points. À vous de retrouver les valeurs manquantes.

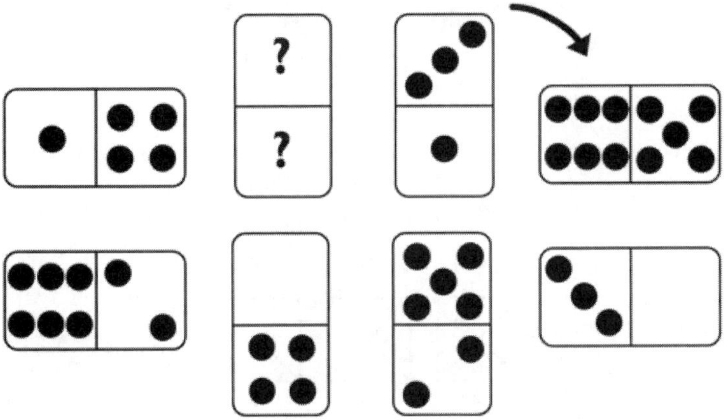

voir solution page 503

Chapitre 3

12. Quelle figure, parmi les 6 proposées, vient compléter la série ?

a **b** **c**

d **e** **f**

13. Quelle figure, parmi les 6 proposées, vient compléter la série ?

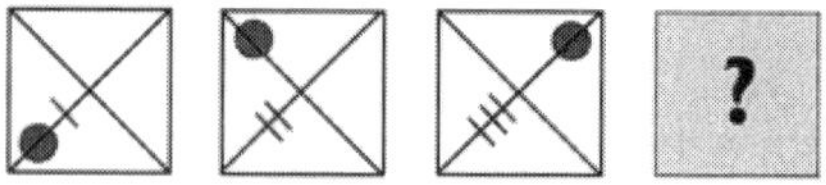

a **b** **c**

d **e** **f**

voir solution page 504

14. Quel mot ne va pas avec les autres ?

a. embrocher **b. cribler** **c. empaler**
d. enfiler **e. transpercer** **f. traverser**

15. Quelle figure, parmi les 6 proposées, vient compléter le grand carré ?

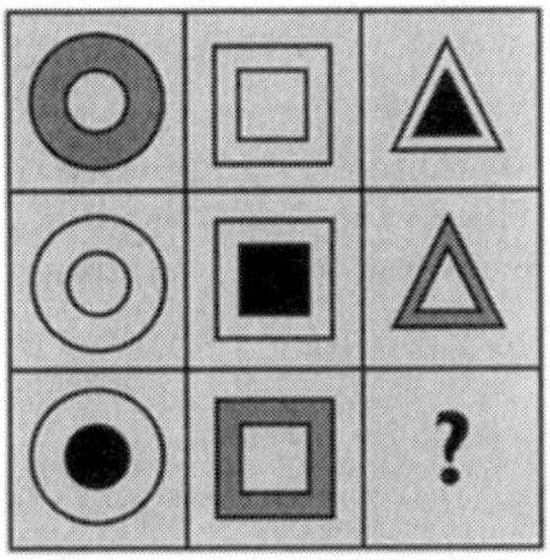

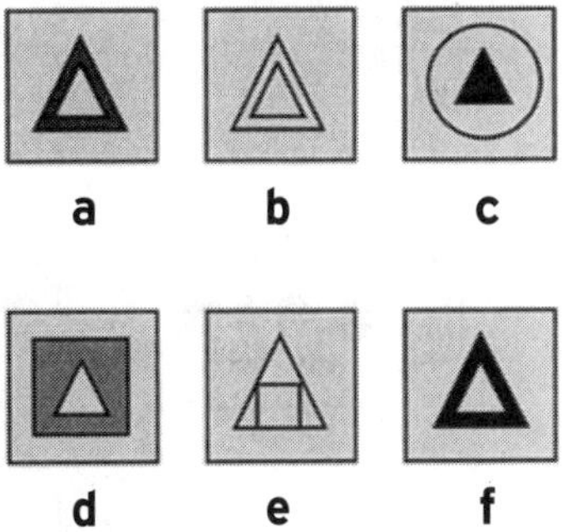

16. Quel mot peut précéder chacun de ceux-ci ?

NOIR - CONCLU - À TERME

voir solution page 504

Chapitre 3

17. Parmi les 5 figures proposées, quelle est celle qui ne va pas avec les 4 autres ?

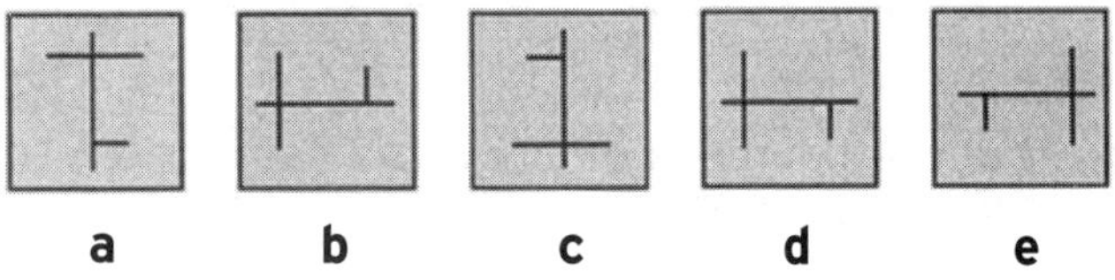

18. Voici une série de dominos. Chaque côté d'un domino peut compter entre 0 et 6 points. À vous de retrouver les valeurs manquantes.

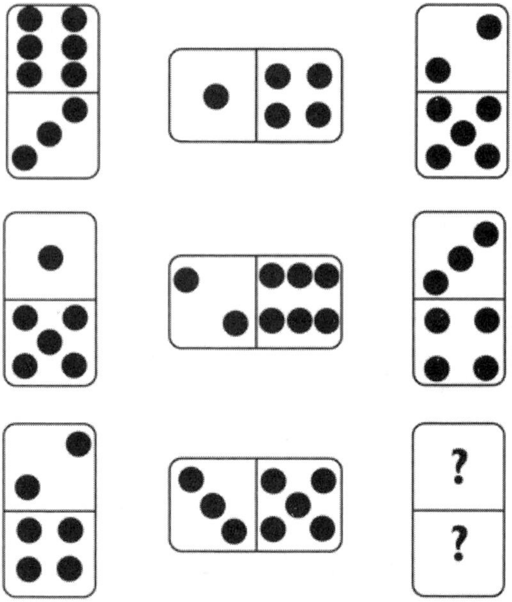

voir solution page 504

19. Quelle figure, parmi les 6 proposées, vient compléter la série ?

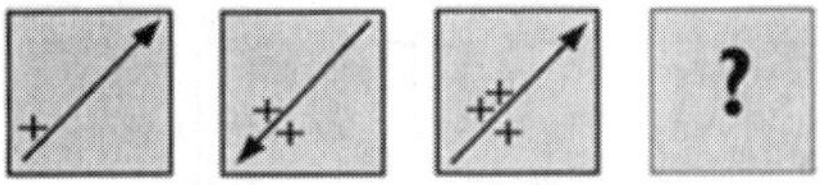

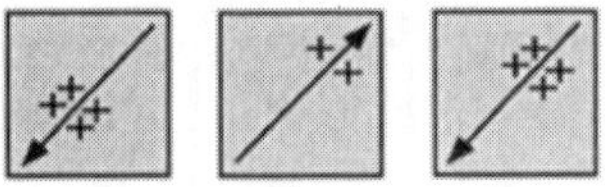

a **b** **c**

d **e** **f**

20. Parmi les 5 figures proposées, pouvez-vous trouver celle qui remplace le point d'interrogation ?

 est à  ce que  est à ?

a **b** **c**

d **e**

Chapitre 3

21. Quelle figure, parmi les 6 proposées, vient compléter la série ?

a **b** **c**

d **e** **f**

22. Parmi les 5 figures proposées, pouvez-vous trouver celle qui remplace le point d'interrogation ?

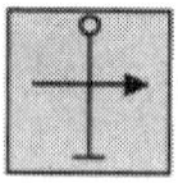 est à 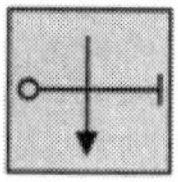 ce que 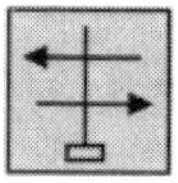 est à ?

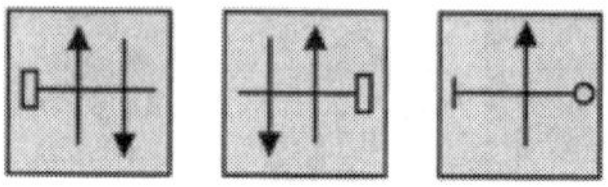

a **b** **c**

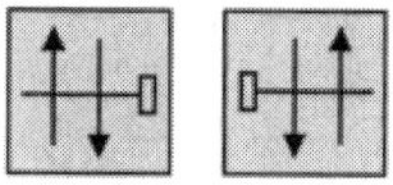

d **e**

voir solution page 505

23. Lequel de ces mots n'est pas une fleur ?

a. pieult b. tvtleeoi c. lsesreaco d. lulaige e. esor

24. Quelle figure, parmi les 6 proposées, vient compléter le grand carré ?

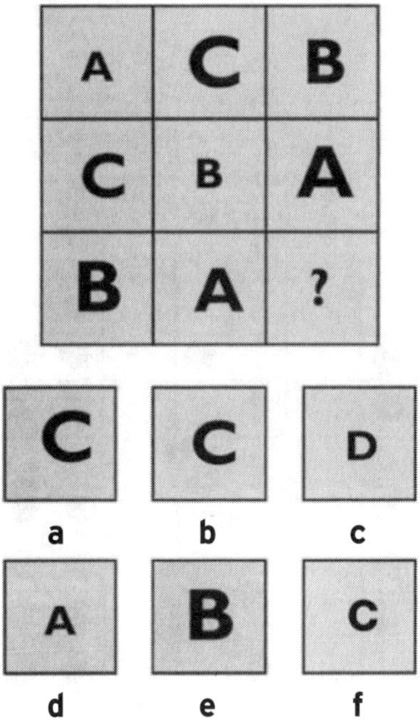

25. Quel mot prolonge la série ?

Léo Jean Marie Louise Martine ?

a. François b. Paul c. Geneviève
d. Léon e. Claire f. Raoul

voir solution page 505

Chapitre 3

26. Parmi les 5 figures proposées, quelle est celle qui ne va pas avec les 4 autres ?

a **b** **c** **d** **e**

27. Voici une série de dominos. Chaque côté d'un domino peut compter entre 0 et 6 points. À vous de retrouver les valeurs manquantes.

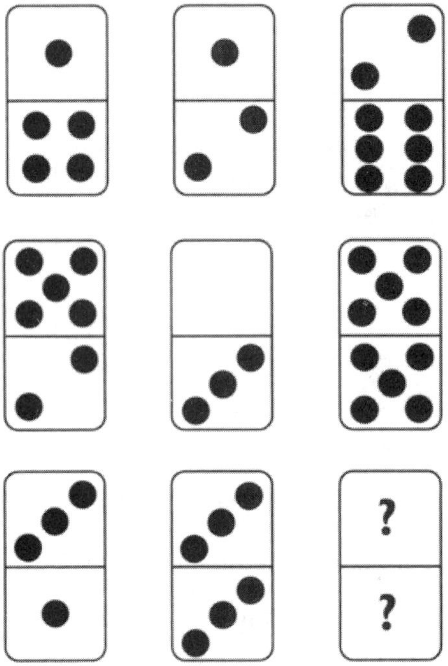

voir solution page 505

28. Parmi les 5 figures proposées, pouvez-vous trouver celle qui remplace le point d'interrogation ?

 est à  ce que  est à ?

a **b** **c**

d **e**

29. Quelle figure, parmi les 6 proposées, vient compléter la série ?

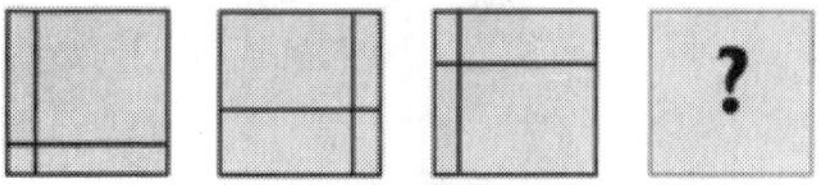

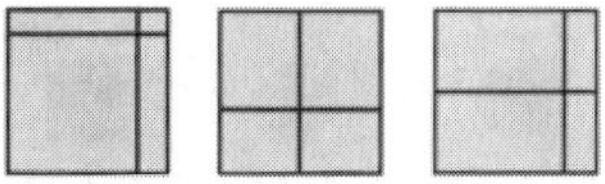

a **b** **c**

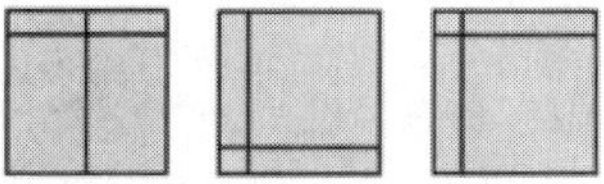

d **e** **f**

voir solution page 505

Chapitre 3

30. Quelle figure, parmi les 6 proposées, vient compléter la série ?

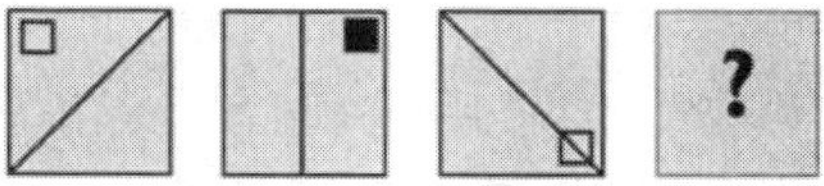

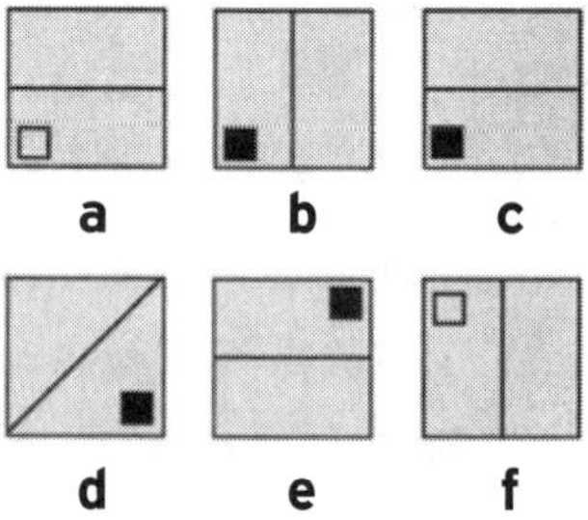

31. Parmi les 6 figures proposées, laquelle vient compléter le carré ?

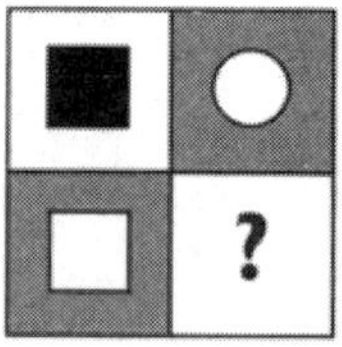

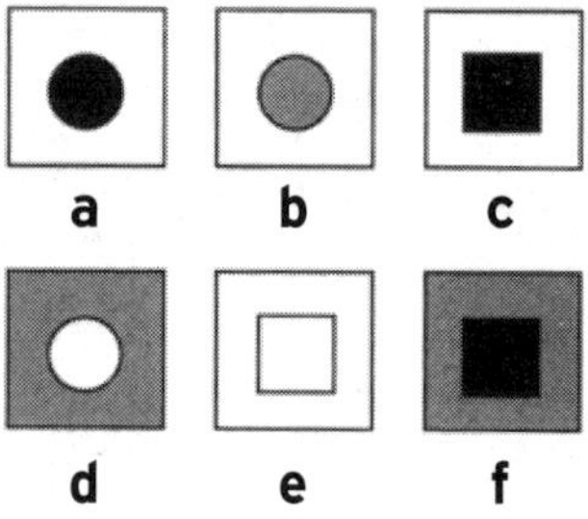

voir solution page 505

32. Trouvez l'intrus :

a. immonde **b. immobile** **c. immangeable**
d. immature **e. immanent** **f. immoral**

33. Quelle figure, parmi les 6 proposées, vient compléter le grand carré ?

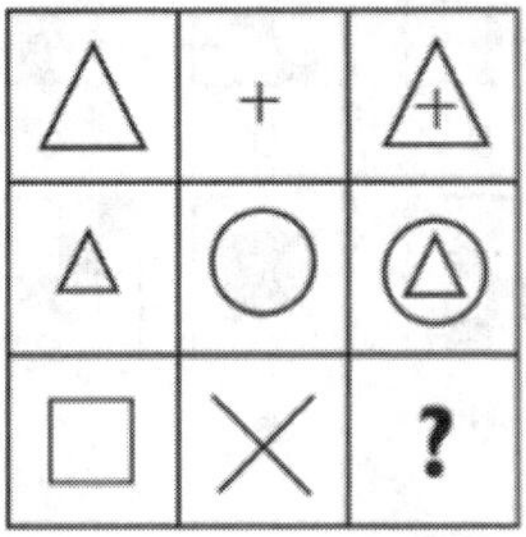

a **b** **c**

d **e** **f**

34. Lequel parmi ces animaux n'est pas un mammifère ?

a. drraen **b. raddamoire** **c. nootmu**
d. draanc **e. tahc**

voir solution page 506

Chapitre 3

35. Quelle figure, parmi les 6 proposées, vient compléter la série ?

a **b** **c**

d **e** **f**

36. Parmi les 6 figures proposées, laquelle vient compléter le carré ?

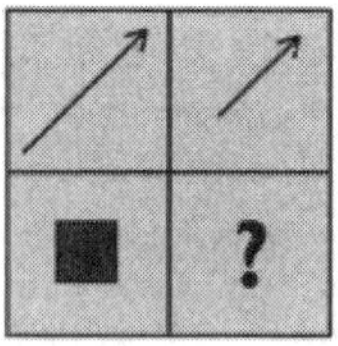

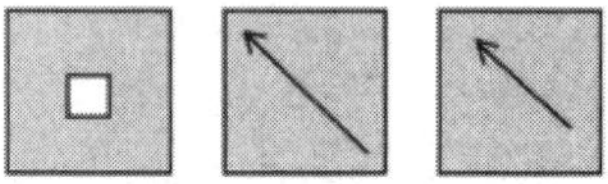

a **b** **c**

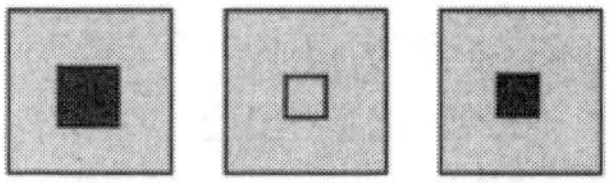

d **e** **f**

voir solution page 506

37. Parmi les 6 figures proposées, laquelle vient compléter le carré ?

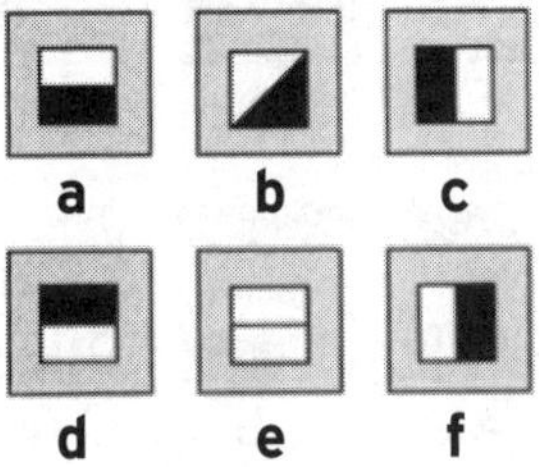

38. Voici une série de dominos. Chaque côté d'un domino peut compter entre 0 et 6 points. À vous de retrouver les valeurs manquantes.

voir solution page 506

Chapitre 3

Test 3

Ce test, plutôt difficile, n'est pas limité en temps.

1. Quelle figure, parmi les 6 proposées, vient prolonger la série ?

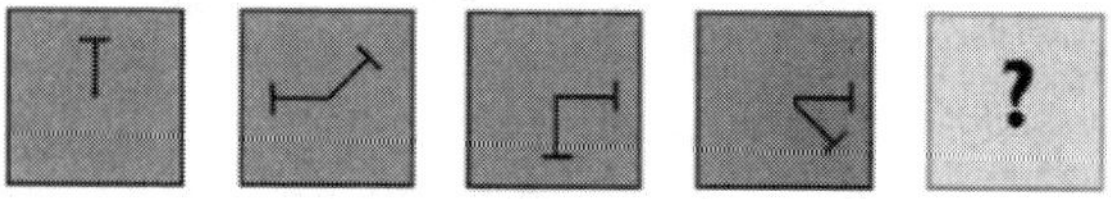

a **b** **c**

d **e** **f**

2. Parmi les 7 figures proposées, quelles sont les 2 qui ne vont pas avec les 5 autres ?

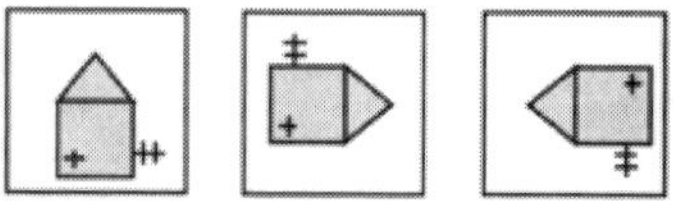

a **b** **c**

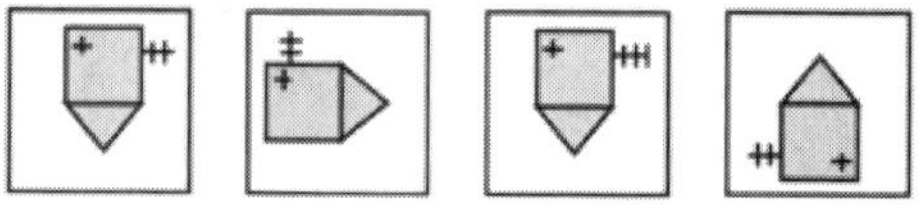

d **e** **f** **g**

voir solution page 506

3. Parmi les 7 figures proposées, quelles sont les 2 qui ne vont pas avec les 5 autres ?

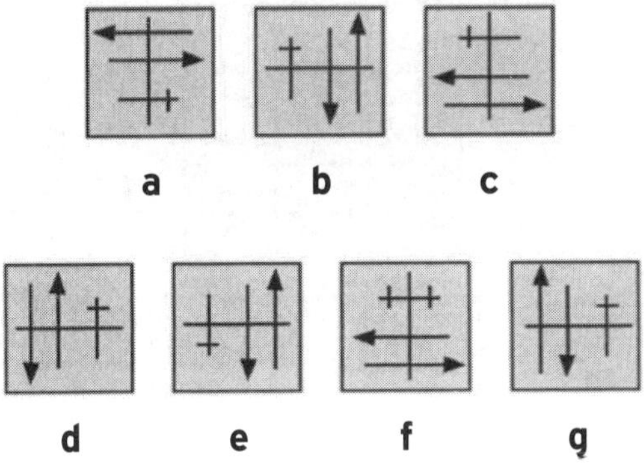

4. Voici une série de dominos. Chaque côté d'un domino peut compter entre 0 et 6 points. À vous de retrouver les valeurs manquantes.

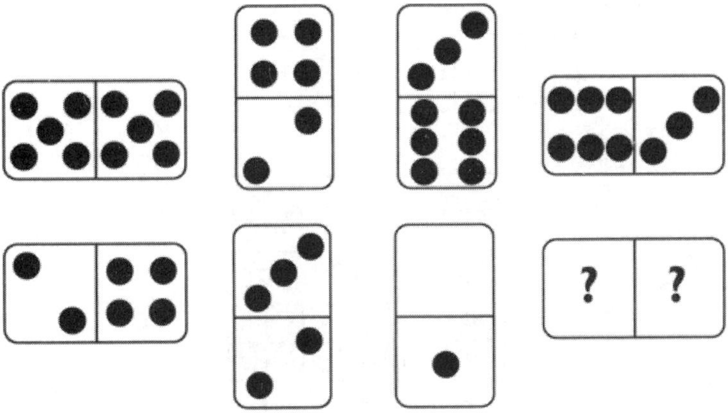

voir solution page 507

Chapitre 3

5. Parmi les 6 figures proposées, laquelle vient compléter le grand carré ?

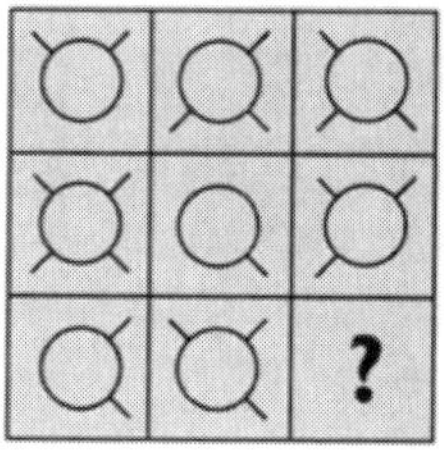

a **b** **c**

d **e** **f**

6. Quelle figure, parmi les 6 proposées, vient prolonger la série ?

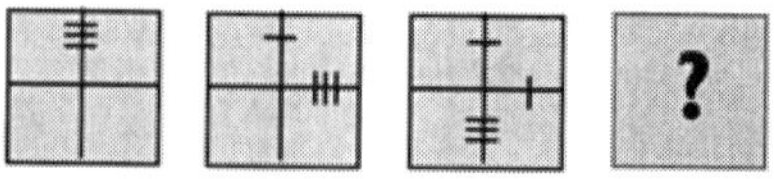

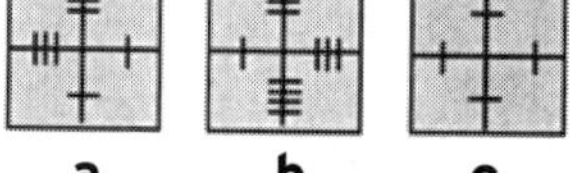

a **b** **c**

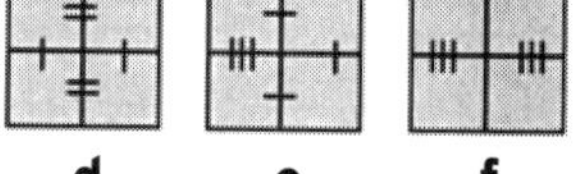

d **e** **f**

voir solution page 507

7. Quelle figure, parmi les 6 proposées, vient prolonger la série ?

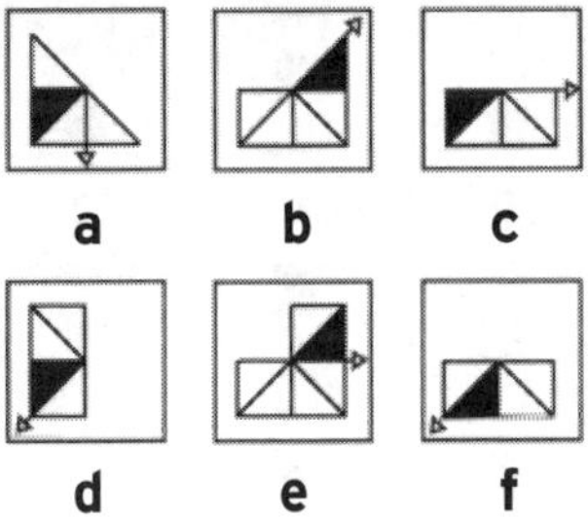

8. Quelle figure, parmi les 6 proposées, vient prolonger la série ?

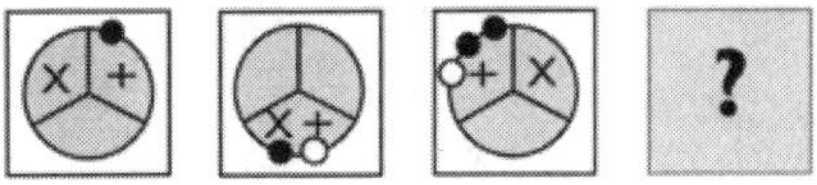

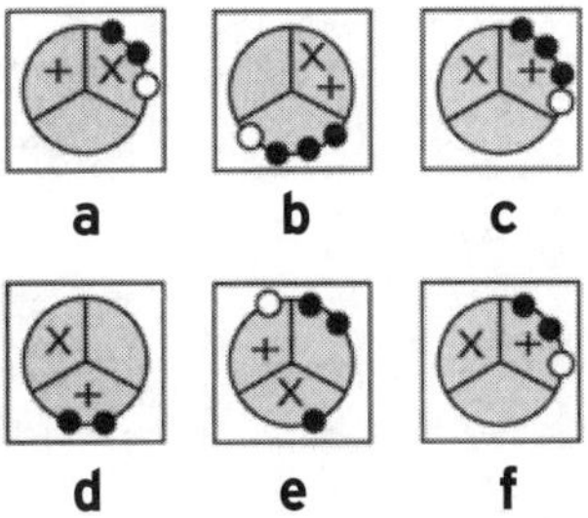

voir solution page 507

Chapitre 3

9. Quelle figure, parmi les 6 proposées, vient prolonger la série ?

a **b** **c**

d **e** **f**

10. Parmi les 6 figures proposées, laquelle vient compléter le carré ?

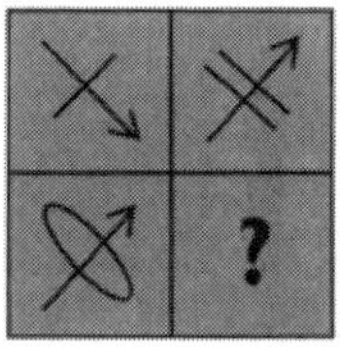

a **b** **c**

d **e** **f**

voir solution page 507

11. Quelle figure, parmi les 6 proposées, vient prolonger la série ?

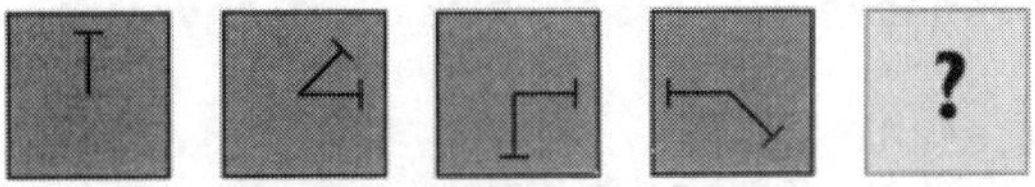

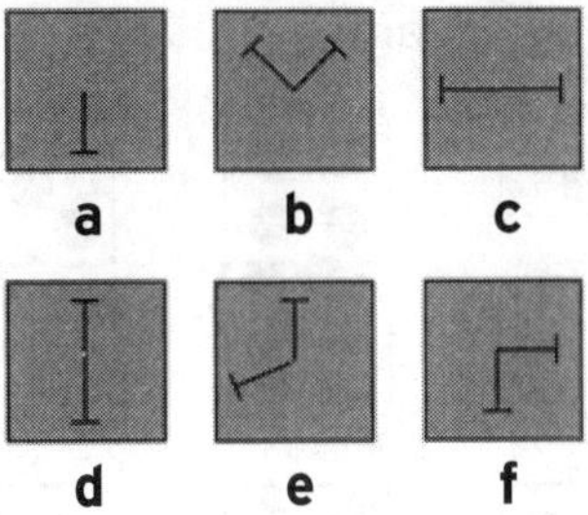

12. Voici une série de dominos. Chaque côté d'un domino peut compter entre 0 et 6 points. À vous de retrouver les valeurs manquantes.

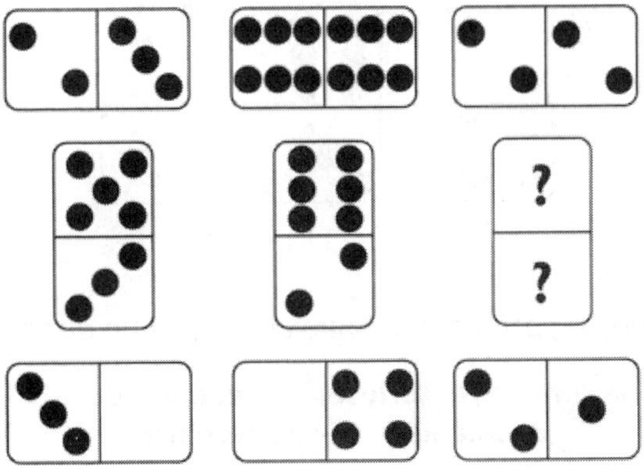

voir solution page 508

Chapitre 3

13. Quel mot ne va pas avec les autres ?

a. pinéale **b. lacrymale** **c. fémorale**
d. sébacée **e. salivaire** **f. thyroïde**

14. Voici une série de dominos. Chaque côté d'un domino peut compter entre 0 et 6 points. À vous de retrouver les valeurs manquantes.

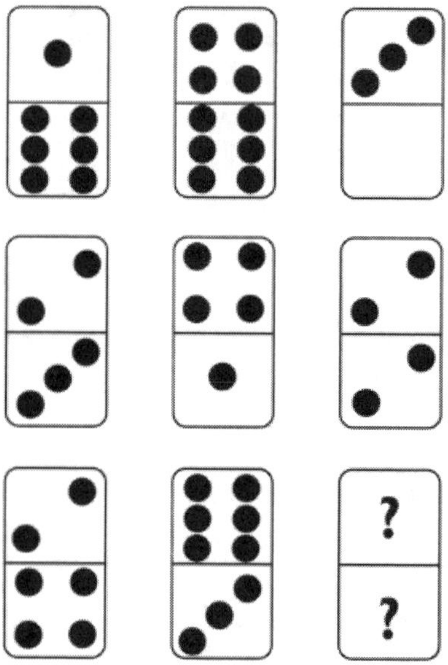

15. Lequel parmi ces animaux n'est pas un oiseau ?

a. lerem **b. teriotel** **c. gionep**
d. solonisgr **e. cetobrh**

voir solution page 508

16. Quelle figure, parmi les 6 proposées, vient prolonger la série ?

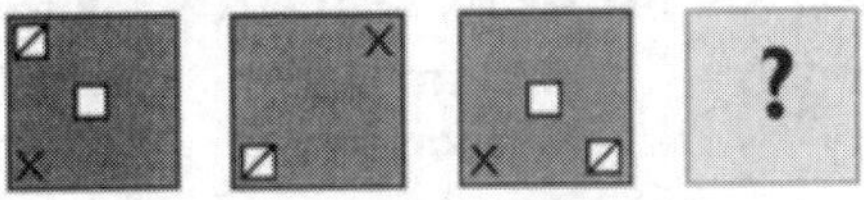

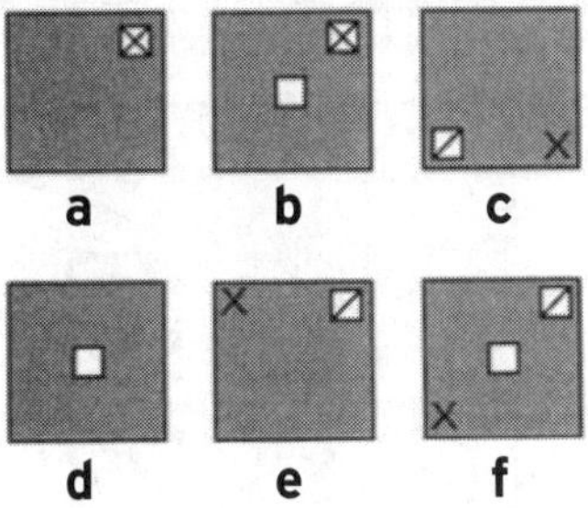

17. Parmi les 5 figures proposées, pouvez-vous trouver celle qui remplace le point d'interrogation ?

 est à 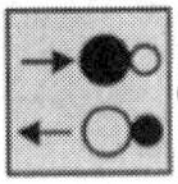 ce que 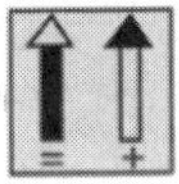 est à ?

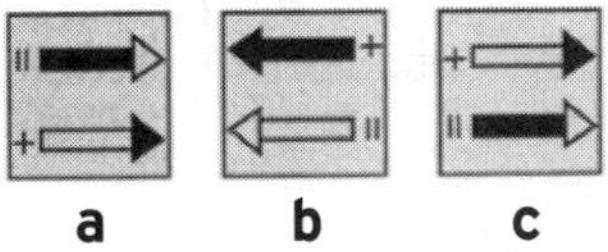

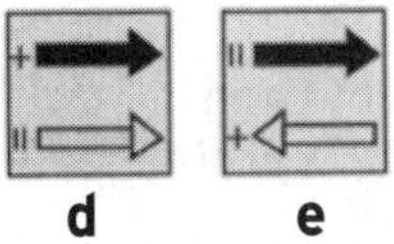

voir solution page 508

Chapitre 3

18. Quel mot prolonge la série ?

Lucien Marie Médée Jérôme Véronique ?

a. Camille **b. Clément** **c. Brigitte**
d. Sally **e. Hadrien** **f. Dimitri**

19. Parmi les 6 figures proposées, laquelle vient compléter le grand carré ?

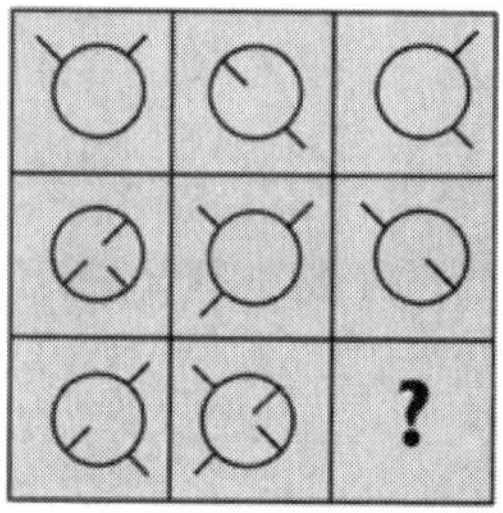

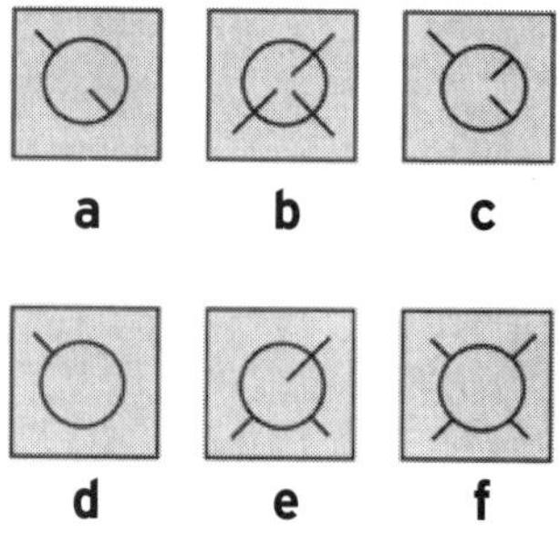

20. Quel mot ne va pas avec les autres ?

a. bar **b. thon** **c. loup**
d. merlan **e. sardine** **f. brochet**

 voir solution pages 508-509

21. Parmi les 7 figures proposées, quelles sont les 2 qui ne vont pas avec les 5 autres ?

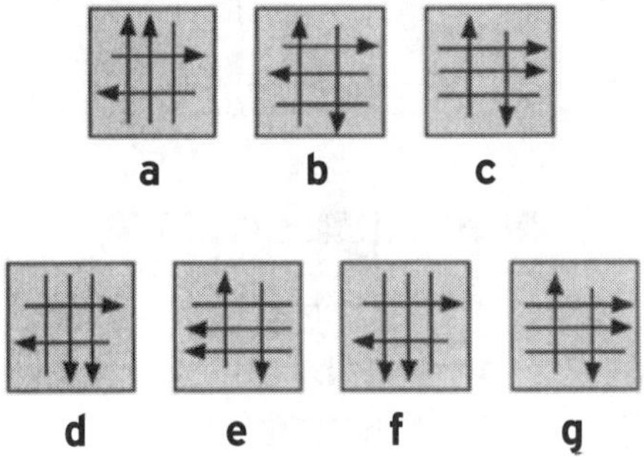

22. Voici une série de dominos. Chaque côté d'un domino peut compter entre 0 et 6 points. À vous de retrouver les valeurs manquantes.

voir solution page 509

Chapitre 3

23. Quelle figure, parmi les 6 proposées, vient prolonger la série ?

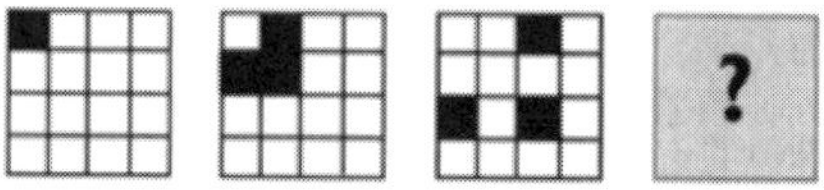

a **b** **c**

d **e** **f**

24. Parmi les 5 figures proposées, pouvez-vous trouver celle qui remplace le point d'interrogation ?

 est à  ce que  est à ?

a **b** **c**

d **e**

voir solution page 509

25. Laquelle de ces villes n'est pas en France ?

a. RAIPS b. JINDO c. GIMELOS
d. GARPEU e. GARERECB

26. Parmi les 6 figures proposées, laquelle vient compléter le grand carré ?

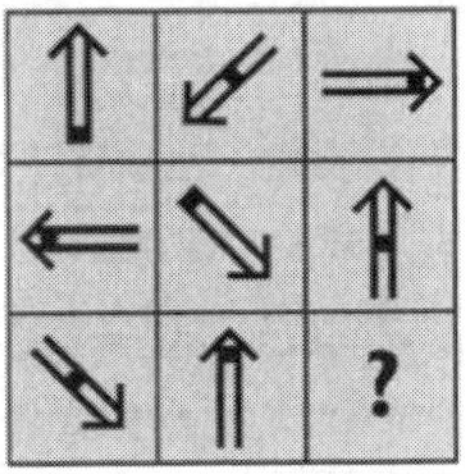

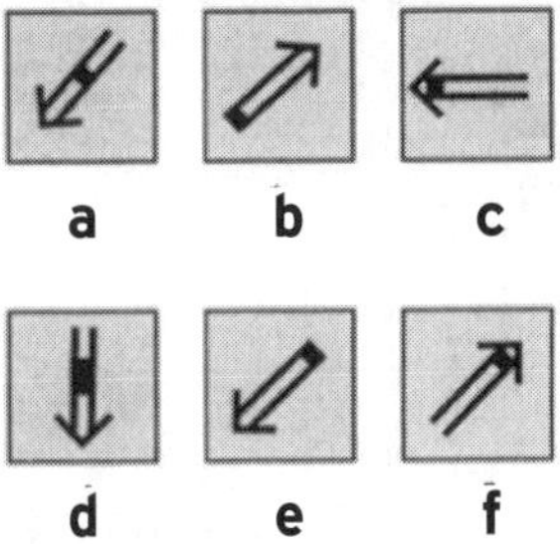

27. Quel mot prolonge la série ?

utile dangereux triste quotidien compliqué ?

a. silencieux **b. niais** **c. pauvre**
d. humide **e. doux** **f. violent**

voir solution page 509

Chapitre 3

28. Quelle figure, parmi les 5 proposées, vient prolonger la série ?

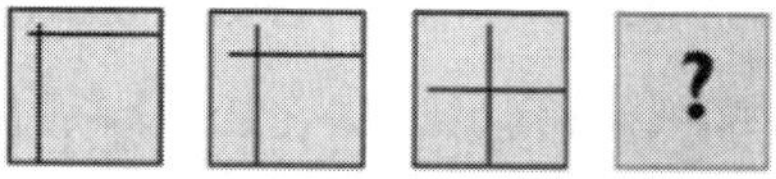

a b c

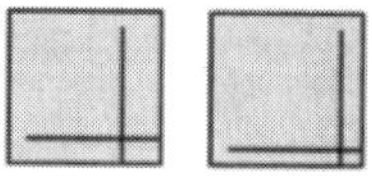

d e

29. Voici une série de dominos. Chaque côté d'un domino peut compter entre 0 et 6 points. À vous de retrouver les valeurs manquantes.

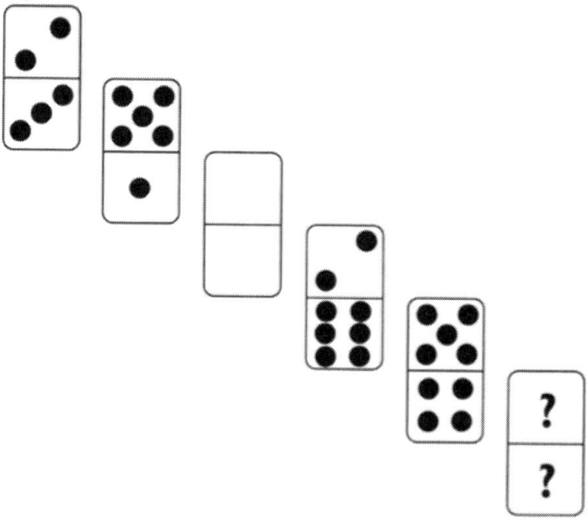

voir solution pages 509-510

30. Quelle figure, parmi les 6 proposées, vient prolonger la série ?

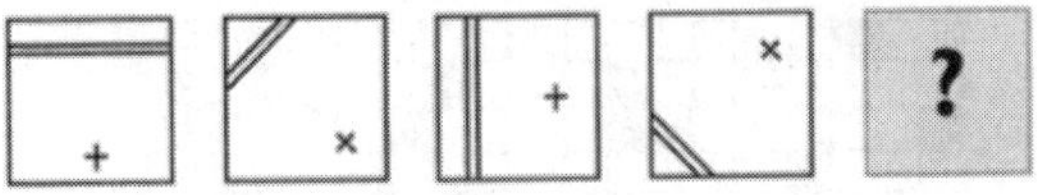

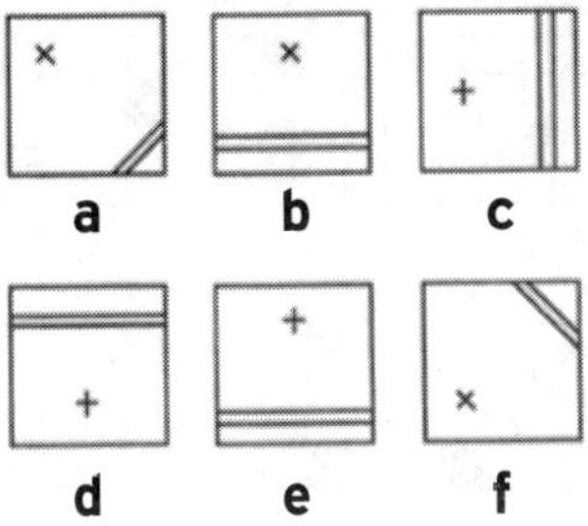

31. Parmi les 6 figures proposées, laquelle vient compléter le carré ?

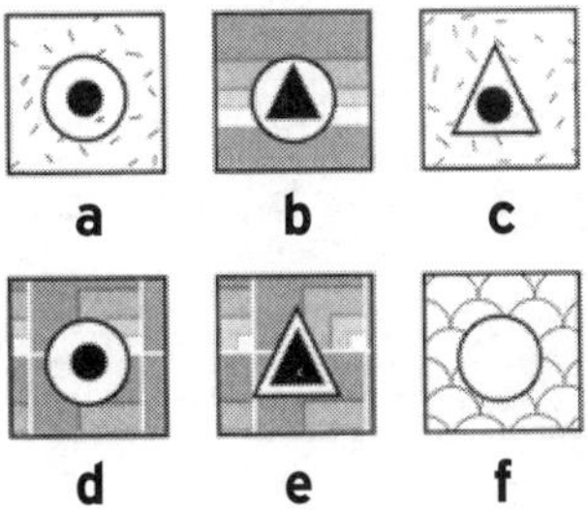

voir solution page 510

Chapitre 3

32. Quelle figure, parmi les 6 proposées, vient prolonger la série ?

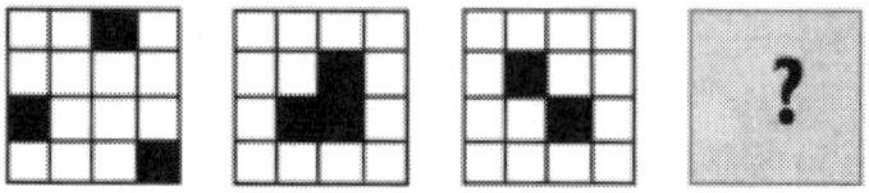

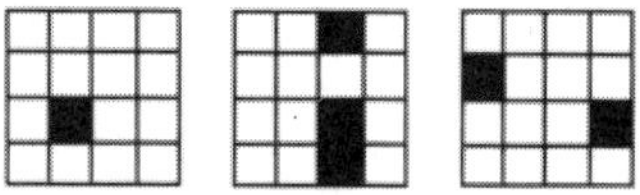

a b c

d e f

33. Quelle figure, parmi les 6 proposées, vient prolonger la série ?

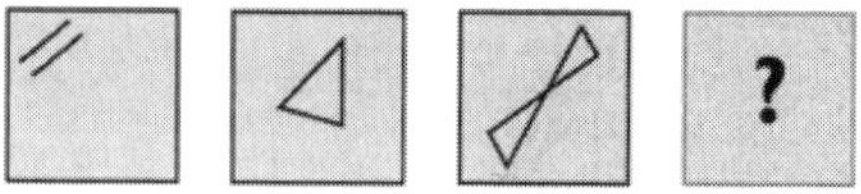

a b c

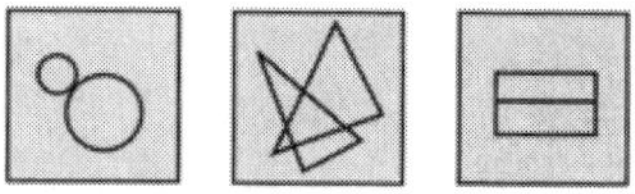

d e f

voir solution page 510

34. Quel mot peut précéder chacun des 3 mots suivants ?

LIT CHEF FEU

35. Parmi les 6 figures proposées, laquelle vient compléter le grand carré ?

a **b** **c**

d **e** **f**

36. Lequel de ces écrivains est une femme ?

a. SURPTO **b. NETIOB** **c. LOTRGU**
d. NIVA **e. NNOCRI**

voir solution page 510

Chapitre 3

37. Quelle figure, parmi les 5 proposées, vient prolonger la série ?

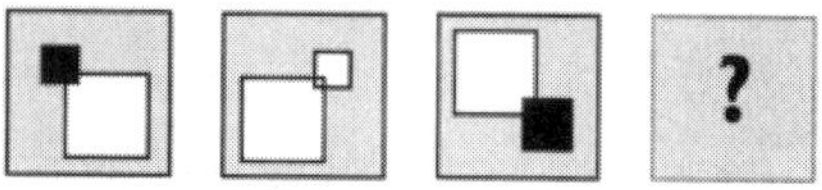

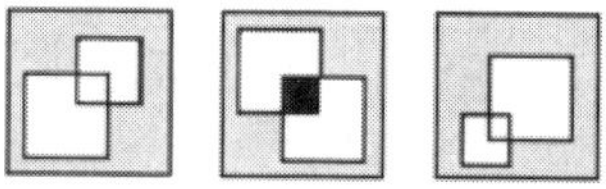

a **b** **c**

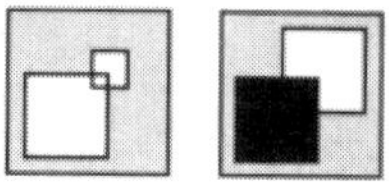

d **e**

38. Parmi les 5 figures proposées, pouvez-vous trouver celle qui remplace le point d'interrogation ?

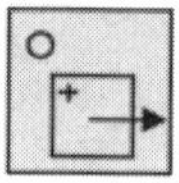 est à 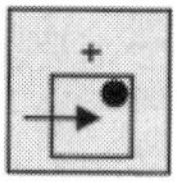 ce que 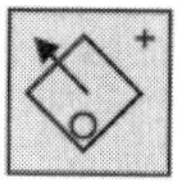 est à ?

a **b** **c**

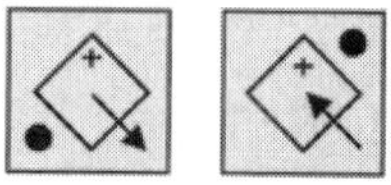

d **e**

voir solution page 511

39. Quelle figure, parmi les 6 proposées, vient prolonger la série ?

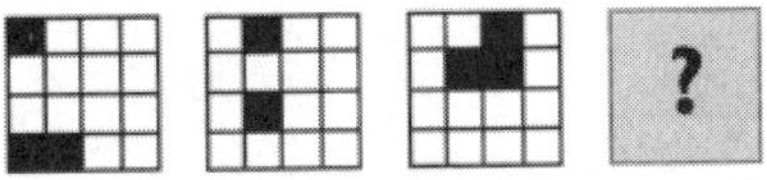

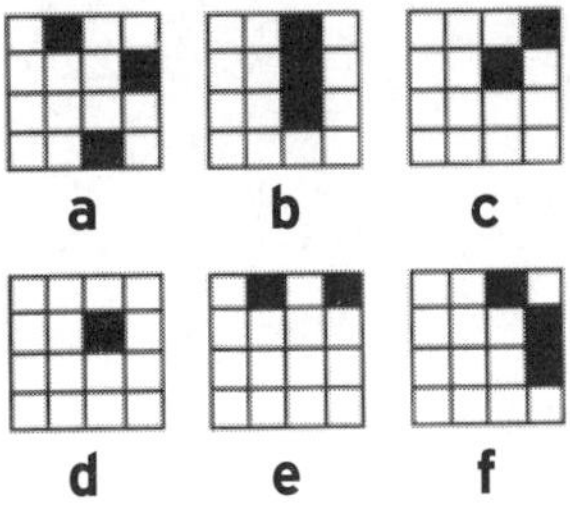

40. Quelle figure, parmi les 6 proposées, vient prolonger la série ?

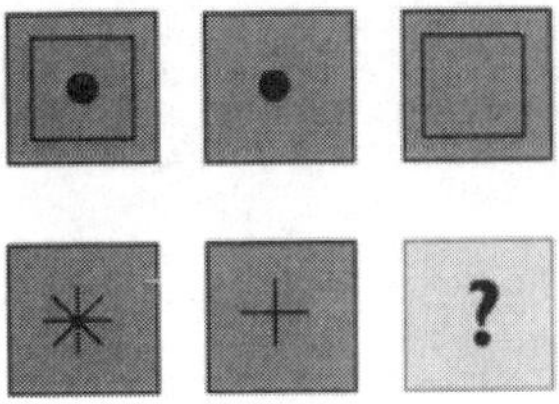

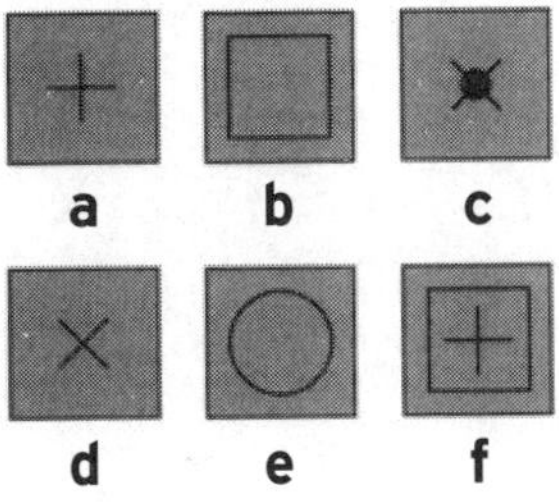

voir solution page 511

CHAPITRE 4

TESTER SON Q.I.

Chapitre 4

Test 1

Durée de l'exercice : 1 heure.

1. Essayez de résoudre cette analogie :

LAVE est à **VOLCAN** ce que **EAU** est à ?

a. glace **b. montagne** **c. vallée**
d. cheminée **e. source**

2. Quel est le domino manquant ?

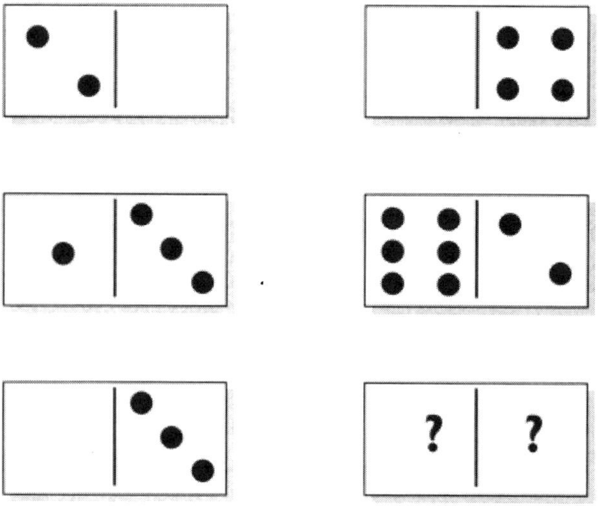

3. Trouvez deux mots qui se prononcent et s'écrivent pareillement, et qui désignent :

une entaille / le courage

voir solution page 512

4. Quel est le nombre manquant ?

32	**4**	**8**
20	**4**	**5**
?	**16**	**40**

5. Quel dessin prolonge la série ?

a

b

c

d

e

6. Dans cette liste, trouvez les deux mots qui ont le même sens.

GARGOUILLIS PLAINTE TAPAGE
SOUBRESAUT VACARME GALOP

voir solution page 512

Chapitre 4

7. Quel est le dessin suivant ?

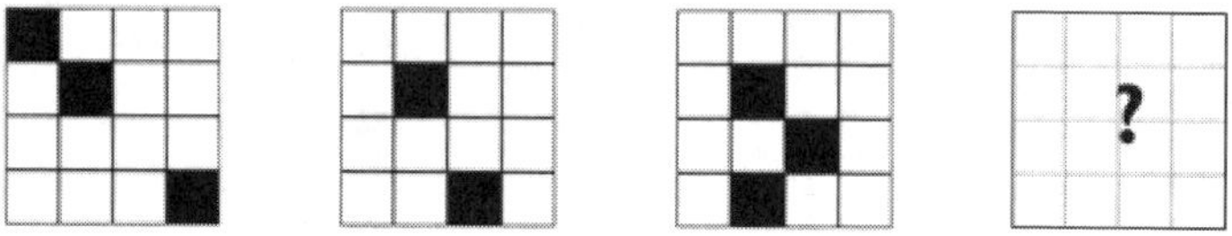

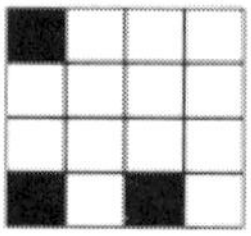

a

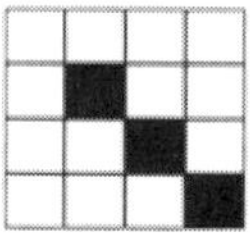

b

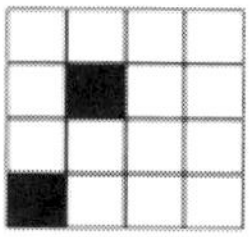

c

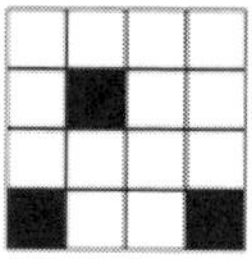

d

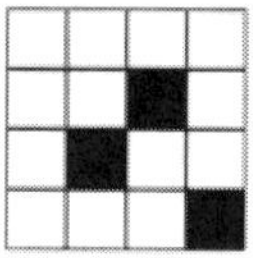

e

8. Reliez deux de ces groupes de lettres pour trouver un mot signifiant une façon particulière de marcher :

BOI UNI LET ANI
PIR IRE TER

9. Utilisez une fois chaque voyelle de l'alphabet pour compléter ce mot :

- C - L - - R -

voir solution page 512

10. Les dessins de la première ligne possèdent une caractéristique que n'ont pas ceux de la deuxième ligne, et que possède l'un des dessins numérotés, sur la troisième. Lequel ?

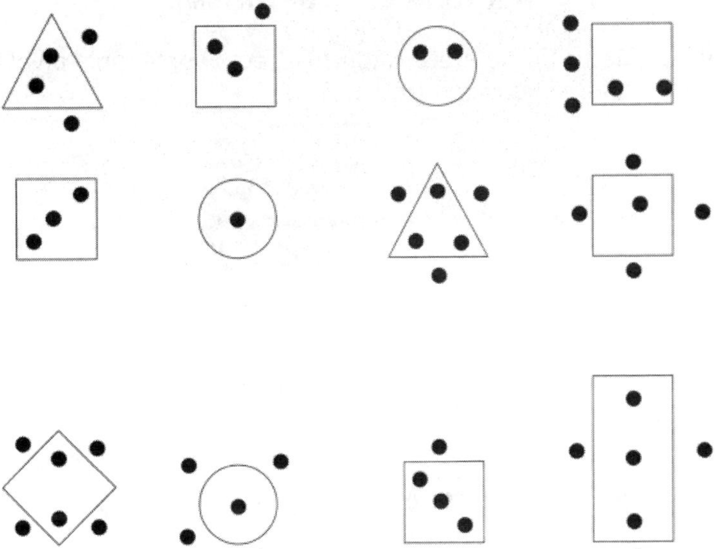

a **b** **c** **d**

11. Essayez de résoudre cette analogie :

POMME est à **ÉPLUCHER** ce que **HUÎTRE** est à ?

MOULE **OUVRIR** **PELER**

ABRICOT **CASSER**

12. Essayez de résoudre cette équation :

Si 8 A = 3 A + 20, combien vaut A + 9 ?

voir solution page 512

Chapitre 4

13. Parmi cette liste de mots, quels sont les deux de sens contraire ?

NÉPOTISME ASCÉTISME ÉGOÏSME
ONIRISME ARRIVISME
ALTRUISME OPTIMISME

14. Cette forme a été retournée recto verso, puis pivotée. Saurez-vous la retrouver ?

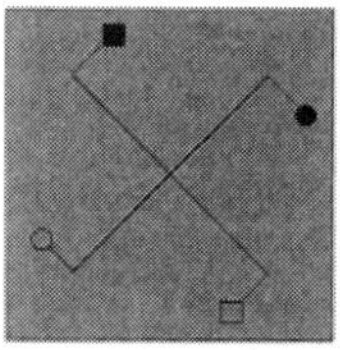

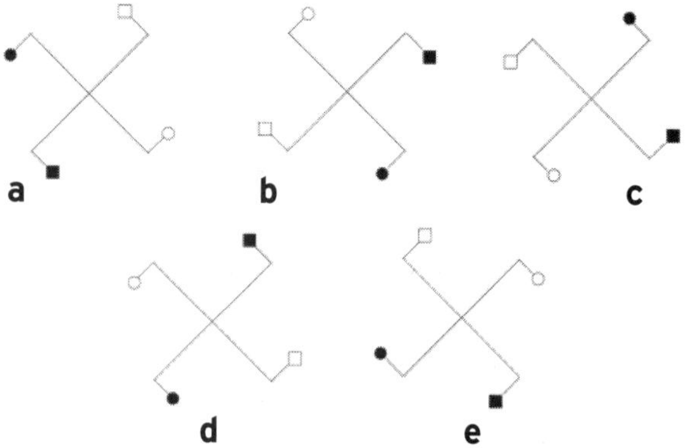

15. Décryptez ces anagrammes et trouvez lequel est une plante.

RURERES EARM VRGEI
RUREIAL LLIOES

voir solution page 513

16. Quel est le nombre manquant ?

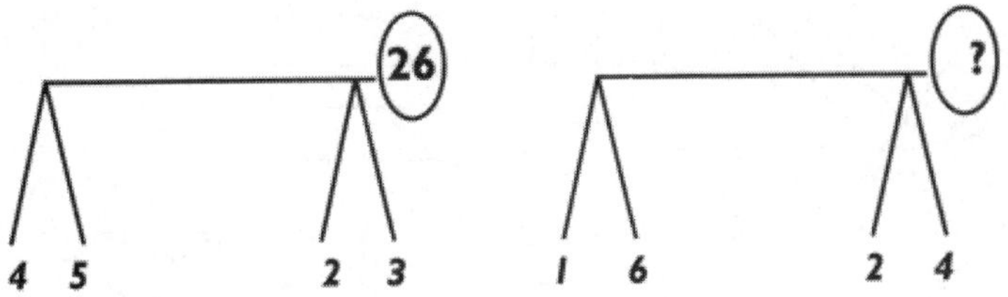

17. Remettez ces mots en ordre et vous pourrez alors dire si cette phrase est vraie ou fausse.

orient se soleil direction l'
semble le coucher en de

18. Trouvez le mot écrit dans le sens des aiguilles d'une montre, ainsi que la lettre manquante.

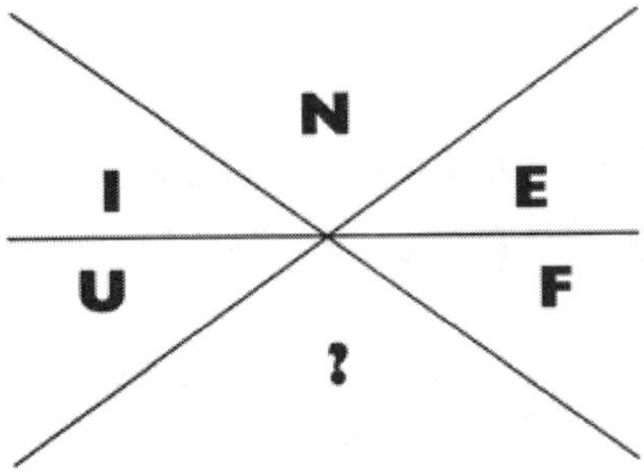

voir solution page 513

Chapitre 4

19. Quel dessin vient compléter cette série ?

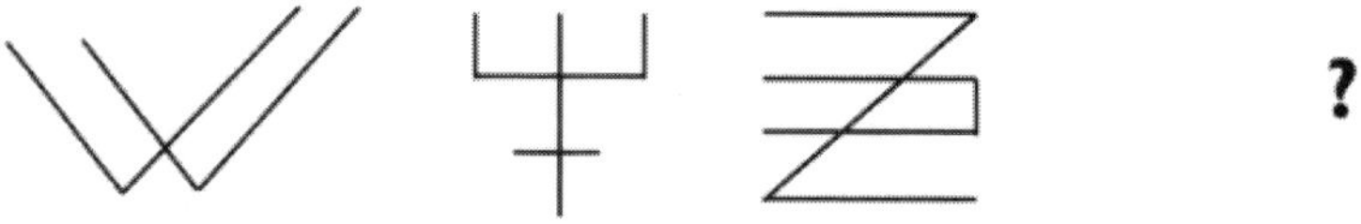

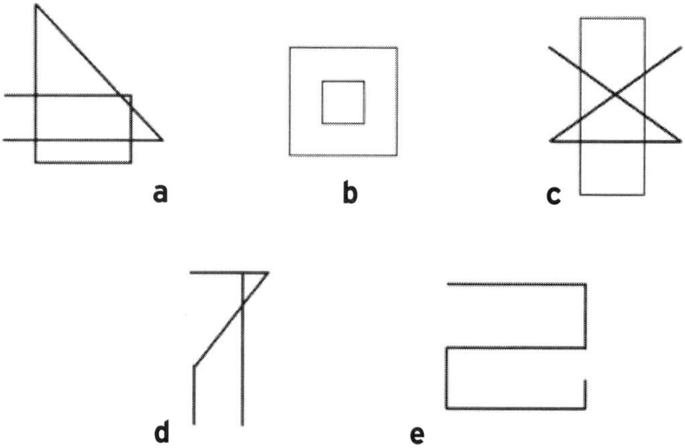

20. Reliez trois de ces groupes de lettres pour former un mot. Indice : chef.

MOT GOU CLE EUR
VER PLA PON NER

21. Parmi les mots de cette liste, quels sont les deux qui ne vont pas avec les autres ?

VAR TARN SOMME
VAUCLUSE ARIÈGE ARDENNES

 voir solution page 513

22. Quel est le domino manquant ?

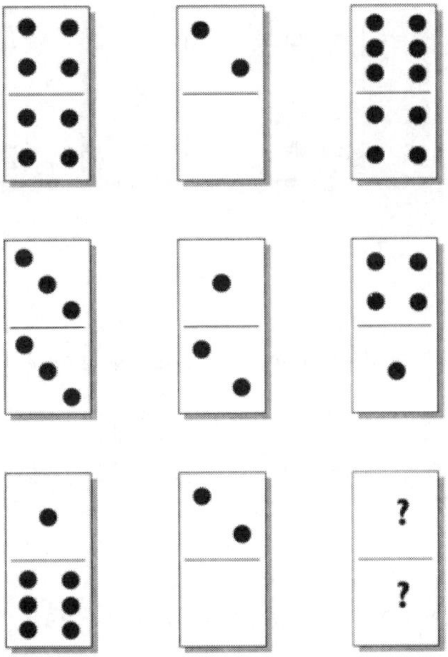

23. Trouvez la lettre manquante. Attention, il y a un début et une fin.

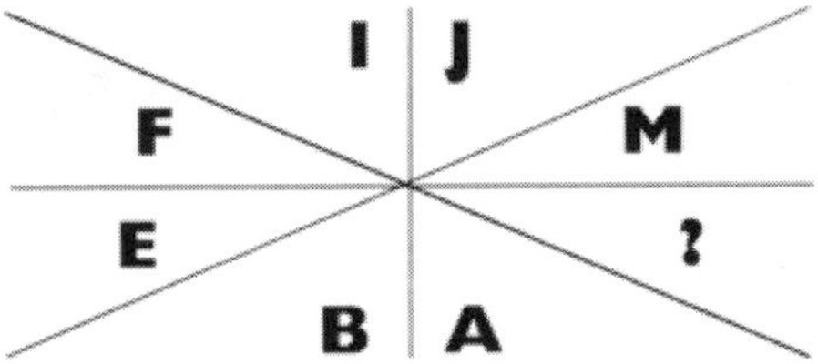

24. Ôtez un peintre, il reste un compositeur :

M R E O Z N O A I R R T

voir solution page 513

Chapitre 4

25. Quelle est la carte manquante ?

26. Quel dessin ne va pas avec les autres ?

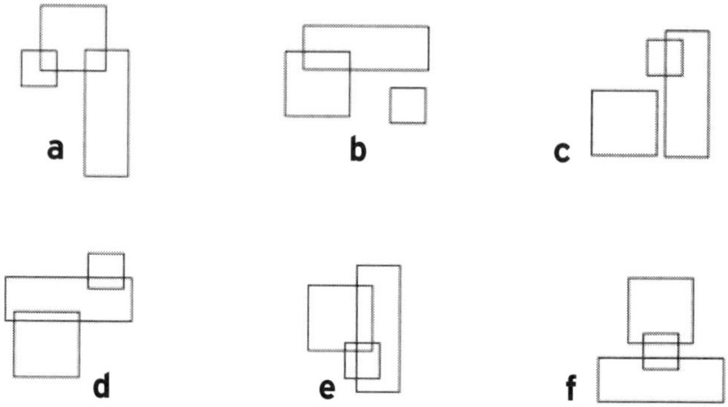

voir solution page 514

27. Quel est le dessin manquant ?

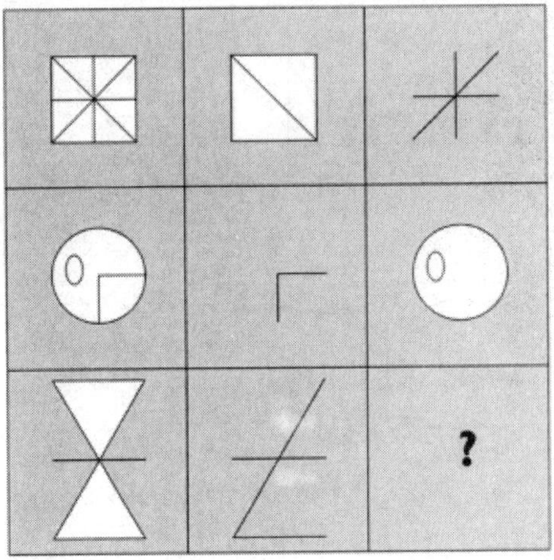

a 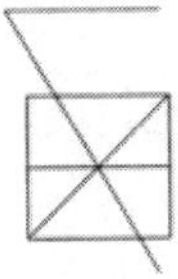

b 

c 

d 

e 

28. Tentez de résoudre cette analogie :

C est à **X** ce que **E** est à ?

voir solution page 514

Chapitre 4

29. Quel est le dessin qui prolonge la série ?

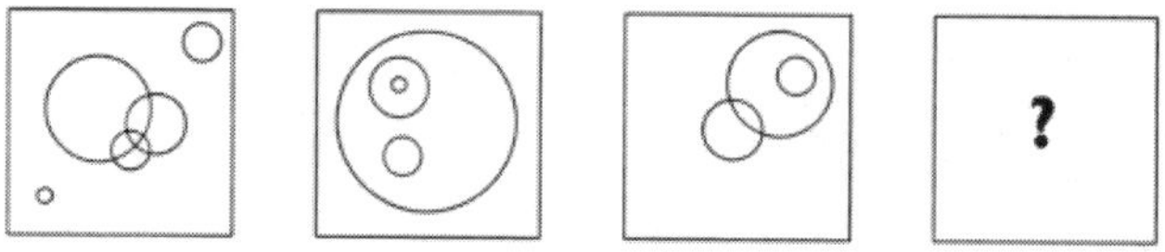

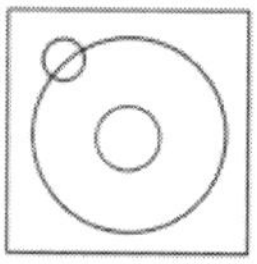

a

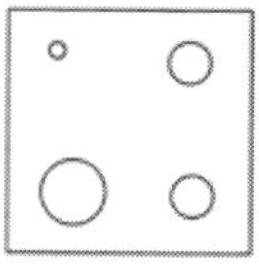

b

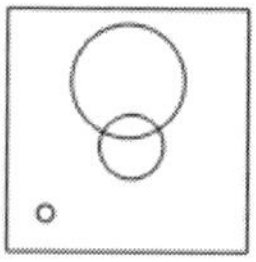

c

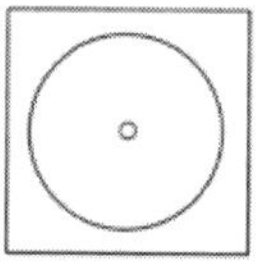

d

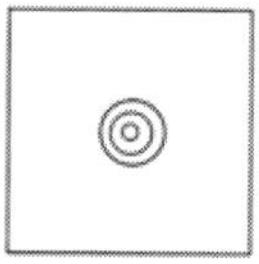

e

30. Parmi cette liste de mots, quels sont les deux qui vont ensemble ?

MOUCHE FOURMI GUÊPE
COCCINELLE PUCE LIBELLULE

31. Quelles sont les trois lettres qui forment des mots avec les débuts suivants :

GUE - - - NOD - - - ROT - - -
SE - - - BO - - -

voir solution page 514

32. Quel est le dessin manquant ?

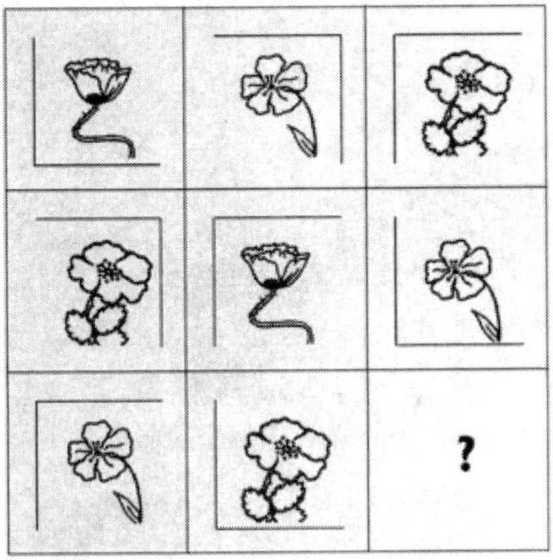

a

b

c

d

e

33. Trouvez le mot inscrit dans le sens des aiguilles d'une montre et la lettre manquante.

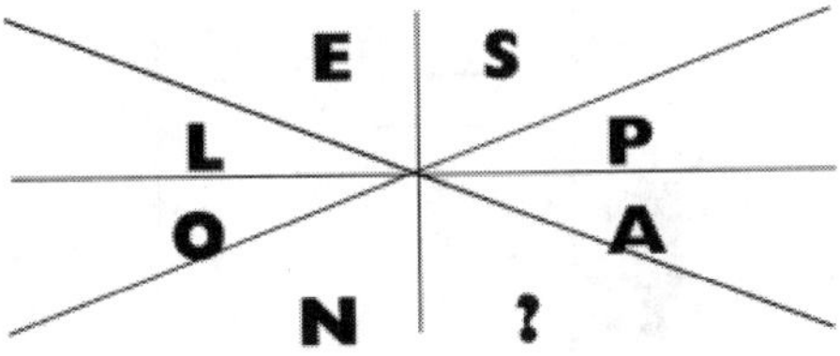

voir solution page 514

Chapitre 4

34. Tentez de résoudre cette analogie :

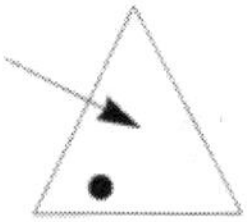 est à 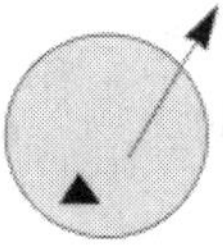 ce que 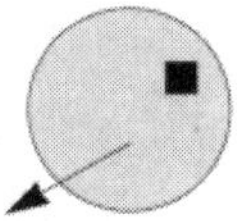 est à ?

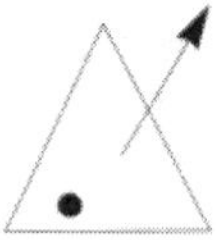
a

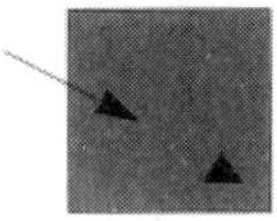
b

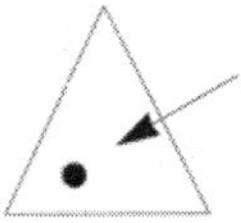
c

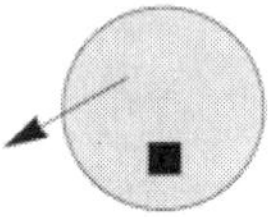
d

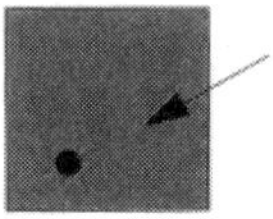
e

35. Quelle est la carte manquante ?

voir solution page 514

Test 2

Durée de l'exercice : 1 heure.

1. Quel est le nombre manquant ?

446

347 **545**

248 **?**

2. Parmi les mots de cette liste, quels sont les deux de sens contraire ?

SOLITAIRE SECTAIRE POPULAIRE
LÉGATAIRE GRÉGAIRE TÉMÉRAIRE

3. Trouvez le mot inscrit dans le sens des aiguilles d'une montre ainsi que la lettre manquante.

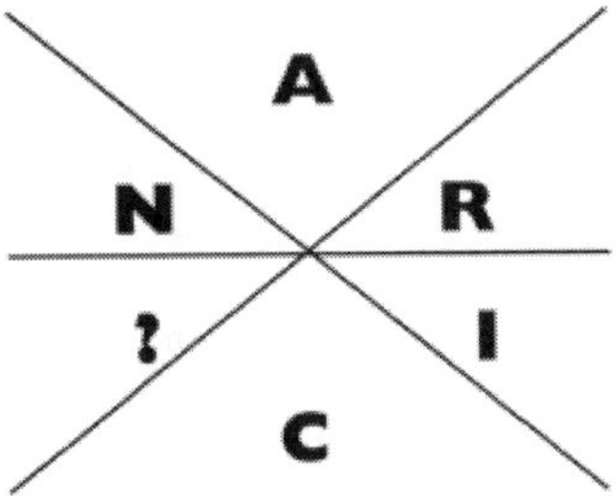

voir solution page 515

Chapitre 4

4. Quel dessin prolonge cette série ?

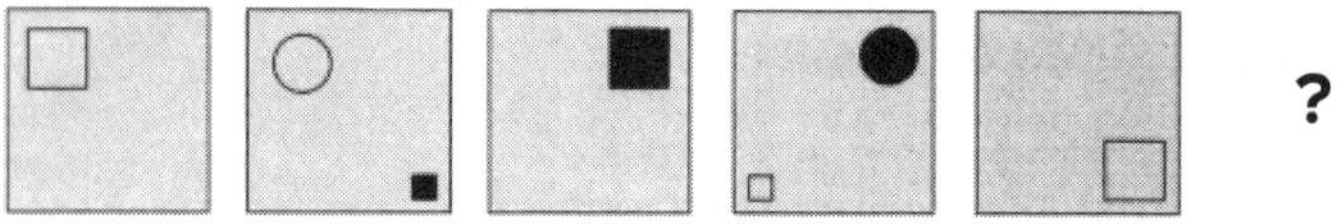

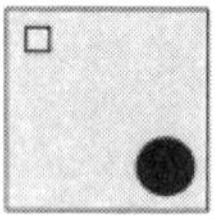

a

b

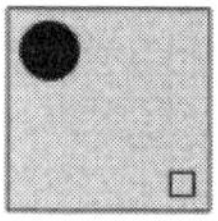

c

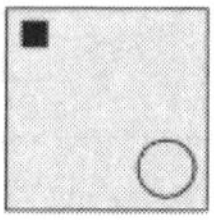

d

e

5. Cette image a été retournée recto verso, puis pivotée. Pourrez-vous la retrouver parmi celles proposées ?

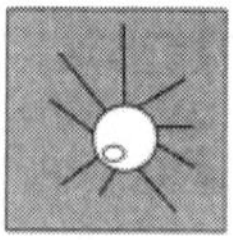

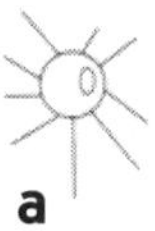

a

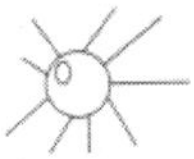

b

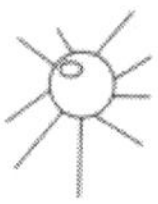

c

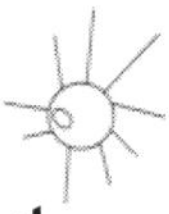

d

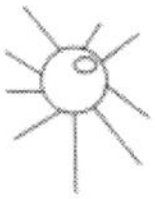

e

voir solution page 515

6. Vous souhaitez vous acheter un pull à 80 €. Il est en solde. L'étiquette annonce « - 20 % ». Combien paierez-vous ce pull ?

7. Quelle est la carte manquante ?

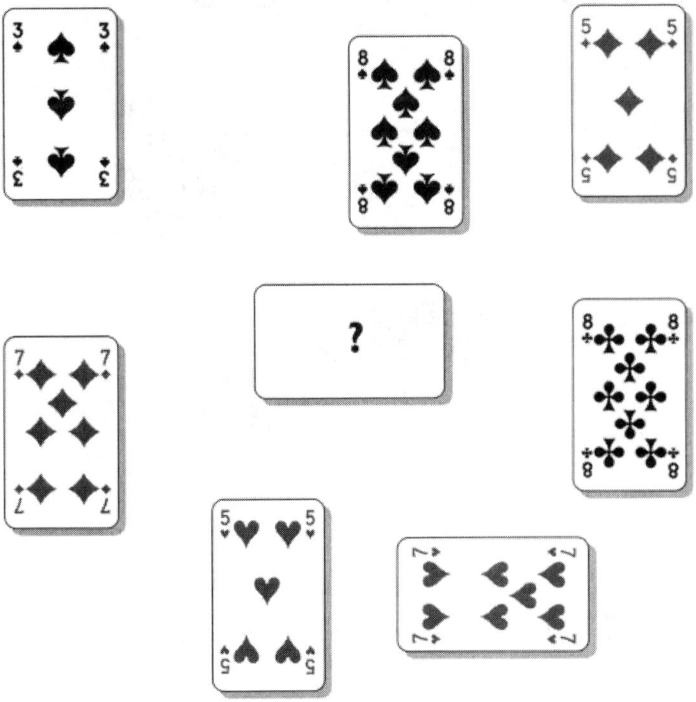

8. Quel est le mot qui a les deux sens suivants :

ORGANISER et COMMANDER

voir solution page 515

Chapitre 4

9. Quel est le dessin suivant ?

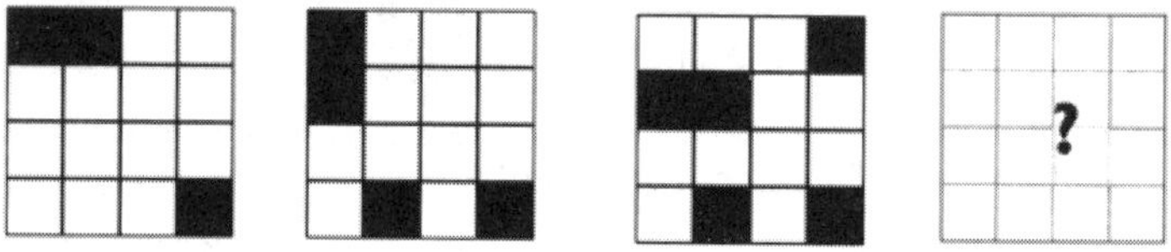

a

b

c

d

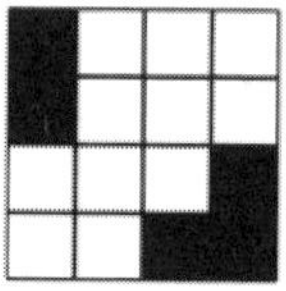

e

10. Quel est le mot de quatre lettres qui termine le premier mot et commence le suivant ?

R A P - - - - R A I T

11. Parmi cette liste de verbes, quels sont les deux dont le sens est proche ?

élaguer dénicher chasser

remplacer dilater

expulser casser

voir solution page 515

12. Les dessins de la première ligne possèdent une caractéristique que n'ont pas ceux de la deuxième ligne, et que possède l'un des dessins numérotés sur la troisième. Lequel ?

a **b** **c** **d**

13. Quel est le nombre manquant ?

9	**5**	**4**
7	**?**	**4**
2	**2**	**0**

voir solution page 515

Chapitre 4

14. Parmi cette liste de syllabes, trouvez-en deux qui, réunies, forment un animal.

MIE	**ENT**	**STE**	**IEU**
GUE	**BRE**	**LAR**	**NON**

15. Quelle figure vient compléter la série ?

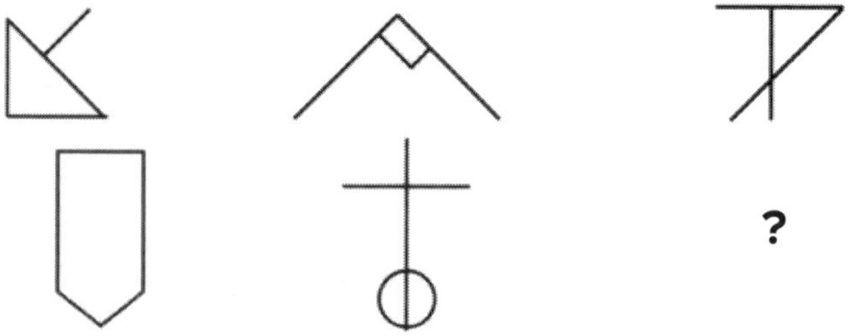

a 

b 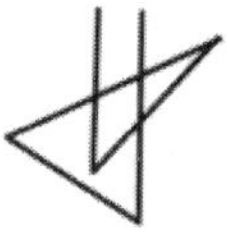

c 

d 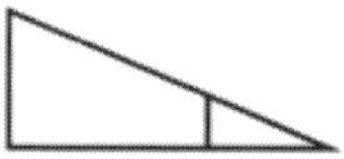

e 

16. Anagrammes : trouvez lequel est coupable.

NMEEICD **RRRTMEEIU**

NPIACO **TEVLA** **RREEFMI**

voir solution pages 515-516

17. Quel dessin prolonge la série ?

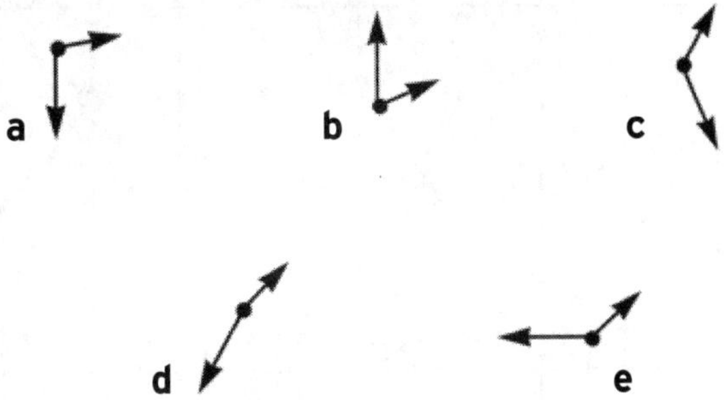

18. Utilisez une fois chaque voyelle pour compléter ce mot :

L - - N C - - -

19. Remettez les mots de cette phrase dans l'ordre et dites si elle est vraie ou fausse.

paresseux sont mammifères le
le des ragondin et

voir solution page 516

Chapitre 4

20. Dans chaque case notée de **a** à **i** se trouve la superposition du dessin de la ligne et de la colonne correspondantes. Une de ces neuf cases est fausse. Laquelle ?

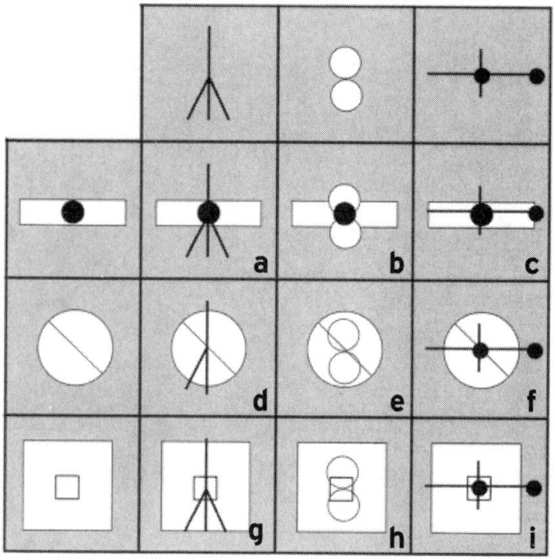

21. Dans cette liste de mots, quels sont les deux qui ne vont pas avec les autres ?

CAPTIVANT ÉMOUVANT
POIGNANT
INTÉRESSANT TOUCHANT

22. Quelles sont les deux lettres suivantes ?

A B H I O ? ?

voir solution page 516

23. Quel est le dessin manquant ?

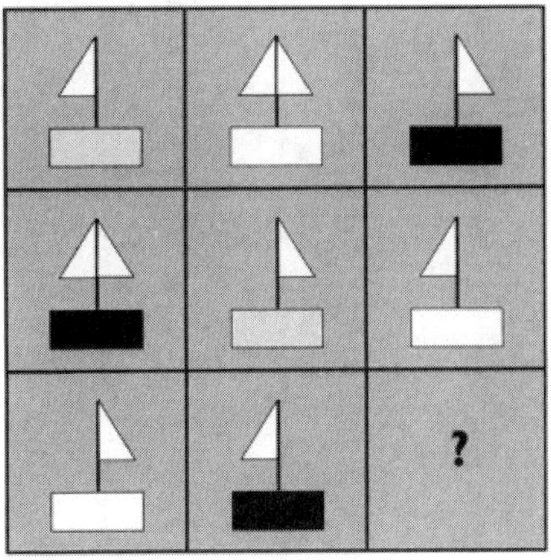

a 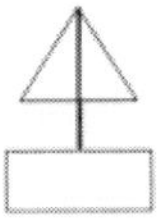

b 

c 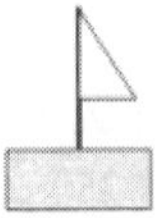

d 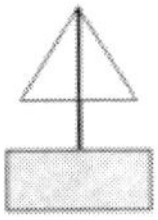

e 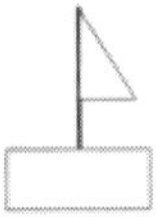

24. Essayez de résoudre cette analogie :

CHIFFRES est à **NOMBRES**
ce que **LETTRES** est à… ?

phrases **opérations** **alphabet**
mathématiques **mots**

voir solution page 516

Chapitre 4

25. Quel est le domino manquant ?

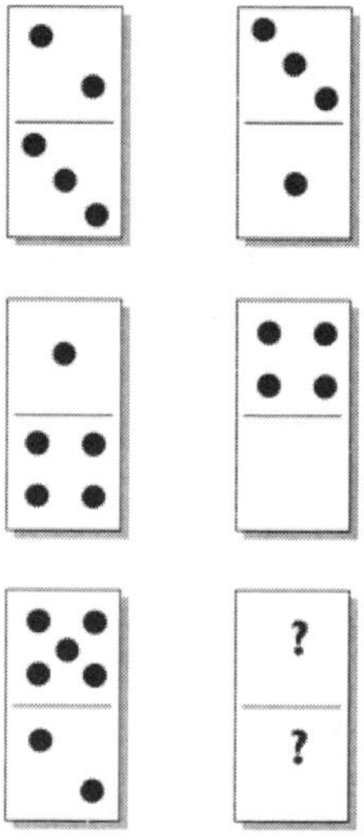

26. Trouvez le mot inscrit dans le sens des aiguilles d'une montre ainsi que la lettre manquante.

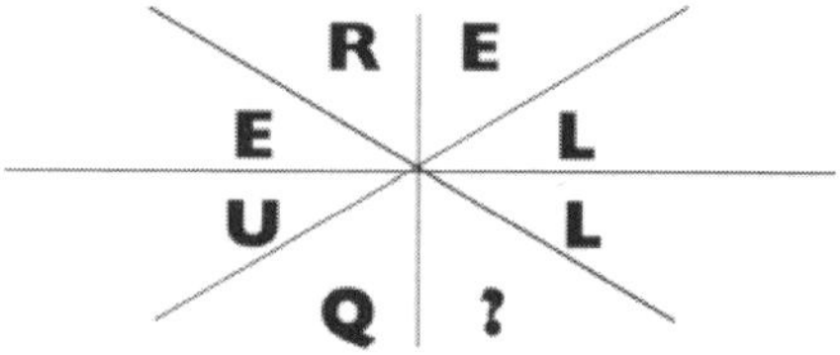

27. Parmi cette liste de mots, quels sont les deux qui ne vont pas avec les autres ?

VIOLONISTE TROMPETTISTE

GUITARISTE

SAXOPHONISTE HARPISTE

voir solution page 516

28. Quelle est la carte manquante ?

29. Quel est l'animal qui ne va pas avec les autres ?

voir solution pages 516-517

Chapitre 4

30. Regroupez trois de ces syllabes pour faire un mot qui détone.

SAN RER BOM COU
BAR DIE PIN DER

31. Quel est le domino manquant ?

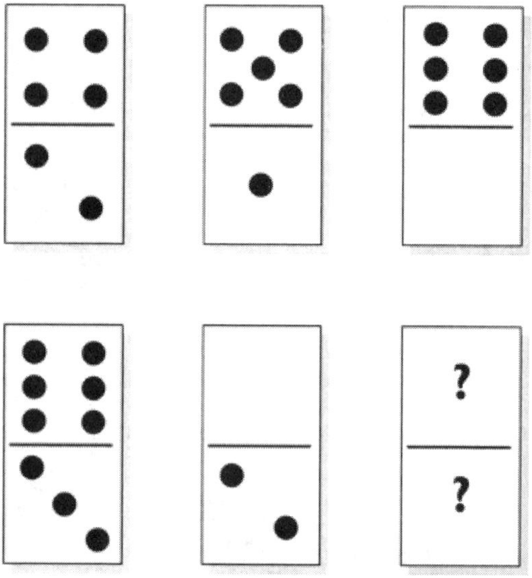

32. Essayez de résoudre cette analogie :
VACHE est à **TAUREAU** ce que **OIE** est à ?

voir solution page 517

33. Quelle est la lettre manquante ?

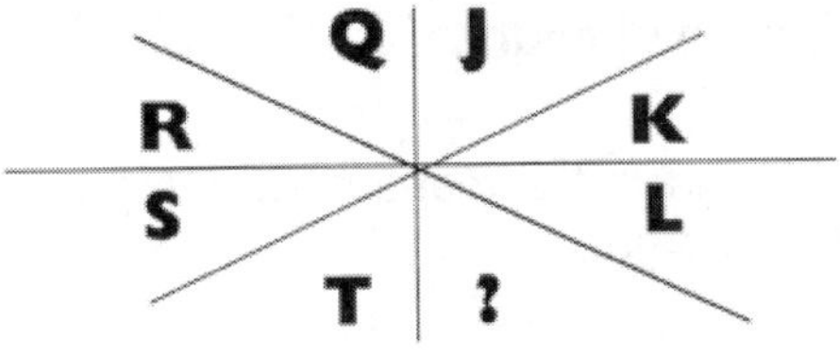

34. Quel est le dessin manquant ?

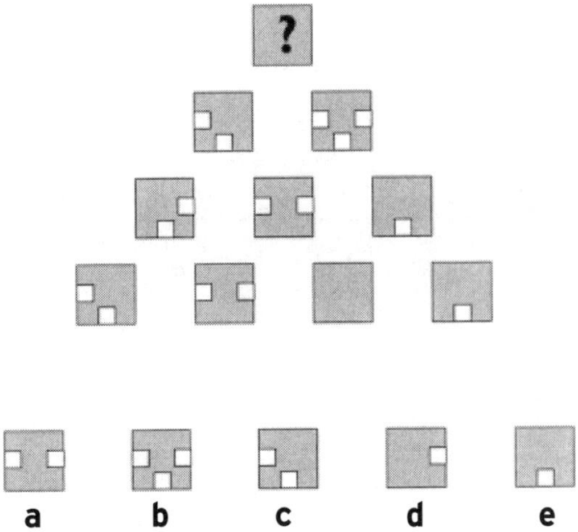

35. Ôtez une ville espagnole, il reste une ville italienne :

G N R E A N P L A D E E S

voir solution page 517

Chapitre 4

Test 3

Durée de l'exercice : 1 heure.

1. Quelle est la lettre manquante ? Attention : il y a un début et une fin.

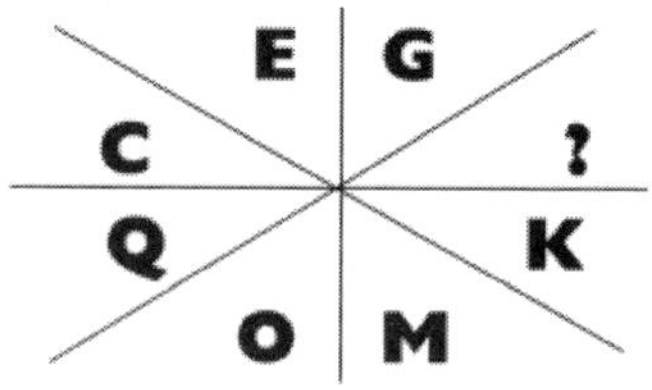

2. Quel est le nombre manquant ?

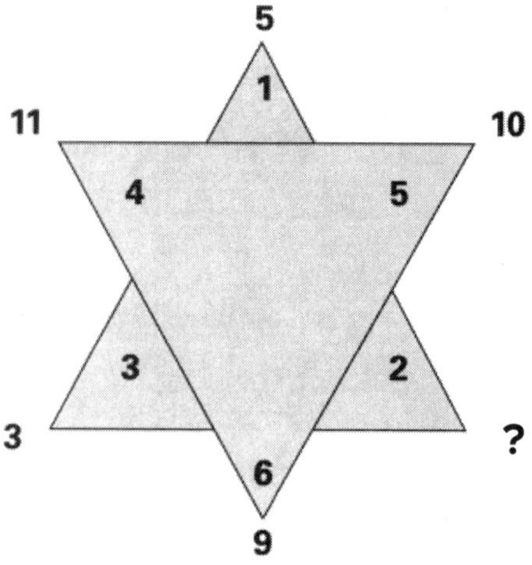

3. Quelle est la syllabe de quatre lettres commune à tous les mots qui commencent par les lettres suivantes :

BOU... CRU... FOUR... CO...

 voir solution page 517

4. Quel est le mot qui désigne à la fois :

UN LIEN et UNE TROUPE

5. Quel est le domino manquant ?

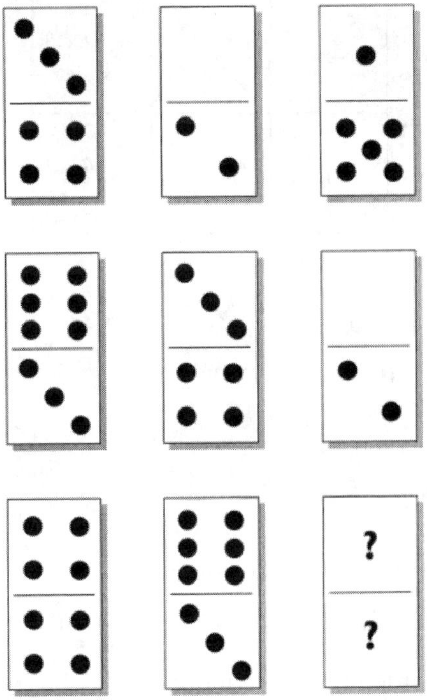

6. Déchiffrez les anagrammes et trouvez quel mot est une histoire.

NCSOHAN LCCSTPEEA

ITECR RRMUUE

voir solution page 517

Chapitre 4

7. Quel est le dessin manquant ?

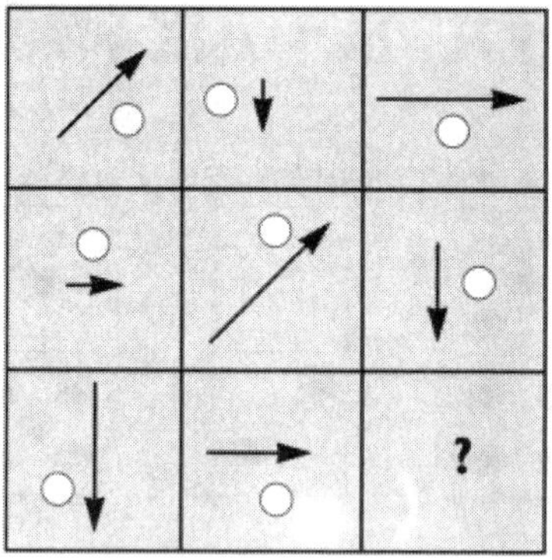

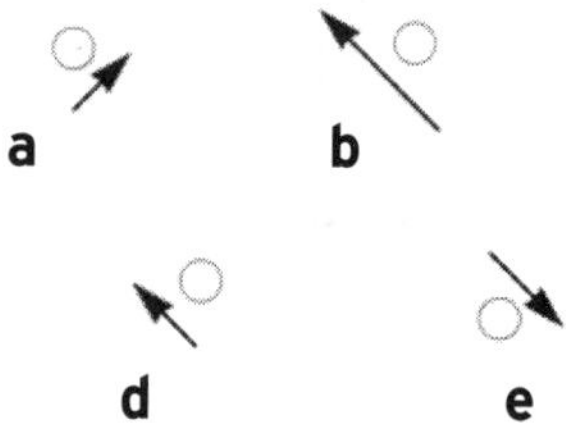

8. Quelle est la lettre suivante ?

S Q O M ?

9. Quel est le nombre manquant ?

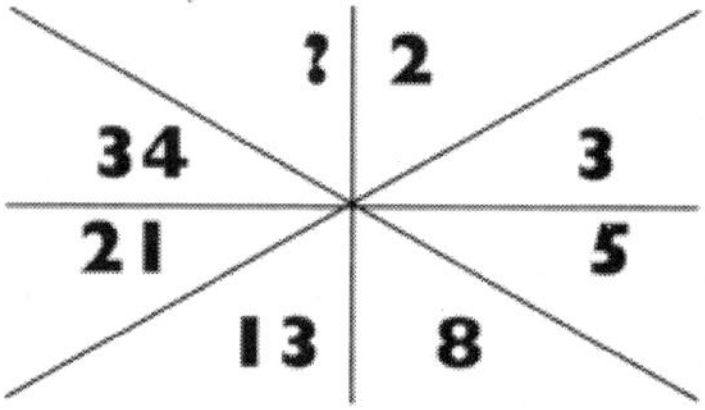

voir solution pages 517-518

10. Trouvez le mot manquant.

tragique	**(trace)**	**précoce**
colonial	**(?)**	**éboulis**

11. Quel dessin vient prolonger la série ?

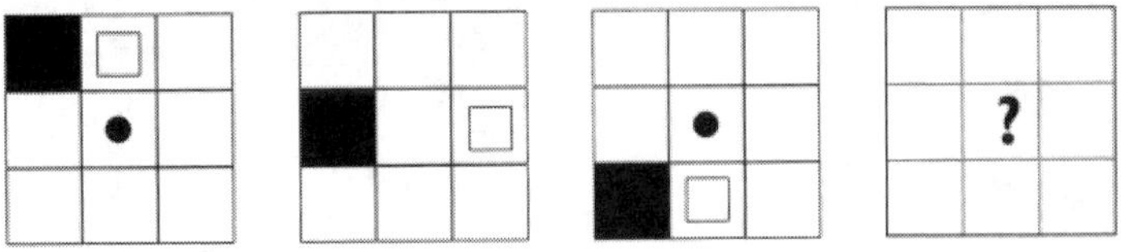

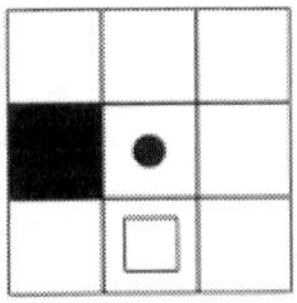
a

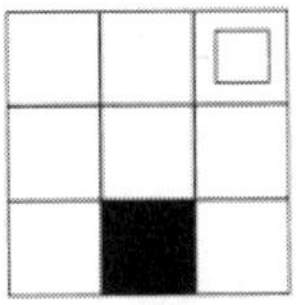
b

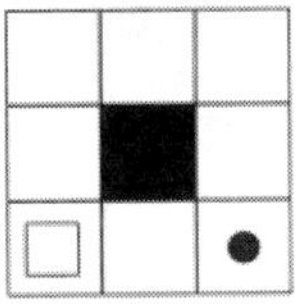
c

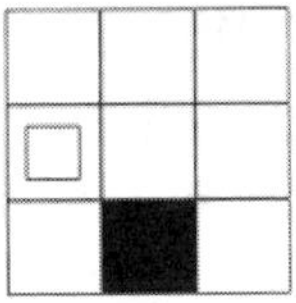
d

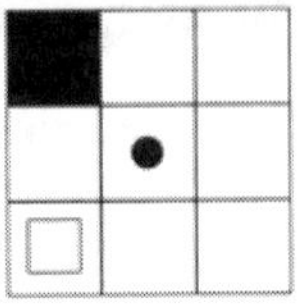
e

12. Parmi cette liste de mots, quel est l'intrus ?

TERRORISER ABOMINER
DÉTESTER EXÉCRER
ABHORRER

voir solution page 518

Chapitre 4

13. Quelle est la carte manquante ?

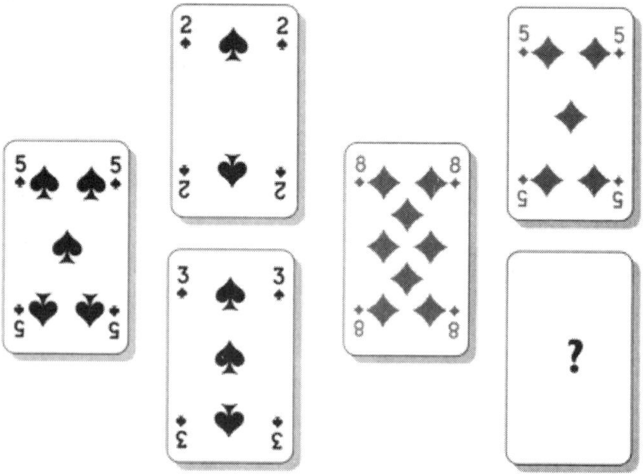

14. Essayez de résoudre cette analogie :
BLANC est à **PERLE** ce que **VERT** est à ?

a. couleur **b. rose** **c. huître**
d. neige **e. jade**

15. Quel est le prix moyen des pommes sur le marché si elles sont proposées aux prix suivants ?

voir solution page 518

16. Accolez deux de ces groupes de lettres pour former un mot. Indice : herbe.

TRE	**QUE**	**LIS**	**TON**
PRI	**AIN**	**DRE**	**GER**

17. Quel est le dessin manquant ?

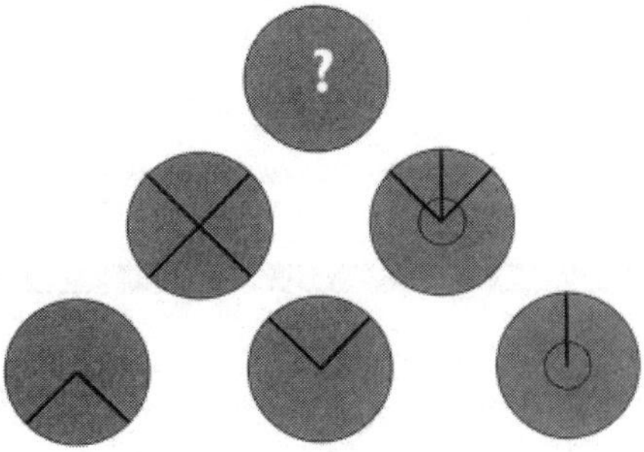

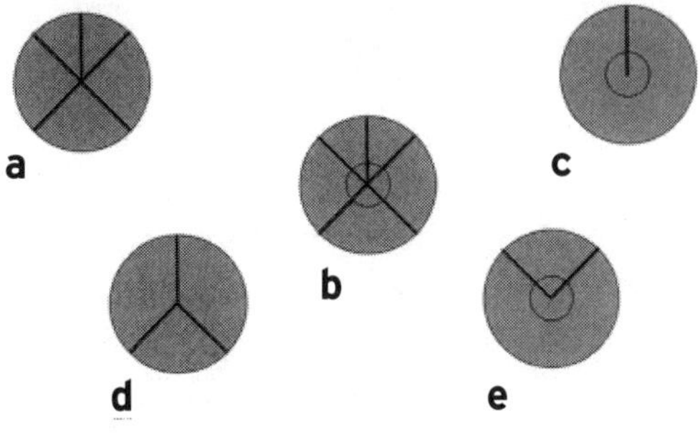

18. Essayez de résoudre cette analogie :

THÉ est à **LONDRES** ce que **SPAGHETTI** est à ?

voir solution page 518

Chapitre 4

19. Parmi les mots de cette liste, quels sont les deux de sens contraire ?

CULTIVÉ INTÉRESSÉ PROBANT CRU TRAGIQUE GRATUIT GRATINÉ

20. Quel est le dessin manquant ?

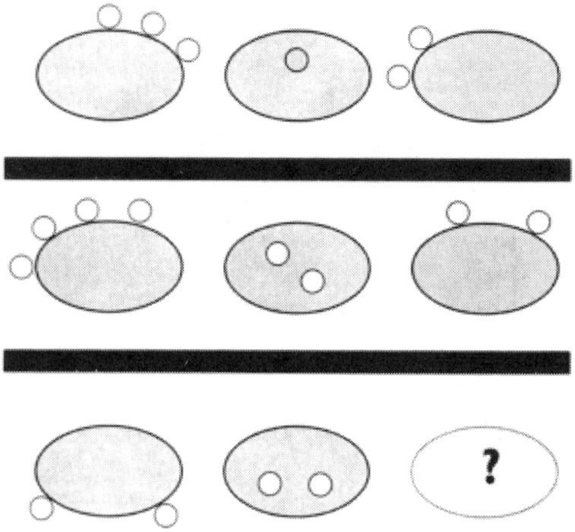

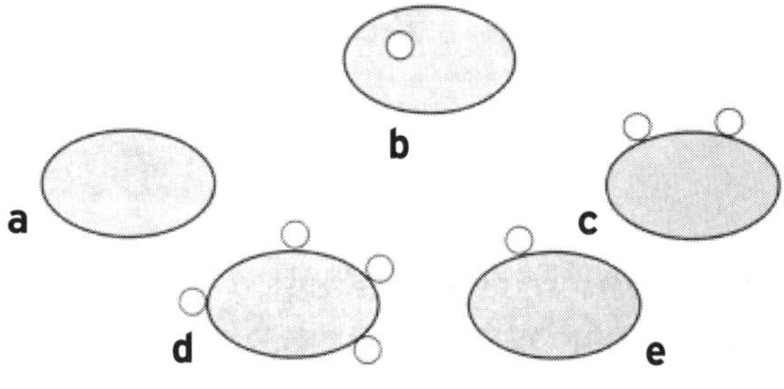

 voir solution page 518

21. Trouvez le mot écrit dans le sens des aiguilles d'une montre et la lettre manquante.

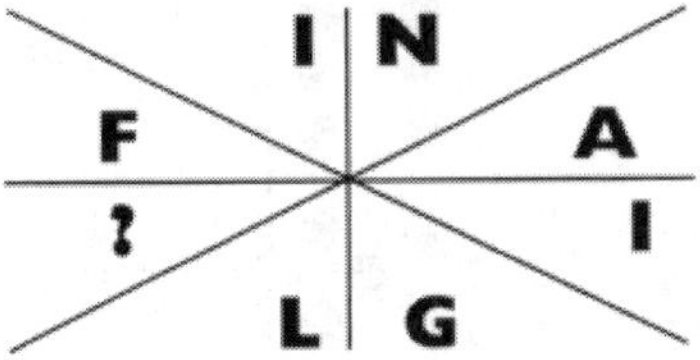

22. Les dessins de la première ligne possèdent une caractéristique que n'ont pas les dessins de la deuxième ligne et que possède un des dessins de la troisième. Lequel ?

a **b** **c** **d**

23. Parmi les mots de cette liste, quel est celui qui ne va pas avec les autres ?

TÂCHE BESOGNE CORVÉE
OUVRAGE TRAVAIL

voir solution pages 518-519

Chapitre 4

24. Quel est le domino manquant ?

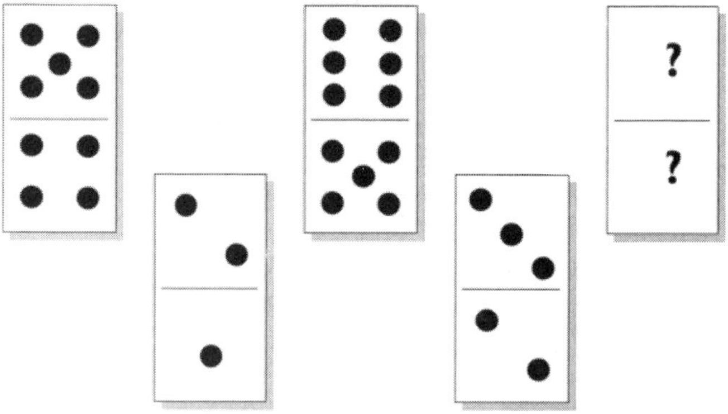

25. Quel dessin prolonge la série ?

?

a 

b 

c 

d 

e 

voir solution page 519

26. Quel est le dessin manquant ?

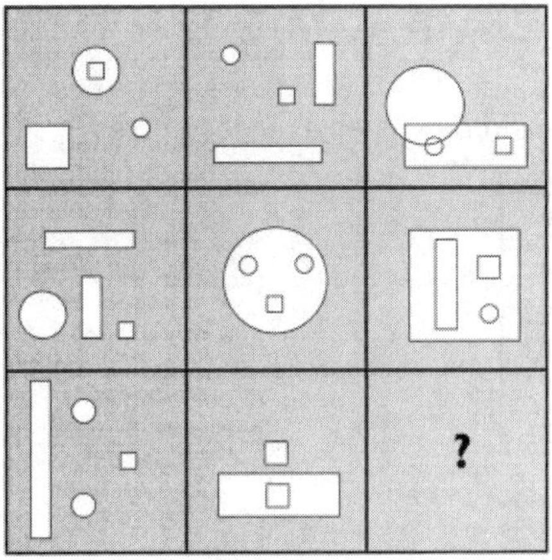

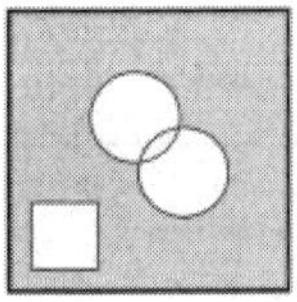

a

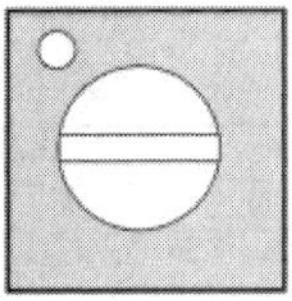

b

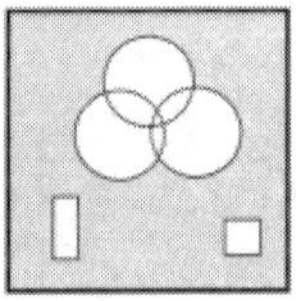

c

d

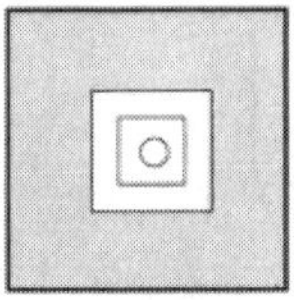

e

27. Remettez les mots de cette phrase dans l'ordre et dites si elle est vraie ou fausse.

partie paul quatre fait évangélistes des saint

voir solution page 519

Chapitre 4

28. Ôtez un rouge, il en reste un autre :

V M E A R G M E E N I T A L

29. Quel dessin ne va pas avec les autres ?

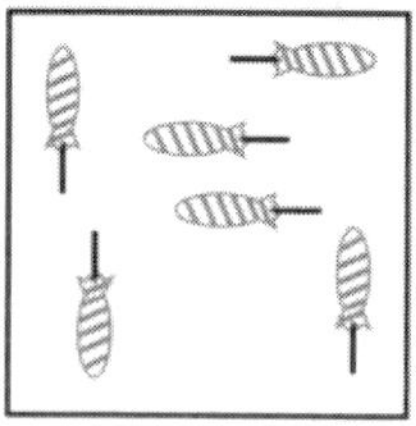

a

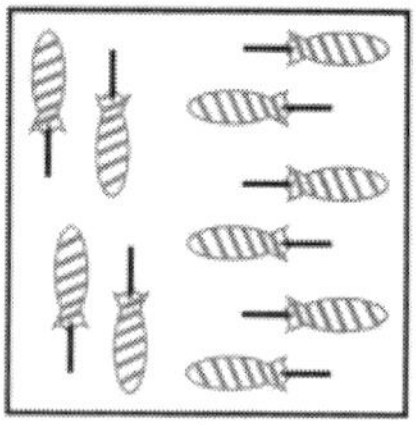

b

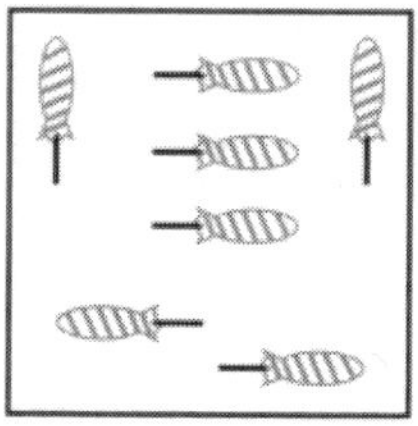

c

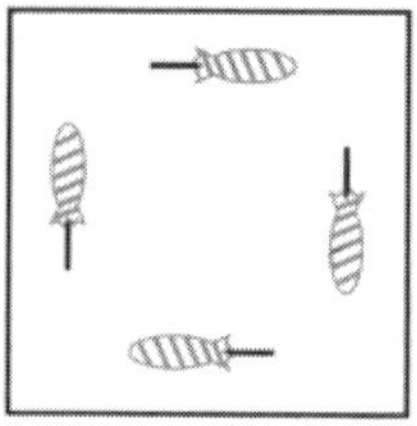

d

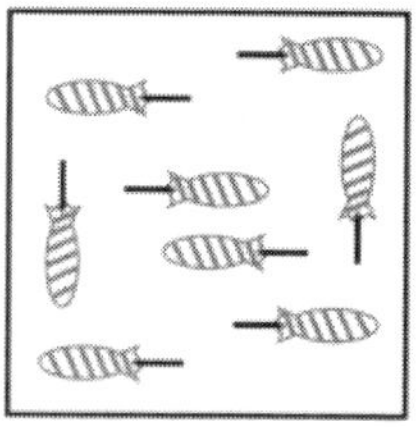

e

30. Accolez trois de ces groupes de lettres pour former un mot. Indice : insecte.

MAS URE DIA MOU

TRA CHE EPE PRE RON

voir solution page 519

31. Trouvez le mot inscrit dans le sens des aiguilles d'une montre, ainsi que la lettre manquante.

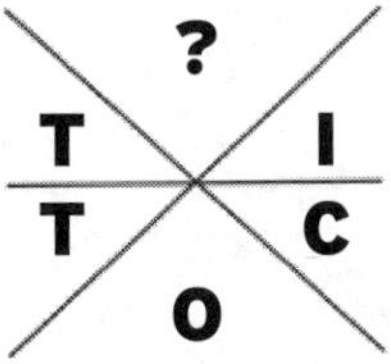

32. Cette image a été retournée recto verso, puis pivotée. Pouvez-vous la retrouver ?

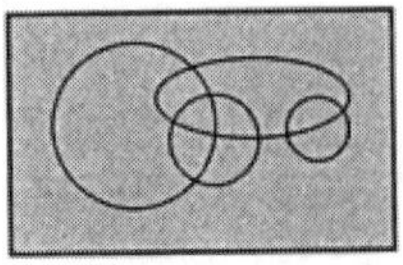

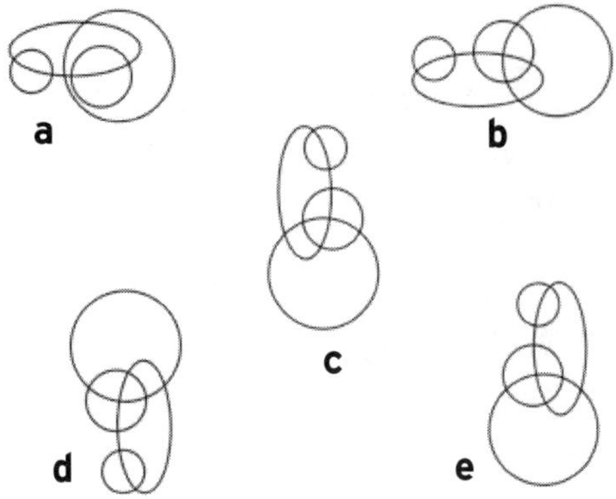

33. Parmi les mots de cette liste, trouvez les deux de sens contraire.

endommager satiner travailler
poncer peaufiner réparer

voir solution page 519

Chapitre 4

34. Quel dessin vient compléter la série ?

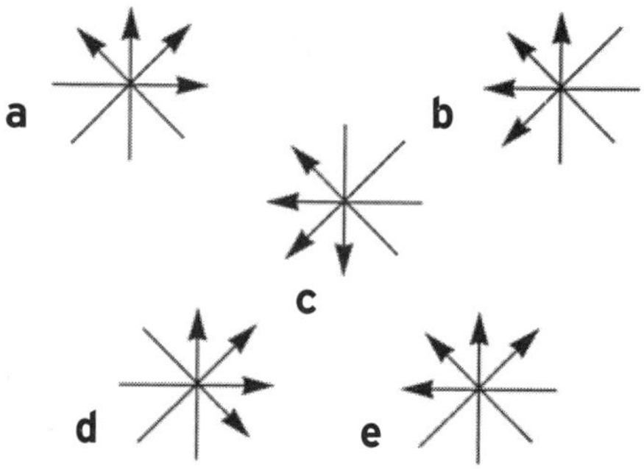

35. Quelle est la carte manquante ?

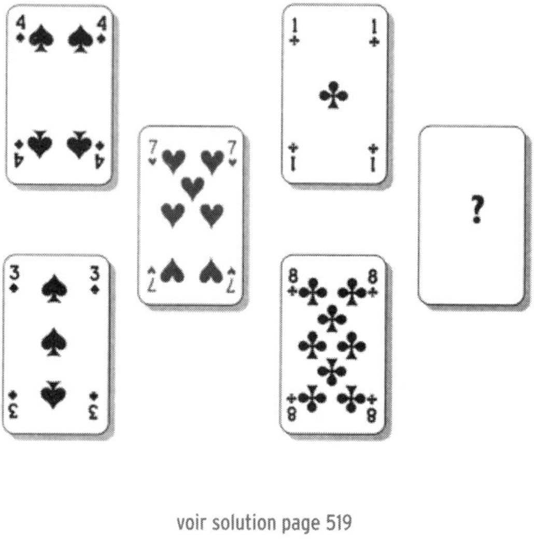

voir solution page 519

Test 4

Durée de l'exercice : 1 heure.

1. Parmi les mots de cette liste, quels sont les deux de sens contraire ?

novice prêtre législateur
technicien expert routier

2. Quel est le dessin suivant ?

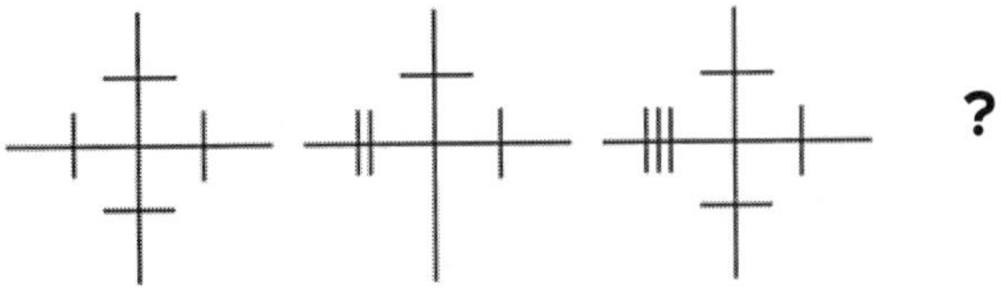

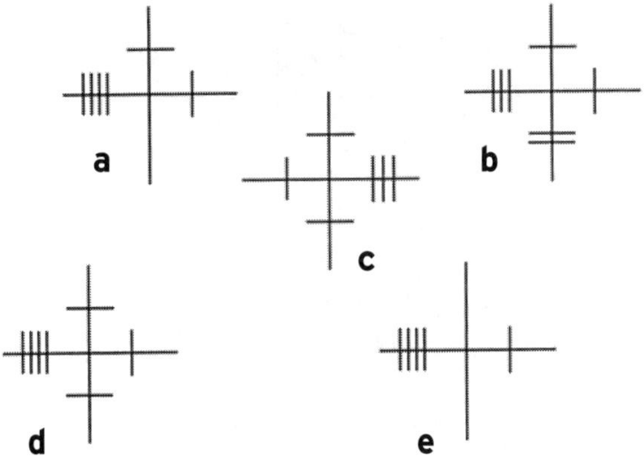

3. Essayez de résoudre cette analogie :

L est à **K** ce que **S** est à ?

voir solution page 520

Chapitre 4

4. Quel est le domino manquant ?

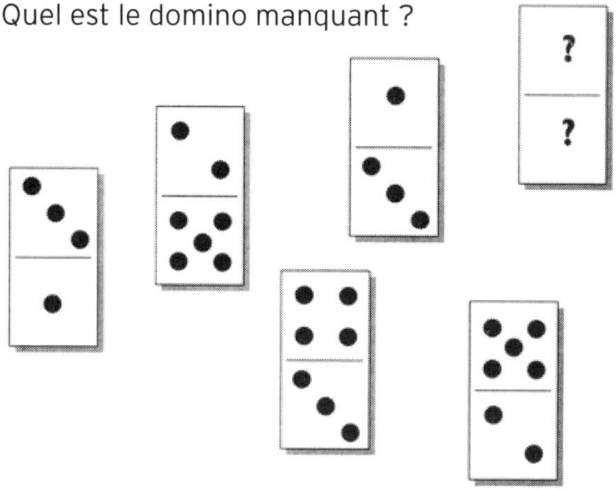

5. Quel est le dessin manquant ?

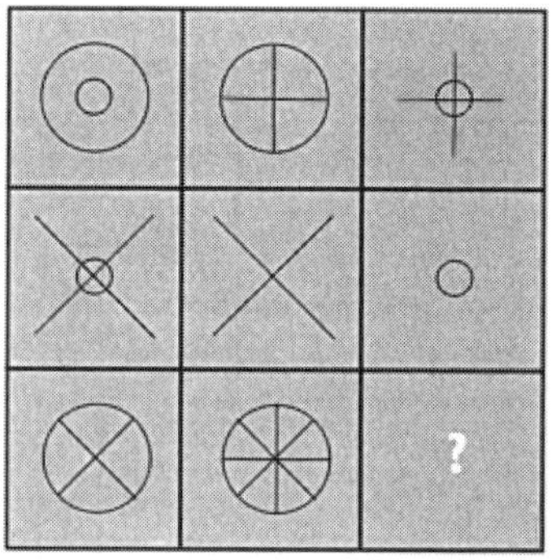

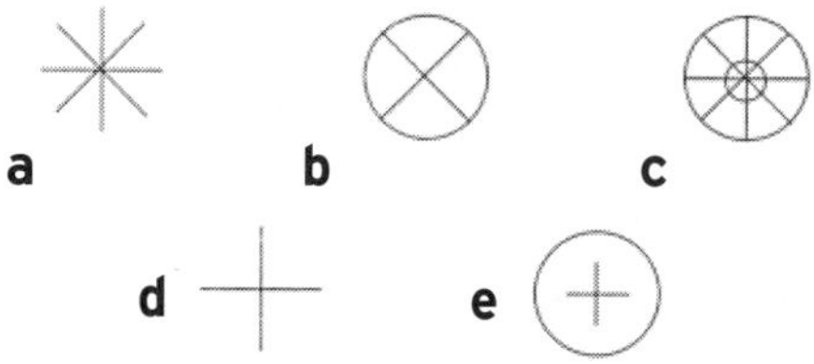

voir solution page 520

6. Ce dessin a été retourné recto verso, puis pivoté. Quelle est la figure obtenue ?

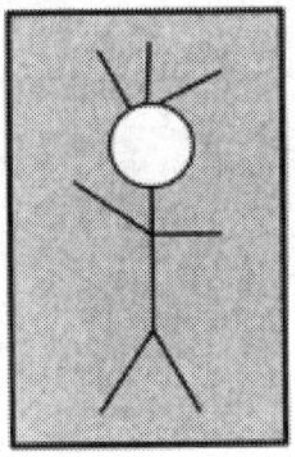

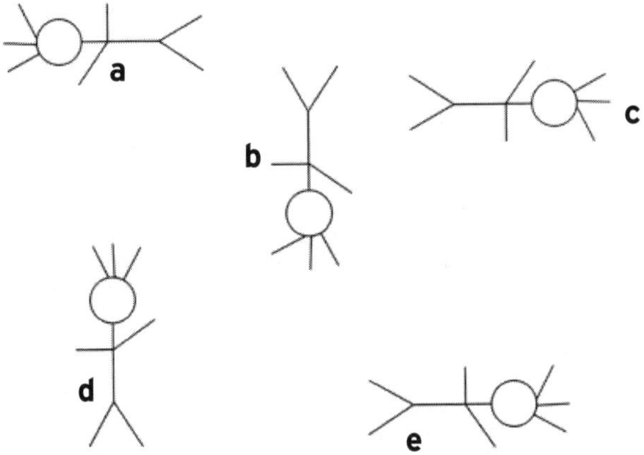

7. Quel est le mot manquant ?

CHANTAGE (CHANSON) SONGERIE
MARTINET (?) CHEVALERIE

voir solution page 520

Chapitre 4

8. Trouvez les deux groupes de lettres qui forment un mot. Indice : bijou.

COL LIE FLE BRO
NAL LET CHE BIE

9. Quel est le nombre manquant ?

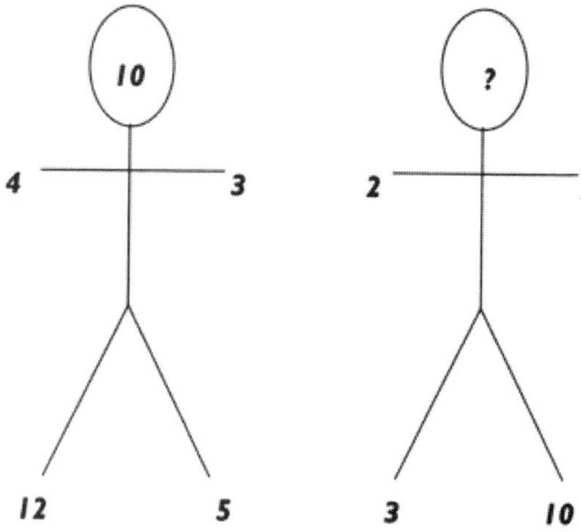

10. Essayez de résoudre cette analogie :

ROUGE est à **ARC-EN-CIEL** ce que **CURRY** est à ?

jaune **étoiles** **couleur**
cumin **épices** **repas**

voir solution page 520

11. Parmi ces mots, quels sont les deux de même sens ?

SOMME POSITION NIVEAU ROTATION ENFLURE DEGRÉ ATTEINTE

12. Quelle est la carte manquante ?

13. Utilisez une fois chaque voyelle pour compléter ce mot :

F - - R N - - S -

voir solution page 520

Chapitre 4

14. Quel dessin prolonge la série ?

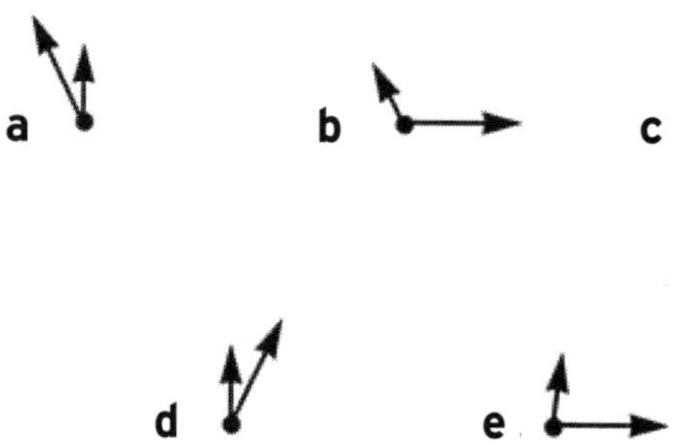

15. Remettez les mots de cette phrase en ordre et dites si elle est vraie ou fausse.

côté du égale l' carré
est aire carré au du

16. Ôtez un quart d'un tiers. Combien vous reste-t-il ?

voir solution pages 520-521

17. Essayez de résoudre cette analogie :

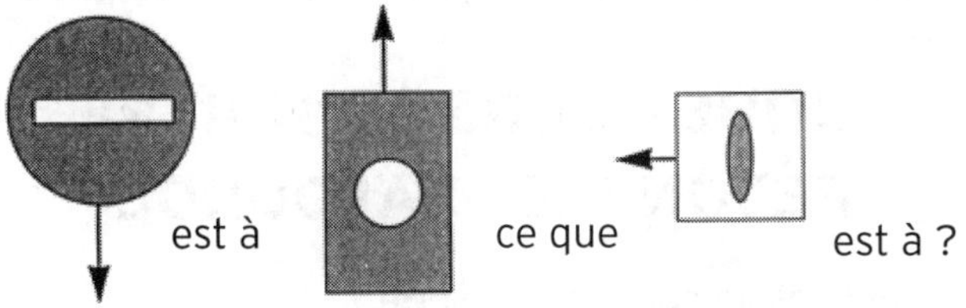

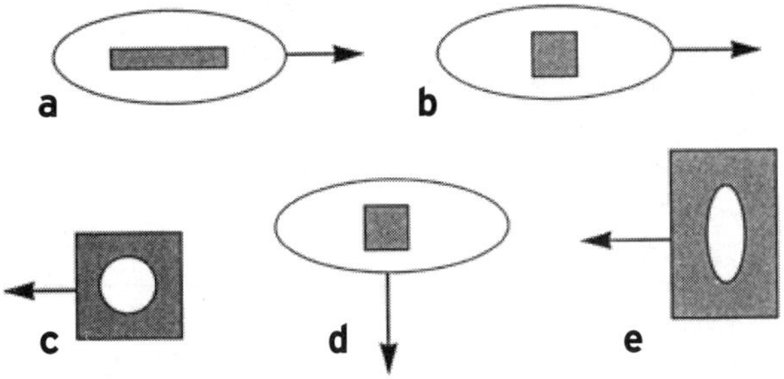

18. Quel est le domino manquant ?

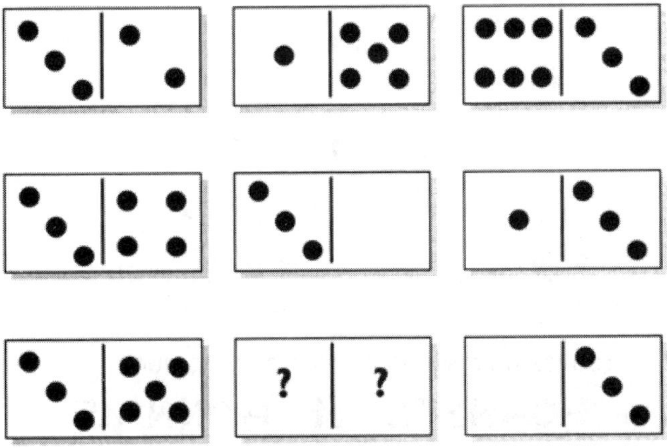

voir solution page 521

Chapitre 4

19. Parmi les mots de cette liste, lequel ne va pas avec les autres ?

COQUE OURSIN HUÎTRE PÉTONCLE PALOURDE

20. Quel dessin complète la série ?

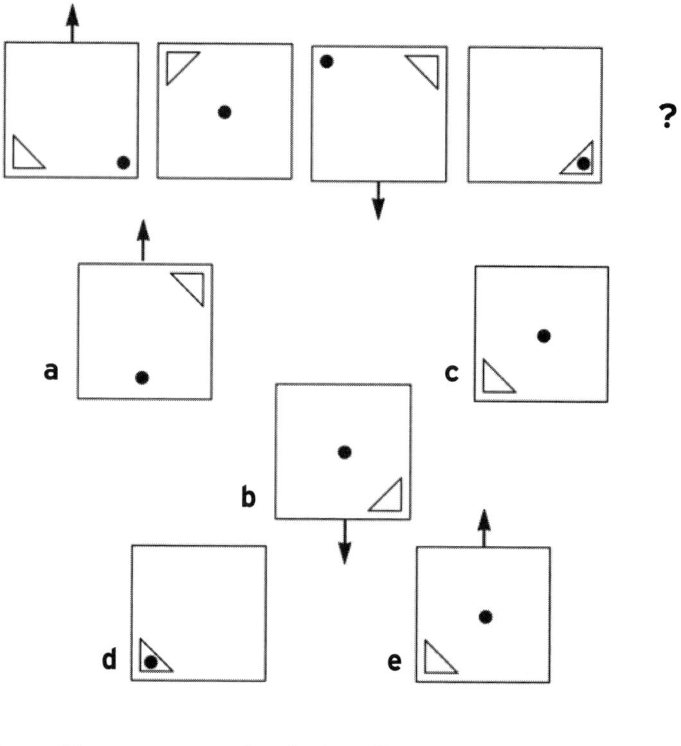

21. Trouvez un mot qui a le même sens que :

HONNÊTE et MONNAIE

voir solution page 521

22. Quel est le drapeau manquant ?

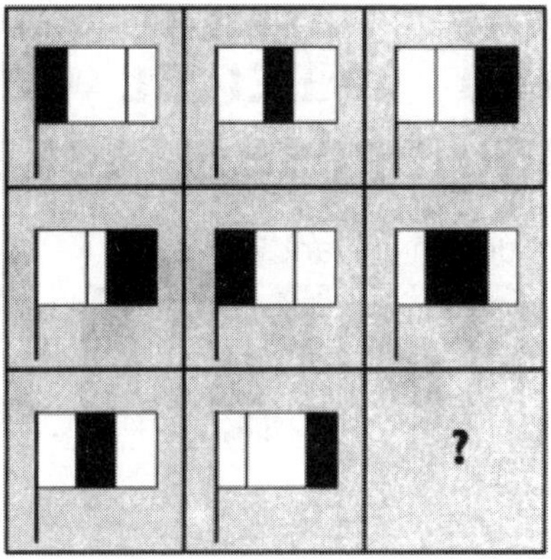

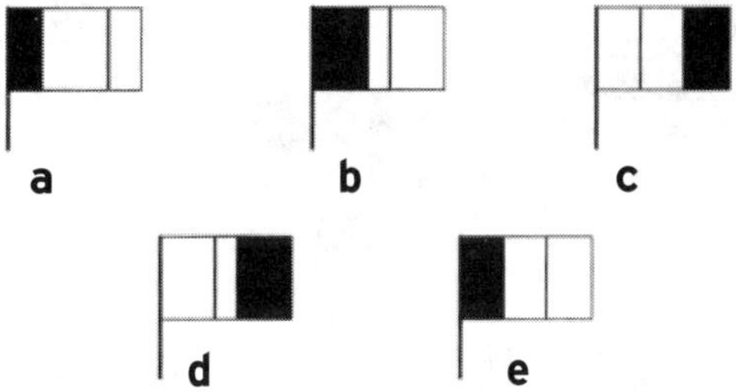

23. Trouvez le mot écrit dans le sens des aiguilles d'une montre et la lettre manquante.

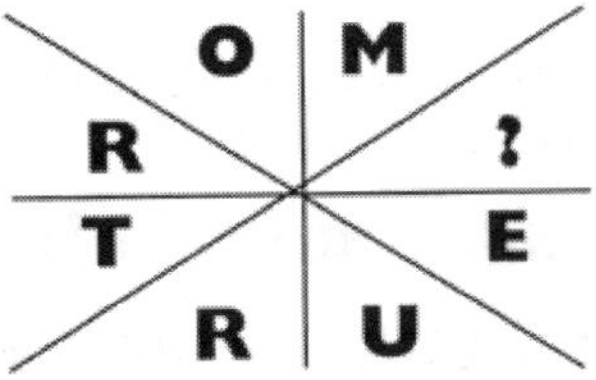

voir solution page 521

Chapitre 4

24. Remettez ces mots dans l'ordre et dites lequel est un oiseau.

RSSUIO AEEILBL IIVONS
RRHUPCEE AGNEU

25. Quel est le dessin suivant ?

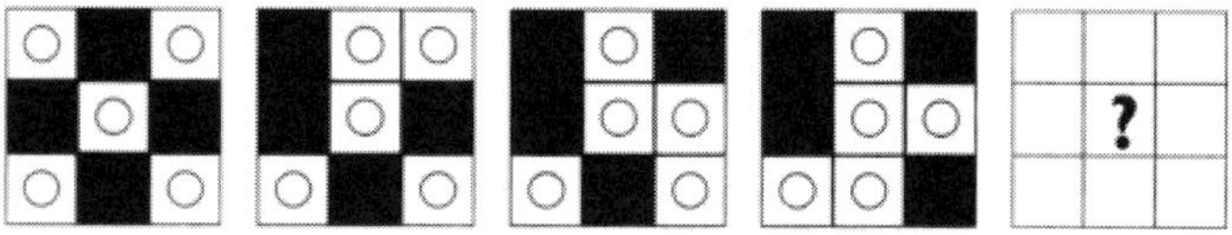

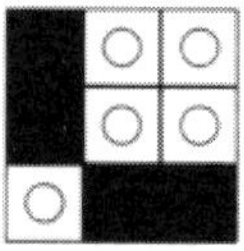

a

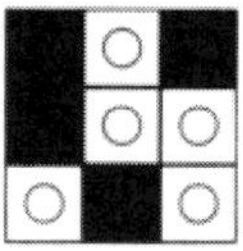

b

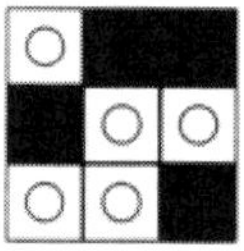

c

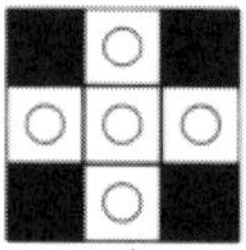

d

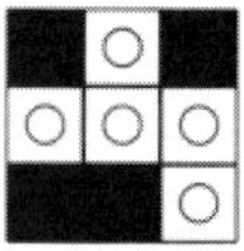

e

26. Regroupez trois de ces groupes de lettres pour former un mot. Indice : nuit.

eau cau cha nte que
che eux mar bou

voir solution page 521

27. Les dessins de la ligne 1 possèdent une caractéristique que n'ont pas ceux de la ligne 2 et que possède un des dessins de la ligne 3. Lequel ?

a b c d

28. Essayez de résoudre cette analogie :
ÉCURIE est à **CHEVAL** ce que **BERGERIE** est à ?

29. Quelle est la lettre manquante ? Attention : il y a un début et une fin.

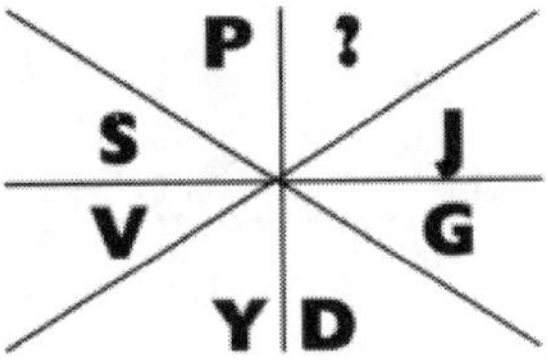

voir solution page 521

Chapitre 4

30. Trouvez le mot inscrit dans le sens des aiguilles d'une montre et la lettre manquante.

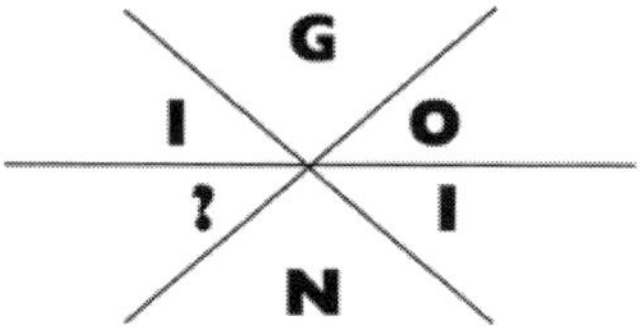

31. Quel est le nombre manquant ?

5	2	10
3	?	18
15	12	180

32. Ôtez un poisson, il en reste un autre :

P G O E R U J C O H N E

33. Quelle est la carte manquante ?

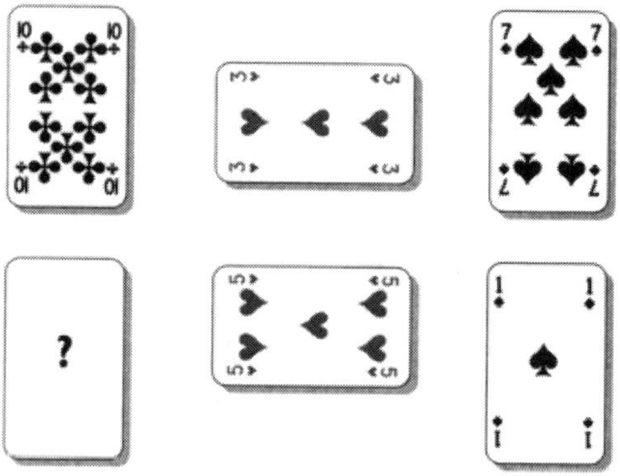

voir solution page 522

34. Parmi les mots de cette liste, quels sont les deux qui ne vont pas avec les autres ?

taupe gazelle

chauve-souris ours dauphin

35. Quel dessin ne va pas avec les autres ?

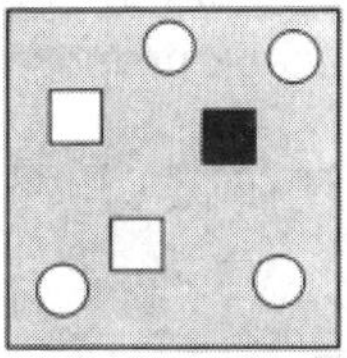

a

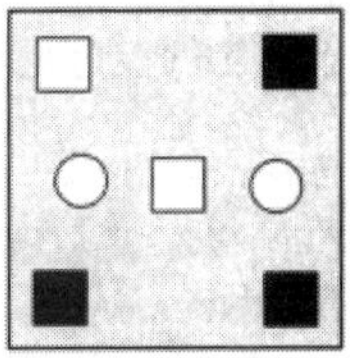

b

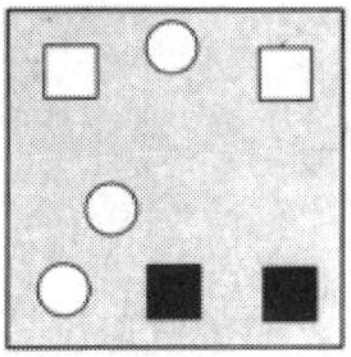

c

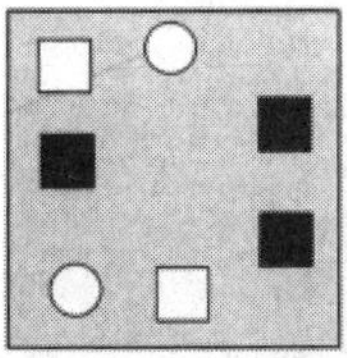

d

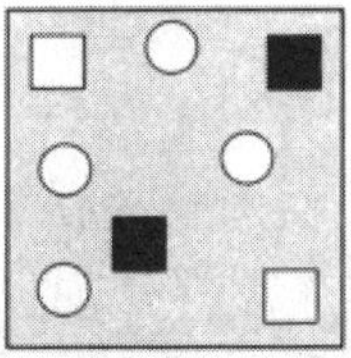

e

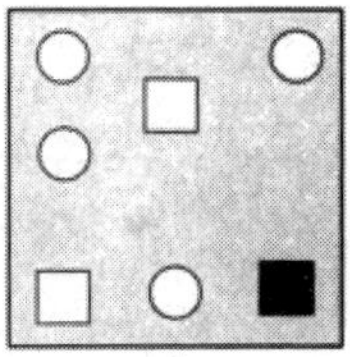

f

voir solution page 522

Chapitre 4

Test 5

Durée de l'exercice : 1 heure.

1. Lequel de ces mots ne va pas avec les autres ?

PERSONNEL POSSESSIF RELATIF DÉMONSTRATIF QUALIFICATIF

2. Ce dessin a été retourné recto verso, puis pivoté. Pouvez-vous le retrouver parmi ceux proposés ?

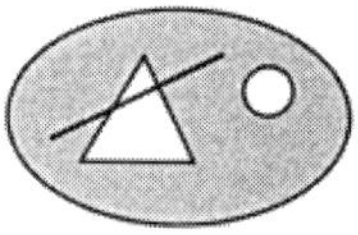

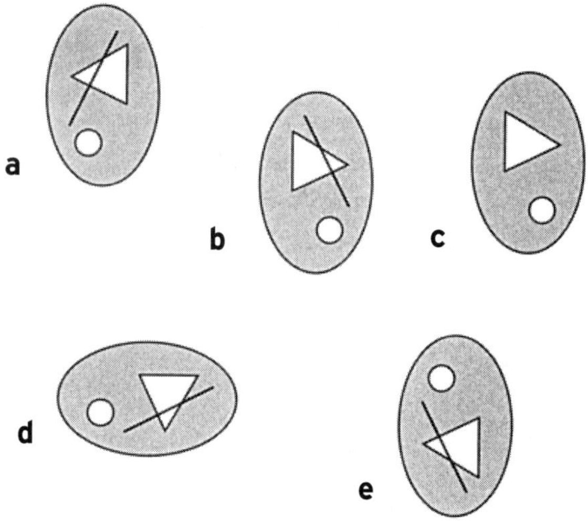

voir solution page 522

3. Trouvez le mot écrit dans le sens des aiguilles d'une montre et la lettre manquante.

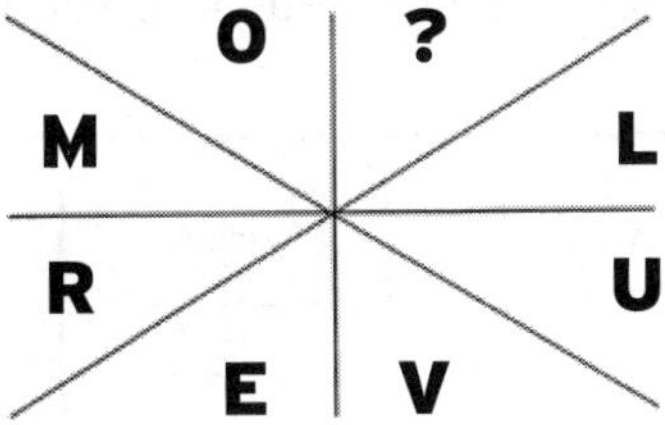

4. Quelle est la carte manquante ?

5. Reliez deux de ces groupes de lettres pour former un mot. Indice : roue.

ble mou sme age lin

voir solution page 522

Chapitre 4

6. Dans chaque case notée de **a** à **i** se trouve la superposition du dessin de la ligne et de la colonne correspondantes. Une de ces neuf intersections est fausse. Laquelle ?

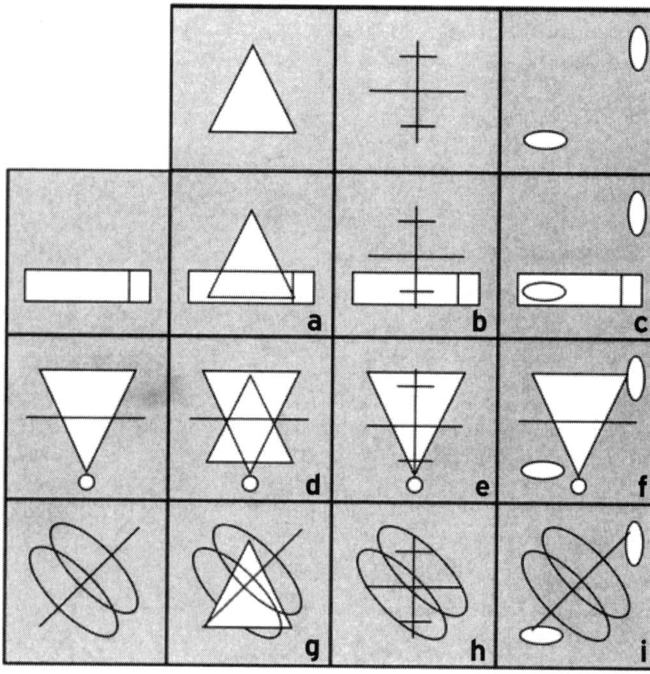

7. Parmi ces mots, quels sont les deux de sens contraire ?

TOUCHER CHARGER ATTRAPER ANNULER DÉPOSER LANCER CRAINDRE

voir solution pages 522-523

8. Quel est le domino manquant ?

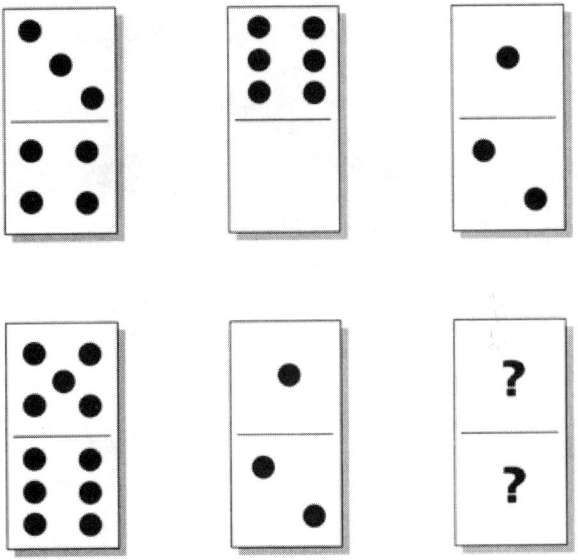

9. Trouvez le mot écrit dans le sens des aiguilles d'une montre, ainsi que la lettre manquante.

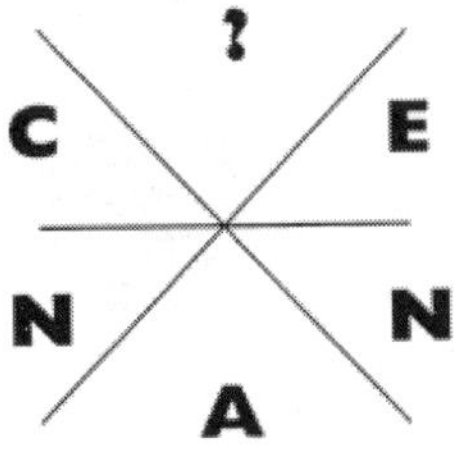

10. Quel mot de la langue française désigne à la fois :

UN DOIGT et UNE LISTE

voir solution page 523

Chapitre 4

11. Quel est le dessin manquant ?

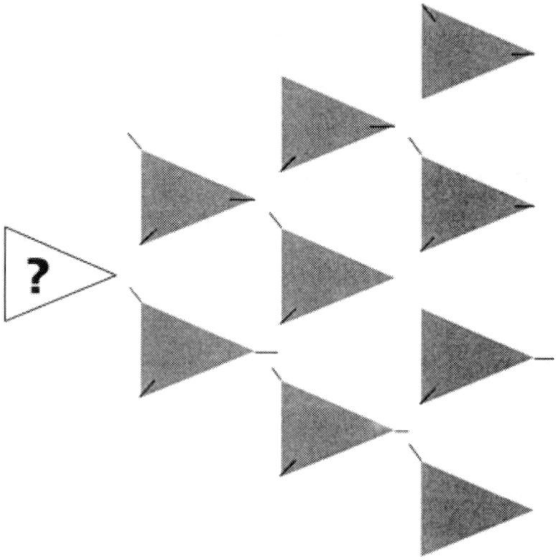

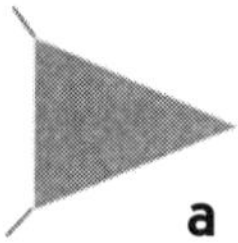

a

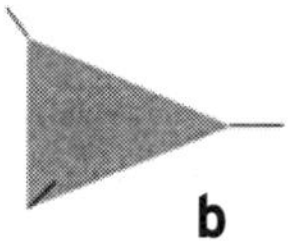

b

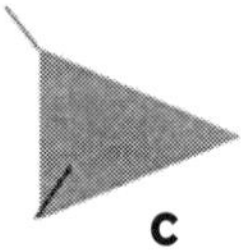

c

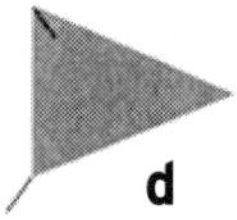

d

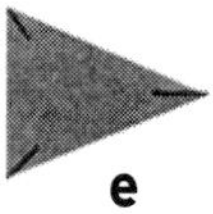

e

12. Ôtez un département, il en reste un autre :

C D R R E O U S M E E

voir solution page 523

13. Quel nombre ne va pas avec les autres ?

830 **290** **191** **605** **415** **326** **434**

14. Quel dessin complète la série ?

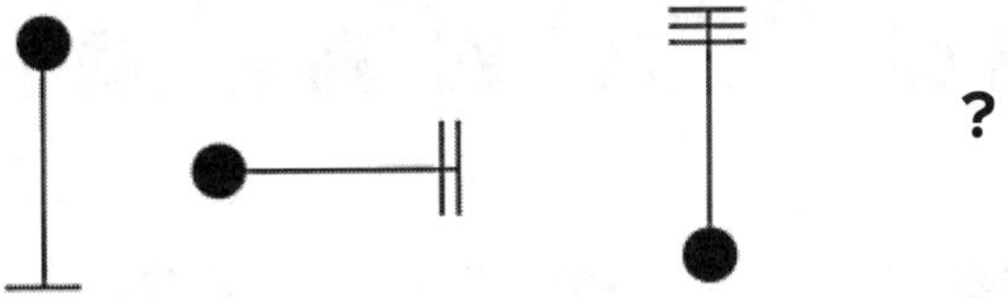

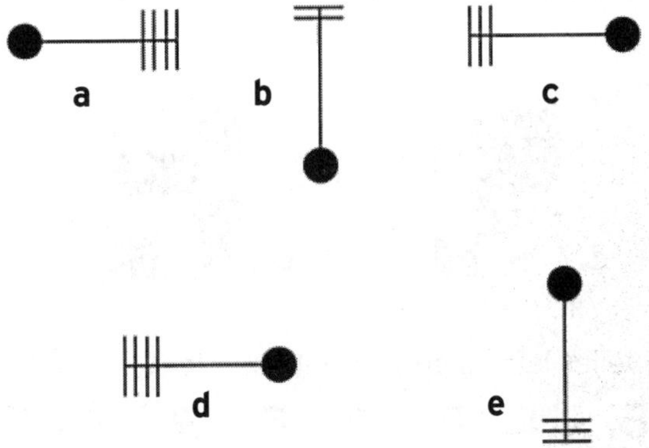

voir solution page 523

Chapitre 4

15. Remettez les mots de cette phrase dans l'ordre et dites si elle est vraie ou fausse.

féminin qui est commun
un pluriel nom devient
orgue au

16. Quel est le dessin manquant ?

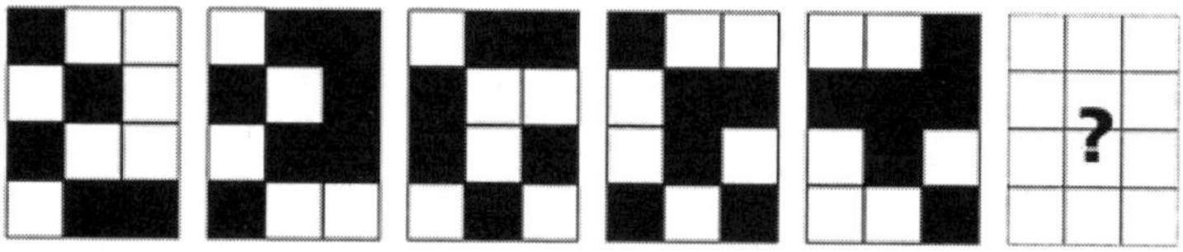

a
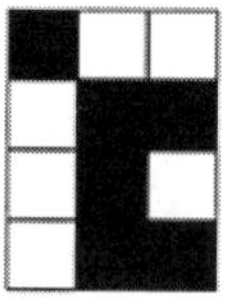

b

c
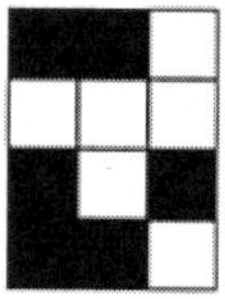

d

e

17. Quelles lettres prolongent la série ?

B N D P F R ? ?

voir solution page 523

18. Quelle carte manque-t-il ?

19. Les dessins de la première ligne possèdent une caractéristique que n'ont pas ceux de la deuxième ligne et que possède un des dessins de la troisième ligne. Lequel ?

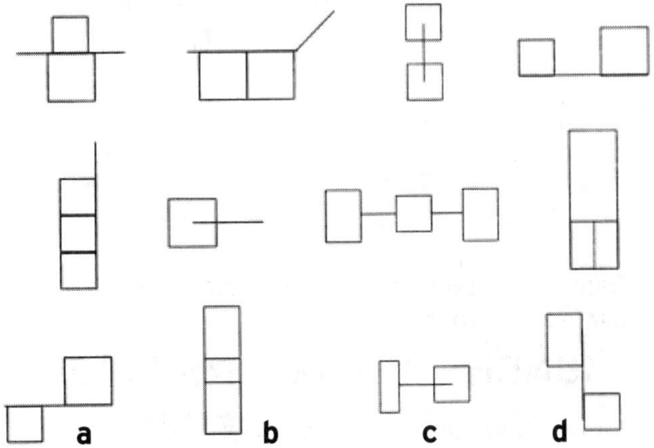

voir solution page 523

Chapitre 4

20. Utilisez une fois chacune des cinq voyelles pour compléter ce mot :

G - - L - - S -

21. Quel dessin prolonge la série ?

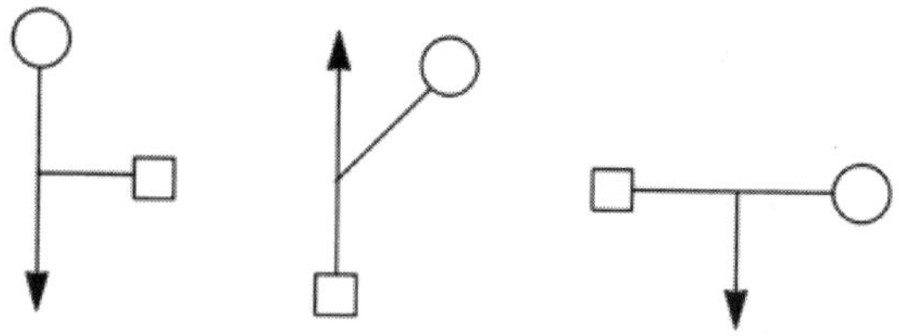

?

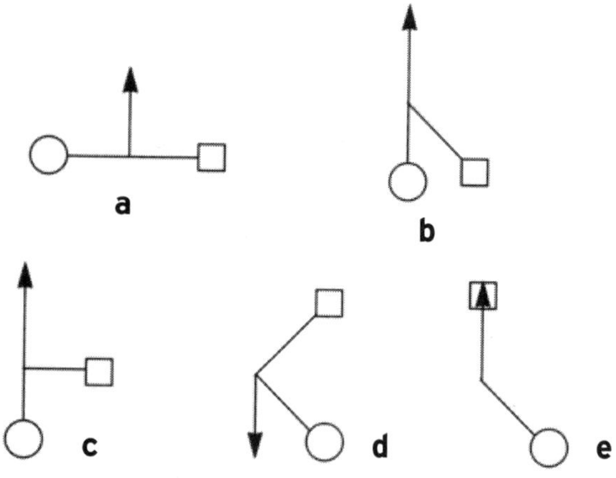

22. Remettez les lettres dans l'ordre et trouvez quel animal est le plus gros :

ICNEH ONSIB RSTACO
PLUO AANGEEIR

voir solution pages 523-524

23. Quel est le dessin manquant ?

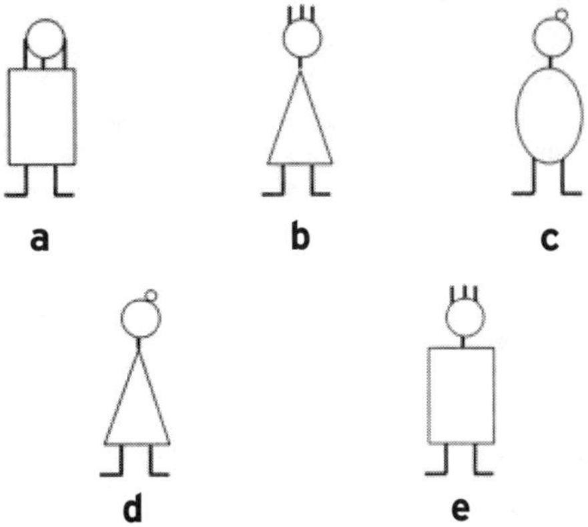

24. Essayez de résoudre cette analogie :
SUIVRE est à **SUIVI** ce que **CROÎTRE** est à ?

voir solution page 524

Chapitre 4

25. Lequel de ces mots ne va pas avec les autres ?

olive riz maïs
arachide noix

26. La circonférence d'un cercle est de 8π. Combien vaut son rayon ?

27. Quel est le domino manquant ?

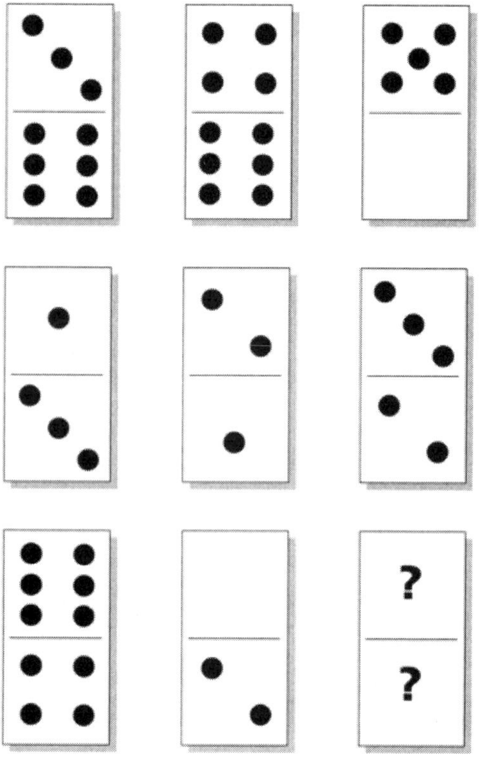

 voir solution page 524

28. En mettant ensemble trois de ces groupes de lettres, vous formerez un mot. Indice : gâteau.

COR LER CLA AGE TAR
VIA FOU RIE TIS

29. Les dessins de la première ligne possèdent une caractéristique que n'ont pas ceux de la deuxième ligne et que possède l'un des dessins de la troisième. Lequel ?

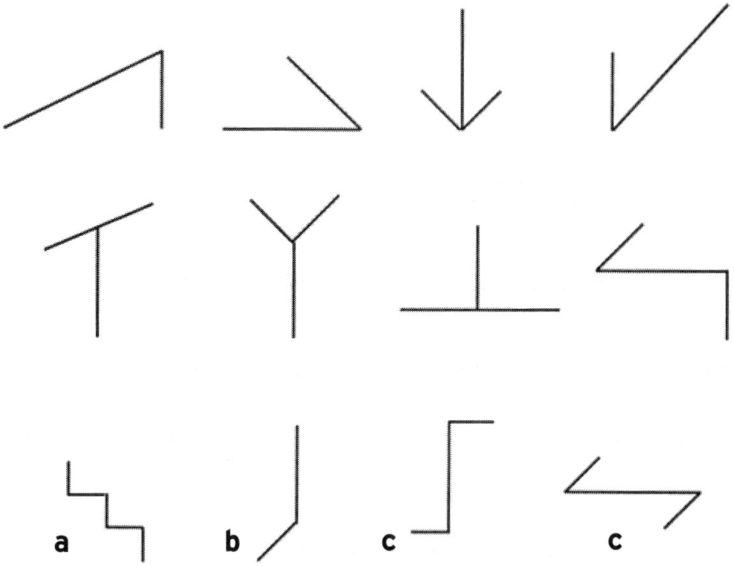

30. Parmi les mots de cette liste, quels sont les deux de même sens ?

intrépide solennel généreux
tourmenté brave intrigant

voir solution page 524

Chapitre 4

31. Quel dessin prolonge la série ?

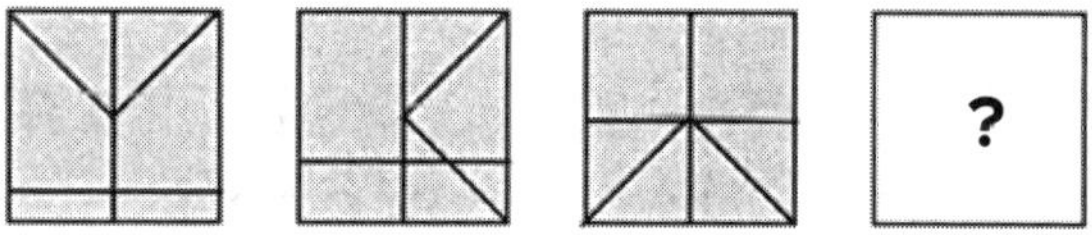

a
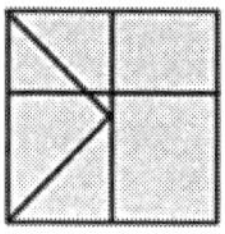

b
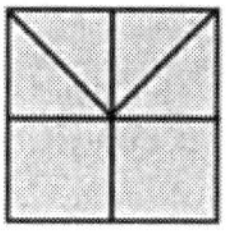

c

d
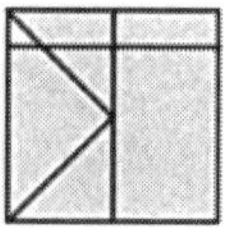

e

32. Quel mot de quatre lettres termine le premier mot et débute le suivant ?

T R I - - - - E L L E

33. Quelle est la lettre manquante ?

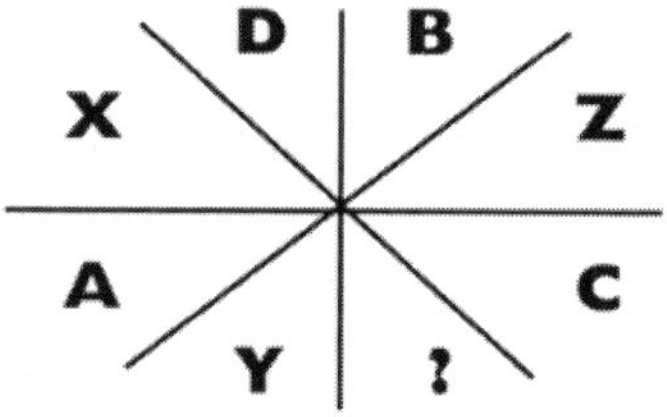

voir solution pages 524-525

34. Essayez de résoudre cette analogie :

VACHE est à **YAOURT** ce que **POULE** est à ?

lait taureau fruit poussin
omelette coq

35. Quels sont les nombres manquants ?

53 / 51

50 / 47

46 / 42

41 / 36

? / ?

voir solution page 525

CHAPITRE 5

POUR ÊTRE ENCORE PLUS PERFORMANT…

Chapitre 5

Comment améliorer vos résultats aux tests de Q.I. ? Telle est la question à laquelle vous serez confronté dès que vous serez familier des différents types de problèmes qui composent ces tests. Pour y répondre, nous vous proposons de réaliser un nouveau test qui reprend ce que vous êtes susceptible de rencontrer lors de la passation de tests d'intelligence. Puis lisez les conseils et astuces pour chaque type de problème. Enfin, faites le deuxième test, après lecture attentive de la méthode : vous serez étonné des résultats !

Chapitre 5

Test avant apprentissage

Durée de l'exercice : 40 minutes.

Voici, pour commencer, quelques séries de nombres.
À vous de trouver celui (ou ceux) qui manque(nt).

1. 15. 19. 23. 27. 31. ?

2. 23. 18. 14. 11. ?

3. 2. 3. 5. 9. 17. 33. ?

4. 4. 5. 9. 16. 26. ?

5. 9. 18. 11. 16. 13. 14. 15. ?. ?

6. 5. 7. 14. 16. 32. 34. 68. ?. ?

Attention, ces deux-là relèvent d'une logique un peu différente.

7. 187. 286. 385. 484. ?

8. 440. 323. 800. 107. 530. ?
La bonne réponse est une de celles-ci. Laquelle ?
186, 251, 775, 333, 902

voir solution page 526

Complétez ces dessins en trouvant le nombre manquant.

9.

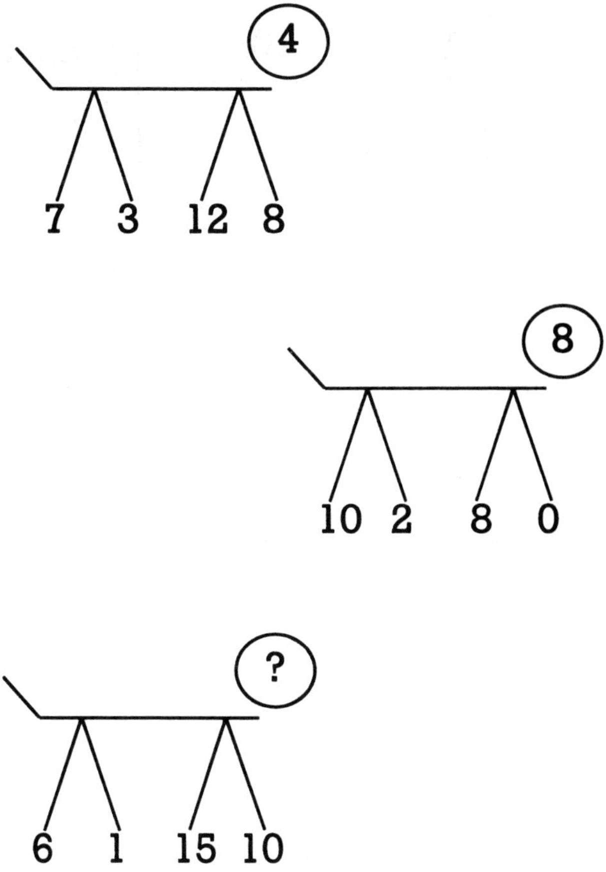

voir solution page 526

Chapitre 5

10.

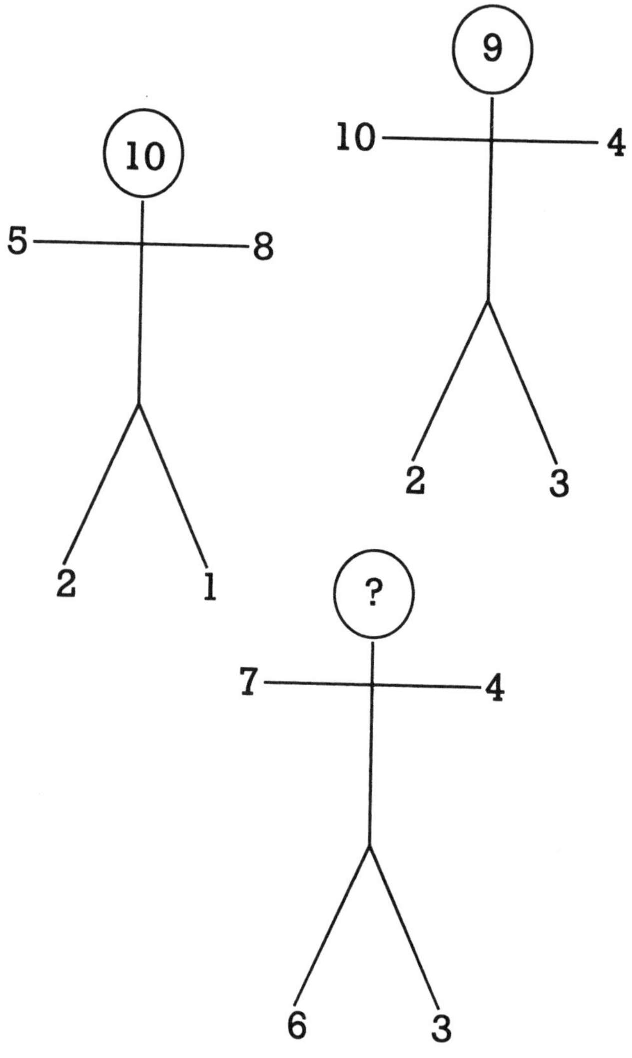

voir solution page 527

11.

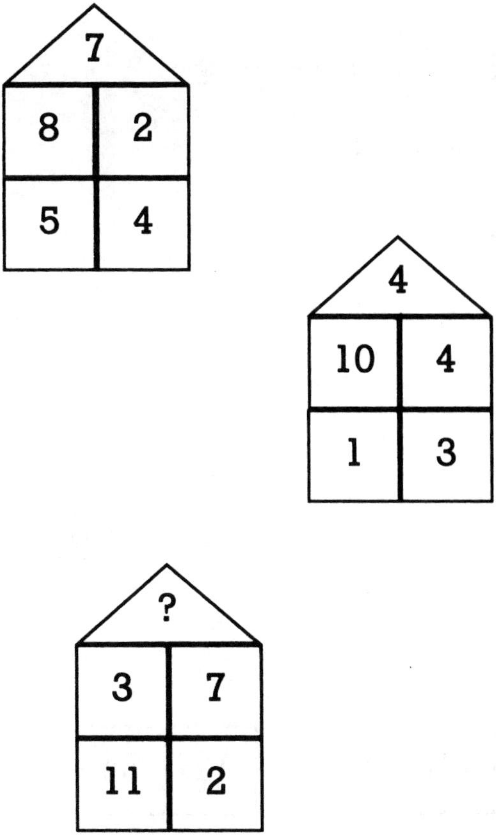

voir solution page 527

Chapitre 5

12.

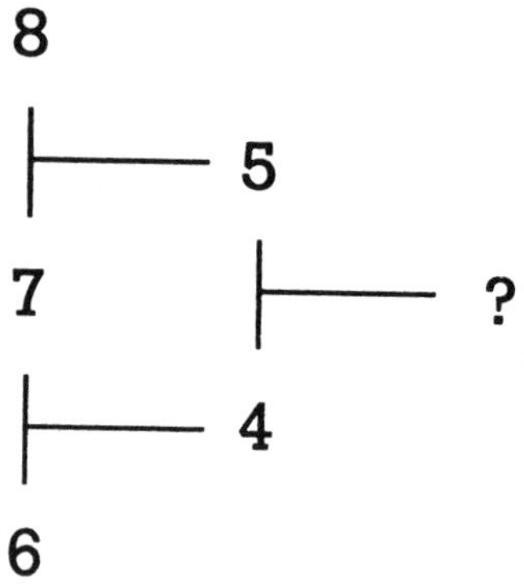

13.

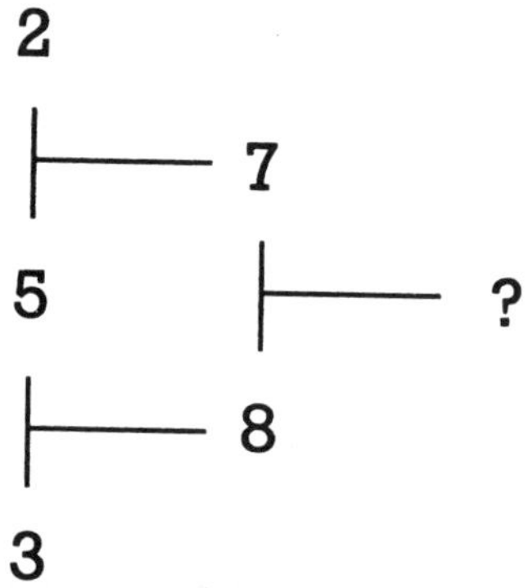

14.

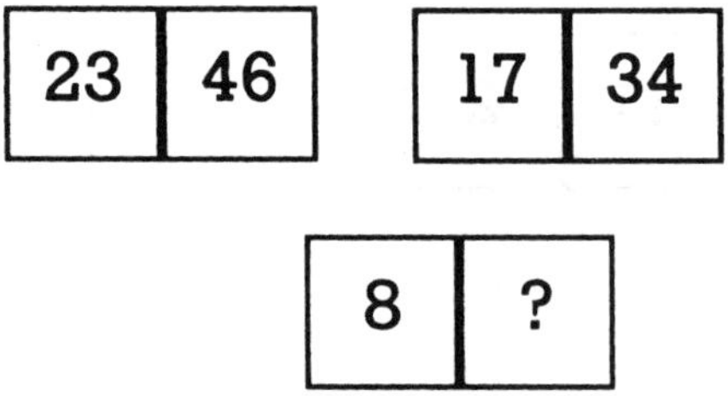

voir solution page 527

15.

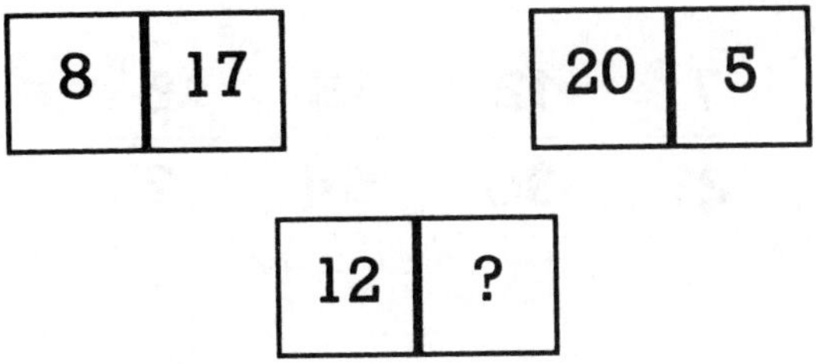

16.

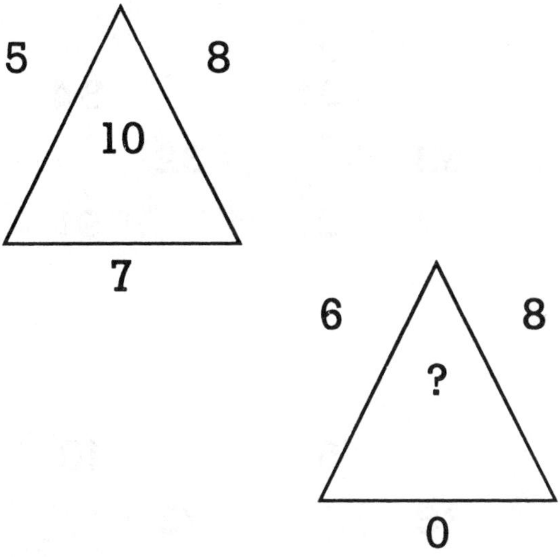

voir solution page 527

Chapitre 5

17.

$$\frac{7}{21} \quad \frac{12}{36} \quad \frac{18}{54} \quad \frac{5}{?}$$

Dans les deux exercices suivants, il s'agit de trouver l'intrus, c'est-à-dire le nombre qui ne va pas avec les autres.

18.

	35		84
63		32	
	21		91

19.

	55		10
28		73	
	19		64

voir solution page 527

Trouvez le nombre manquant.

20.

1468	(11)	3541
3521	(32)	7242
7032	(?)	4311

21.

733	(13)	850
190	(10)	208
507	(?)	660

voir solution page 527

Chapitre 5

22.

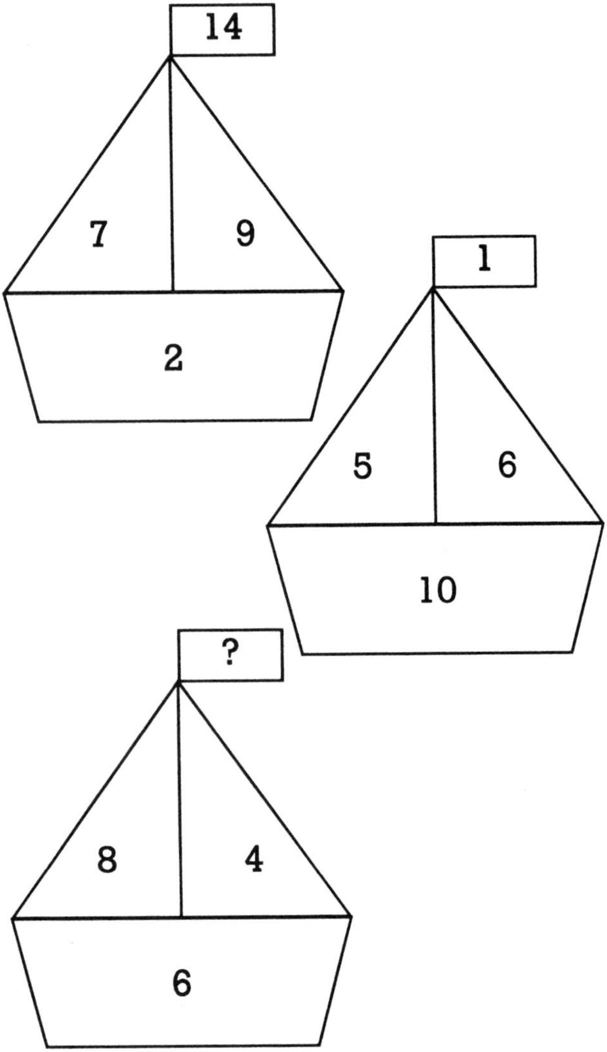

voir solution page 528

23.

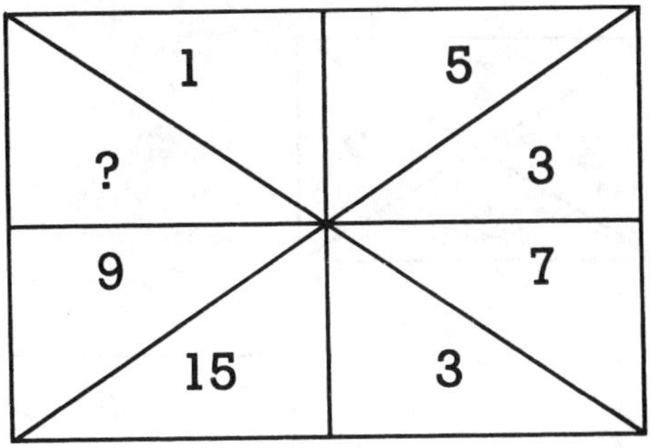

voir solution page 528

Chapitre 5

24.

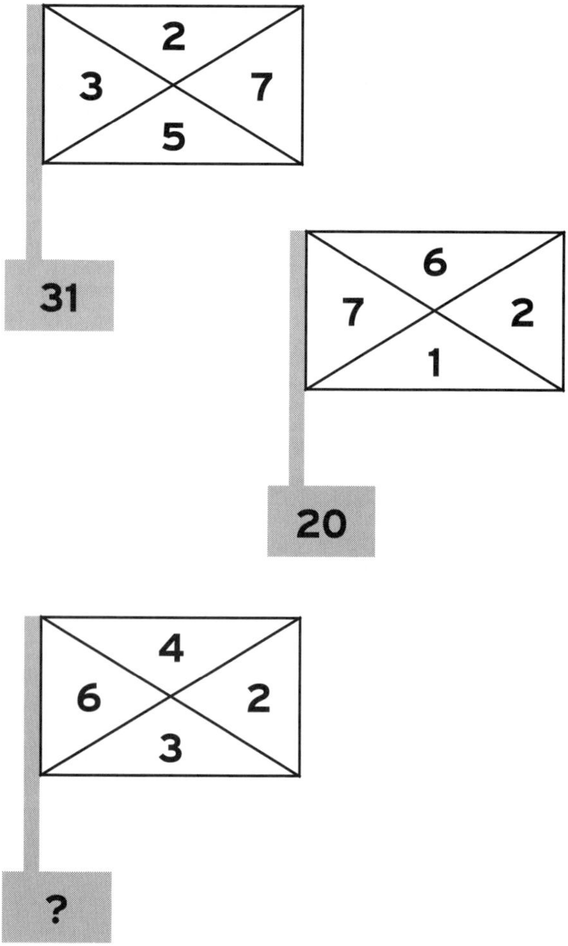

voir solution page 528

25. Si 6 vaut 15 et que 2 vaut 5, alors combien vaut 5 ?

26. Si 60 vaut 15 et que 8 vaut 2, alors combien vaut 44 ?

Nous allons continuer avec des questions où les supports ne sont plus des nombres, mais des lettres, ou bien une combinaison des deux. Comme précédemment, vous allez devoir trouver les réponses qui se cachent sous les points d'interrogation.

27. **B E H K ?**

28. **Z X V T ?**

29. **B C G H L ? ?**

30. **R 2 S 4 T 6 ? ?**

31.

Bosse (2)	Canard (3)
Éléphant (5)	Dauphin (?)

voir solution page 528

Chapitre 5

Regardez ce tableau de lettres, puis répondez aux deux questions :

B	**D**	**P**	**H**
M	**K**	**A**	**E**
F	**O**	**C**	**I**
J	**N**	**G**	**L**

32. Quelle lettre se trouve juste au-dessus de la lettre qui est à gauche de la lettre qui est sous le A ?

33. Quelle lettre se trouve à droite de la lettre qui est au-dessus de la lettre qui est entre K et la lettre qui est en dessous de la lettre H ?

voir solution page 528

Chapitre 5

Les questions suivantes sont à base de mots. Elles mesurent votre aptitude à jouer avec la logique verbale.

Voici, pour commencer, des groupes de mots. Parmi chaque groupe, deux mots ont un sens proche. Lesquels ?

34.	estimer définir	parler supposer	contraindre imiter
35.	dose rempart	enceinte brique	groupe femme
36.	beau mièvre	élevé galant	courtois habile
37.	teindre imiter	dessiner pousser	tirer reproduire

voir solution pages 528-529

Chapitre 5

Voici d'autres groupes de mots. Dans chaque groupe, l'un des mots n'appartient pas au même ensemble que les autres. Lequel est l'intrus ?

38. cahier carton feuille
crayon papier

39. angoissé anémié ankylosé
énervé anxieux

40. ondée pluie brise
averse crachin

41. mouche taon abeille
guêpe moustique

Dans les questions suivantes, les mots (ou le mot et le chiffre) vont par paires.
Il manque chaque fois un élément de la dernière paire.
À vous de le retrouver.

42. Triangle : 3 carré : 4 rectangle : ?

43. Angle : degré longueur : mètre
température : ?

44. Individus : foule cailloux : tas
moutons : ?

45. Danube : fleuve Séville : ville Floride : ?

voir solution page 529

Chapitre 5

Voici maintenant des analogies. On en trouve fréquemment dans les tests d'intelligence, qu'elles soient à base de dessins, de nombres, ou, comme ici, de mots. Le principe en est toujours le même. Une paire d'éléments est fournie. À vous de comprendre quel lien relie les deux membres de la paire, puis de transposer ce lien à la deuxième paire dont vous n'avez que le premier élément. Les analogies se présentent sous la forme :

A est à B ce que C est à D.

Exemple :
Pomme est à pommier ce que framboise est à…

Le lien logique qui lie les mots de la première paire est le rapport entre le fruit et son arbre fruitier. Transposé, à la deuxième paire, on trouve sans peine framboisier.

46. Beau est à embellir ce que laid est à…

47. Nez est à odorat ce que peau est à…

48. Père est à gendre ce que mère est à…

49. Aube est à montée ce que crépuscule est à…

voir solution page 529

Chapitre 5

50. Socquette est à gant ce que pied est à...

51. Cheval est à poulain ce que mouton est à...

Encore quelques questions à base de mots et de nombres qui demandent un peu de réflexion...

52.

LUNDI	MARDI	MERCREDI
(3)	(3)	(5)

JEUDI	VENDREDI
(2)	(?)

53. Si le CHOCOLAT vaut 3,20 €,
la BANANE vaut 2,05 €,
le BISCUIT vaut 2,20 €,
combien vaut l'ABRICOT ?

54.

ÉLÈVE	CABINE	ANANAS
(3)	(1)	(0)

CHÈQUE	BICHE
(2)	(?)

55. B. C. A. E. D. L. E. A. L. U. E.
(cadeau) (?)

voir solution pages 529-530

Chapitre 5

Les questions suivantes sont toutes à base de dessins. Commençons par des problèmes de dominos et de cartes à jouer. Rappelez-vous que les dominos peuvent avoir de 0 à 6 points et qu'après le 6 reviennent le 0, le 1, le 2, etc. Dans les cartes à jouer, on n'utilise pas les figures, mais seulement les cartes avec des nombres (de l'as, qui vaut 1, au dix).

56.

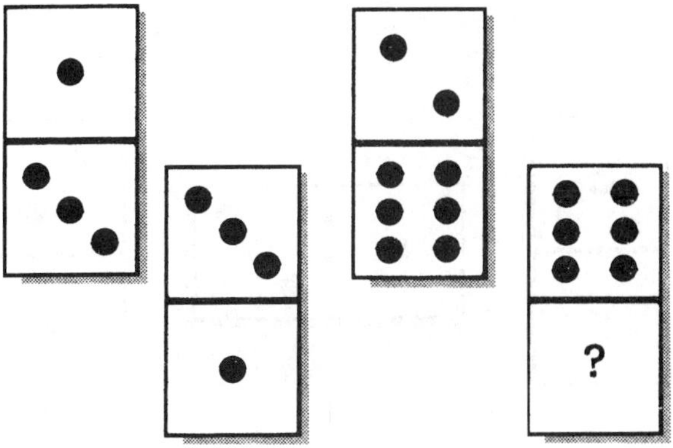

voir solution page 530

Chapitre 5

57.

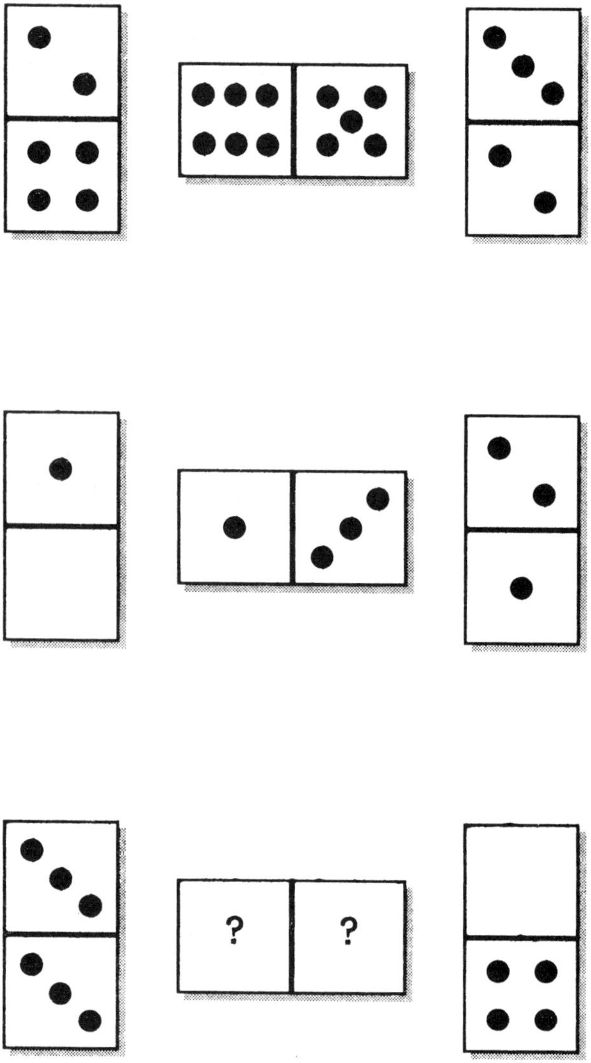

voir solution page 530

58.

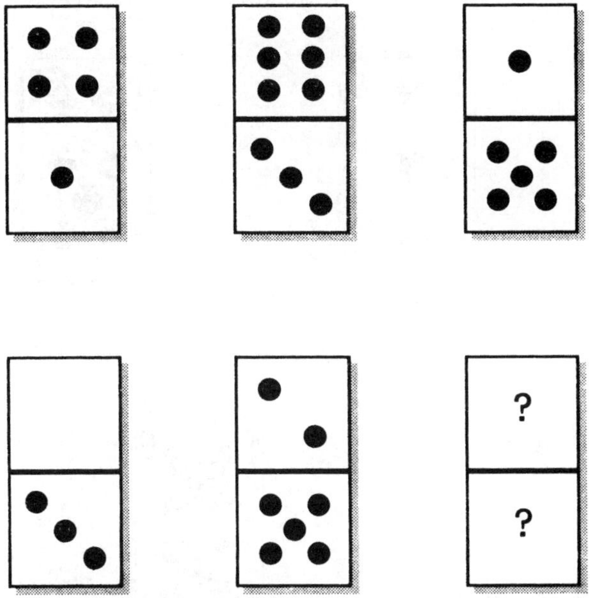

voir solution page 530

Chapitre 5

Voici maintenant quelques problèmes de cartes à jouer.

59.

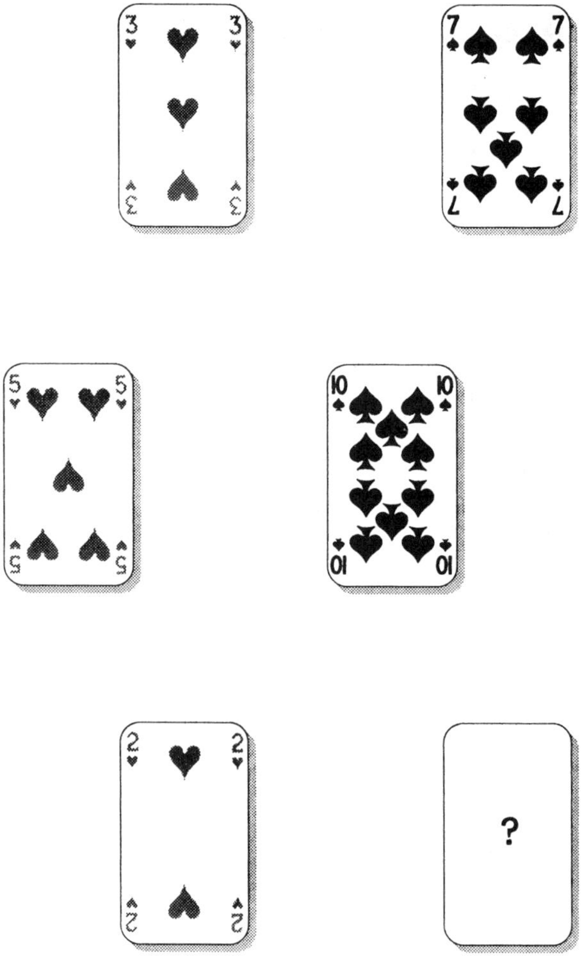

 voir solution page 530

60.

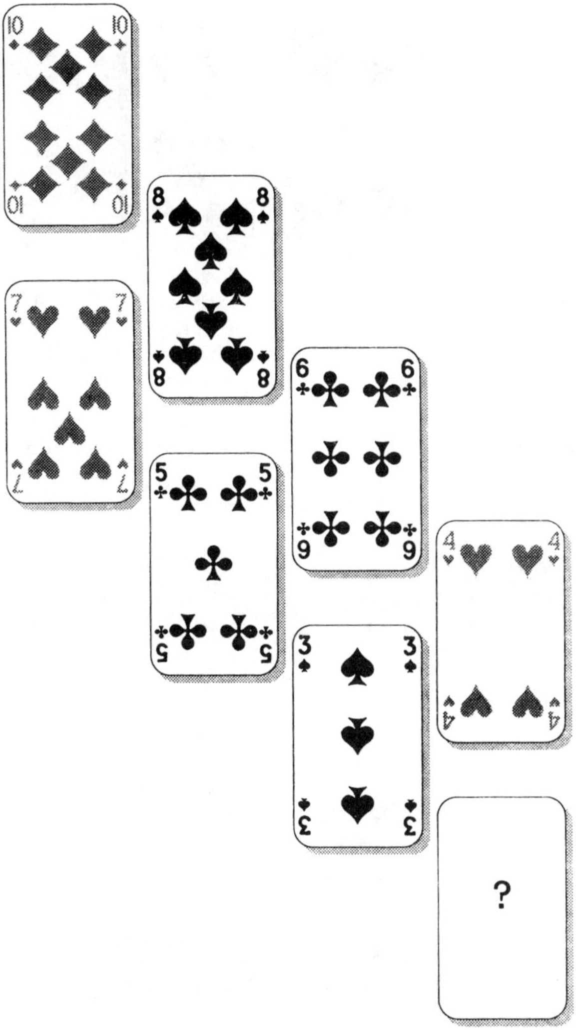

voir solution page 530

Chapitre 5

61.

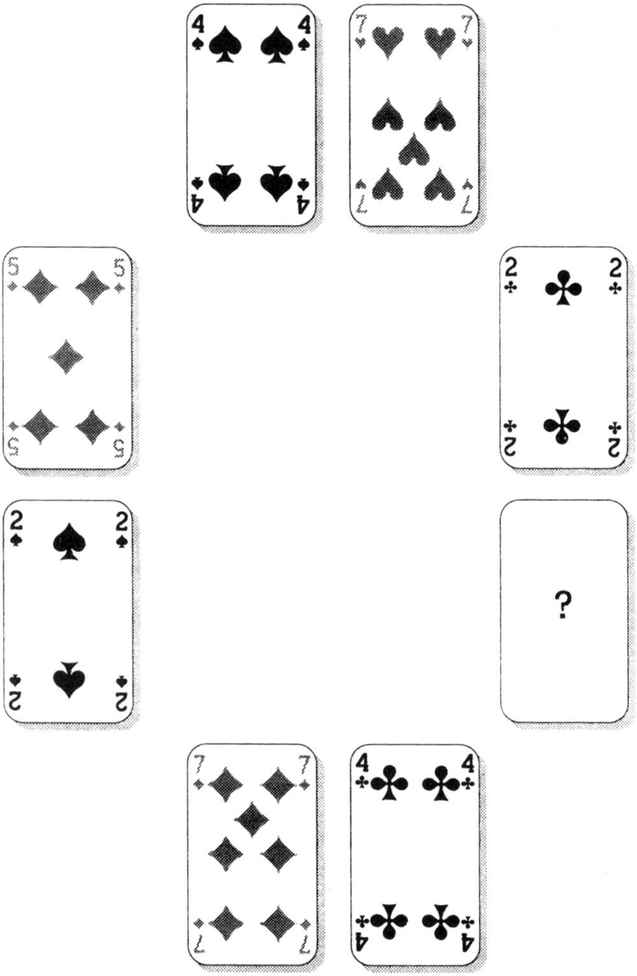

voir solution page 530

Chapitre 5

Les problèmes à venir relèvent d'une logique purement visuelle et spatiale.

62. Parmi ces figures, quel est l'intrus ?

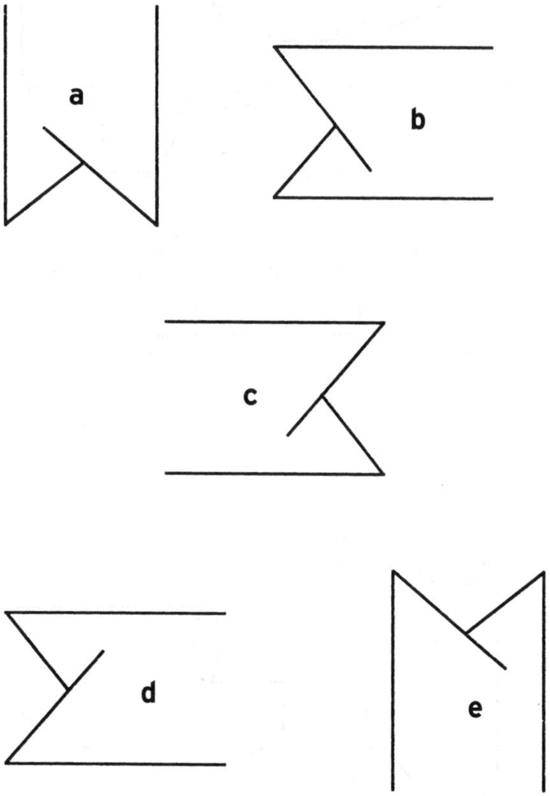

voir solution page 531

Chapitre 5

63. Parmi ces figures, quel est l'intrus ?

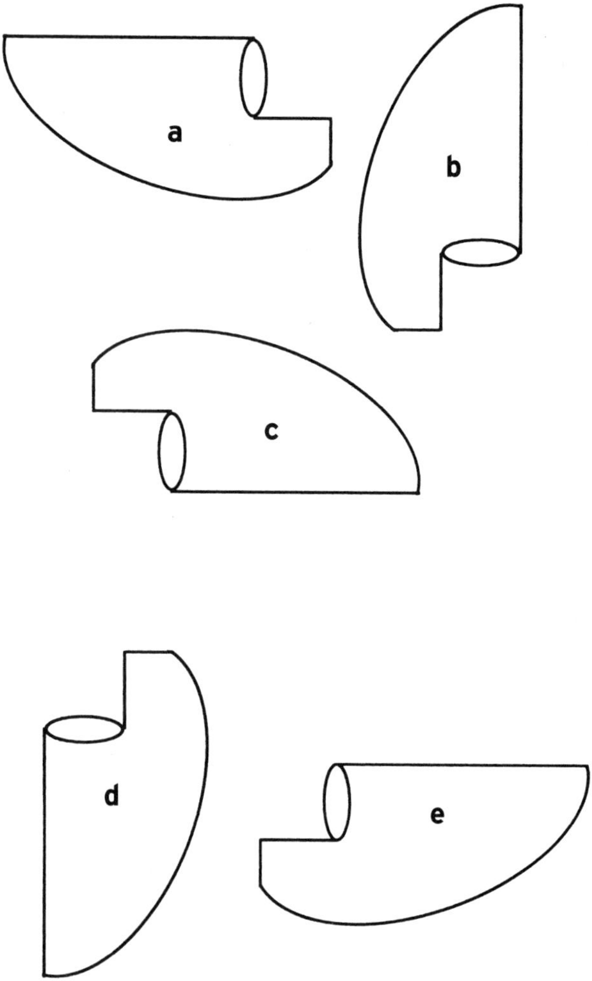

voir solution page 531

64. Parmi ces figures, quelles sont les deux identiques ?

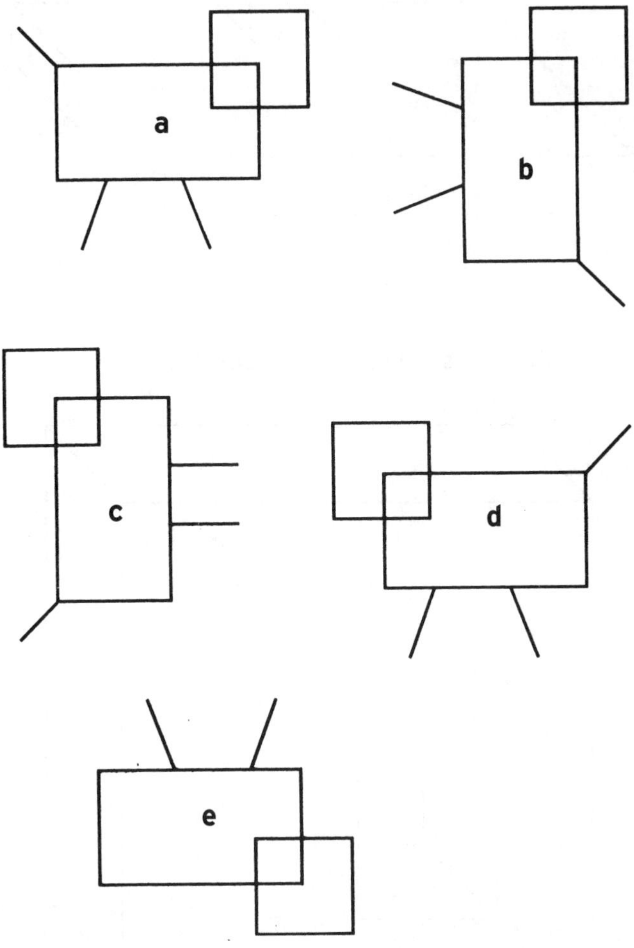

voir solution page 531

Chapitre 5

65. Combien ce solide a-t-il de faces ?

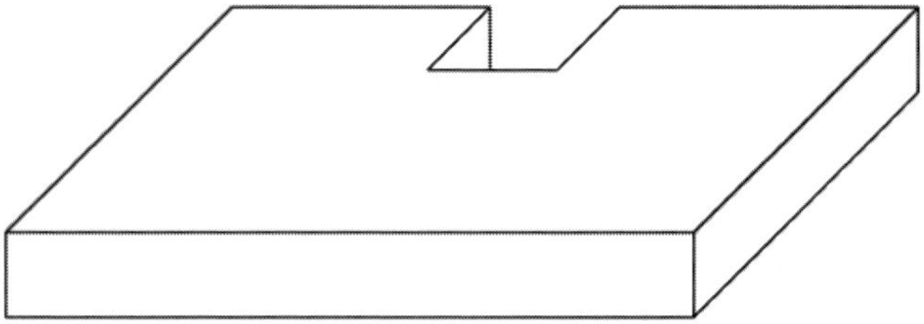

66. Combien ce solide a-t-il de faces ?

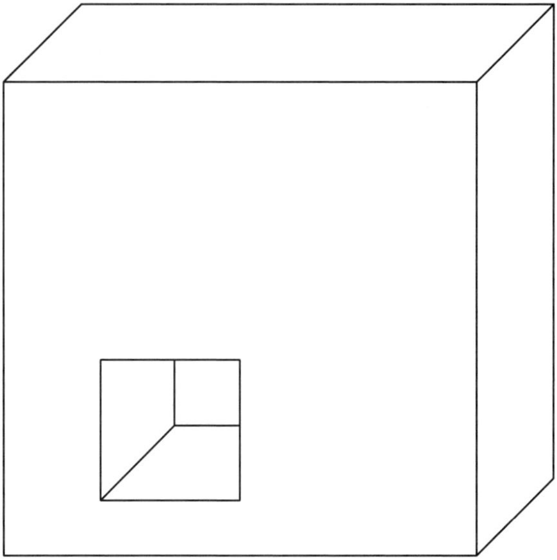

voir solution page 531

67. Voici une figure complexe. Deux, parmi celles proposées, lui sont identiques. Lesquelles ?

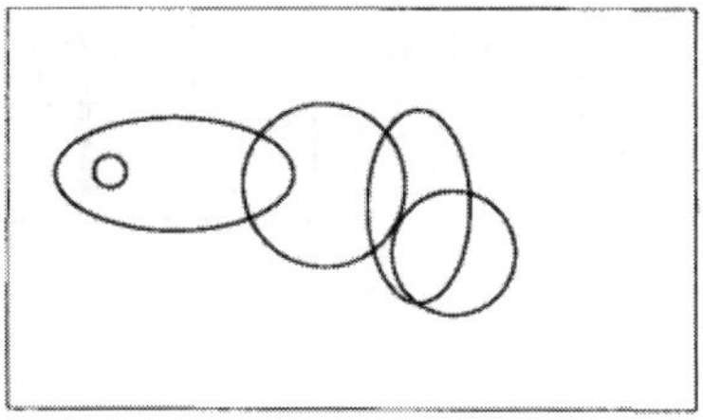

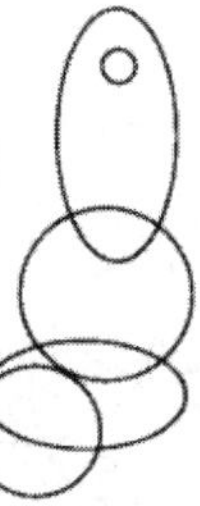

a

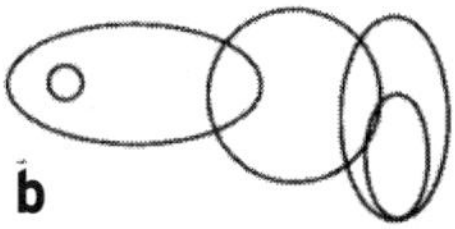

b

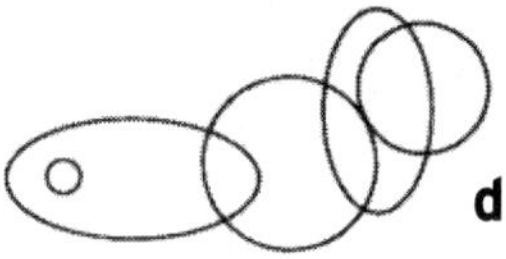

d

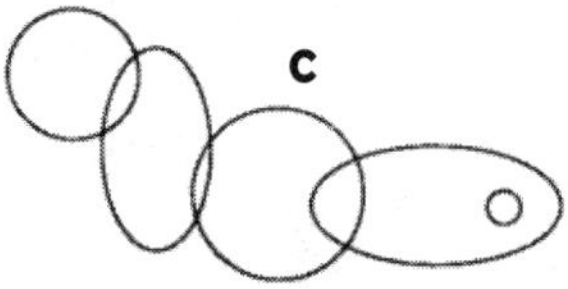

c

e

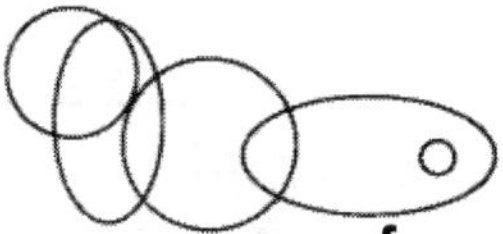

f

voir solution page 531

Chapitre 5

Voici maintenant quelques analogies visuelles.

68.

est à

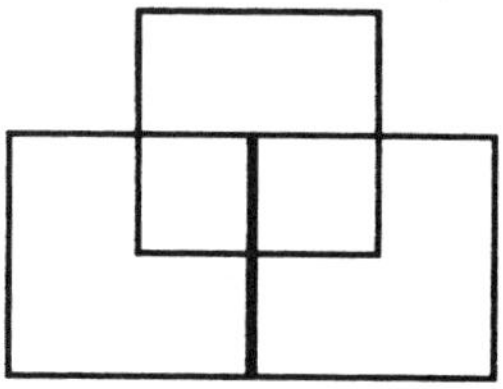

ce que

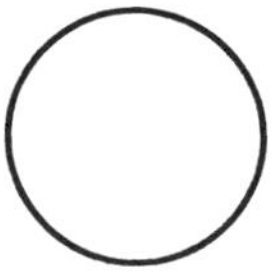

est à...

a

b

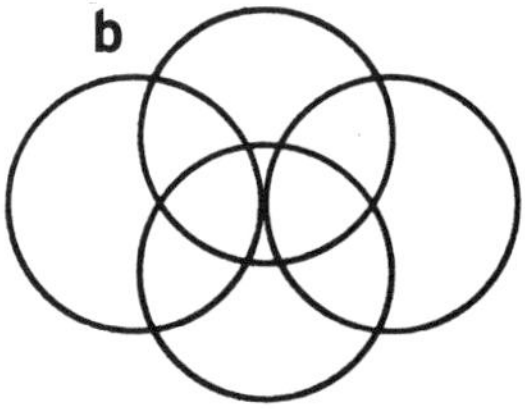

c

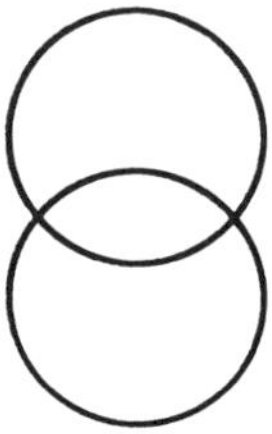

d

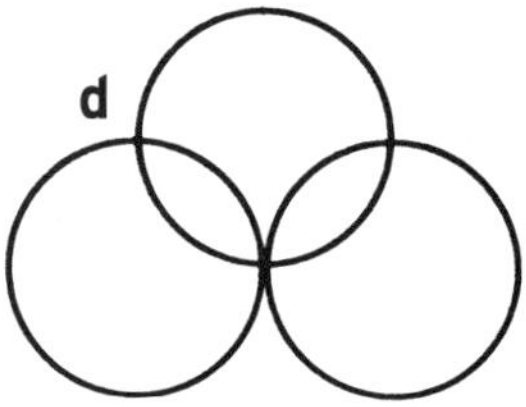

e

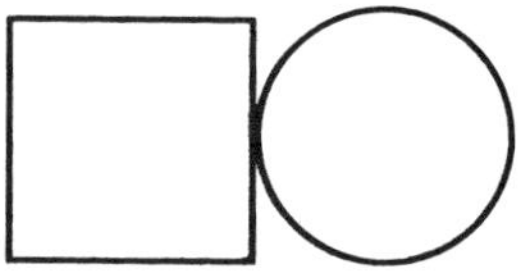

voir solution page 531

69.

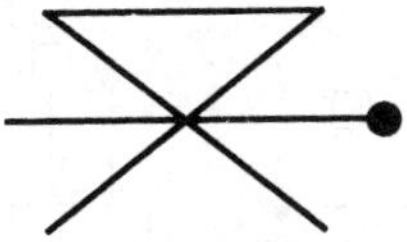

est à

ce que

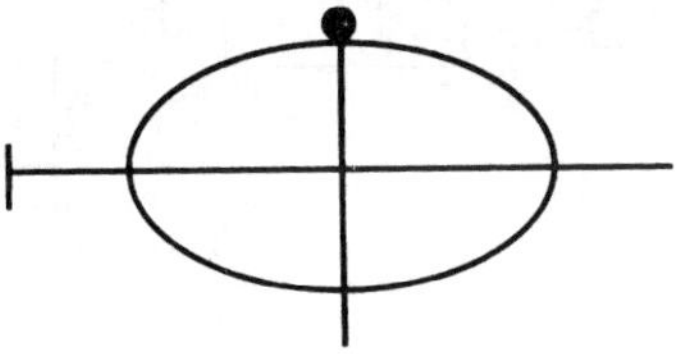

est à...

a

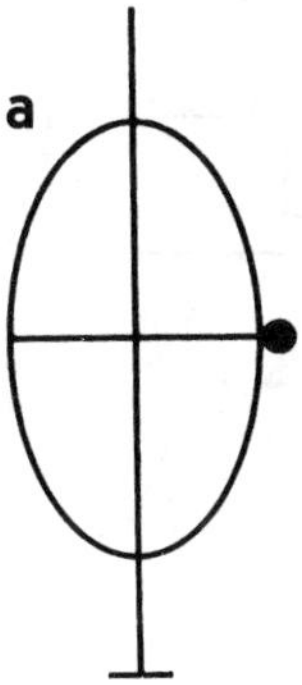

b

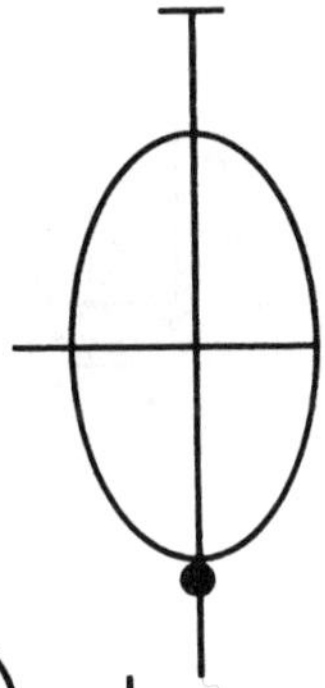

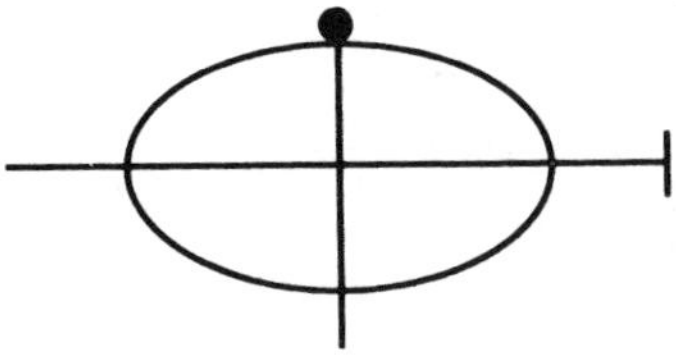

c

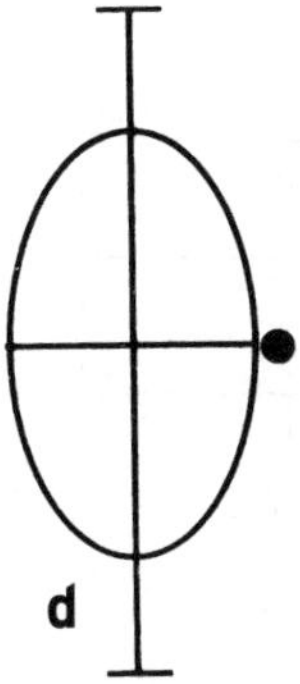

d

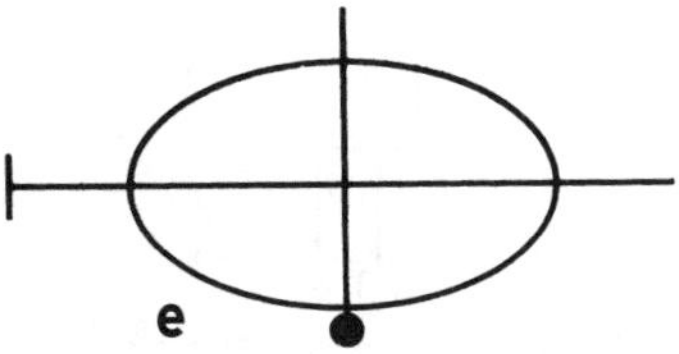

e

voir solution page 531

Chapitre 5

Parmi les figures proposées, laquelle prolonge la série ?

70.

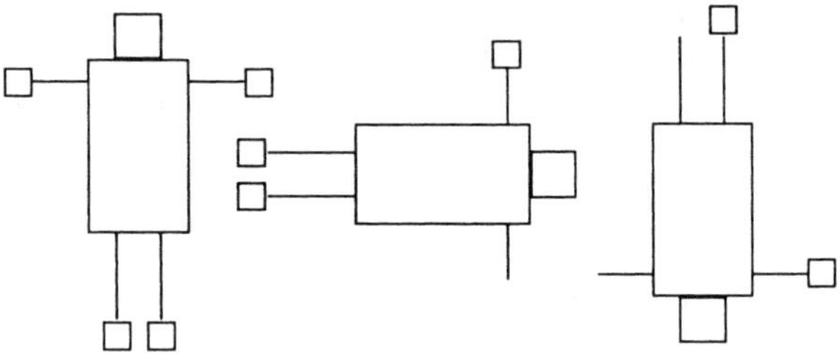

?

a

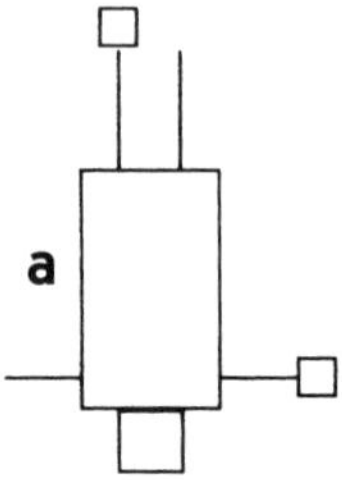

b

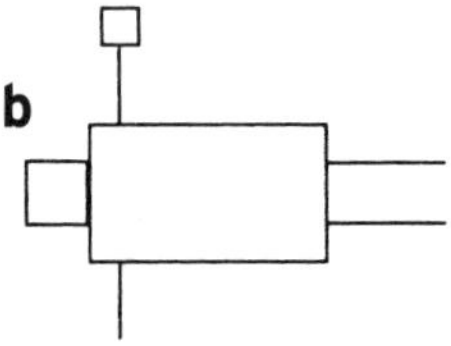

c

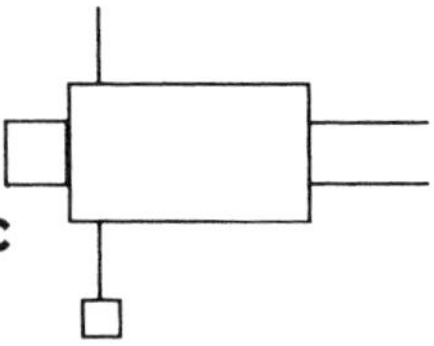

d

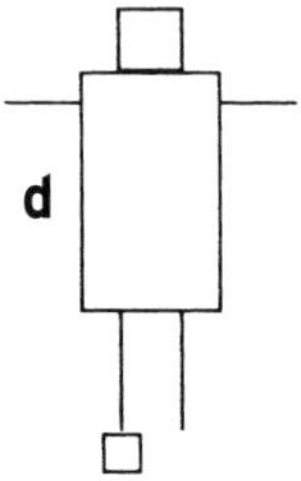

e

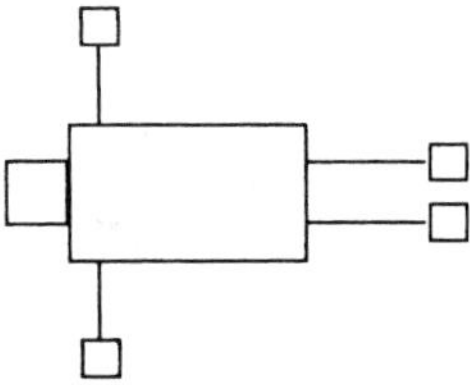

voir solution page 531

71.

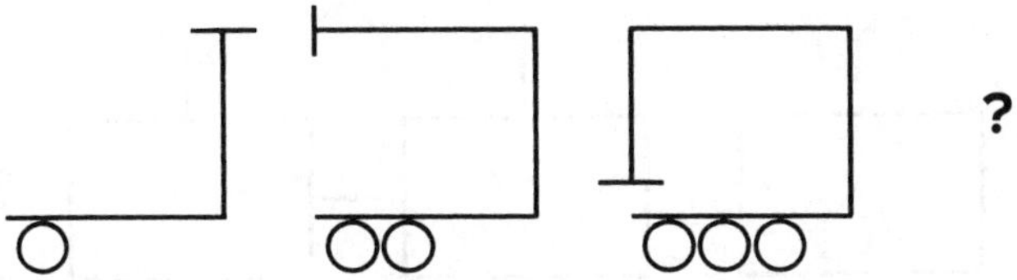

a 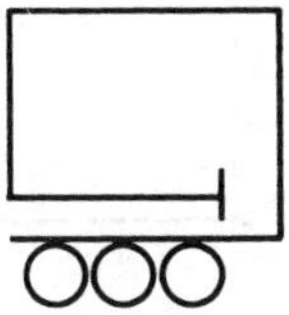 b 

c 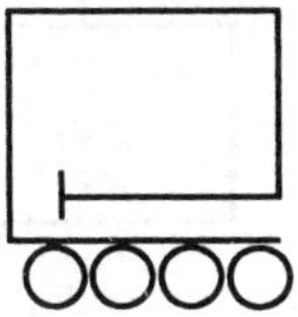 d 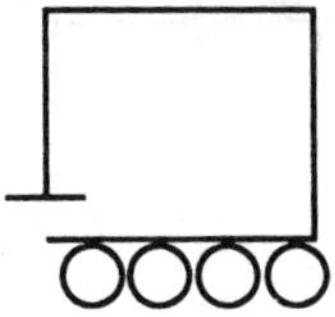

e 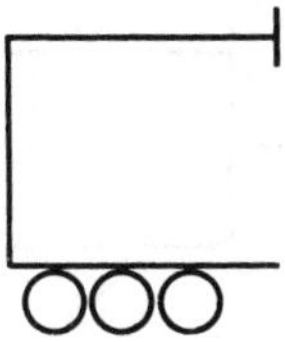 f 

voir solution page 531

Chapitre 5

72.

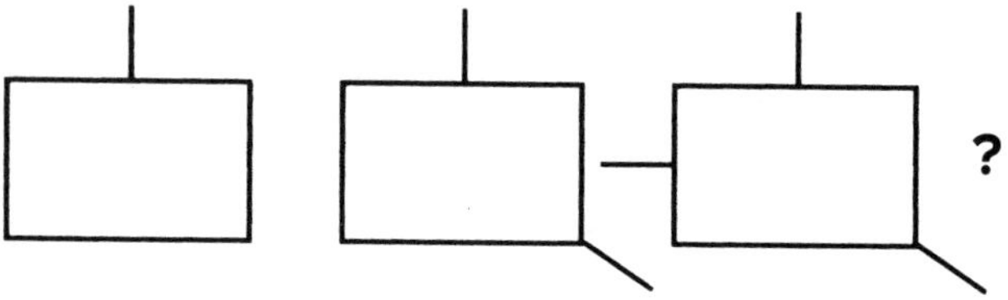

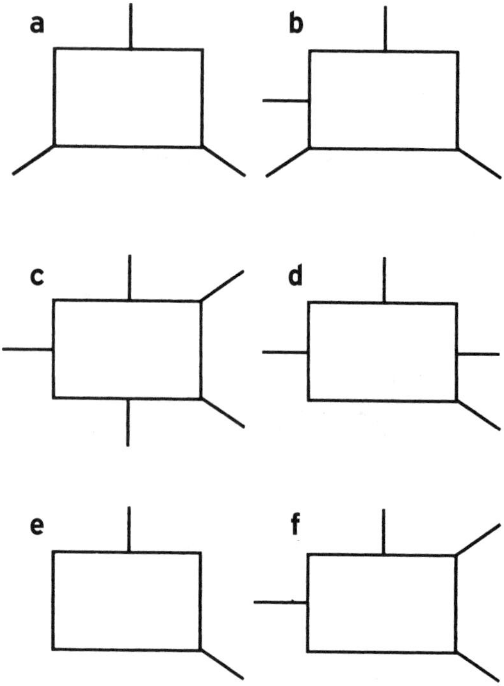

voir solution page 532

73.

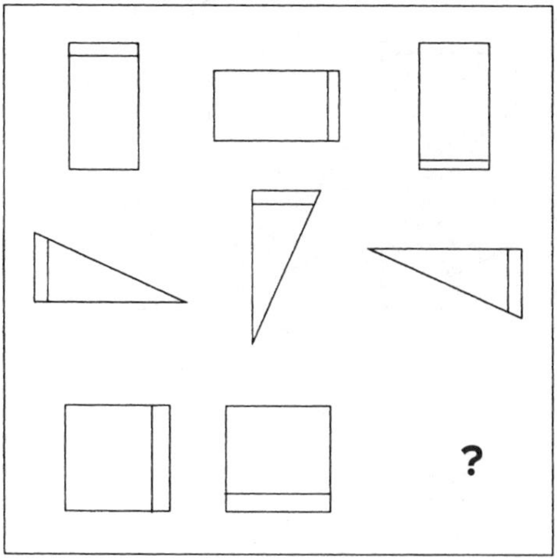

a 

b 

c 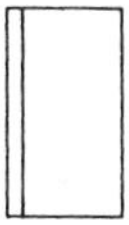

d 

e 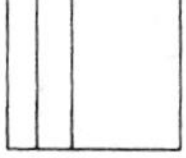

f 

voir solution page 532

Chapitre 5

74.

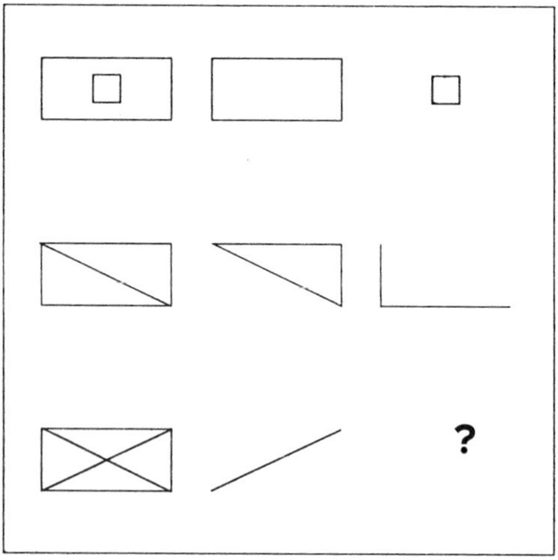

a

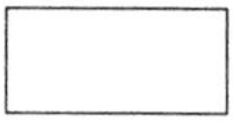

b

c

d

e

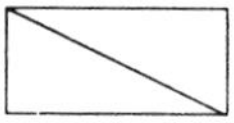

f

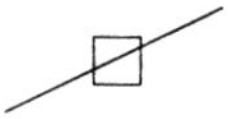

voir solution page 532

75.

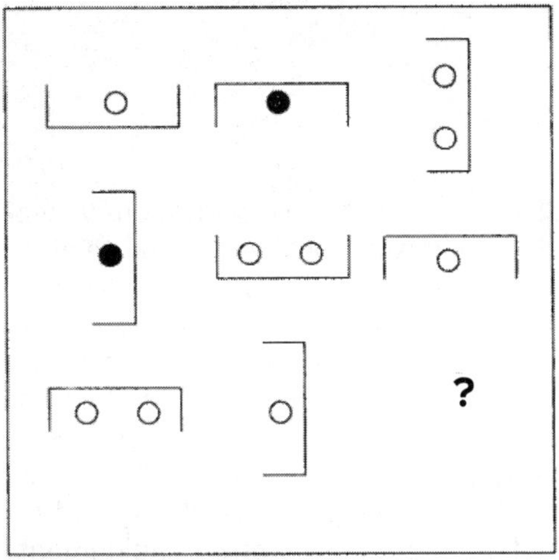

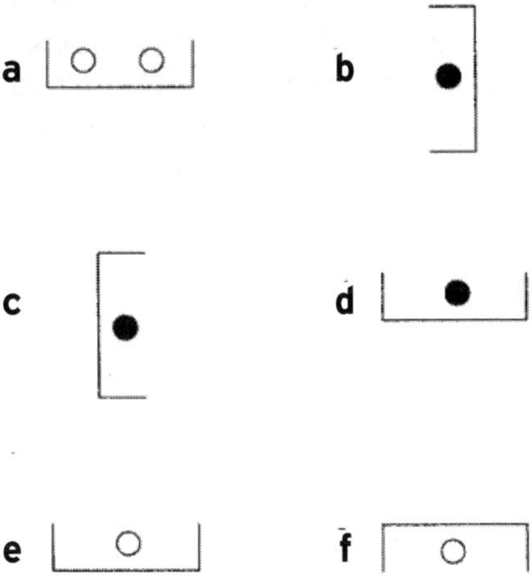

voir solution page 532

Chapitre 5

Apprentissage et entraînement

La correction du test que vous venez de passer, ainsi que l'analyse et la compréhension des réponses, ont déjà dû vous faire faire des progrès. Nous allons maintenant passer en revue les différents problèmes auxquels vous pourrez être confrontés dans des tests de Q.I. Pour chacun, nous allons voir quelle méthode peut être utilisée systématiquement pour trouver rapidement la réponse. Ces informations viennent de la construction même des tests, mais aussi de l'examen attentif de la manière dont les « champions du Q.I. » s'y prennent pour résoudre ce genre de problèmes.

1. Les problèmes à base de nombres

Les séries numériques

Ce sont des suites de nombres qui s'enchaînent selon une logique qu'il va vous falloir deviner. Un nombre manque, remplacé par un point d'interrogation. Le problème consiste à trouver la valeur de ce nombre.

Le système

La presque totalité de ces problèmes repose sur la rapidité avec laquelle vous allez jouer avec ces nombres et les opérations qui les lient. Addition, soustraction, multiplication et division sont possibles, ainsi que leurs combinaisons. Pensez aussi, mais ils sont plus rares, aux carrés et aux cubes. Il est impossible, dans ces questions, de ne pas tâtonner un peu. La méthode essais-erreurs jusqu'à ce que vous trouviez la solution reste la bonne, mais quelques indices peuvent vous aider. Généralement, les nombres sont assez petits pour que tous les calculs puissent être faits mentalement. Mais ceux qui seraient un peu « rouillés » auraient tout intérêt à s'entraîner, notamment en revoyant tables d'addition et tables de multiplication.

- Commencez toujours par le plus simple : addition, soustraction, avant de chercher des règles plus compliquées ou combinées.

Chapitre 5

- La manière dont les nombres de la série progressent, lentement ou rapidement, en croissant ou en décroissant, régulièrement ou non, vous oriente aussi vers le type d'opération à rechercher. Une progression régulière fait penser à une solution du type + n, alors qu'une progression irrégulière fait penser à une combinaison d'opérations ou à deux séries alternées.

- Commencez toujours par calculer mentalement les écarts qui séparent les nombres adjacents. Dans de nombreux cas, cela vous livrera la solution.

- **Attention :** quel que soit le système appliqué, il arrive, dans certaines séries, que le point d'interrogation se trouve inclus dans la série et non systématiquement à la fin. Cela rend souvent plus difficile la découverte de la solution, mais les méthodes de résolution restent les mêmes.

Les différents types de solutions

Les signes et nombres entre parenthèses mettent en évidence la loi à repérer. Les autres nombres sont ceux de la série tels qu'ils sont fournis dans le test.

- Addition ou soustraction d'un nombre fixe. Exemples :

1 (+ 3) 4 (+ 3) 7...

25 (- 4) 21 (- 4) 17...

La question TA 1 (question 1 du test avant apprentissage) est de ce type. Ce sont les plus faciles.

- Multiplication ou division par un nombre fixe. Le principe est le même. À vous :

5. 10. 20. 40. ?

108. 36. 12. ?

(Dans le premier cas, on multiplie par 2; dans le second, on divise par 3.)

- Système d'additions ou soustractions différentes. Addition (ou soustraction) d'un nombre croissant ou décroissant :

Un de plus à chaque fois :

1 (+ 1) 2 (+ 2) 4 (+ 3) 7 (+ 4)...

Quatre de plus à chaque fois :

1 (+ 1) 2 (+ 5) 7 (+ 9) 16 (+ 13)...

Chapitre 5

Somme des deux nombres précédents :

1. 1 (1 + 1) 2 (1 + 2) 3 (2 + 3) 5...

Ces systèmes peuvent être adaptés aux soustractions, aux multiplications et aux divisions (Ex : × 1, × 2, × 3... ou encore : 4, : 3, : 2).

- Les carrés et les cubes sont parfois utilisés, aussi est-il bon de pouvoir connaître ou retrouver ceux des dix premiers nombres. Je vous rappelle que le carré est le produit du nombre par lui-même (5 × 5 = 25 donc 25 est le carré de 5) ; le cube est le carré encore multiplié par le même nombre (le cube de 5 est 5 × 5 × 5 = 25 × 5 = 125). Exemples :

1. 4. 9. 16. 25. ...

(Suite des carrés des premiers nombres.)

3. 4. 9. 16. 27. 64...

(Les nombres 3 et 4, au carré, puis au cube.)

- Les combinaisons d'opérations : elles sont innombrables. À vous d'essayer différents systèmes pour voir celui qui « marche ». Exemples :

2 (× 2 + 1) 5 (× 2 + 1) 11...

44 (: 2 - 2) 20 (: 2 - 2) 8...

- Les séries alternées. Là encore, les combinaisons sont multiples. Tous les systèmes que l'on vient de voir peuvent se combiner. Vous devez rechercher deux séries alternées chaque fois que la série semble, telle que, n'avoir aucun sens. Un autre indice qui vous fait soupçonner un système de séries alternées : on vous demande de trouver deux nombres et non un seul (il y a deux points d'interrogation à la fin de la série). Les quatre opérations peuvent se combiner, ainsi que les carrés.

Dans un premier cas, les deux systèmes d'opération forment une seule série, s'appliquant aux nombres les uns après les autres. Exemples :

2 (- 2) 0 (+ 5) 5 (- 2) 3 (+ 5) 8...

5 (- 1) 4 (× 2) 8 (- 1) 7 (× 2) 14...

Voir aussi TA 6.

Dans d'autres cas, les séries alternées n'ont rien à voir entre elles. Par exemple, l'une va appliquer le principe + 3, l'autre le principe - 5 :

1re série : 4. 7. 10. 13

2e série : 27. 22. 17. 12

Le problème vous sera posé sous cette forme :

4. 27. 7. 22. 10. 17. ?. ?

Voir aussi TA 5.

Chapitre 5

LES PAIRES

Certains problèmes numériques se ramènent à des paires ou des couples de nombres, qu'il faut constituer ou qu'il faut comprendre.

Les séries présentées par paires

Elles ne sont qu'une variante des précédentes. Il faut trouver le nombre manquant, celui du nombre non apparié. Pour cela, il faut d'abord trouver la loi qui lie les deux membres de la paire.

Reprenez les exemples du test TA 14 et 15.

En voici d'autres.

21	**7**	**15**	**5**	**30**	**?**

2	**8**	**5**	**5**	**7**	**?**

Dans le 1er exemple, le premier nombre est le triple du second (réponse : 10) ; dans le 2e, la somme des deux nombres est égale à 10 (réponse : 3).

Vous pouvez vous trouver face à d'autres présentations :

(10 ; 13) (22 ; 25) (3 ; 6)

(16 ; 19) (5 ; ?)

La réponse est 8 (le nombre de gauche + 3).

8	**5**	**12**	**10**
15	**9**	**23**	**?**

La réponse est 19 (le double du nombre supérieur, moins 1).

Les nombres présentés sans ordre

On vous présente un nombre impair de nombres. Tous vont par paire, il en manque un. À vous de savoir lequel. Ces problèmes sont évidemment plus difficiles, puisqu'il vous faut reconstituer les paires. Or, pour cela, vous devez déjà avoir identifié la loi.

5 **18** **23**

8 **37** **15**

27 **?**

(Les paires se composent d'un nombre et de ce même nombre + 10. Il manque 23 + 10 = 33).

45 **68** **17**

71 **34** **43**

54 **?**

(Les paires regroupent un nombre et un autre composé des mêmes chiffres inversés. Il manque l'inverse de 68 : 86).

Chapitre 5

LES INTRUS

Dans ce type de problèmes, il ne s'agit pas de trouver un nombre manquant, mais de trouver celui qui est en trop. Le principe de recherche est le même : trouver d'abord la loi qui lie les nombres présentés, puis repérer celui qui n'a pas sa place là.

Voir les questions TA 18 et 19.

Essayez d'autres exemples :

55 88 22

65 33

(Que des multiples de 11 sauf 65.)

12 4 20 18

7 6 26 14

(Que des nombres pairs sauf 7.)

17 13 12 11

23 71 31 7

(Que des nombres premiers sauf 12.)

Chapitre 5

LES ANALOGIES

• Reprenons les problèmes TA 25 et 26.

TA 25 : Si 6 vaut 15 et que 2 vaut 5…

La réflexion nous montre qu'il n'existe qu'un moyen qui permette à la fois de passer de 6 à 15 et de 2 à 5 : il s'agit de doubler le nombre et de lui ajouter sa moitié. (6 × 2) + (6 : 2) = 12 + 3 = 15. Cela revient également à multiplier le nombre par 2,5.

Dans le cas de TA 26, c'est une simple division par 4 qui permet de passer de 60 à 15 et de 8 à 2.

• Si des fractions interviennent dans ce genre de problèmes analogiques, la solution devient simple si on ramène les nombres au même dénominateur.

Si 1/3 vaut 2, combien vaut 3 ?

1/3 vaut 2 peut se dire aussi 1/3 vaut 6/3, soit six fois plus. Donc 3 vaut six fois plus, soit 18.

• Il faudra parfois combiner les opérations :

Si 3 vaut 10 et que 7 vaut 22, combien vaut 5 ?

Dans ce cas, 10 = (3 × 3) + 1, et 22 = (3 × 7) + 1,
donc (3 × 5) + 1 nous donne la réponse, 16.

Chapitre 5

LES PRÉSENTATIONS DIFFÉRENTES

Les nombres en schémas géométriques

J'appelle ainsi les présentations dont vous avez quelques exemples dans le test (TA 12, 13, 16, 17).

Dans ces présentations, chaque nombre est généralement une combinaison des deux qui le précèdent et le déterminent : somme, produit, différence, demi-somme, etc. Exemple :

3

15

5 **?**

10

2

(On voit facilement que 3 × 5 donne le nombre 15, que 5 × 2 donne 10, donc 15 × 10 donne 150.)
Dans le problème TA 12, il s'agit seulement de la suite décroissante des nombres.

• Les problèmes sur le modèle de TA 16.
Il s'agit ici d'un triangle entouré de trois nombres, mais il pourrait tout aussi bien s'agir d'un carré ou d'un cercle. Le principe est que le nombre du milieu est à trouver grâce à la combinaison des nombres qui l'entourent. Là encore il se peut, et c'est plus difficile, que le point d'interrogation ne soit pas au centre. À vous donc, dans ces exercices, d'essayer rapidement toutes les combinaisons qui vous viennent à l'esprit en commençant toujours par les plus simples : la somme, la double ou la demi-somme, la différence, la demi-différence, etc. Vous tomberez parfois sur des solutions plus compliquées du type : le produit des deux nombres du haut moins le nombre du bas, etc.

Les nombres présentés en dessins

Vous en avez de nombreux exemples : TA 9, 10, 11, 22, 23 et 24.

En règle générale, on peut dire que le nombre à trouver est une fonction numérique des autres nombres fournis. Vous disposez le plus souvent de deux exemples résolus sur lesquels vous appuyer pour trouver la combinaison.

Dans le cas des bonshommes, des animaux, etc., la solution est souvent du type :

- somme des bras moins somme des jambes,
- différence des bras plus différence des jambes,
- somme des produits,
- produit des différences, etc.

Les problèmes TA 22 et 24 sont à traiter de la même façon : un nombre est à trouver à partir d'une combinaison de trois ou quatre autres. En revanche, le problème TA 23 tient compte de la position des nombres en vis-à-vis.

Chapitre 5

LES « FAUX » NUMÉRIQUES

Certains exercices se présentent comme des problèmes numériques, mais n'en sont pas vraiment. Lorsqu'ils sont présentés avec les problèmes numériques habituels, ces exercices désarçonnent les candidats et leur font souvent perdre beaucoup de temps. Non pas que ces problèmes soient difficiles, mais ils sont surprenants, car leur logique est différente. Leur résolution ne relève pas d'une méthode par essais-erreurs, mais d'un effort de créativité. Vous pouvez penser à un problème de ce genre lorsque aucune solution numérique essayée ne marche, ni de près ni de loin.

TA 21 en est un exemple : on ne réfléchit pas sur les nombres eux-mêmes, mais sur les chiffres qui les composent, et ce sont ces chiffres que l'on additionne. TA 8 et 20 en sont deux autres exemples.

Voici quelques exemples de ce type :

120. 3. 18. 9. 55. 10. 313. ?

(Chaque nombre est suivi de la somme des chiffres qui le composent. Donc il manque 3 + 1 + 3 = 7.)

23. 213. 312. 45. 415. 514. 96. ? ?

(Les nombres sont à voir par groupes de trois. Le deuxième est formé à partir du premier où l'on insère un 1. Le troisième est l'inverse du deuxième. Donc il manque 916 et 619.)

53 (2) 80 (8) 41 (3) 72 (?)

(Chaque nombre est suivi, entre parenthèses, par la différence entre les chiffres qui le composent. 7 - 2 = 5. C'est donc le chiffre manquant.)

1739 . 2738 . 3737 . ?

(Le premier chiffre augmente de 1 et le dernier diminue de 1. Les deux chiffres du centre sont toujours les mêmes (73). Donc le nombre suivant est 4736.)

1457	**(4523)**	**5239**
7769	**(7631)**	**7310**
9802	**(?)**	**6021**

(Le nombre du milieu est constitué par les deux nombres centraux des nombres qui l'encadrent. Donc, pour le dernier : 80 et 02 forment le nombre 8002.)

Chapitre 5

2. Les problèmes à base de lettres

LES SÉRIES DE LETTRES

Dans les problèmes d'alphabet, il s'agit toujours de questions de logique. Le principe est le même que celui expliqué pour les séries numériques : il faut trouver la loi qui préside à la suite de lettres présentées, puis appliquer cette loi afin de trouver les lettres qui prolongent la série. Plus souvent que précédemment, il peut se trouver des problèmes comportant deux séries alternées, ou d'autres où le point d'interrogation se trouve au milieu de la série et non à la fin.

Ce qui est différent dans ce cas, c'est que vous n'avez plus à faire de calcul mental, mais vous avez besoin de connaître parfaitement votre alphabet, aussi bien à l'endroit qu'à l'envers. Au besoin, écrivez-le rapidement sur une feuille à côté de vous. Ce qui vous aidera aussi beaucoup, c'est d'écrire sous les lettres qui composent la série leur rang dans l'alphabet. Le problème se ramène alors à un problème numérique et les solutions deviennent simples, car toutes sont basées en gros sur les mêmes principes.

Dans l'ordre endroit ou envers de l'alphabet :

- Progression régulière : on saute chaque fois 2 lettres, par exemple.
- Progression irrégulière : on saute 1, puis 2, puis 3 lettres, etc.
- On inverse certaines lettres.
- On traite les lettres par groupes de deux, trois ou plus.
- On intercale certaines lettres, toujours les mêmes.
- On joue sur les majuscules et les minuscules pour faire deux séries alternées.
- On fait suivre la lettre de son rang dans l'alphabet.

Il est impossible de lister tous les problèmes existants. À vous de chercher :

A d G j M ?

(La progression est de + 3 ; majuscules et minuscules alternent. La réponse est donc p.)

C B A F E D I H ?

(Les lettres sont prises par groupes de trois successives et retournées. La réponse est G.)

Chapitre 5

E O G M I K ? ?

(On a deux séries alternées. L'une de progression + 2 : E G I K. L'autre de progression - 2 : O M K I.)

A	**D**	**G**
L	**O**	**R**
R	**?**	**X**

(Progression de + 3 sur chaque ligne. Il manque donc le U.)

P I E D est à **S L H G**

ce que **L A R D** est à ?

(Analogie simple : chaque lettre du premier mot est remplacée par une lettre de progression déterminée, ici + 3. La solution est donc O D U G.)

I V X L ?

(Cette question est un piège : il ne s'agit pas d'un problème d'alphabet mais de la suite des symboles des nombres romains. Le suivant est C, pour cent.)

- Une question comme TA 55 est également un piège si elle est placée au milieu de séries alphabétiques. Elle se présente comme telle, mais repose sur des mots et non sur des lettres. Gardez cette idée en tête si vos recherches alphabétiques ne donnent rien.
- Les problèmes de type TA 32 et 33 ne sont pas à proprement parler des problèmes d'alphabet. Les lettres ne sont ici que comme support d'une réflexion de logique spatiale, et pourraient tout aussi bien être remplacées par des nombres ou des symboles. Pour les résoudre, une seule solution : commencer à lire les instructions par la fin, puis les reprendre dans l'ordre normal pour vérifier.

Prenons l'exemple de TA 32 :

La lettre sous A est C. La lettre à gauche de C est O. La lettre au-dessus de O est K, la réponse recherchée. K est bien la lettre qui se trouve au-dessus de la lettre (O) qui est à gauche de la lettre (C) qui est sous le A.

Chapitre 5

LES COMBINAISONS DE LETTRES
OU DE MOTS ET DE NOMBRES

Elles sont de tous ordres, et souvent difficiles à trouver du fait de leur diversité. Voyons quelques cas fréquents.

- Les nombres ont un rapport avec la place d'une lettre dans l'alphabet.

C'est le cas de la question TA 31, où le nombre correspond à la place de l'initiale du mot dans l'alphabet. Voyez aussi TA 53. On pourrait trouver de même :

K 10 O 14 S 18 B ?

(Chaque lettre est suivie de sa place dans l'alphabet - 1. La réponse est donc 2 - 1 = 1.)

castor 18 âne 5 chien 14 chat ?

(Chaque mot est suivi de la place alphabétique de sa dernière lettre. Il manque donc 20.)

bateau ; canne à pêche ; daurade ; étui ; ?

(Les initiales des mots proposés se suivent. Viendra ensuite un mot, à choisir parmi une liste, qui commencera par F, par exemple filet.)

Dans un cas comme celui-ci, il s'agit d'une suite de mots et non de lettres, mais le sens des mots n'a pas d'importance, seules les lettres qui les composent en ont.

- Les nombres ont un rapport avec un nombre de lettres ou de syllabes.

Une fois que l'on connaît l'existence de ces problèmes, leur résolution est assez simple. Ce qui peut parfois rendre leur résolution plus difficile, c'est la manière dont ils sont présentés. Exemples :

abricots (8) choux (5)

pommes (6) tomates (?)

(Nombre de lettres du mot, donc 7.)

Auriez-vous résolu ce problème aussi facilement sous cette forme-là :

Si j'achète 8 abricots, 5 choux, 6 pommes,
combien vais-je acheter de tomates ?

Si Amélie et Timothée ont 3 ans, si Marie et Zoé
ont 2 ans, et si Augustine a 4 ans, quel âge a Théo ?

(Nombre de syllabes, donc 2 ans.)

étourdi. renard. cresson. interne ?

(Place de la lettre E : 1re, 2e, 3e… Le mot suivant a un E en 5e place, comme livre, monde, etc., à choisir parmi une liste proposée.)

Si le pain vaut 2 €, la bière aussi, mais que le saucisson
vaut 5 € et le fromage 4 €, combien vaut l'eau ?

(Elle est gratuite : elle vaut zéro euro. La réponse correspond au nombre de consonnes du mot.)

Revoyez les problèmes TA 52 à 55. Ils relèvent tous de ce type de logique.

Chapitre 5

LES PROBLÈMES PORTANT SUR LA FORME DES MOTS

Il est fréquent que des problèmes ressemblent à des questions verbales, mais que les mots ne soient là que pour les lettres qui les composent et non pour leur sens. Ils ont donc leur place dans ces problèmes d'alphabet et de logiques diverses. On peut repérer deux types de problèmes différents.

Trouver un mot manquant

Ce type d'exercice trouve sa place ici car, même s'il semble se servir de mots, il ne s'appuie en fait que sur les lettres de ces mots. Le sens des mots n'a aucune importance. Il se ramène donc à un problème de lettres et d'emplacement de lettres. Ces problèmes se présentent ainsi :

DULCINÉE (DUNE) NÉNUPHAR
PÂTISSIER (?) RITUEL

Le principe est toujours le même. Il s'agit de repérer l'emplacement des lettres du mot entre parenthèses. D'où viennent-elles ? Dans cet exemple, ce sont les deux premières lettres des deux mots qui l'encadrent. Appliquer ce principe donne comme solution le mot PARI.

MESQUIN (NID) DÉMENT
FOURNIL (?) TIERCE

(Il s'agit du mot LIT composé avec les deux dernières lettres inversées du 1er mot, et la 1re lettre du second mot.)

FONCTION	**(FORT)**	**TRACTEUR**
TENTATIVE	**(?)**	**UTILE**

(Il s'agit du mot TÊTU, formé par les deux premières lettres du 1er mot et les deux premières, mais inversées, du second mot.)

Trouver l'intrus

La façon de poser le problème est classique : parmi une liste de mots, ordonnée ou non, il faut trouver le mot qui ne va pas, pour une raison précise, avec les autres, donc trouver la loi qui unit les autres mots. Dans ce cas, la raison de l'exclusion est à rechercher dans la construction des mots. Les exemples sont multiples, ce qui en fait la difficulté. Citons-en quelques-uns. Tous les mots sauf un :

- commencent (et/ou finissent) par la même lettre ;
- ont le même nombre de syllabes ;
- ont le même nombre de voyelles ou de consonnes ;
- ont leurs voyelles dans le même ordre, etc.

Exemples :

dangereuse	**futilement**	**démente**
prévenante	**détachement**	

(Tous, sauf démente, ont quatre syllabes.)

calvaire	**corsaire**	**histoire**
tonnerre	**tirelire**	

(Tous, sauf tonnerre, se terminent par ire.)

incolore	**sommaire**	**colonie**
igloo	**forclos**	

(Tous, sauf sommaire, possèdent deux o.)

Chapitre 5

3. Les problèmes à base de mots

Nous traiterons dans cette partie de tous les problèmes verbaux, ceux où l'on s'appuie sur le sens des mots. Les problèmes où les mots ne sont là que pour les lettres qui les constituent ont été traités dans le point précédent. Mais attention : ces problèmes sont souvent mêlés. Savoir si l'on a affaire à un problème portant sur le sens ou sur la forme des mots constitue une difficulté supplémentaire. Si la recherche sur le sens des mots vous paraît mener à des absurdités, pensez à chercher une autre particularité des mots.

TROUVER DEUX MOTS DONT LE SENS EST PROCHE

Les problèmes TA 34 à 37 sont de ce type. Ils sont généralement sans surprise. La seule méthode consiste à lire attentivement la liste et à repérer deux mots que l'on peut considérer comme synonymes. Attention : certains mots ont plusieurs significations et il est possible de jouer sur un sens un peu inhabituel. Par exemple, le mot « tendre » peut être entendu comme adjectif, synonyme de doux, affectueux, ou comme verbe, synonyme de diriger (tendre vers) ou de raidir (tendre quelque chose).

C'est le cas dans l'exercice TA 35. Pour le résoudre facilement, il faut entendre le mot « enceinte » comme nom (une enceinte) et non comme adjectif (une femme enceinte).

Chapitre 5

TROUVER DEUX MOTS DONT LE SENS EST CONTRAIRE

Le principe est le même que précédemment : on vous donne une liste de mots, parmi lesquels vous devez repérer des antonymes (des contraires).

Voici quelques exemples :

humain innocent savant
naïf ignorant loyal

(Savant et ignorant)

sombre nuit blanc
foncé clair soleil

(Clair et foncé)

entrer provenir sortir
dériver estimer déduire

(Entrer et sortir)

Chapitre 5

TROUVER L'INTRUS

Dans ces problèmes, il vous est présenté un groupe de mots qui sont liés par leur sens. Soit ce sont plus ou moins des synonymes, soit ce sont des mots qui se réfèrent au même domaine. Un mot ne fait pas partie de cet ensemble. À vous de le repérer.

Les problèmes TA 38 à 41 sont de ce type. Reprenez-les et voyez bien les différents systèmes logiques qui peuvent être utilisés.

Voici quelques exemples supplémentaires :

tristesse affliction remords
détresse plaisir

(Plaisir est le seul sentiment positif, tous les autres sont des sentiments négatifs.)

caqueter pondre allaiter
picorer couver

(Tous font référence au comportement de la poule, sauf allaiter.)

robe manteau jupe
pantalon bottes

(Seules les bottes ne sont pas un vêtement.)

TROUVER UN MOT QUI EN COMPLÈTE DEUX AUTRES

La consigne est la suivante : « Quel mot finit le premier et commence le second ? » Il s'agit donc de trouver un mot (en général d'une seule syllabe, le nombre de tirets indique le nombre de lettres) qui va former un premier mot avec les lettres du début et un second mot avec les lettres de la fin.

Voici un exemple :

B A N _ _ _ T E

(Le mot à trouver est QUE (trois tirets, donc trois lettres) qui forme banque et quête).

I N G _ _ _ I O N

(RAT, qui fait ingrat et ration.)

B O N _ _ _ H E U R

(BON, qui fait bonbon et bonheur.)

Chapitre 5

TROUVER UN MOT GRÂCE À DEUX SYNONYMES

Il s'agit là de mots qui ont des sens variés. Le problème vous fournit les synonymes de deux sens différents. À vous de retrouver le mot.

Quel mot a le sens de CÉLÉBRER et de MILITAIRE ?

(Officier)

Quel mot a le sens de SUGGÉRER et de RESPIRER ?

(Inspirer)

Quel mot a le sens de SIGNALÉ et de VILLE ?

(Cité)

Dans tous ces exercices, une bonne aisance verbale vous aidera. Il n'existe aucune autre technique que l'entraînement et la recherche systématique.

Chapitre 5

LES PROBLÈMES DE PRÉFIXES ET SUFFIXES

Toute une catégorie de problèmes verbaux s'appuient sur le fait que de nombreux mots, en français, acceptent les mêmes préfixes ou les mêmes suffixes. Ils se présentent parfois sous la forme « Trouvez l'intrus » ou sous la forme « Quel mot, parmi ceux proposés, va avec les quatre ci-dessous ? ».

Trouvez donc l'intrus dans ces exemples :

filtré **jure** **stance**
rouge **soumis** **formé**

(Tous admettent le préfixe « in » sauf rouge : infiltré, injure, instance, insoumis, informé.)

adroit **gare** **chance**
aria **heureux** **aise**

(Tous admettent le préfixe « mal » sauf gare.)

livre **doué** **fait**
année **charge** **face**

(Tous admettent le préfixe « sur » sauf livre.)

Pour ces problèmes, cela peut vous aider de connaître la liste des préfixes les plus courants : in-, bien-, mé-, anti-, mal-, trans-, tri-, sur-, sous-, inter-, con-, com-, dé-. Les mêmes problèmes, plus rares, peuvent se poser avec les suffixes.

Chapitre 5

LES PAIRES

Vous en trouverez des exemples de TA 42 à 45. Le problème est le suivant : on vous présente deux paires de mots, puis un mot seul. À vous de trouver celui qui va l'apparier. Pour cela, il faut trouver la loi qui a permis d'apparier les autres. De nombreux systèmes sont possibles, aussi bien sur le sens que sur la construction de mots. Nous les détaillerons quand nous parlerons des analogies.

LES ANALOGIES VERBALES

Paires et analogies fonctionnent de la même façon. Les analogies sont plus difficiles car vous ne disposez que d'une paire pour deviner ce qui va aller avec le mot seul, alors que vous en avez deux dans l'exercice précédent. Les analogies sont de plus en plus utilisées car elles se révèlent, dans tous les domaines (numérique, verbal ou spatial), un très bon support à l'analyse logique.

Les systèmes sont très variés. Citons :

- Les rapports de parenté ou les rapports mâle-femelle (voir TA 48 et 51).
- Les rapports d'un élément à son groupe d'origine :

> Musicien est à orchestre ce qu'élève est à...
> (classe.)

- Les rapports de mesure, ou d'unité de mesure :

  Montre est à heure ce que thermomètre est à...
  (degré.)

- Les rapports de synonymie ou d'antonymie :

  Chaud est à froid ce que haut est à...
  (bas : contraire.)

  Blanc est à clair ce que noir est à...
  (foncé.)

- Les rapports culturels, géographiques, historiques ou scientifiques :

  Canada est à pays ce qu'Asie est à...
  (continent.)

  Tournesol est à huile ce que canne est à...
  (sucre : ce qui est produit.)

  Les Misérables est à Victor Hugo ce que
  Le Tour du monde en 80 jours est à...
  (Jules Verne, l'auteur.)

Chapitre 5

- Les rapports de langue française ou dans la construction des mots (voir TA 46) :

  Vendeur est à vendeuse ce que cultivateur est à...
  (cultivatrice : mise au féminin.)

  Carnet est à cornet ce que langer est à
  (longer : remplacer *a* par *o*.)

- Les rapports d'utilité ou de production :

  Chaise est à s'asseoir ce que lit est à...
  (s'allonger : à quoi il sert.)

  Âne est à braire ce que pie est à...
  (jacasser : le cri de l'animal.)

Cette liste n'est pas exhaustive. Elle n'est là que pour vous donner une idée de la grande variété des analogies possibles. Face à de tels problèmes, soyez donc créatif afin de laisser votre esprit chercher dans des directions variées.

La solution doit toujours être précise. Si la première paire lie un mot à un adjectif, par exemple, il doit en être de même de la seconde. Si oreille est associée à ouïe (le sens de l'organe), par exemple, alors bouche est associée à goût (nom du sens), et non à saveur, alimentation, ou autre.

4. Les problèmes à base de dominos

Les dominos sont un grand classique des tests de Q.I. Sous une forme simple, ils se prêtent à de très nombreuses combinaisons. Les problèmes de dominos se ramènent à des suites numériques : plusieurs dominos se suivent selon une logique qu'il convient de repérer, afin de deviner le dernier domino, qui est laissé en blanc. Les présentations sont variées et ne doivent pas vous troubler : vous en trouverez plusieurs exemples dans le test avant et dans le test après apprentissage. Toutefois, ces séries doivent se résoudre en tenant compte de quelques particularités :

- Il y a deux parties dans un domino. Ces deux parties vont parfois suivre une même logique, parfois deux logiques différentes.

- Chaque moitié de domino peut prendre une valeur comprise entre 0 et 6. L'enchaînement des valeurs est donc : 0, 1, 2, 3, 4, 5, 6, 0... En ordre décroissant, le 6 suit le 0.

Les systèmes logiques possibles sont très nombreux. Ils recouvrent ceux des séries numériques (suite des valeurs, addition ou soustraction d'un nombre fixe, etc.), mais se compliquent du fait des deux moitiés qui peuvent se combiner entre elles.

Chapitre 5

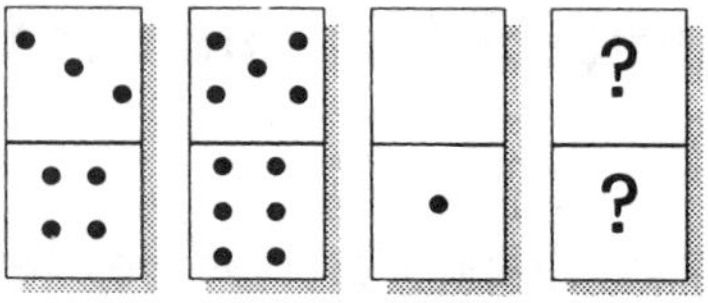

(2/3 : les nombres se suivent, mais en passant du bas d'un domino au haut d'un autre, et de haut en bas d'un même domino. Autre système possible : progression de + 2 sur les deux lignes.)

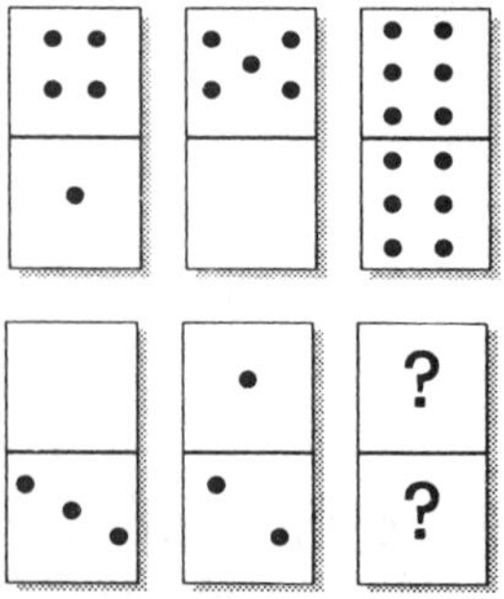

(2/1 : les hauts augmentent de 1, quand les bas diminuent de 1.)

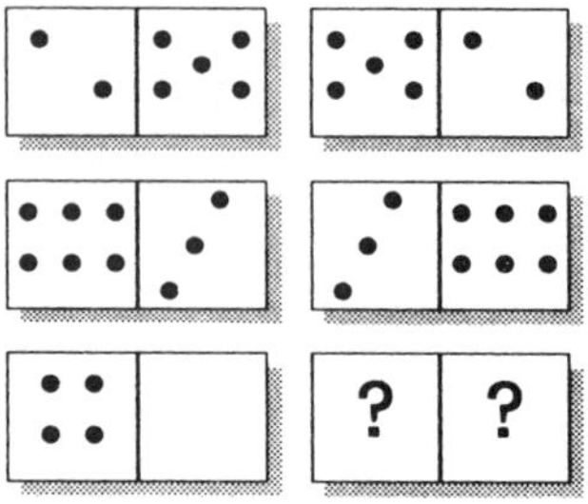

(0/4 : les dominos sont reproduits symétriquement.)

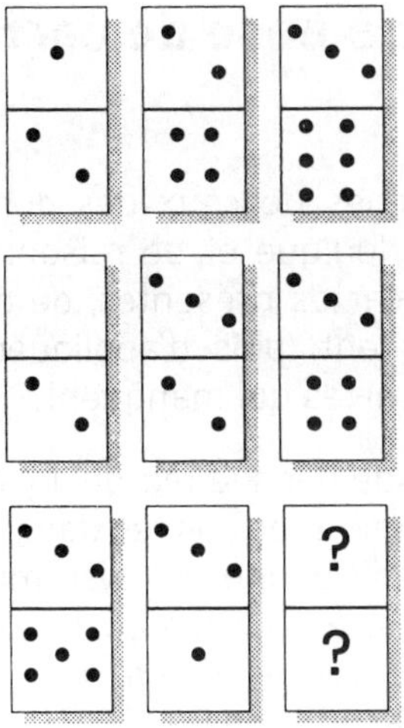

(6/6 : sur chaque ligne, le troisième domino est la somme des deux précédents.)

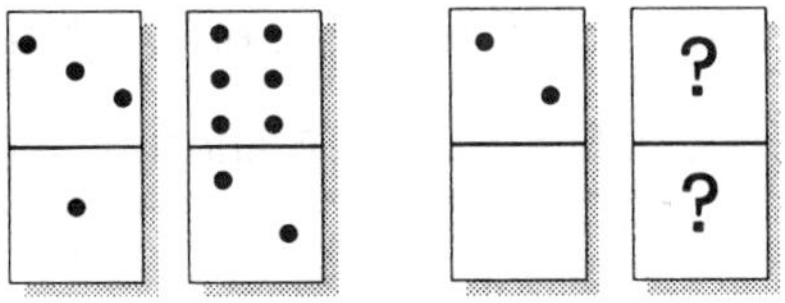

(4/0 : les dominos vont par paires et celui de droite a des valeurs doubles de celui de gauche.)

Chapitre 5

5. Les problèmes à base de cartes à jouer

Ces tests sont très proches de ceux des dominos. Il faut ici aussi user d'intelligence logique et de raisonnement déductif. Le but est, à partir des cartes présentes, de deviner la loi qui préside à leur arrangement, puis d'appliquer cette loi pour trouver quelles sont les cartes qui manquent.

La seule difficulté ici réside dans le fait qu'il y a deux systèmes logiques à traiter séparément, et que les deux doivent être justes pour que la réponse soit bonne : un système gouvernant les couleurs des cartes (pique, cœur, carreau, trèfle) et un système gouvernant les valeurs des cartes (de un, représenté par l'as, au dix ; les figures ne sont pas utilisées).

Un conseil : occupez-vous d'abord de trouver la valeur de la carte, ensuite sa couleur, ce qui est souvent plus facile (quatre possibilités seulement).

Souvent les couleurs sont :

• les mêmes en ligne, en colonne ou en diagonale ;

• utilisées sur chaque ligne, une fois chacune, en ordre aléatoire.

Chapitre 5

Vous trouverez quelques exemples de TA 59 à 61. En voici d'autres :

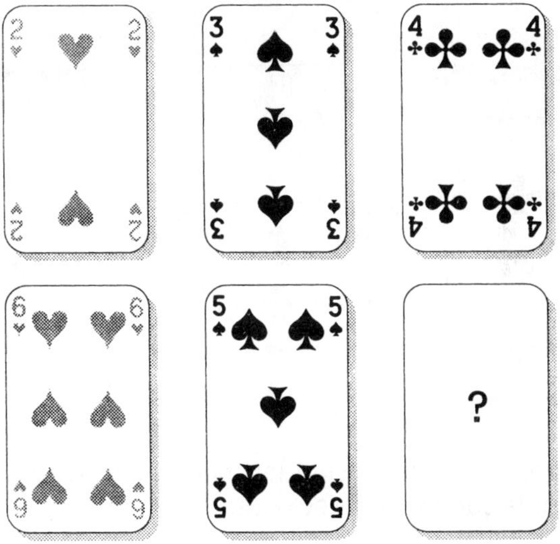

(4 de trèfle. Les couleurs sont les mêmes dans chaque colonne. Les valeurs croissent de 1 sur la première ligne et décroissent de 1 sur la seconde.)

Chapitre 5

(3 de trèfle. Les couleurs sont les mêmes par ligne. La carte du milieu vaut la somme des deux autres.)

6. Les problèmes à base de dessins

LES PROBLÈMES PUREMENT SPATIAUX

Ces problèmes peuvent se trouver sous plusieurs formes. Vous en avez quelques-unes dans votre test. Nous allons en voir d'autres ici.

- « Quel est l'intrus ? » ou « Quelle figure diffère des autres ? » Dans ce cas, très fréquemment, toutes les figures sont identiques sauf une. Les figures identiques sont seulement tournées sur elles-mêmes et la figure différente est retournée recto verso, ou bien les figures qui sont dans le même sens diffèrent sur un détail. Cela n'est pas toujours facile à percevoir et peut faire perdre inutilement un temps précieux. La solution consiste à donner un sens à la figure (« Je décide que la figure **a** est dans le bon sens, donc la flèche se trouve en bas et orientée à droite ») et à lui comparer les autres figures en les faisant tourner mentalement jusqu'à les amener dans la même position. Dans ce cas, la résolution de ces problèmes devient simple.

Chapitre 5

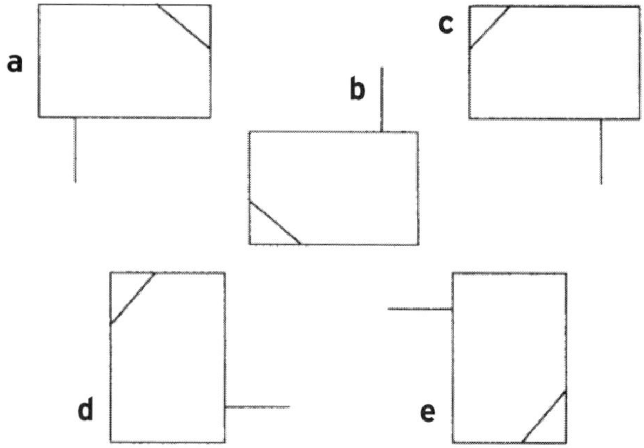

(**c.** Un rapide coup d'œil permet de voir que toutes les figures sont identiques à **a** ; il suffit pour cela de les faire tourner sur elles-mêmes jusqu'à ce qu'elles soient orientées comme **a**. La figure **c**, en revanche, est symétrique à **a**, donc différente.)

Si cela vous aide, fabriquez-vous une phrase du style : « Quand le tiret est vers le bas, l'angle barré est en haut à droite. » Passez alors toutes les figures, l'une après l'autre, au crible de cette phrase. Vous voyez chaque fois celles qui « collent » et sont donc identiques et celles qui « ne collent pas » avec votre phrase.

Attention : quand la figure **a** est l'intrus, cela peut être risqué de la choisir comme « référence ». Si vous ne parvenez pas rapidement au résultat, changez de référence.

Essayez de refaire les problèmes TA 62 et 63 avec cette méthode.

Bien sûr, certains problèmes de cet ordre s'appuient sur une autre logique. Une figure peut être un intrus pour différentes raisons :

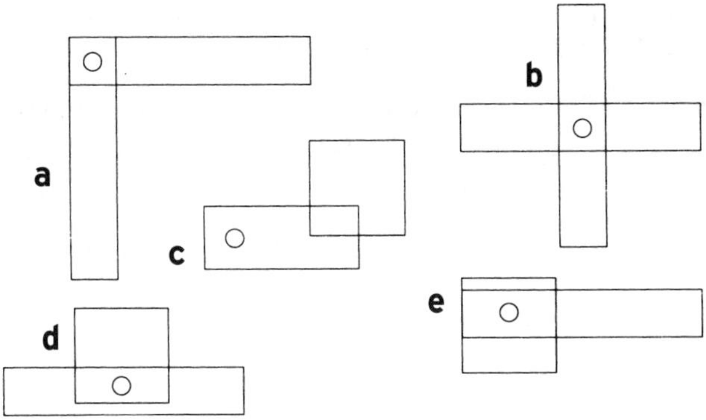

(**c.** Cette figure est la seule où le petit rond ne se trouve pas à l'intersection des deux parallélogrammes.)

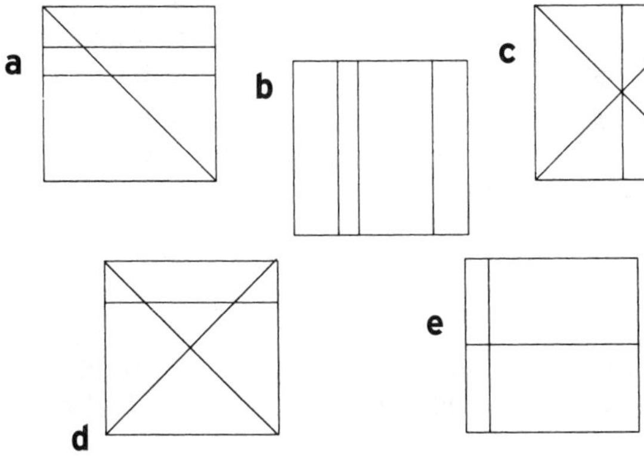

(**e.** Seule figure où le carré ne contient que deux droites et non pas trois.)

Chapitre 5

Une figure peut aussi être un intrus, dans un nombre impair de figures, parce que toutes les autres vont par paires (elles sont symétriques, par exemple).

Vous voyez que les systèmes sont très divers et qu'il serait impossible de les passer tous en revue.

- « Voici une figure. Deux (ou trois, ou quatre) lui sont identiques, lesquelles ? » ou bien : « Parmi ces figures, deux (ou plus) sont identiques, lesquelles ? »

Nous voilà revenus au cas précédent où les figures sont tournées sur elles-mêmes, parfois recto verso, et parfois modifiées légèrement. Il vous faut à la fois prendre garde aux détails des figures et pouvoir les réorienter mentalement dans le même sens.

À titre d'exemple, nous reprendrons l'exercice TA 64.

La consigne est : « Parmi ces figures, quelles sont les deux identiques ? »

La première chose à faire est de remettre mentalement ces animaux sur leurs pattes. On voit alors tout de suite que **a** et **c** regardent à droite, alors que **b**, **d** et **e** regardent vers la gauche. La réponse sera donc dans un de ces deux groupes. Un examen plus détaillé vous révèle que :

c a les pattes verticales et il est le seul ;

e n'a pas de queue et il est le seul.

Ceux-là éliminés, **a** reste seul dans son groupe. Les deux animaux identiques ne peuvent donc être que **b** et **d**.

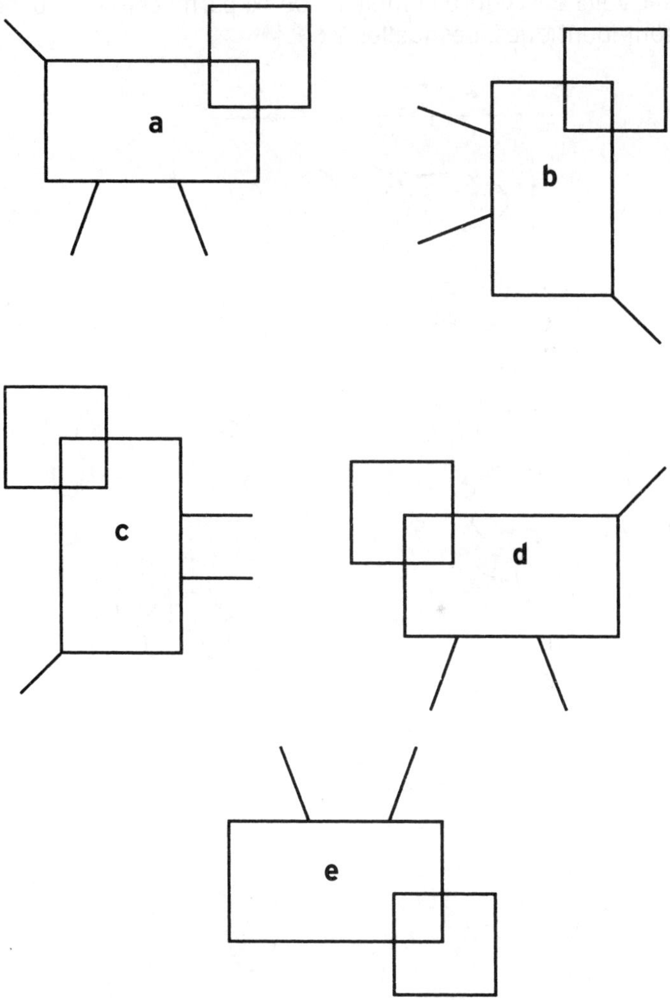
a
b
c
d
e

Chapitre 5

Prenons comme autre exemple le problème TA 67. La consigne est : « Voici une figure complexe. Deux, parmi celles proposées, lui sont identiques. Lesquelles ? »

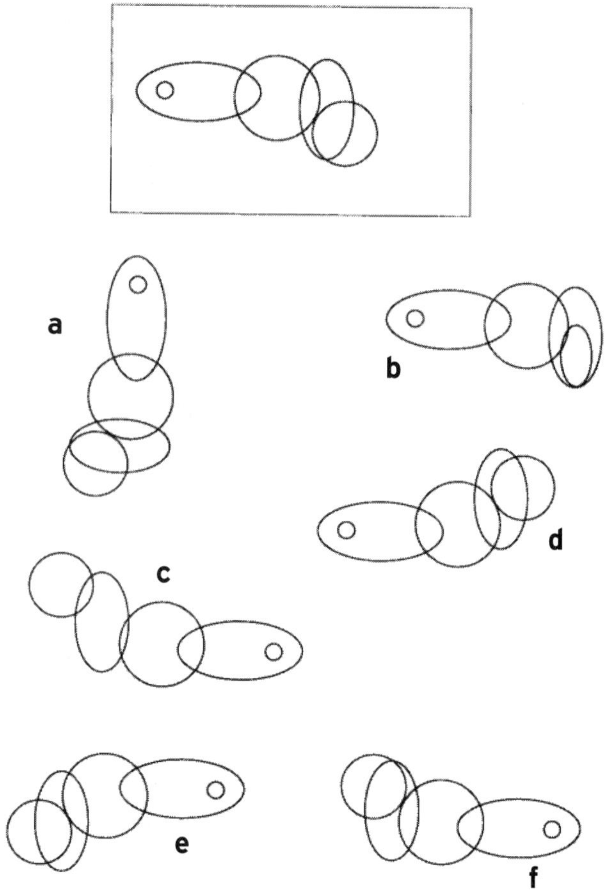

On voit très vite que **b** et **c** sont déformés par rapport à la figure d'origine. L'examen des quatre autres dessins, une fois remis dans le même sens, montrent que deux regardent dans un sens et deux dans l'autre. Seuls **a** et **f** sont orientés comme la figure de référence (encadrée).

• « Combien ce solide a-t-il de faces ? »

Ces problèmes ne posent aucune difficulté particulière, du moment que vous n'oubliez pas les faces cachées. La technique consiste à se représenter la figure géométrique dans l'espace. Comptez d'abord les faces verticales, ou obliques, en tournant mentalement autour de la figure, puis les faces horizontales. Additionnez le tout.

Dans le même ordre d'idées, certains exercices très difficiles et purement spatiaux consistent à imaginer, par exemple, quelles faces de cubes apparaîtraient si celui qui est montré tournait d'un tour à droite et de deux tours vers l'avant, ou bien encore quel dessin plat ferait une figure en trois dimensions si elle était dépliée... Ces exercices ne sont pas présents dans ce test, car ils témoignent d'une forme de raisonnement un peu particulière et sont très rarement utilisés dans les tests de Q.I.

Chapitre 5

LES PROBLÈMES LOGIQUES

Nous en venons maintenant aux problèmes qui sont toujours à base de dessins, mais qui mesurent bien plus les capacités de raisonnement logique que l'aptitude spatiale.

Les problèmes sous forme de Q.C.M. (questions à choix multiple) sont relativement plus simples que les autres, car les solutions proposées peuvent vous aider dans votre réflexion. La procédure la plus efficace est la suivante :

- Cherchez d'abord la solution sans regarder ce qui vous est proposé. Si vous trouvez une solution et que celle-ci est parmi les réponses possibles, il y a de grandes chances pour que ce soit la bonne. Vérifiez toujours au cas où deux réponses se ressembleraient beaucoup.
- Si vous ne trouvez pas la réponse spontanément, aidez-vous des réponses proposées. Éliminez celles qui vous semblent absurdes (il y en a toujours une ou deux). Comparez les autres. Au besoin, essayez-les mentalement une à une et voyez si la loi vous apparaît. Sinon, choisissez celle qui vous semble la plus vraisemblable.

Chapitre 5

LES ANALOGIES

Ce que nous avons dit des analogies portant sur des mots et des nombres reste ici valable. Il faut trouver la loi qui lie le premier couple de dessins, puis l'appliquer à celui qui est seul afin de deviner, parmi ceux qui sont proposés, le dessin qui lui est apparié.

Reprenons les exemples du test TA 68.

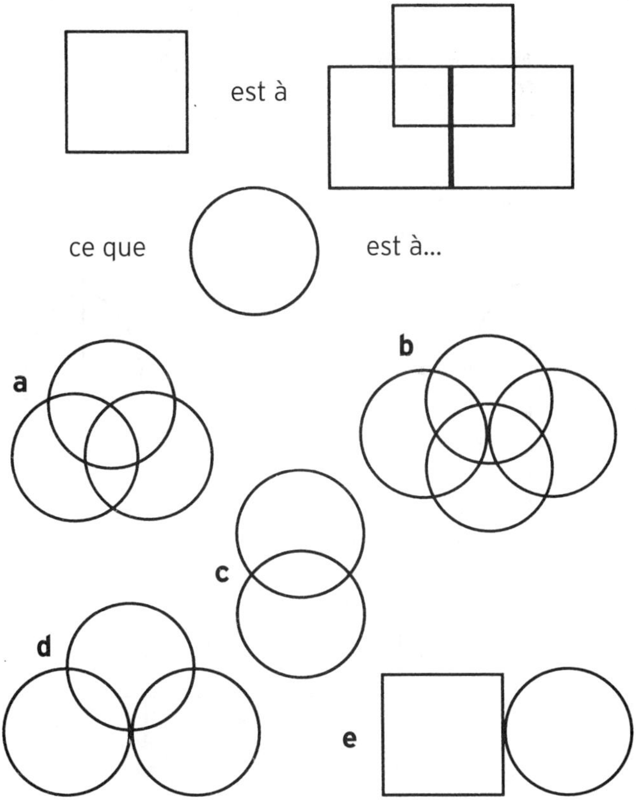

Chapitre 5

On peut analyser l'analogie comme cela : « La figure simple de gauche se retrouve à droite en trois exemplaires disposés en triangle pointe en haut. » Un carré donne trois carrés, donc un rond donne trois ronds. On a donc le choix entre **a** et **d**. Mais, dans **a**, les deux cercles de la base se superposent, ce qui n'est pas le cas des deux carrés du modèle. La réponse est donc **d**.

Voyons maintenant l'exercice TA 69.

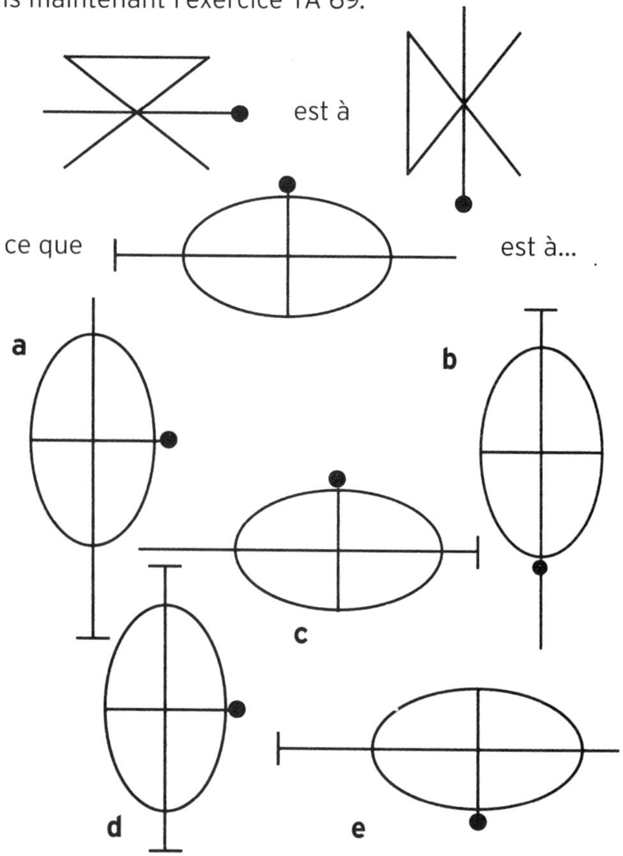

Pour passer de la première figure à la deuxième, on voit qu'elle pivote d'un quart de tour vers la gauche et que le point noir change d'extrémité sur son axe.

Si on applique le même traitement à la troisième figure, on repère facilement que **a** est la bonne réponse. Cela vous aidera beaucoup de mettre en mots la modification appliquée à la première figure, le système logique que vous repérez et de l'appliquer tel quel. Si vous ne trouvez pas la réponse correspondante, essayez une autre phrase.

Encore un exemple :

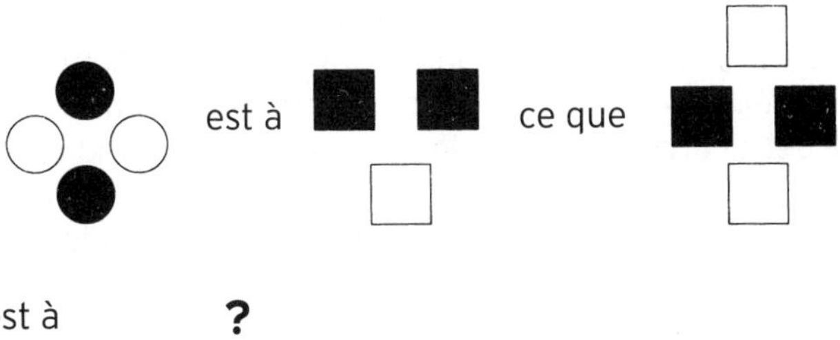

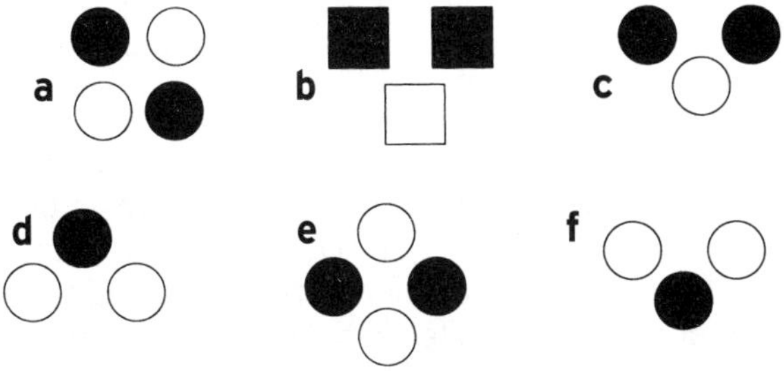

Chapitre 5

Les ronds sont devenus des carrés dans le premier couple, donc les carrés deviennent des ronds dans le second. On peut éliminer la réponse **b** comme absurde (le fait qu'elle soit la seule de cette forme vous le laisse soupçonner). Dans la première paire, le dessin du haut disparaît et les couleurs s'inversent. Si on fait la même chose sur les carrés, il reste trois ronds en triangle, pointe en bas, et le rond du bas est noir (ce qui élimine **c**). Il ne reste que **f**.

LES DÉPLACEMENTS DE PETITS CARRÉS

La complexité de ces exercices augmente avec le nombre de petits carrés en présence. Dans tous les cas, la solution passe par le repérage du déplacement de chaque élément de la figure. « Si le petit carré noir a fait les trois coins du grand carré dans le sens des aiguilles d'une montre, alors il doit logiquement se trouver dans le quatrième. » Voici un exemple simple :

Quelle figure prolonge la série ?

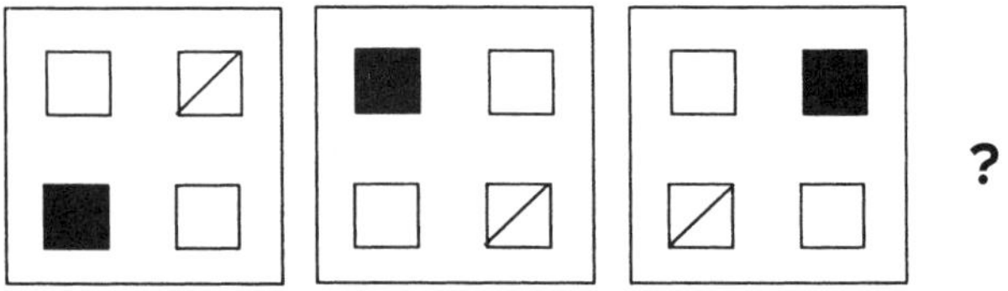

Dans un exercice de test, des possibilités de réponses vous seraient offertes. Ici, vous n'en avez pas besoin pour deviner que le carré noir va se trouver en bas à droite et le carré barré en haut à gauche, les deux autres restant blancs. En effet, tous les carrés se déplacent dans le sens des aiguilles d'une montre.

Essayons, toujours dans le même esprit de déplacement de petits carrés, un peu plus compliqué :

Quelle figure prolonge la série ?

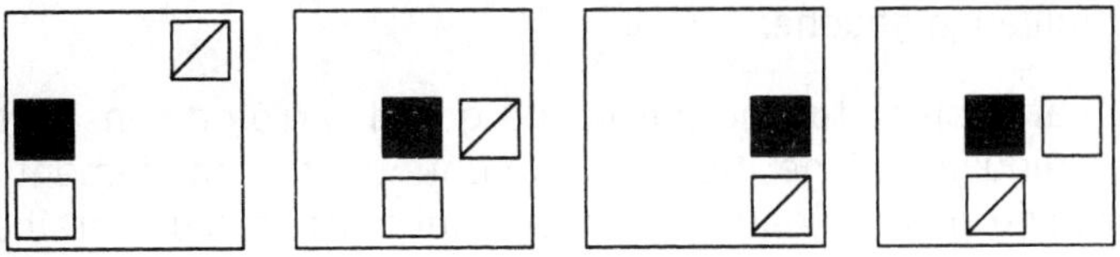

a

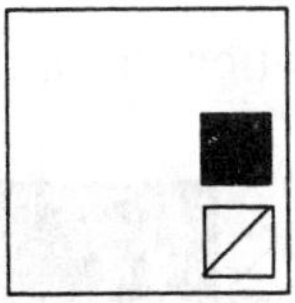

b

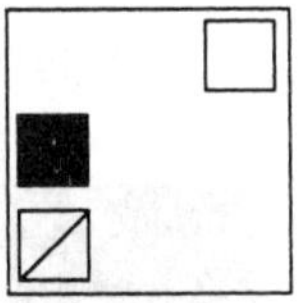

c

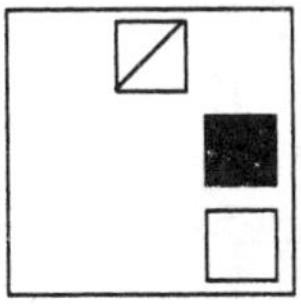

d

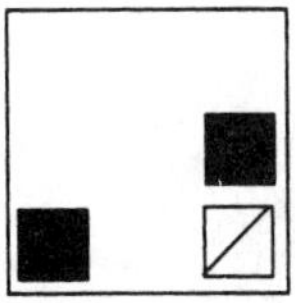

e

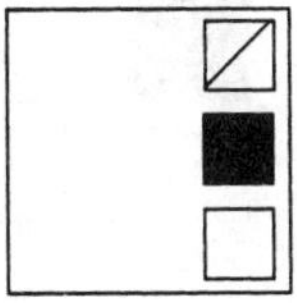

Chapitre 5

Pour trouver facilement, étudiez le déplacement de chaque petit carré l'un après l'autre. Les mauvaises solutions s'élimineront ainsi d'elles-mêmes, jusqu'à ce qu'il n'en reste plus qu'une, la bonne.

- Le petit carré noir se déplace horizontalement. Il revient donc au milieu, à gauche.
- Le carré blanc tourne autour du grand carré en sens inverse des aiguilles d'une montre. En continuant normalement son avancée, il arrive dans le coin en haut à droite. Il disparaît à un moment car il se superpose avec le carré barré.
- Le carré barré tourne autour du grand carré dans le sens des aiguilles d'une montre. Il aboutit dans le coin en bas à gauche. La réponse est donc **b**.

Saurez-vous faire le prochain ? Attention, le problème est un peu différent.

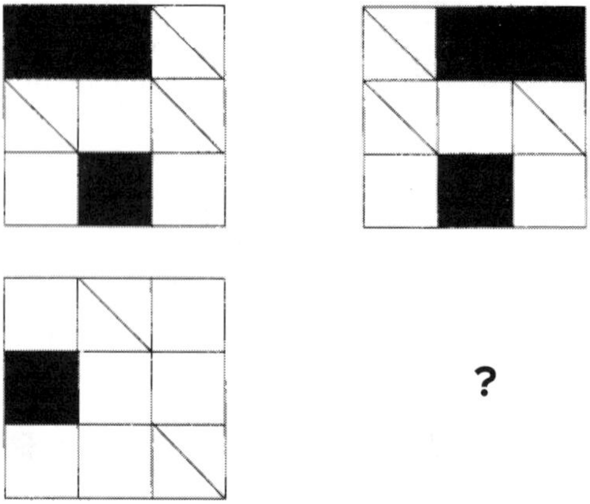

Chapitre 5

Peut-être avez-vous repéré tout de suite que le système, ici, était différent ? Les carrés ne se déplacent pas. Ils sont simplement placés, dans deux grands carrés côte à côte, de manière symétrique. Ceci vu, la réponse est toute simple à trouver :

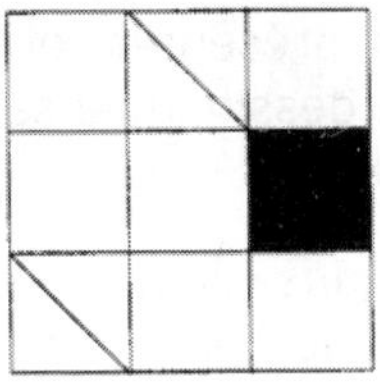

Dans d'autres cas, le système peut être encore différent : le nombre de carrés augmente de 1 de case en case, ou bien un carré noir disparaît à chaque fois, etc.

Chapitre 5

LES SÉRIES DE DESSINS

Ce sont des grands classiques des tests de Q.I. Leur principe est le même que celui des séries de nombres ou de lettres. Vous devez trouver la logique qui explique l'enchaînement des trois (parfois quatre) dessins présentés, et deviner, en appliquant cette logique au dernier dessin, quel sera le suivant parmi une liste de réponses possibles.

Ces exercices vont du plus simple au plus compliqué. Il est impossible de tous vous les présenter ici. L'entraînement est primordial. Vous en trouverez de nombreux exemples dans les deux tests de ce chapitre.

Les systèmes les plus fréquents sont les suivants :

- Un élément s'ajoute ou disparaît. À vous de deviner où s'ajoutera le prochain, ou bien quel sera le prochain à disparaître. Les trois exemples de votre test reposent sur ce principe. Dans TA 70, c'est une main ou un pied qui disparaît. Dans TA 71, un petit rond supplémentaire s'ajoute à chaque fois. Enfin, dans TA 72, c'est un tiret qui s'ajoute. Mais il faut deviner la place où il va venir se mettre, et c'est là toute la difficulté.

Un autre exemple de ce type :

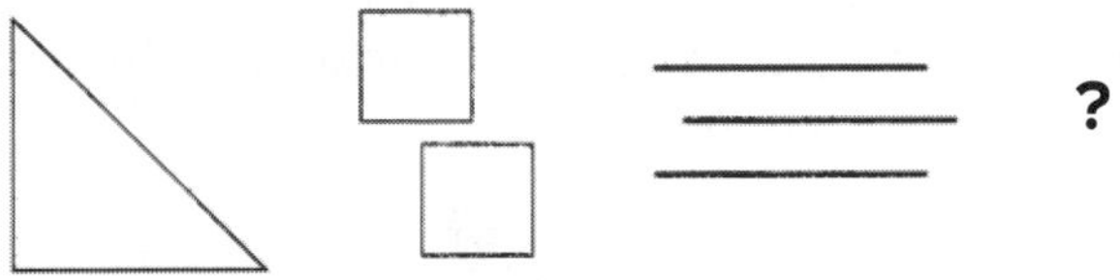

Cette série est composée d'un élément, puis de deux identiques, puis de trois identiques. Dans un tel test, vous trouverez sûrement, parmi les réponses proposées, une réponse qui comporte quatre petits dessins identiques.

- Autre système, le plus simple : une série répétitive.

Vous devinerez sans peine que le carré suivant est blanc, en vertu de la répétition de la série : noir / barré / blanc / noir...

- Autre système : un élément tourne ou se déplace. Ces problèmes se rapprochent de ceux des petits carrés que nous venons de voir. Bien sûr, ces différents systèmes peuvent se combiner. L'exercice TA 71 en est un exemple. En voici d'autres :

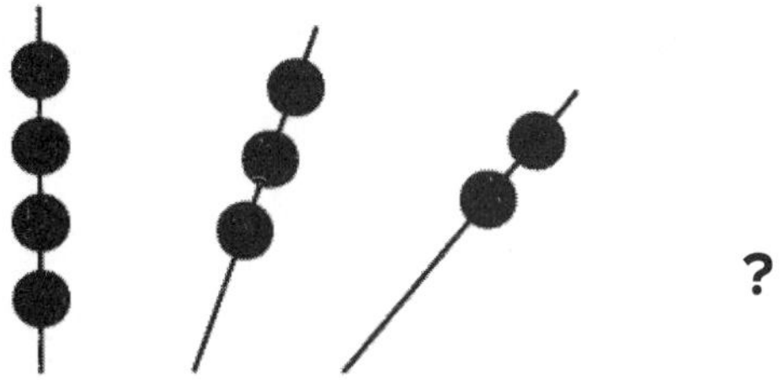

Chapitre 5

Une droite s'incline progressivement, et, dans le même temps, perd chaque fois un élément noir. Le dessin suivant devra donc être une droite encore plus inclinée (dans la même proportion), avec un seul élément noir. Soit :

Les déplacements peuvent concerner autre chose que des petits carrés. Des ronds ou des tirets par exemple.

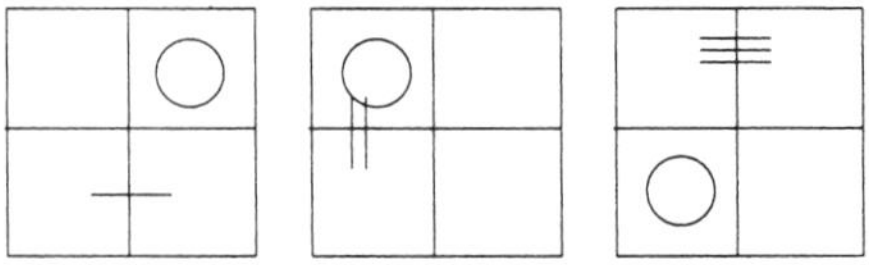

?

Le cercle passe de case en case dans le sens inverse des aiguilles d'une montre : il va donc se retrouver en bas à droite. Les tirets se déplacent dans le sens des aiguilles d'une montre : ils vont donc se retrouver sur l'axe de droite. Dans le même temps, ils augmentent d'une unité. Il y en aura donc quatre. Ce qui donnera :

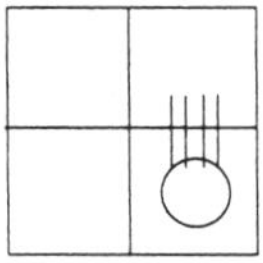

LES MATRICES

On nomme ainsi des problèmes qui se posent sous une forme un peu particulière, généralement carrée, avec quatre dessins (2 × 2), ou, plus fréquemment, neuf dessins (3 × 3). Celui qui se trouve en bas à droite manque et c'est à vous de l'identifier parmi ceux qui vous sont présentés.

Les matrices 2 x 2 sont généralement plus simples. Le problème est le même que celui des analogies : le lien que vous allez trouver entre les deux figures du haut, vous devrez l'appliquer à la figure seule du bas afin de trouver celle qui manque. Le système est très souvent basé soit sur la symétrie, soit sur des oppositions d'éléments (par exemple : « un passe à deux, donc deux passe à un », « diagonale à gauche passe à droite, donc diagonale à droite passe à gauche », etc.).

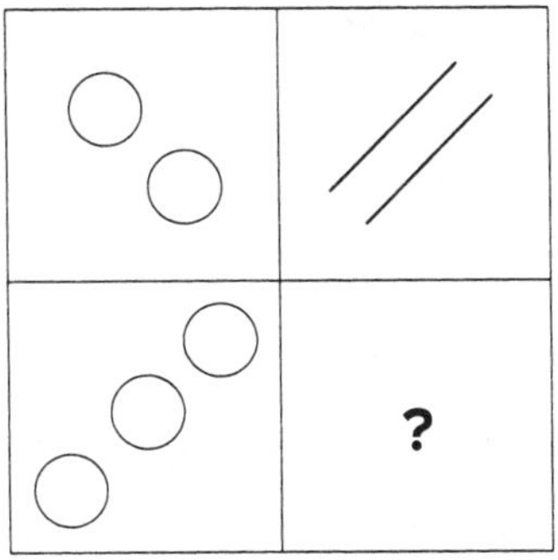

Chapitre 5

Si deux ronds inclinés selon une diagonale donnent deux droites inclinées selon l'autre diagonale, alors trois ronds dans un sens donneront sûrement trois droites dans l'autre sens. Aviez-vous deviné le dessin ?

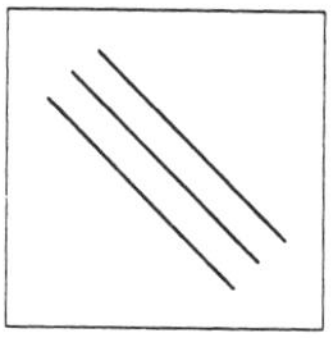

Voici un autre exemple :

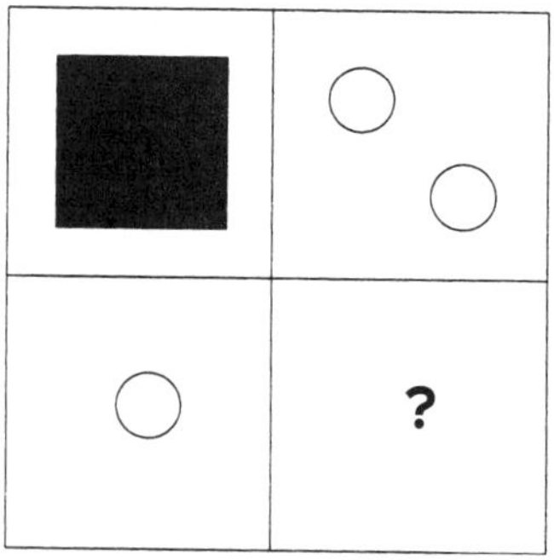

Si un grand carré noir donne deux petits ronds blancs, un petit rond blanc donne certainement... deux grands carrés noirs. Bravo !

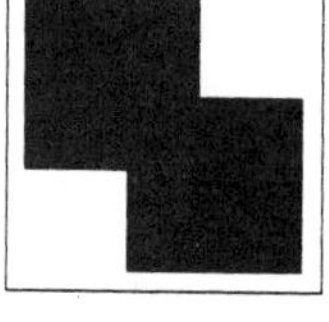

Chapitre 5

Les matrices 3 x 3 semblent plus compliquées au départ, mais elles se ramènent en fait presque toujours à quatre systèmes. Une fois que vous les aurez repérés, ces problèmes ne vous poseront plus de difficultés.

Le premier système est illustré par l'exercice TA 73. Il se ramène au problème des suites logiques. Les deux premières lignes sont à considérer comme deux petites suites de trois éléments illustrant la même loi. Ici, il s'agit d'un basculement d'un quart de tour vers la droite. Mais ce pourrait être ajouter un élément ou en retrancher un, etc. Une fois que vous avez repéré cette loi, vous l'appliquez à la troisième ligne.

Le système est déjà plus compliqué lorsque deux lois se conjuguent. En voici un exemple.

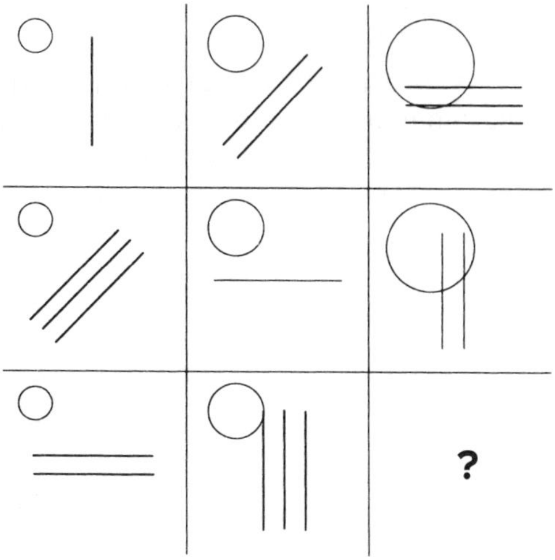

Chapitre 5

Dans chaque ligne, il y a tantôt une, tantôt deux, tantôt trois droites, et ces droites sont, sur chaque ligne, tantôt verticales, tantôt en diagonale, tantôt horizontales. Enfin, le rond grossit régulièrement sur chaque ligne. Que manque-t-il dans le dernier carré ? Une droite, en diagonale, avec un grand rond.

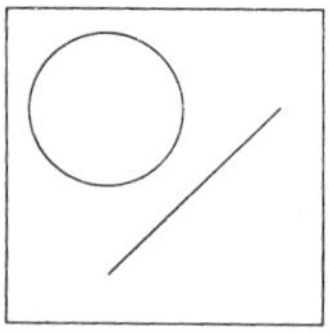

Le deuxième système est celui des superpositions. Il est illustré par l'exercice TA 74. Sur chaque ligne, la superposition de deux éléments (pas toujours les mêmes) donne le troisième. L'un des trois dessins de chaque ligne est donc la « somme » des deux autres.

Le troisième système est aussi une question de superpositions, mais plus « mathématiques » et moins spatiales. Ce sont le plus souvent de petits ronds ou de petits tirets qui s'additionnent selon différents principes. Le troisième dessin est généralement la résultante des deux précédents (ce sera plus rarement celui du milieu).

Voici quelques exemples que vous pourrez trouver. Bien entendu, dans le cas des tests, vous disposez de deux lignes de trois dessins pour trouver la loi.

- Les tirets s'additionnent :

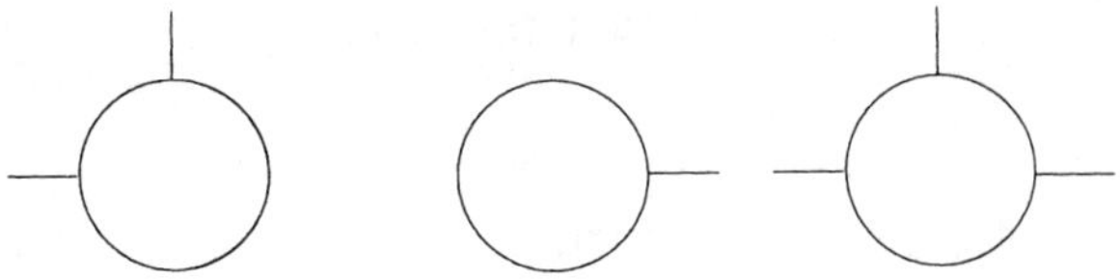

Vous voyez que si vous superposez les deux premières figures, vous obtenez la troisième : les tirets s'ajoutent les uns aux autres.

- Les tirets se soustraient :

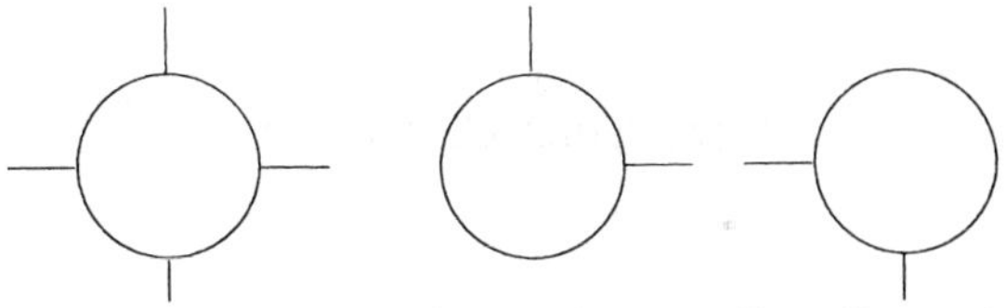

Dans ce cas, il faut soustraire de la première figure les tirets de la deuxième pour trouver la troisième.

- Les symboles (ronds, tirets...) s'additionnent ou se soustraient de façon arithmétique :

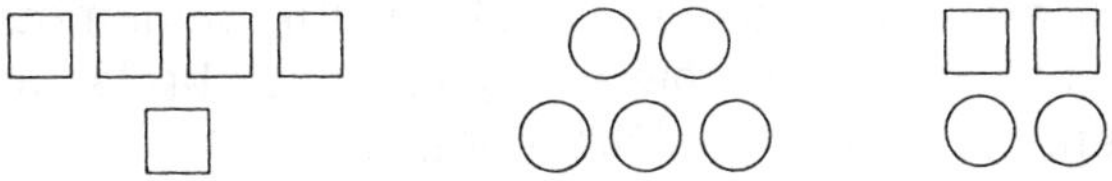

Chapitre 5

Si vous comprenez les carrés comme des points positifs et les ronds comme des points négatifs, et que vous additionnez le tout, vous comprenez vite que :

(+ 4) + (- 2) = (+ 2), soit deux carrés et que :

(+ 1) + (- 3) = (- 2), soit deux ronds.

- Mêmes additions arithmétiques, mais le signe est fonction de la place du symbole, dedans ou dehors, dessus ou dessous.

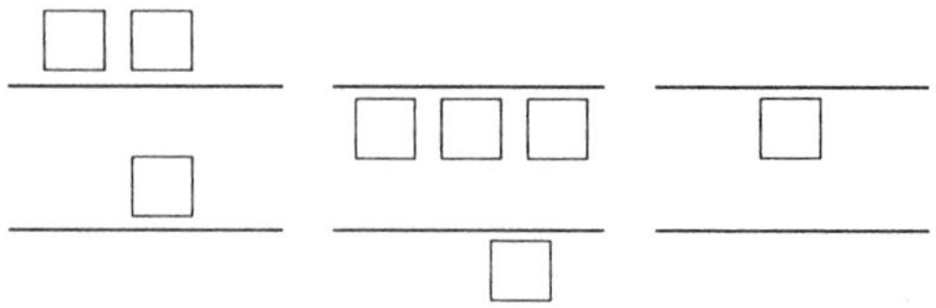

Dessus, c'est positif ; dessous, c'est négatif.

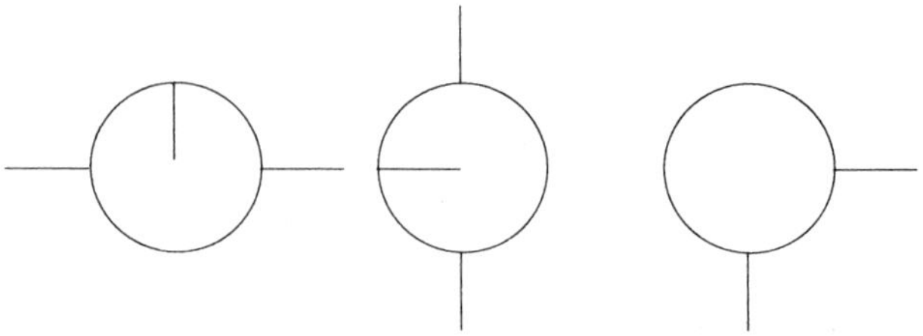

Dedans, c'est positif ; dehors, c'est négatif. Si bien que si vous superposez les deux premières figures, deux tirets dans le prolongement l'un de l'autre s'éliminent.

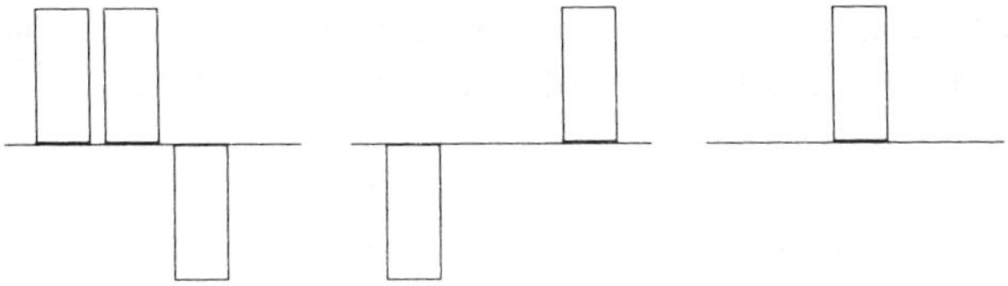

Superposez les deux premières figures, gardez les éléments qui se superposent, vous obtiendrez la troisième figure.

Le quatrième système est purement logique et simple à résoudre une fois qu'on l'a compris. TA 75 en est un exemple. Vous disposez de deux éléments : un petit « plat » qui peut prendre trois positions différentes et une bille qui a aussi trois états (1 bille blanche, 2 billes blanches, 1 bille noire). Chacun de ces trois états se retrouvent horizontalement et verticalement. Une fois que vous avez vu qu'il manque, dans la ligne du bas et dans la colonne de droite, l'état « plat, fond vers le bas » et l'état « 1 bille noire », votre problème est résolu.

Parfois, trois éléments alternent dans trois états différents. La difficulté n'est pas plus grande. Vous disposez toujours d'une logique verticale et d'une logique horizontale.

Chapitre 5

Essayez par exemple ce problème-ci. Si vous le comprenez bien, vous comprendrez facilement tous ceux de ce type.

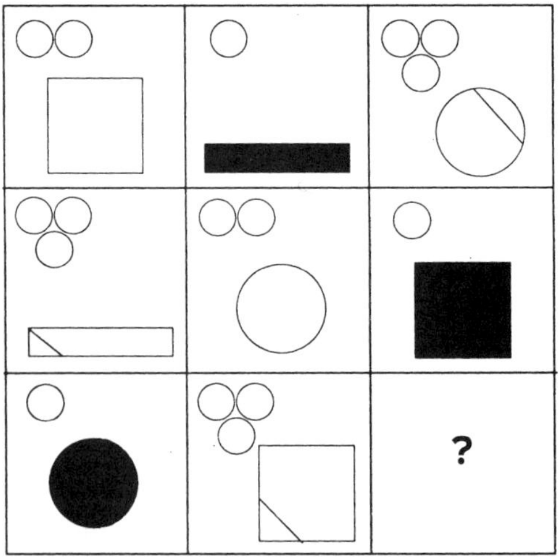

Regardez attentivement cette figure. Vous repérez vite que, dans chaque ligne et dans chaque colonne, vous devez avoir :

- un rond, un carré, un rectangle ;
- une figure blanche, une figure noire, une figure barrée ;
- un petit rond, deux petits ronds, trois petits ronds, dans le coin en haut à gauche.

Ce qu'il manque dans le dernier carré ? Un rectangle, blanc, avec deux petits ronds.

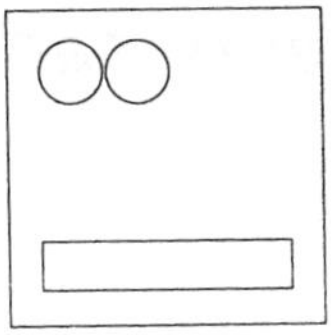

Vous voyez que les systèmes sont vraiment variés. C'est ce qui fait les bons tests d'intelligence ! Si vous n'arrivez pas à résoudre une matrice 3 × 3 en vous concentrant sur les lignes de dessins, un dernier conseil : essayez de voir ce qu'il se passe dans les colonnes ou dans les diagonales !

Voilà, vous êtes maintenant prêt à aborder le test après apprentissage. Il est plus difficile et plus long que le précédent, mais maintenant vous pouvez vous consacrer à tous types d'épreuves. Vous y retrouverez beaucoup des systèmes logiques que nous venons d'expliquer. À vous de les retrouver. Puis vous compterez vos points. Si vous avez sérieusement étudié cette partie de l'ouvrage et bien repris les exercices, il est certain que vous aurez fait des progrès.

Chapitre 5

Test après apprentissage

Il est temps maintenant de vérifier si votre entraînement a porté ses fruits. Vous pourrez le contrôler en passant ce test. Il est d'un niveau de difficulté légèrement supérieur au premier, mais maintenant que vous êtes entraîné, cela ne doit plus vous inquiéter. Il est aussi plus long : **100 questions** au lieu de 75. Vous disposez d'**une heure et vingt minutes** (soit 80 minutes) pour réaliser ce test en une fois, du début à la fin. Vous disposez d'un peu moins d'une minute par question : ne vous laissez pas surprendre par le temps. S'il vous reste du temps un fois le test fini, revenez alors sur les questions laissées en blanc.

Installez-vous dans une pièce où vous ne serez pas interrompu. Inscrivez vos réponses sur une feuille libre où vous reporterez les numéros des questions.

À vous de jouer !

Chapitre 5

Trouvez le(s) nombre(s) qui complète(nt) chaque suite.

1. 33. 39. 45. 51. 57. ?

2. 8. 9. 11. 14. 18. ?

3. 58. 49. 40. 31. ?

4. 3. 3. 6. 18. 72. ?

5. 1. 4. 9. 16. 25. ?

6. 3. 16. 6. 15. 12. 14. 24. ?. ?

7. 945. 660. 312. 541. ?

La bonne réponse est l'une de celles-ci.

Laquelle ?

716, 471, 872, 315, 925

8. 11. 30. 22. 41. 24. ?

La bonne réponse est l'une de celles-ci.

Laquelle ?

18, 21, 77, 33, 52

voir solution page 534

Chapitre 5

Complétez ces dessins en trouvant le nombre manquant.

9.

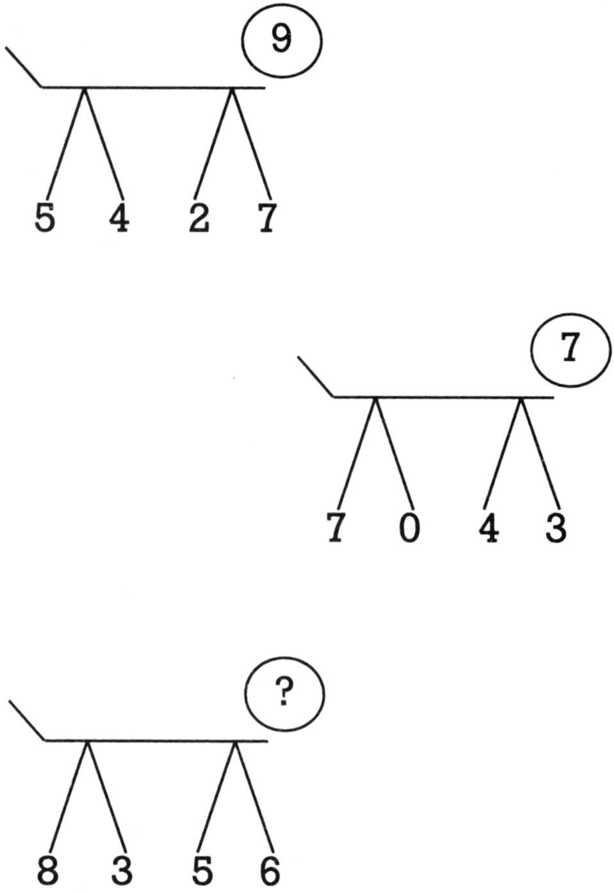

voir solution page 534

10.

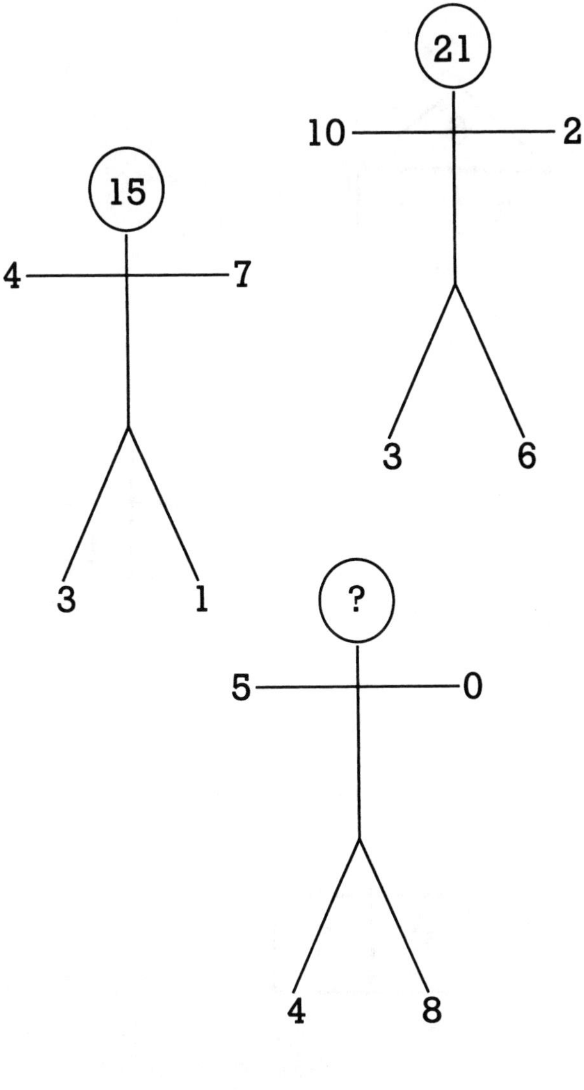

voir solution page 534

Chapitre 5

11.

voir solution page 534

12.

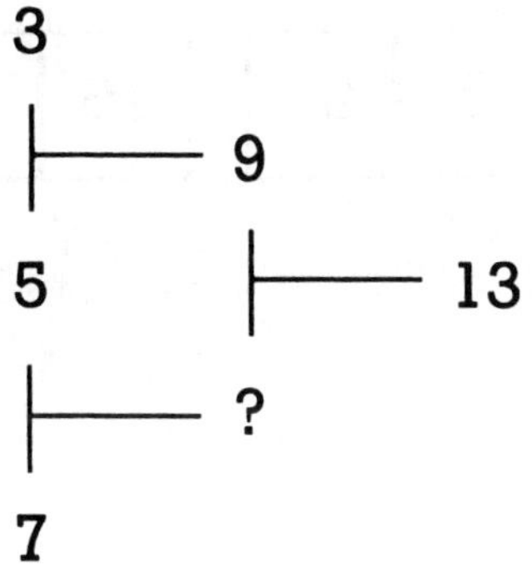

13.

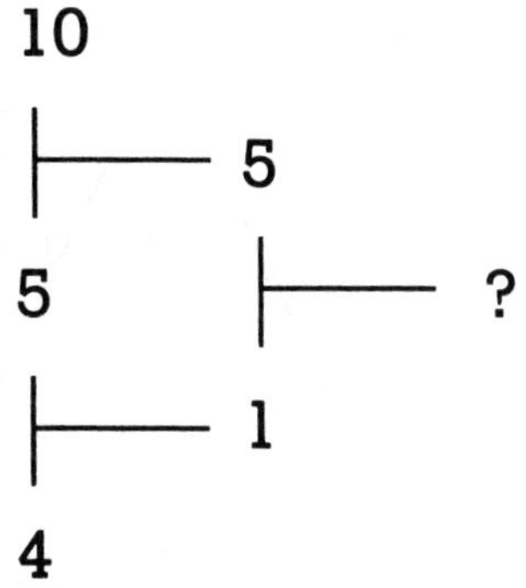

14.

8	64	6	36	7	?

voir solution pages 534-535

Chapitre 5

15.

3	19	5	21	16	?

16.

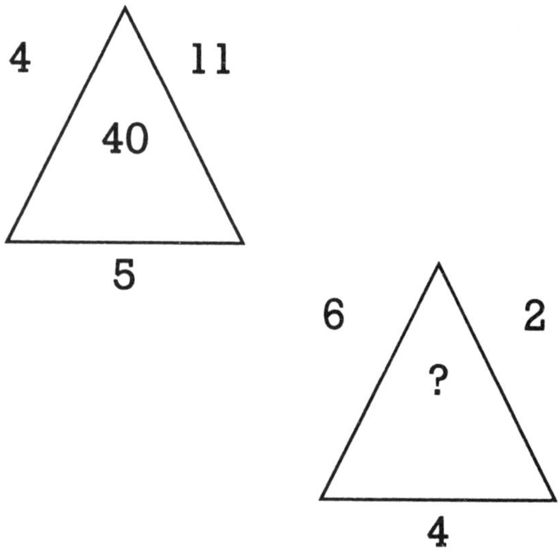

17.

15	**21**	**18**
8	**6**	**9**
7	**15**	**?**

voir solution page 535

Chapitre 5

Dans les deux exercices suivants, il s'agit de trouver l'intrus, c'est-à-dire le nombre qui ne va pas avec les autres.

18.

	64		48
16		104	
	58		96

19.

	25		55
49		64	
	121		4

Trouvez les nombres manquants.

20.

8425	(4230)	7301
1511	(?)	6439

21.

104	(10)	320
814	(21)	404
512	(?)	610

voir solution page 535

Chapitre 5

22.

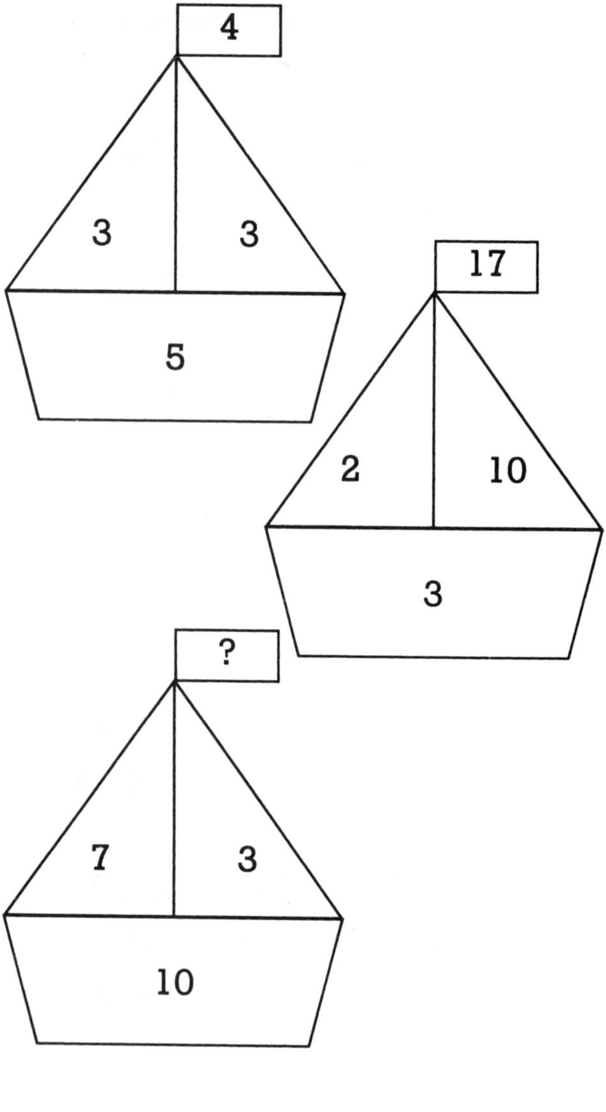

voir solution page 535

23.

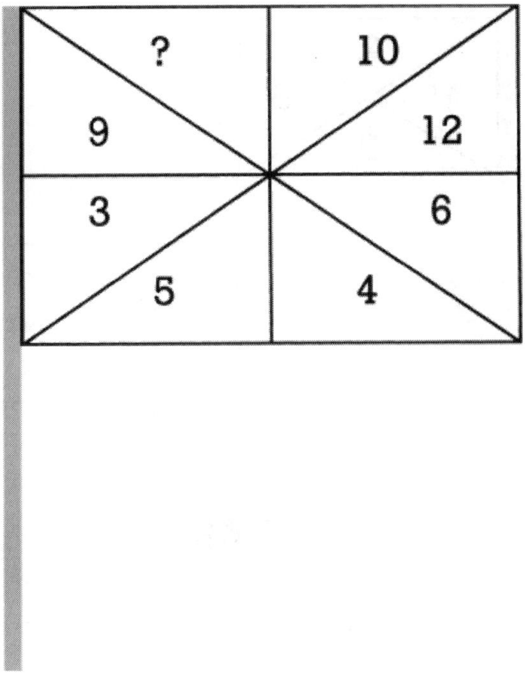

voir solution page 535

Chapitre 5

24.

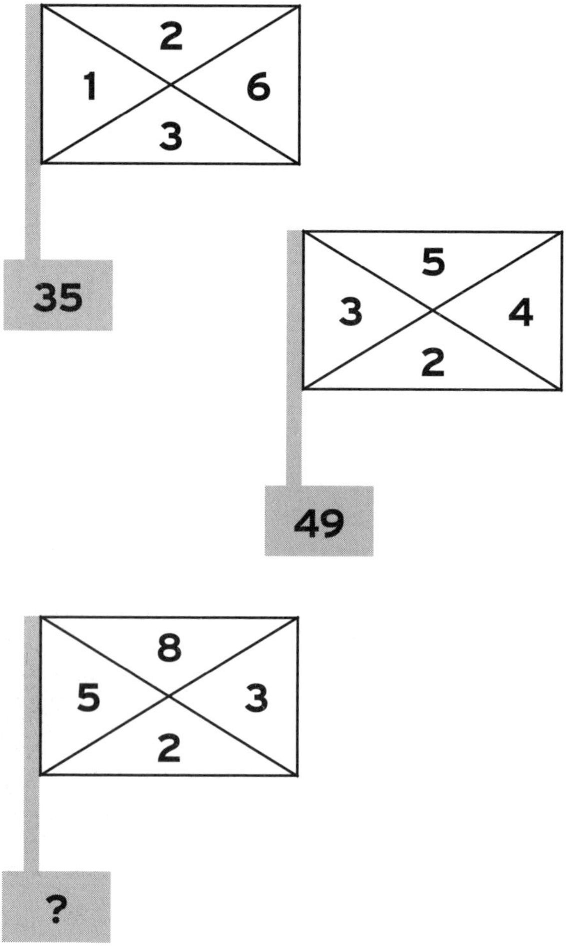

voir solution page 535

25. Si 10 vaut 21 et que 6 vaut 13, alors combien vaut 5 ?

26. Si 8 vaut 6 et que 44 vaut 33, alors combien vaut 10 ?

Passons maintenant aux questions à support de lettres et de mots.

27. **T S R Q P ?**

28. **L M O N P Q S R T ? ?**

29. **O N P N Q N ?**

30. **B 2 L 12 E 5 A ?**

31. orange (6) thym (4) pomme (5) cerise (?)

voir solution pages 535-536

Chapitre 5

Regardez ce tableau de lettres et répondez aux deux questions suivantes :

L	**T**	**N**	**R**
W	**M**	**P**	**U**
Q	**V**	**S**	**O**
J	**H**	**X**	**C**

32. Quelle lettre se trouve entre la lettre qui est à la gauche de T et la lettre qui est juste au-dessus de X ?

33. Quelle lettre se trouve au-dessus de la lettre qui est à gauche de la lettre qui se trouve au-dessus de S ?

Dans chaque groupe de mots, quels sont les deux mots dont le sens est proche ?

34.	absoudre	saluer	clore
	fermer	détourer	ouvrir
35.	aimable	futile	décoré
	réfléchi	aigu	frivole
36.	apte	diplômé	généreux
	concentré	hautain	capable
37.	céleste	déterminé	infini
	terrestre	religieux	illimité

voir solution page 536

Chapitre 5

Quel mot ne va pas avec les autres ?

38. citron mandarine abricot
orange pomme

39. dauphin tortue lion
lapin chat

40. brun noir roux
vert auburn

41. râteau sécateur faux
serpe tournevis

Dans les questions suivantes, les mots vont par paires. Il manque chaque fois un élément de la dernière paire. À vous de le retrouver.

42. tulipe : fleur ; bleu : couleur ; citron : ?

43. pense : dense ; pot : dot ; pieu : ?

44. cheveux : tête ; doigts : main ; orteils : ?

45. kilo : 1000 ; déca : 10 ; hecto : ?

voir solution page 536

Chapitre 5

Maintenant, quelques analogies :

46. Paris est à Ile-de-France ce que Dijon est à ?

47. Eau est à liquide ce que oxygène est à ?

48. Pièce est à comédiens ce que concert est à ?

49. Nourriture est à boisson ce que faim est à ?

50. Hier est à aujourd'hui ce que passé est à ?

51. Betterave est à sucre ce que blé est à ?

Revenons à quelques questions de mots, lettres et nombres.

52. LIVRE (2) OISEAU (5) CUILLER (3)

BALCON (2) ARMOIRE (?)

53. ATA MESSILISSEM RANETENAR ISAT???

54. histoire chat bohème cachet ?
Quel est le mot qui suit ?
hache ; chemise ; graphe ; haricot

55. Si PASSÉ vaut 16 119 195 €
et que FUTUR vaut 621 202 118 €,
alors combien vaut tout simplement JOUR ?

voir solution pages 536-537

Voici maintenant quelques problèmes de dominos.

56.

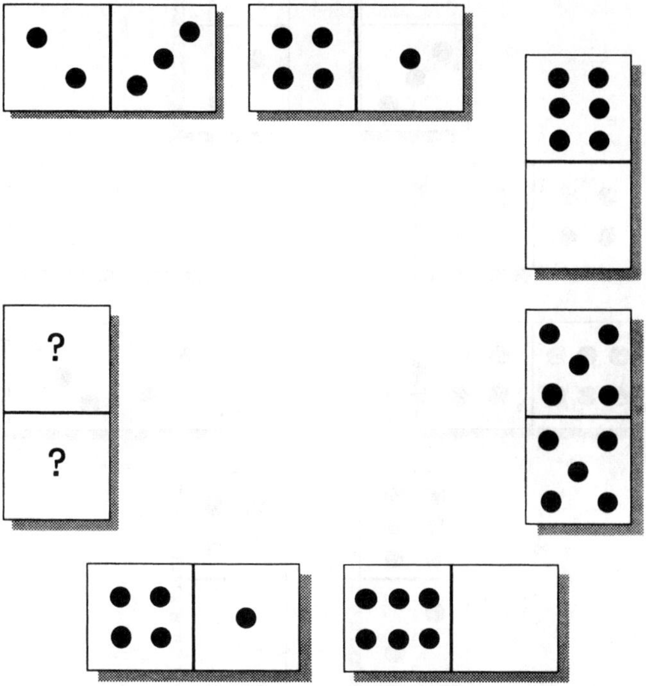

voir solution page 537

Chapitre 5

57.

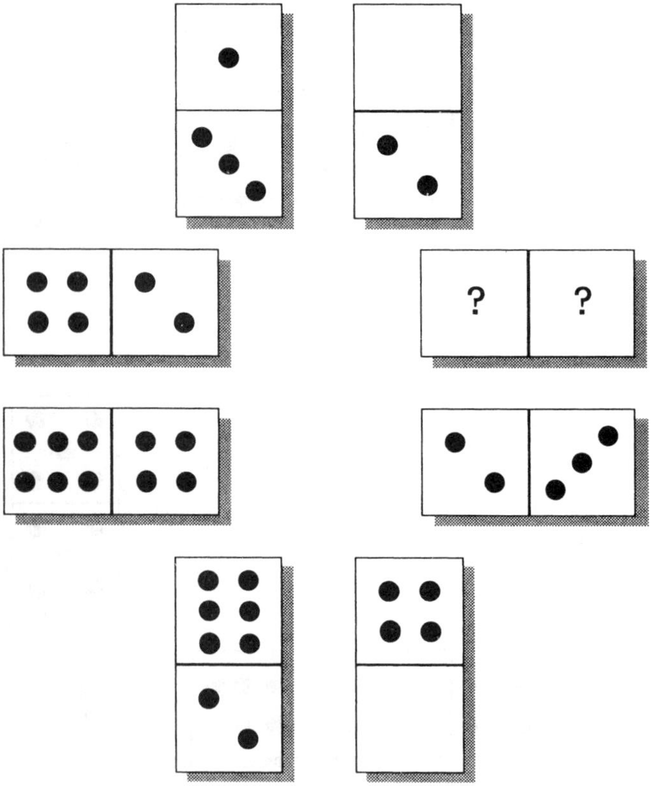

voir solution page 537

58.

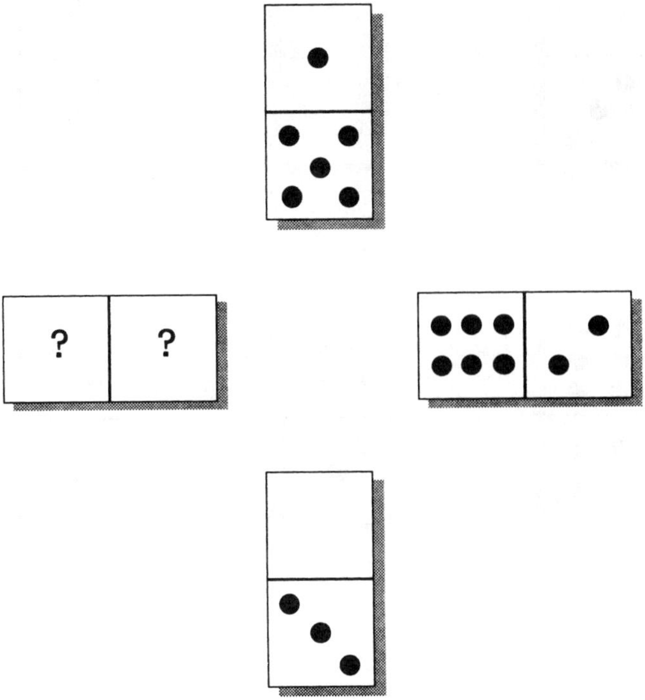

voir solution page 537

Chapitre 5

59.

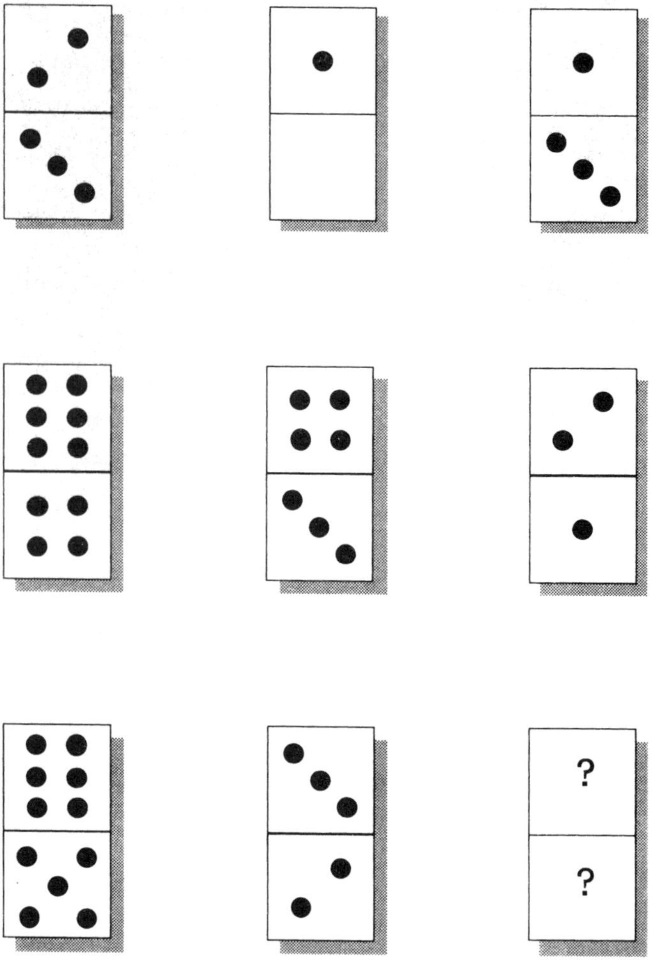

voir solution page 537

60.

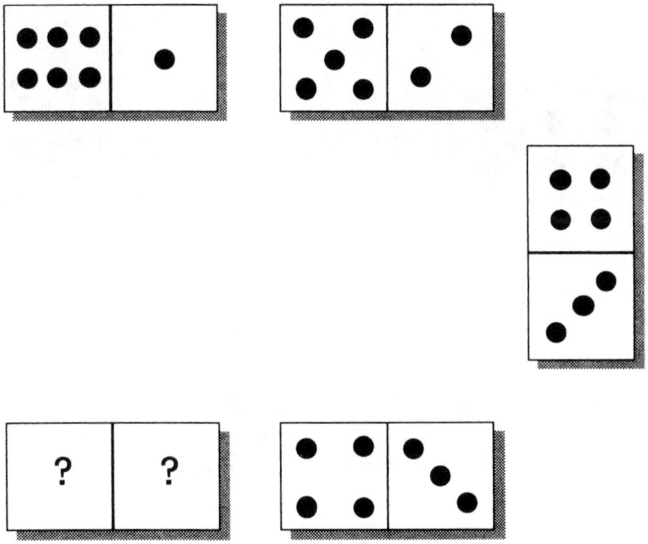

voir solution page 537

Chapitre 5

Passons maintenant aux cartes à jouer.

61.

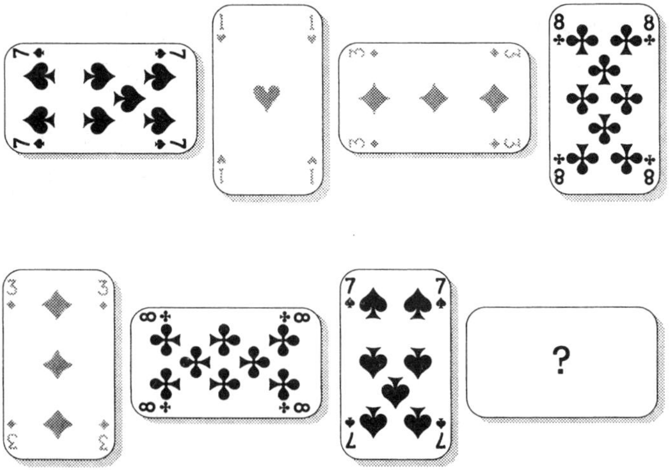

voir solution page 538

62.

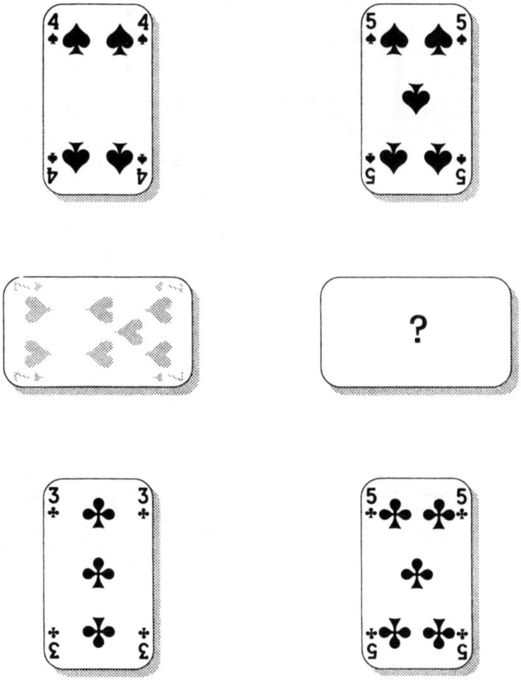

voir solution page 538

Chapitre 5

63.

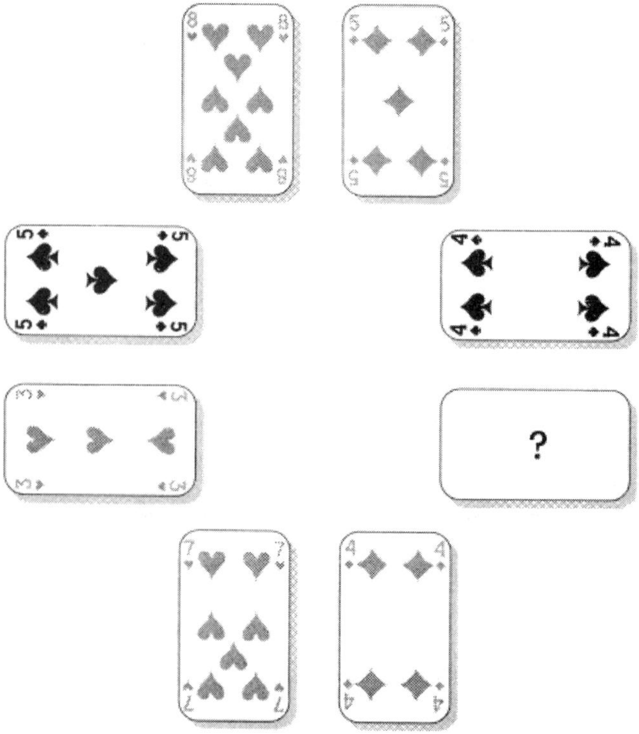

voir solution page 538

64.

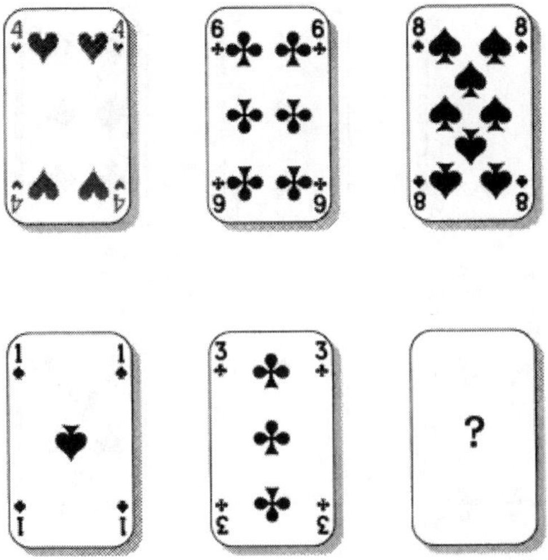

voir solution page 538

Chapitre 5

65.

voir solution page 538

66. Parmi ces dessins, quel est l'intrus ?

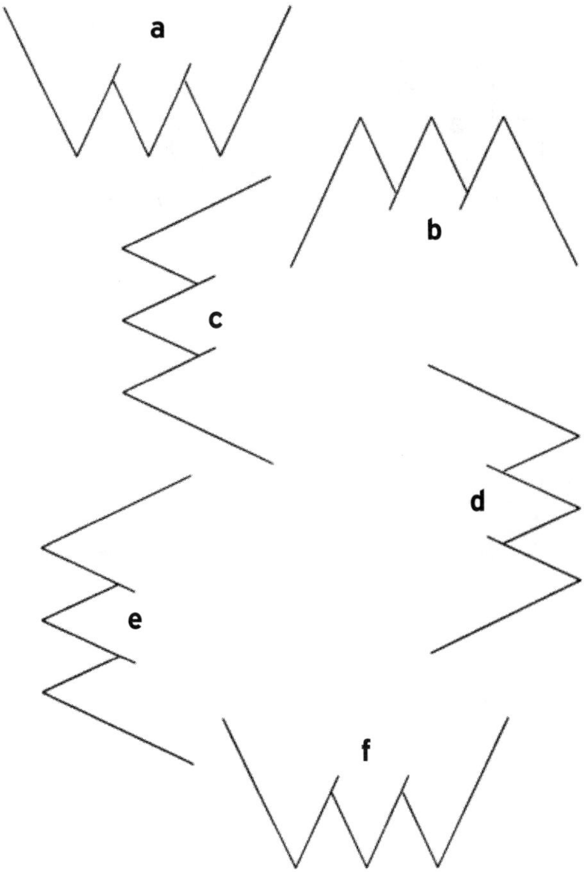

voir solution page 538

Chapitre 5

67. Parmi ces figures, quel est l'intrus ?

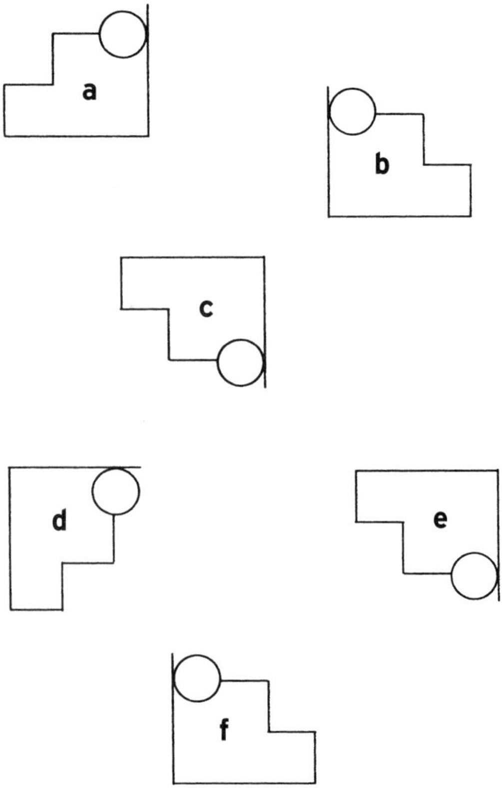

voir solution page 538

68. Parmi ces figures, quel est l'intrus ?

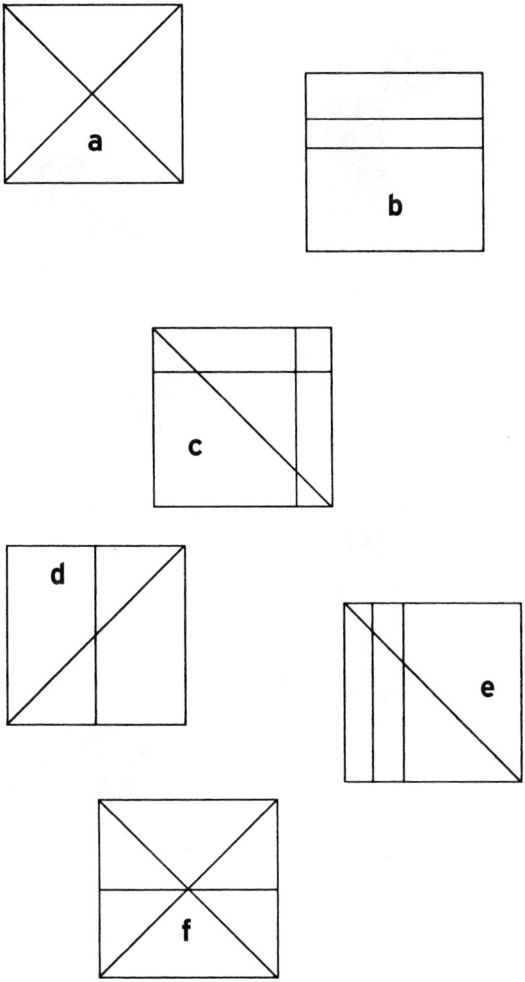

voir solution page 538

Chapitre 5

69. Parmi ces figures, quel est l'intrus ?

a

b

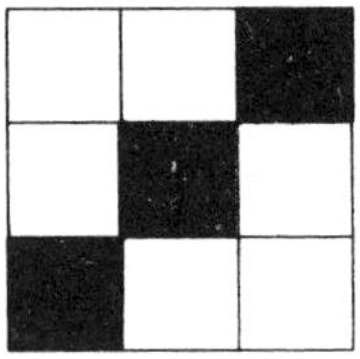

c

d

e

voir solution page 539

70. Quelles sont les deux figures identiques ?

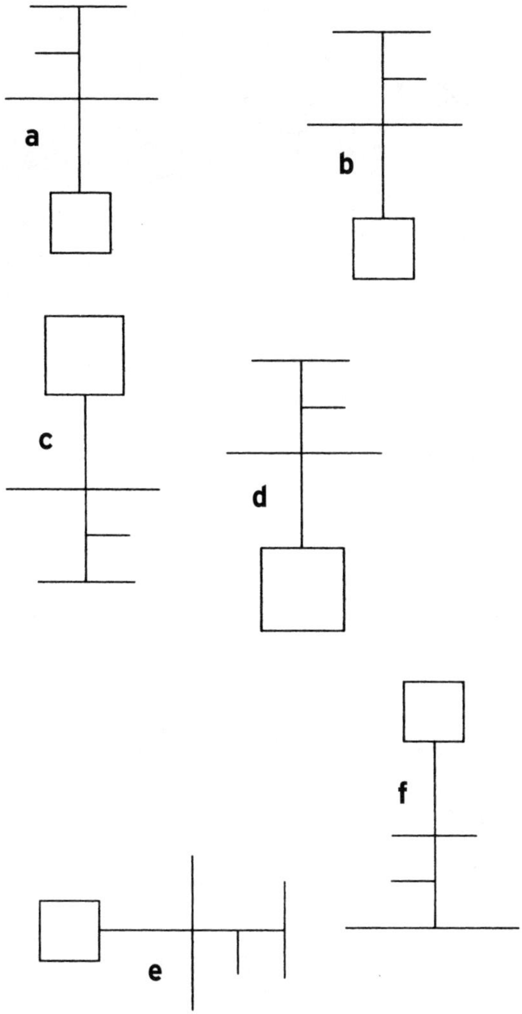

voir solution page 539

Chapitre 5

71. Quelles sont les deux figures identiques ?

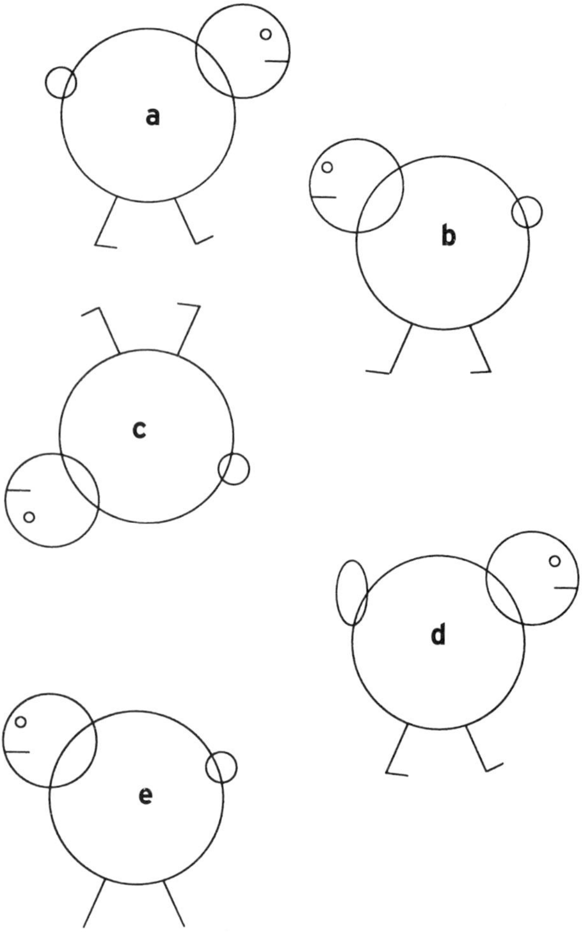

voir solution page 539

72. Quelles sont les trois figures identiques ?

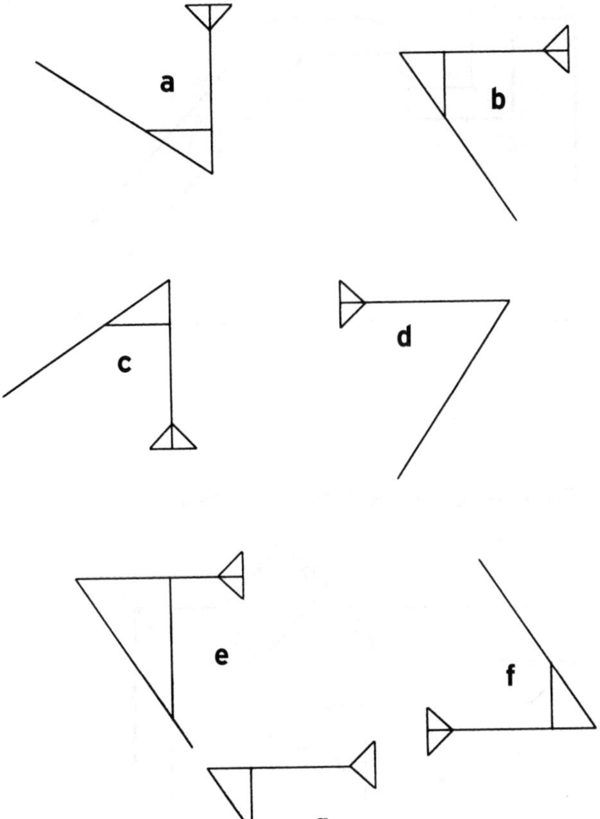

voir solution page 539

Chapitre 5

73. Combien ce solide a-t-il de faces ?

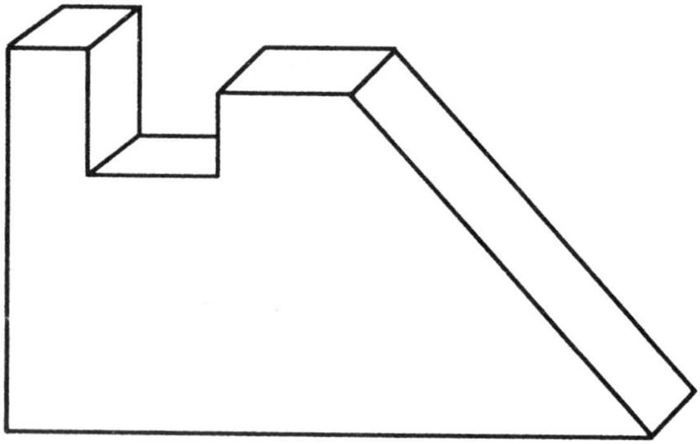

74. Combien ce solide a-t-il de faces ?

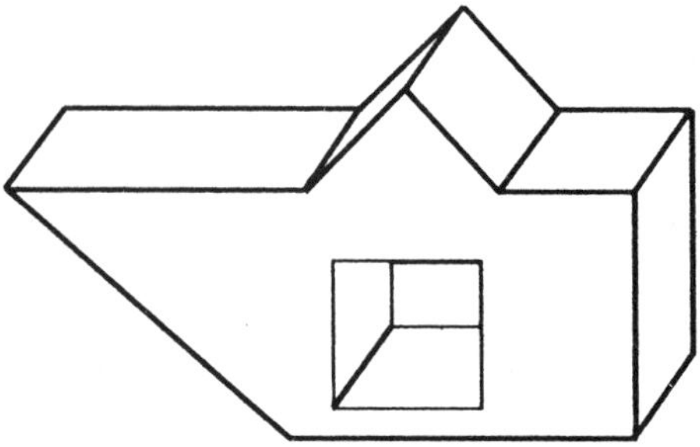

voir solution page 539

75. Parmi les figures proposées, laquelle prolonge la série ?

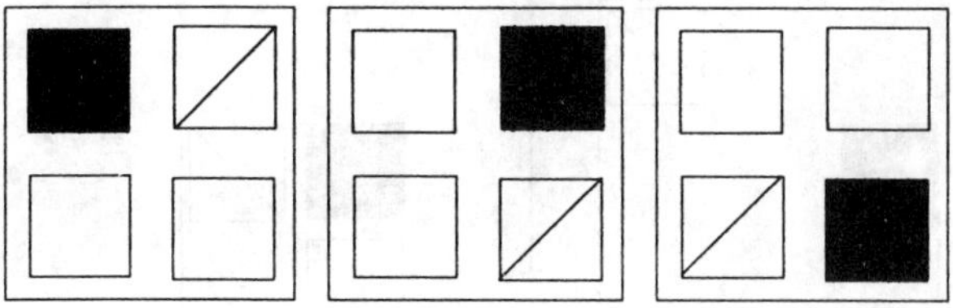

?

a

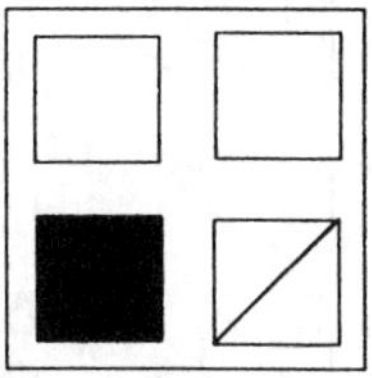

b

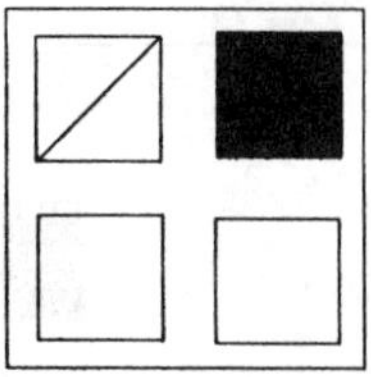

c

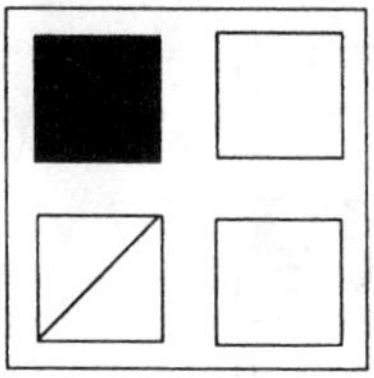

d

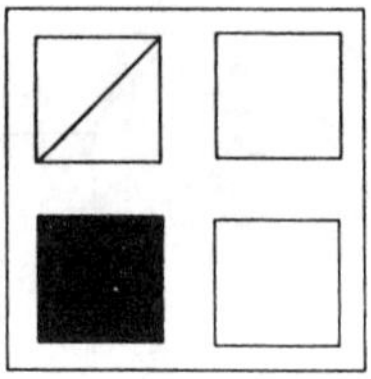

e

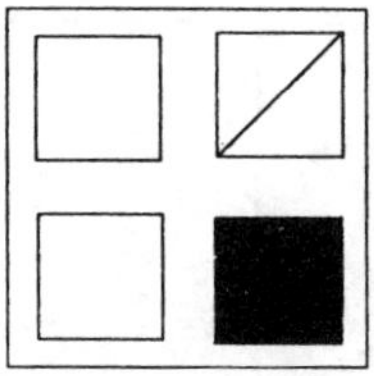

f

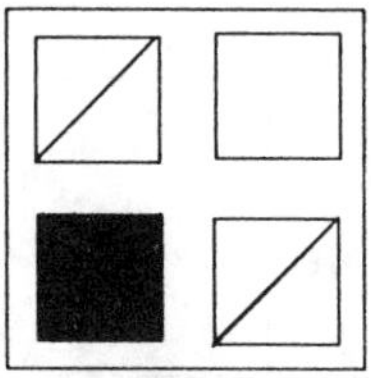

voir solution page 539

Chapitre 5

76. Parmi les figures proposées, laquelle prolonge la série ?

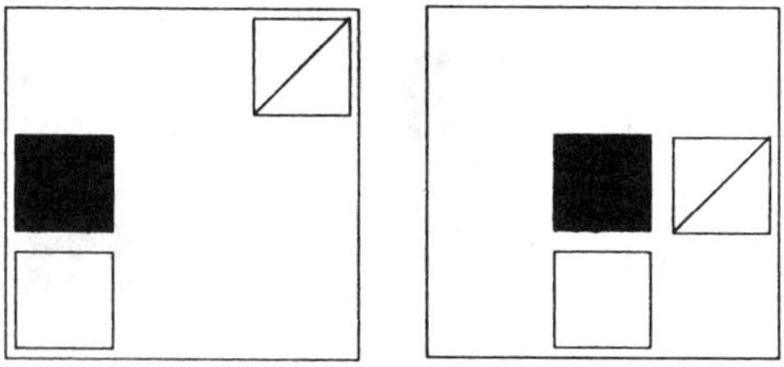

?

a

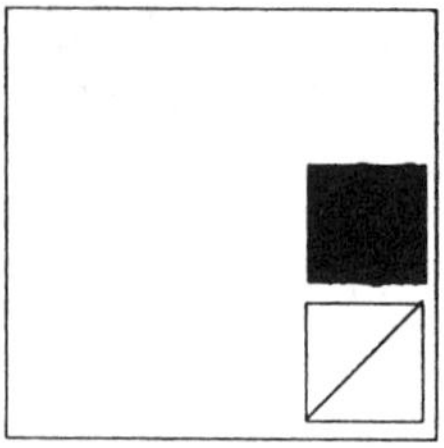

b

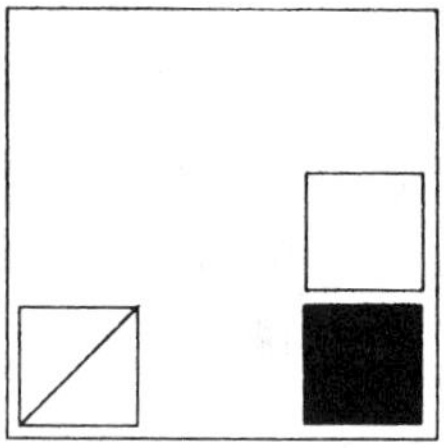

c

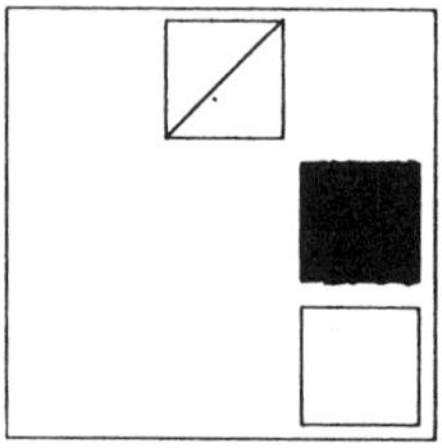

d

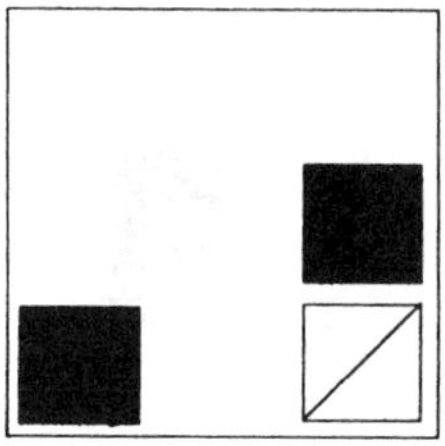

e

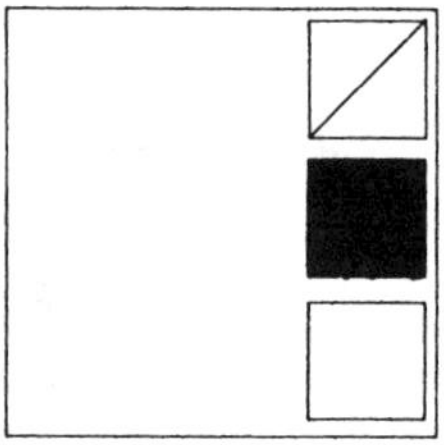

voir solution page 539

77. Parmi les figures proposées, laquelle vient prolonger la série ?

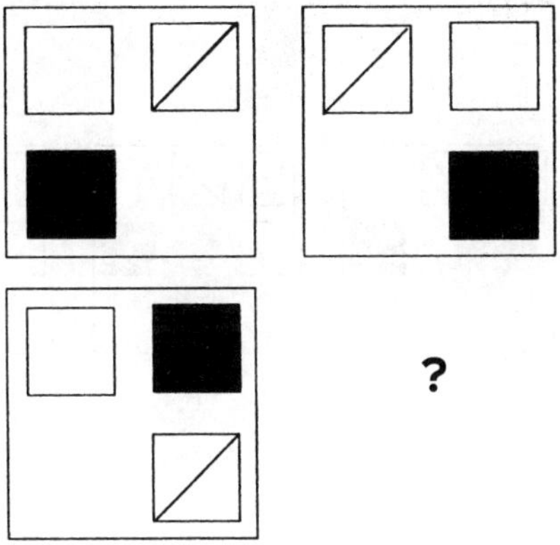

a 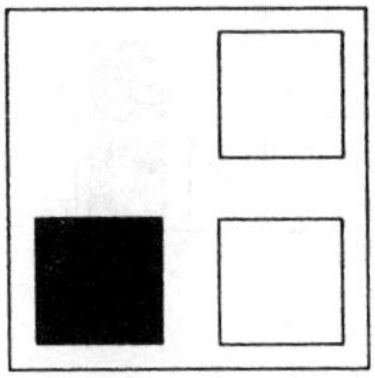

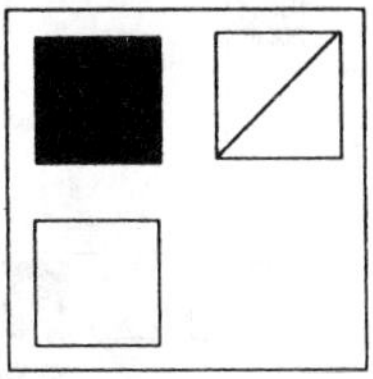 b

c 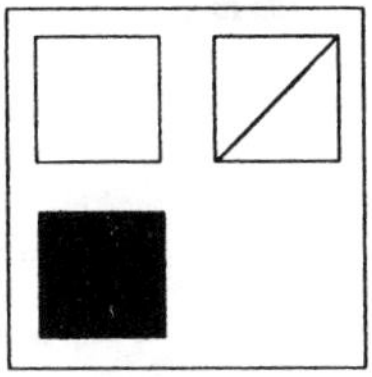

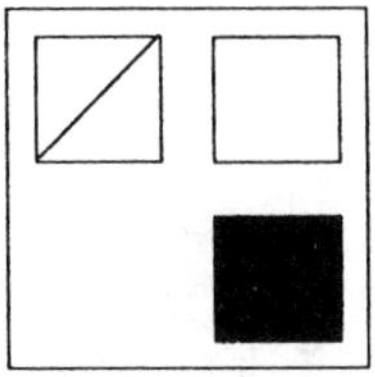 d

e 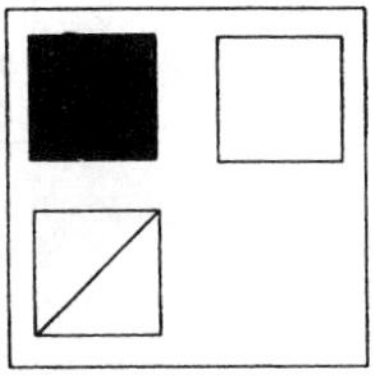

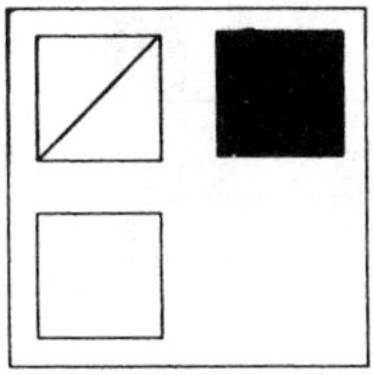 f

voir solution page 539

Chapitre 5

78. Parmi les figures proposées, laquelle vient prolonger la série ?

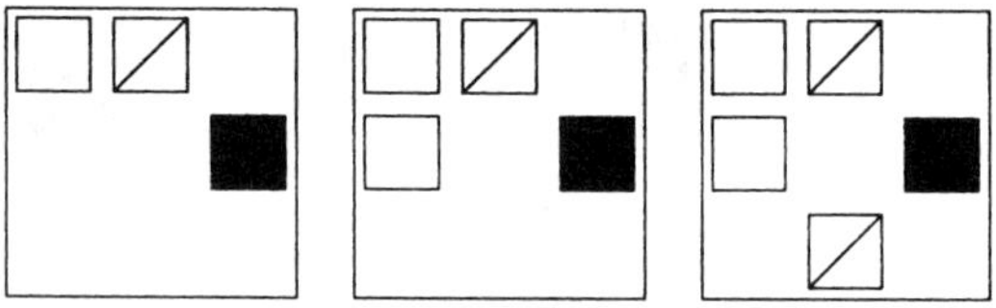

?

a

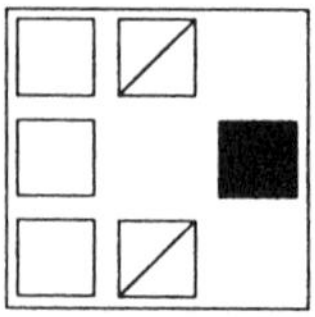

b

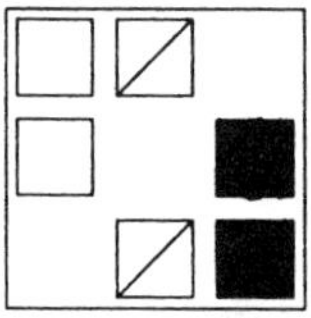

c

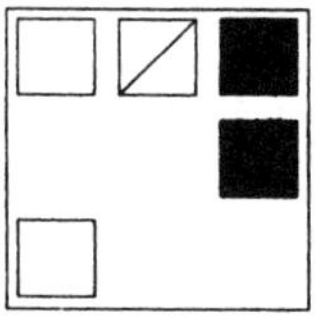

d

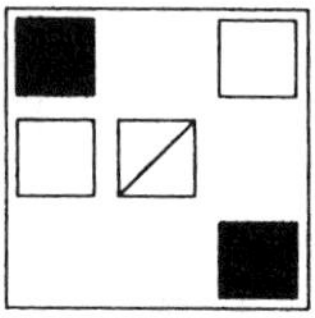

e

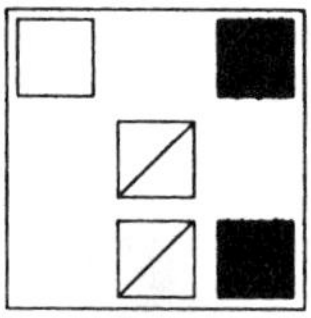

voir solution page 540

79. Quelle figure vient prolonger la série ?

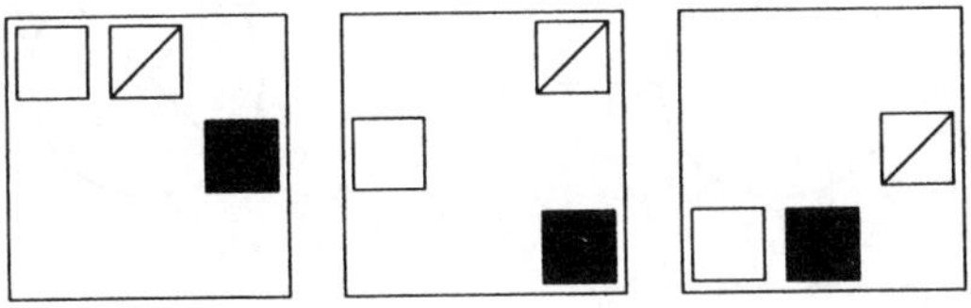

?

a

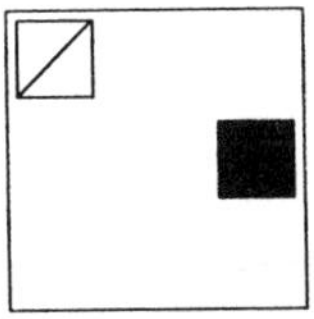

b

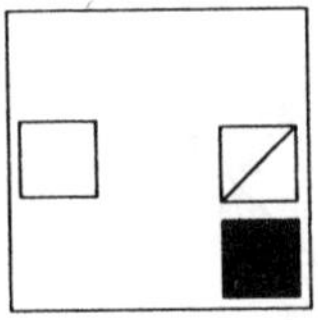

c

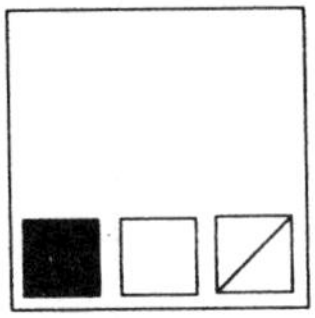

d

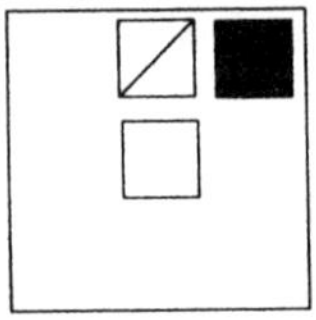

e

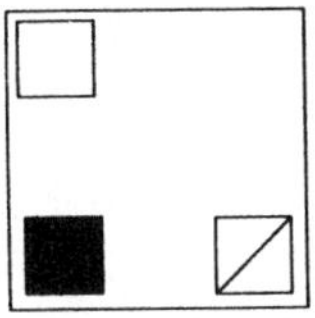

f

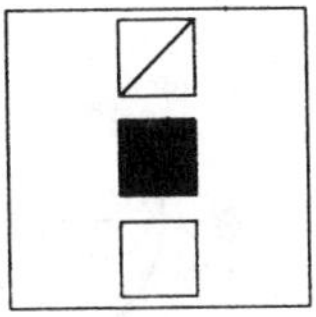

voir solution page 540

Chapitre 5

80. Voyons à présent quelques analogies.

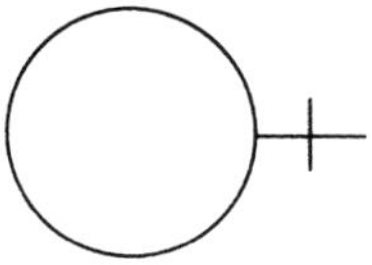 est à 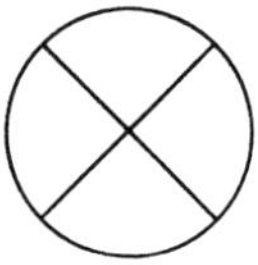

ce que 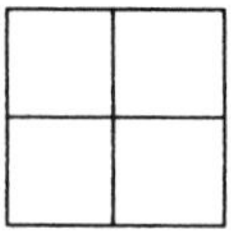 est à...

a 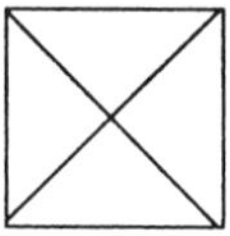

b 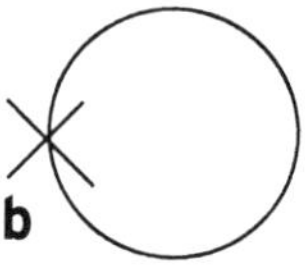

c 

d 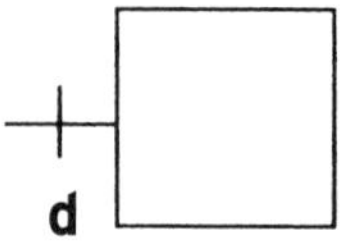

e 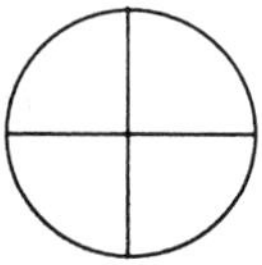

f 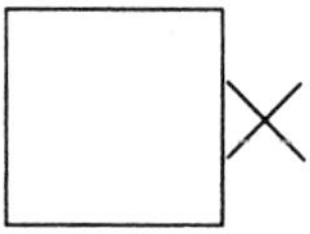

voir solution page 540

81.

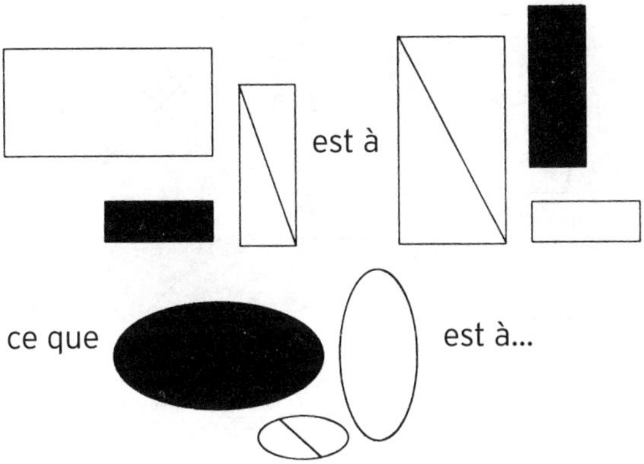

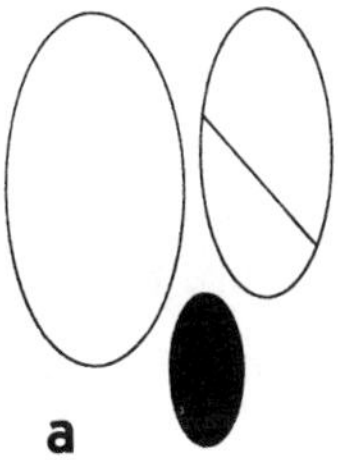

a

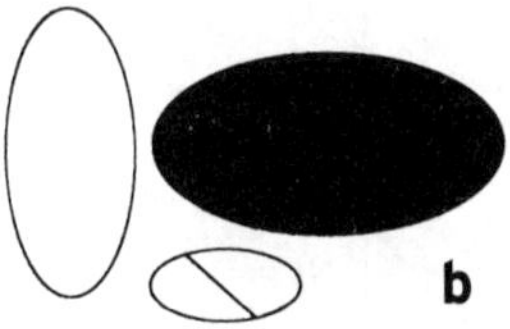

b

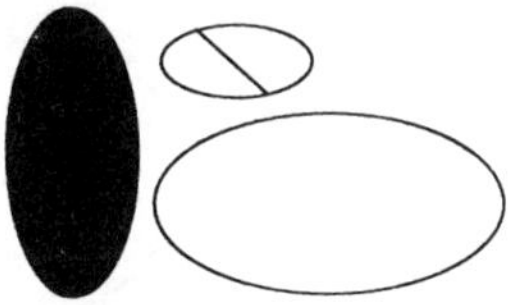

c

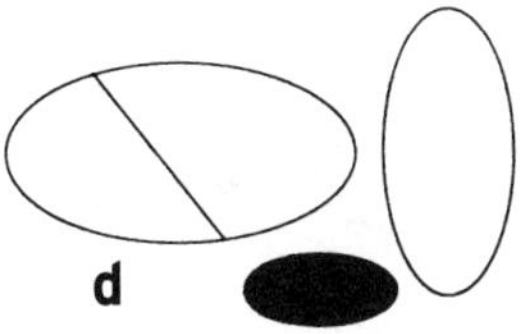

d

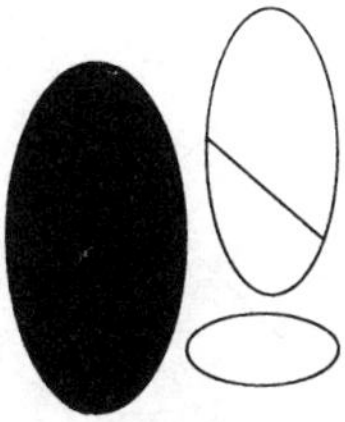

e

voir solution page 540

Chapitre 5

82.

 est à 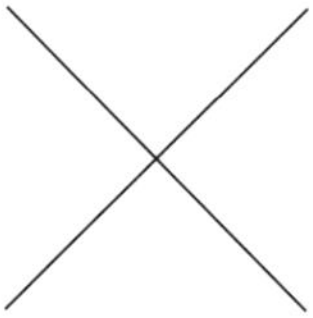

ce que  est à...

a 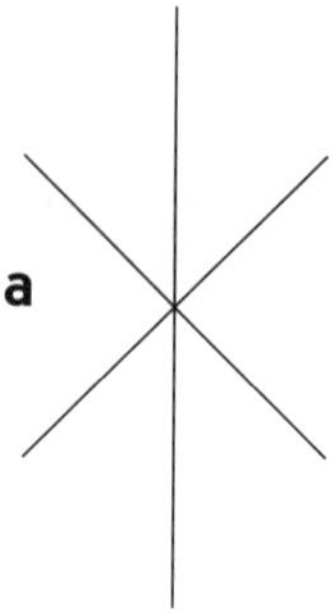

b 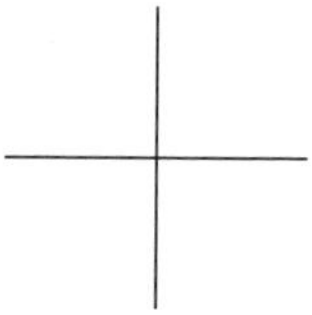

c 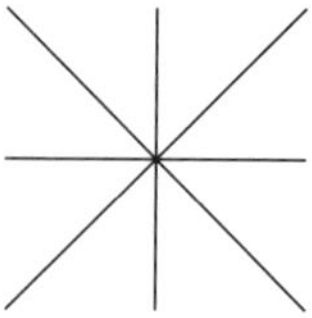

d 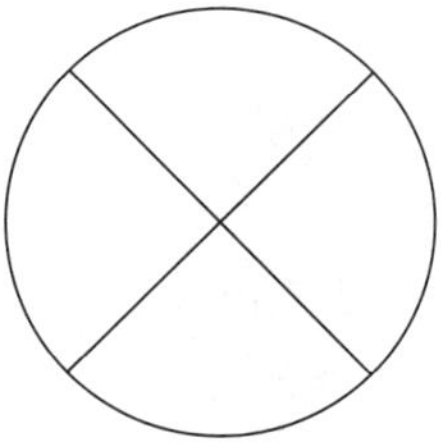

e 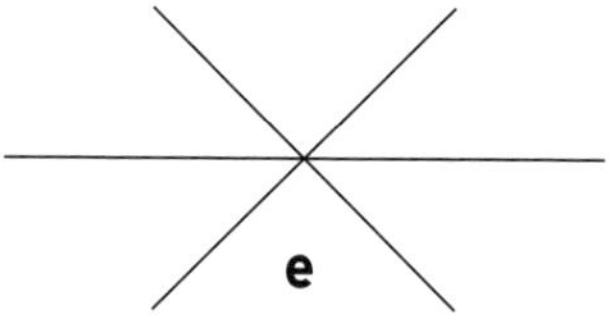

voir solution page 540

Chapitre 5

83.

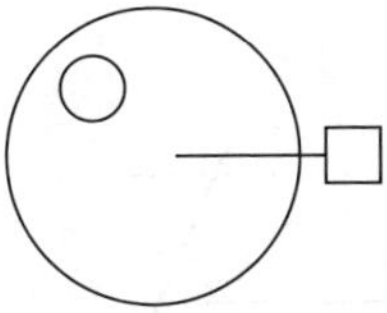

est à

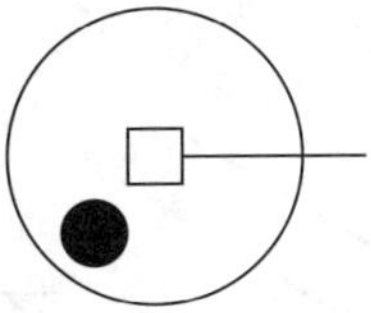

ce que

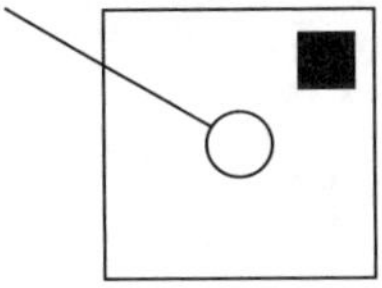

est à...

a

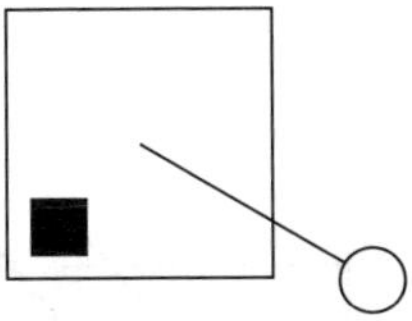

b

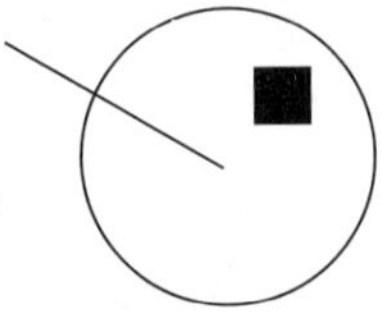

c

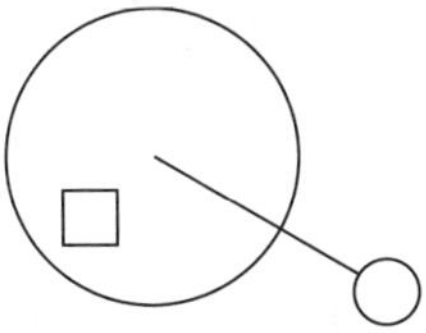

d

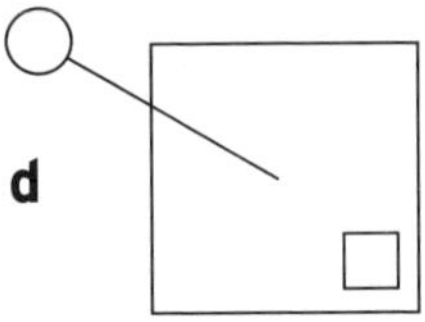

e

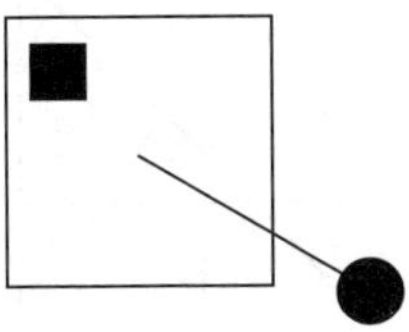

f

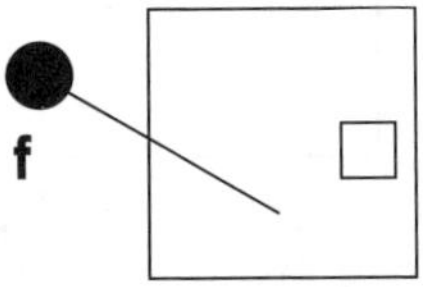

voir solution page 540

Chapitre 5

Quel dessin vient prolonger la série ?

84.

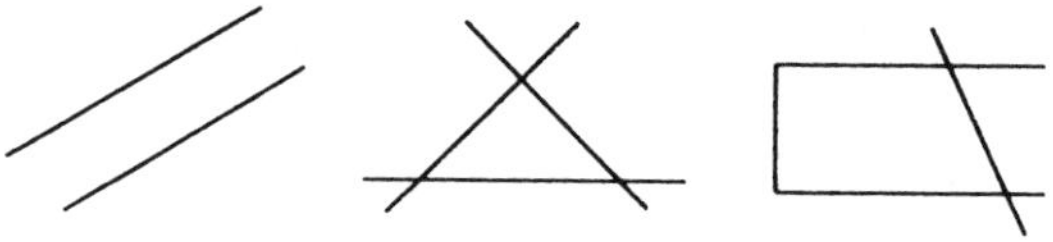

?

a

b

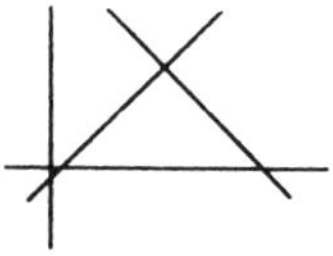

c

d

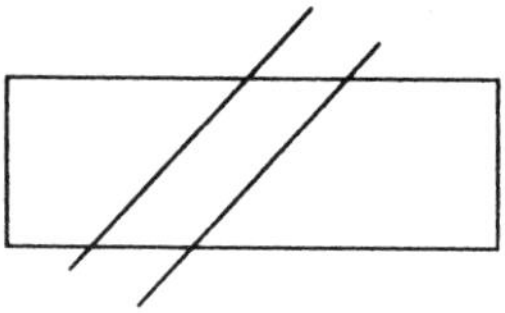

e

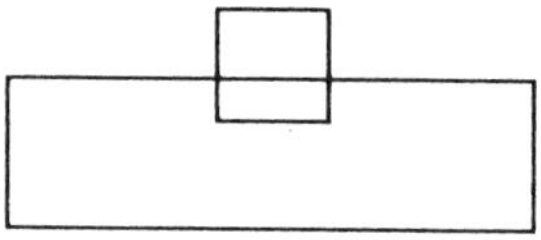

f

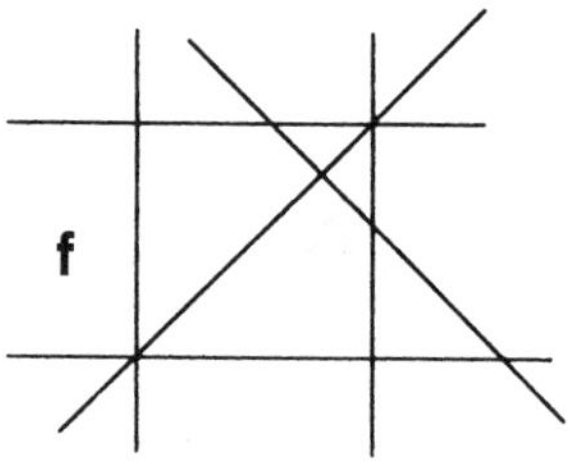

voir solution page 540

85.

?

a

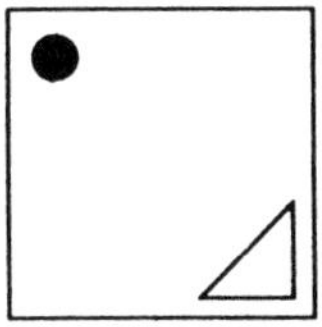

b

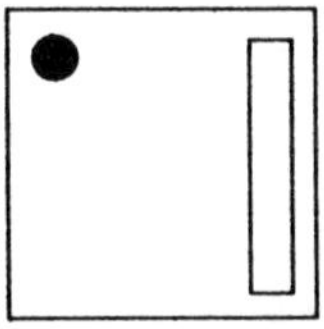

c

d

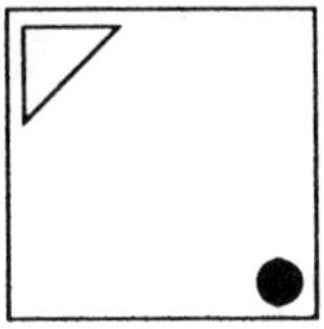

e

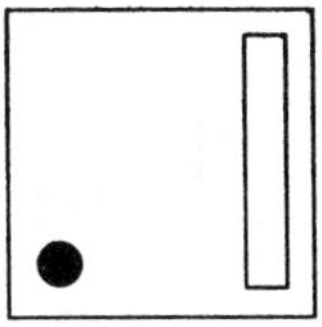

f

voir solution page 540

Chapitre 5

86.

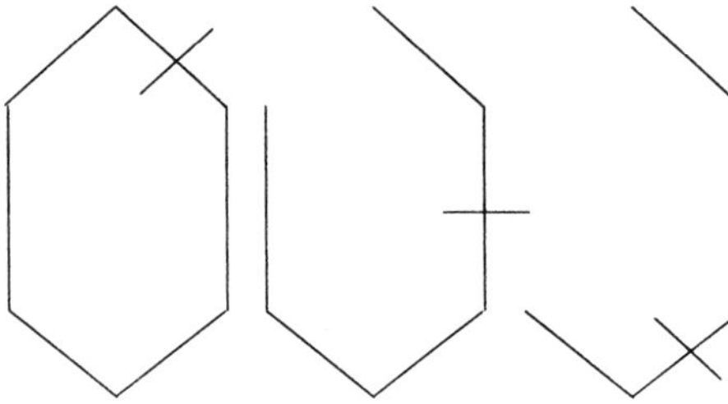

?

a

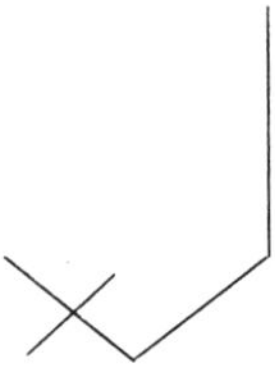

b

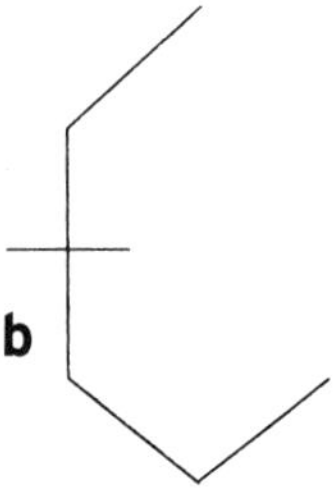

c

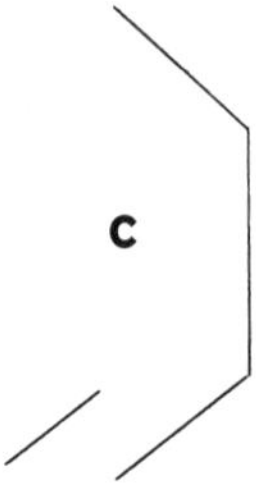

d

e

f

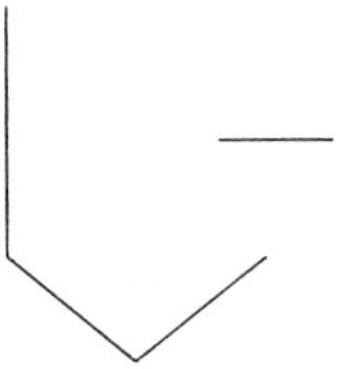

voir solution page 541

87.

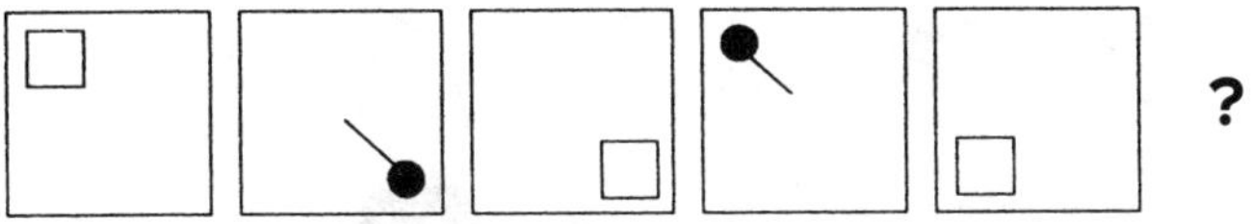

a 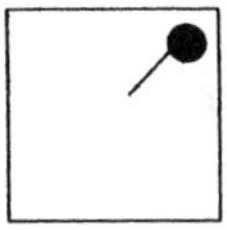

b 

c 

d 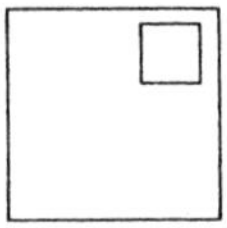

e 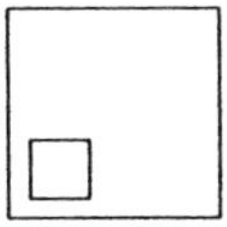

f 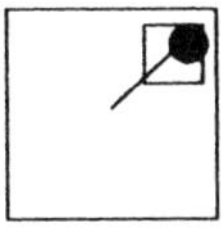

g 

h 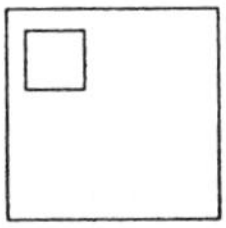

voir solution page 541

Chapitre 5

88.

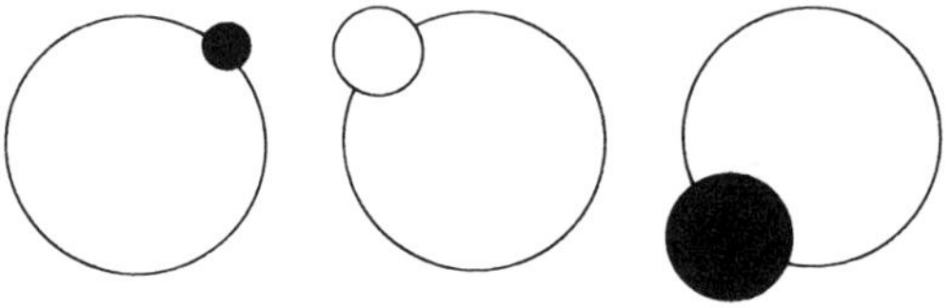

?

a

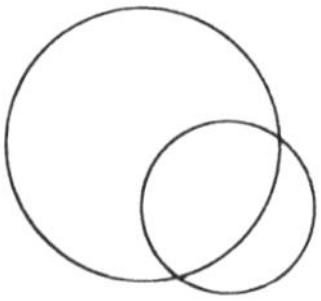

b

c

d

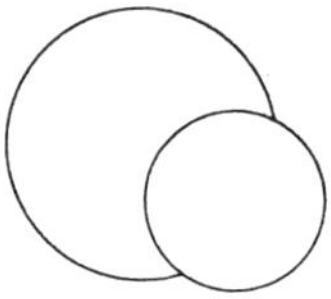

e

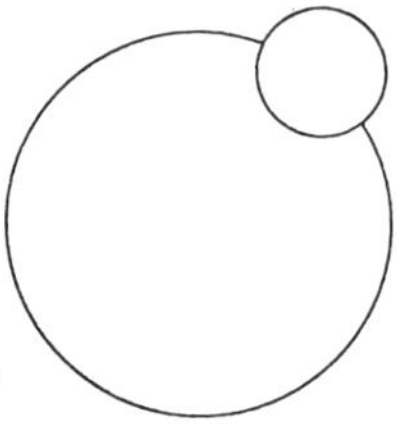

f

voir solution page 541

Quel dessin manque dans le tableau ?

89.

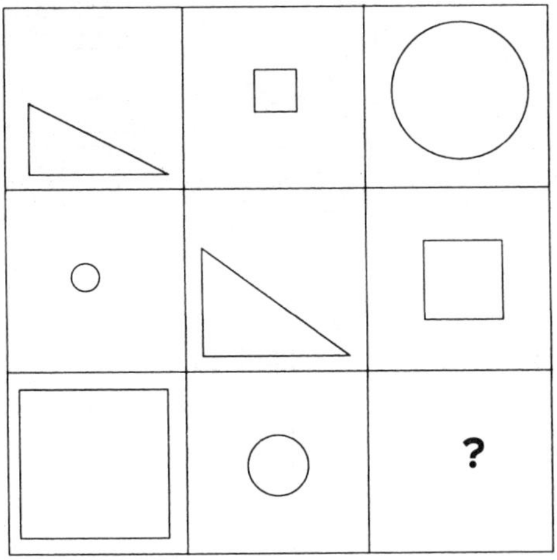

a 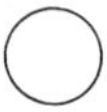

b 

c 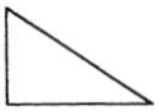

d 

e 

f 

g 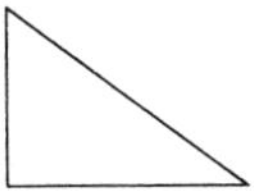

voir solution page 541

Chapitre 5

90.

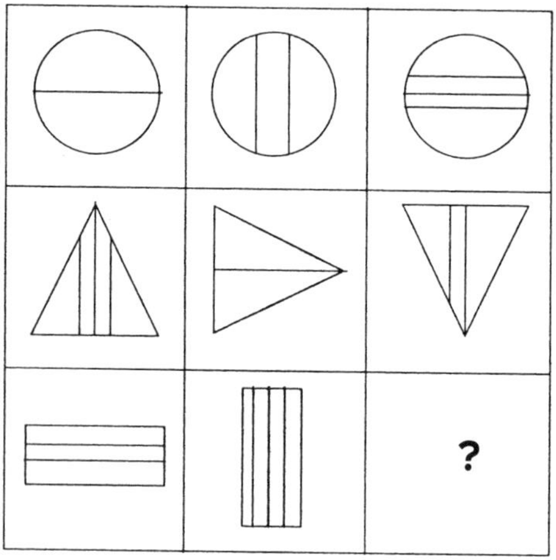

a 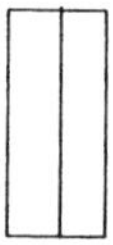

b 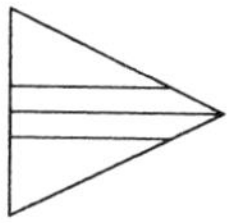

c 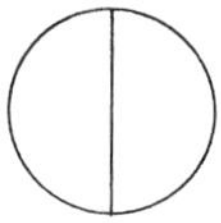

d 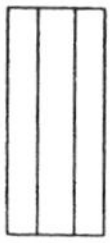

e 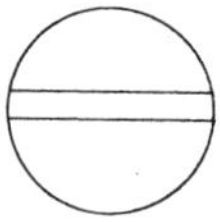

f 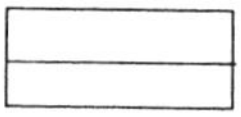

voir solution page 541

91.

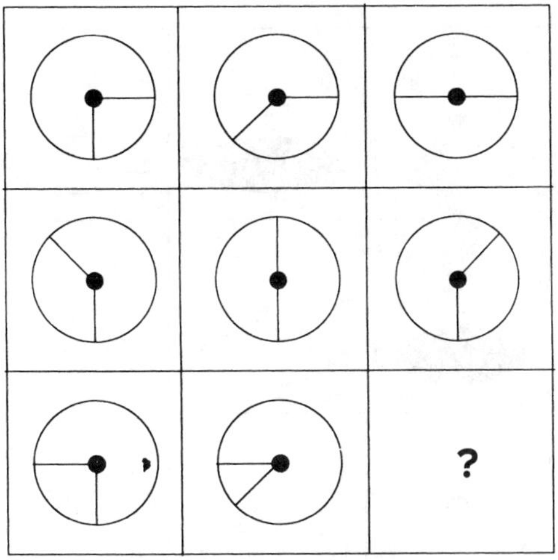

a

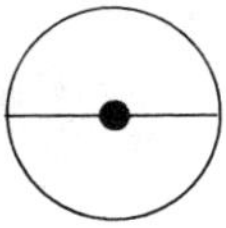

b

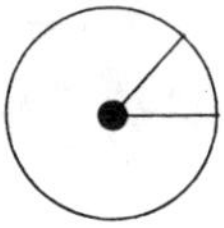

c

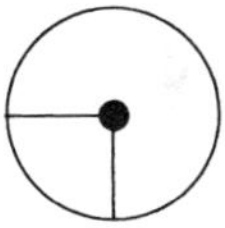

d

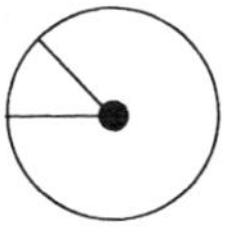

e

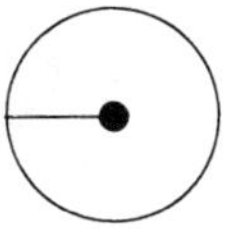

f

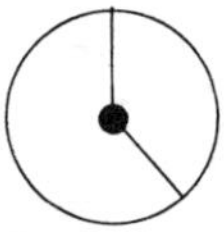

voir solution page 541

Chapitre 5

92.

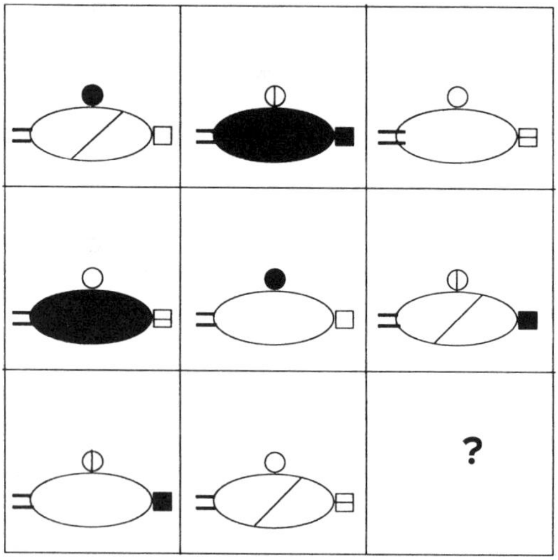

a 

b 

c 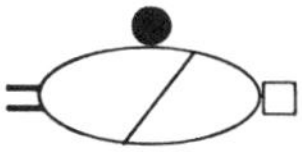

d 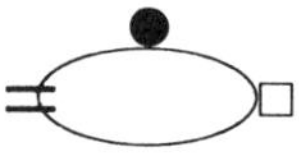

e 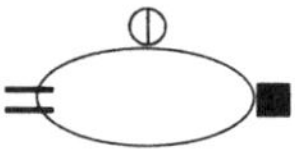

f 

voir solution page 541

93.

a 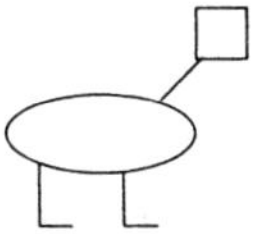

b 

c 

d 

e 

f 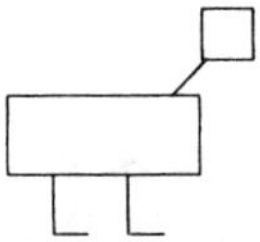

voir solution page 542

Chapitre 5

94.

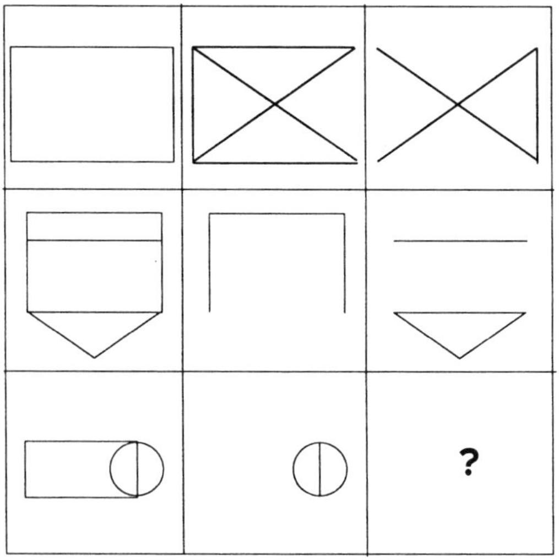

a 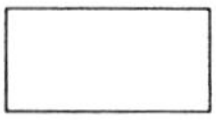

b 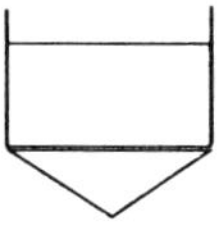

c 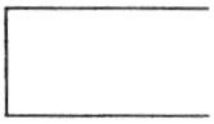

d 

e 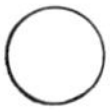

f 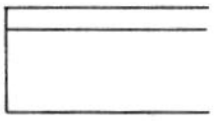

voir solution page 542

95.

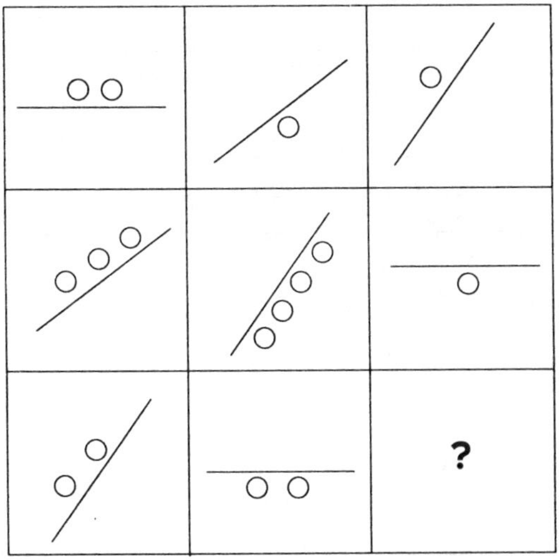

a

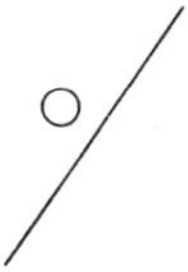

b

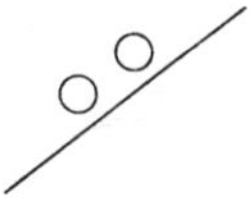

c

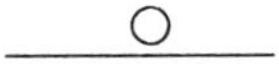

d

e

f

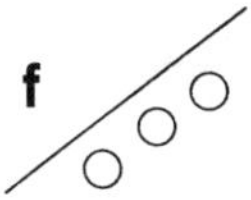

voir solution page 542

Chapitre 5

96.

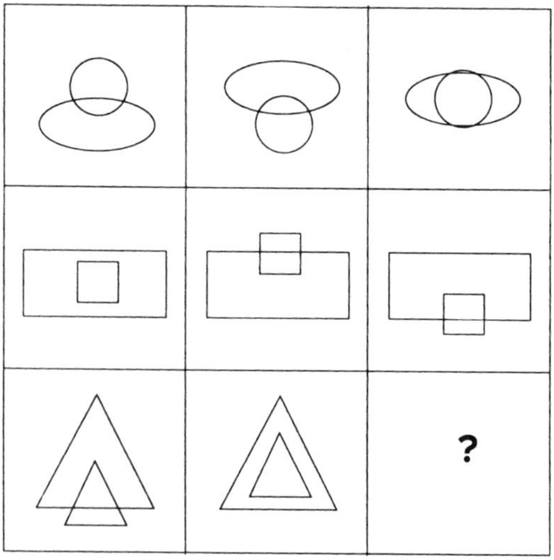

a
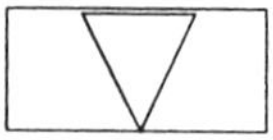

b

c

d
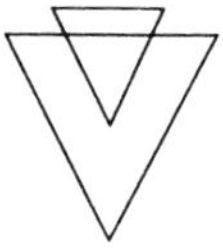

e

f

voir solution page 542

97.

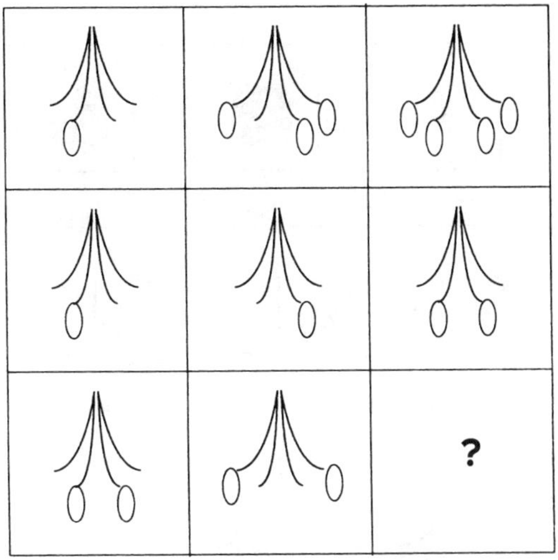

a 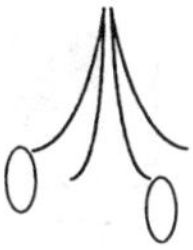

b 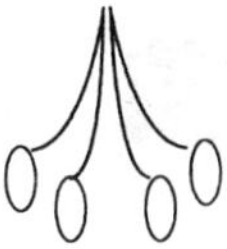

c 

d 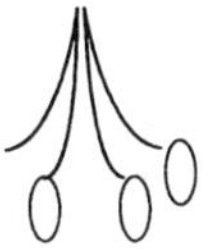

e 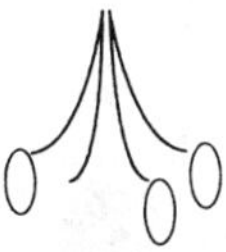

f 

voir solution page 542

Chapitre 5

98.

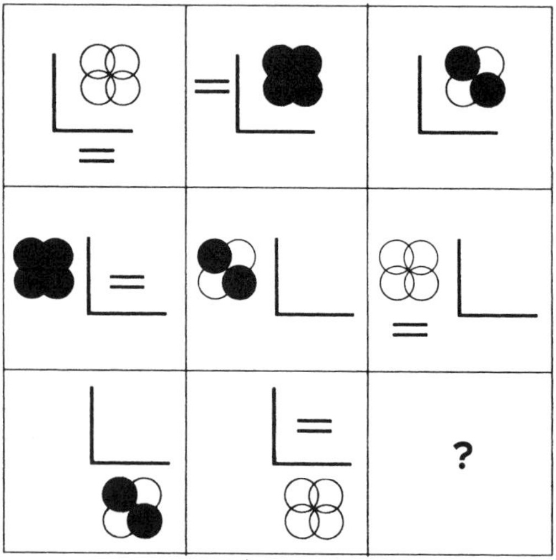

a

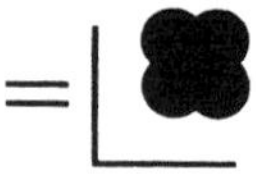

b

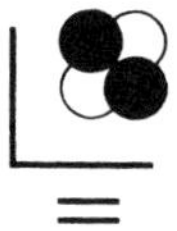

c

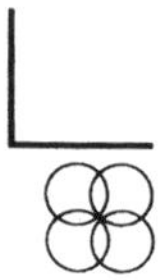

d

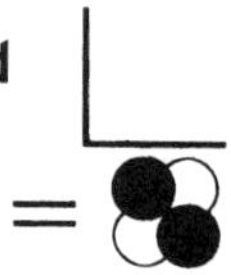

e

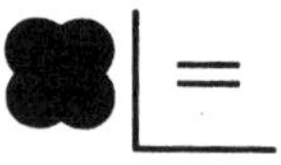

f

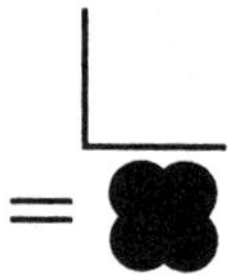

voir solution page 542

99.

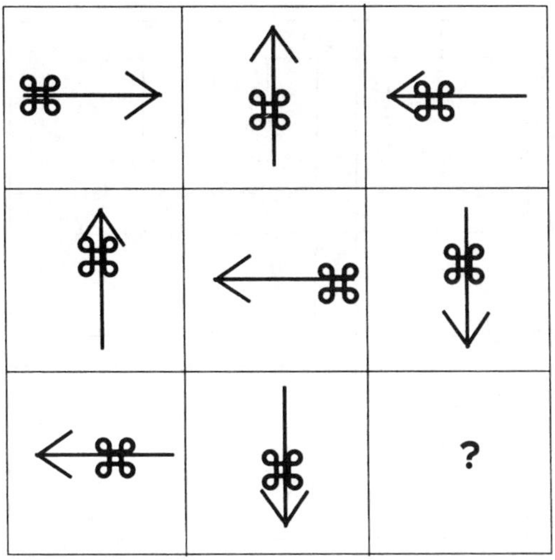

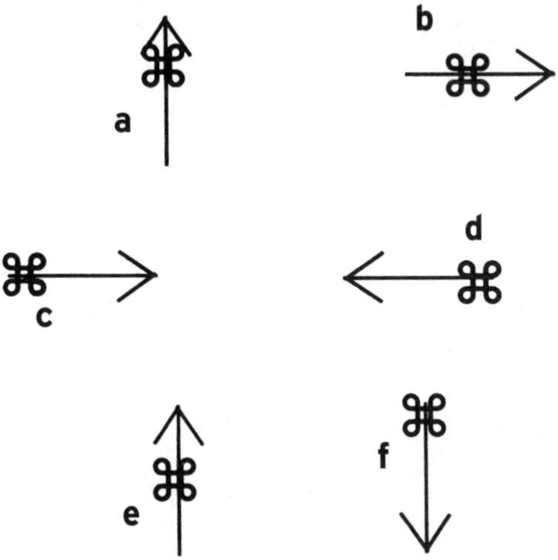

voir solution page 542

Chapitre 5

100.

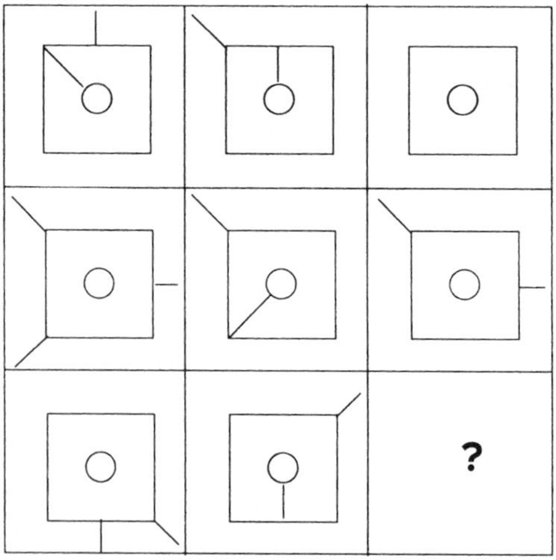

a

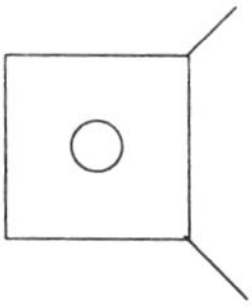

b

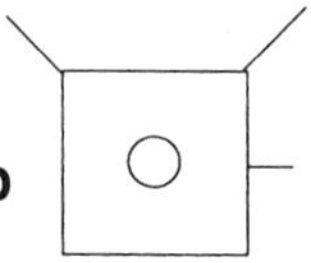

c

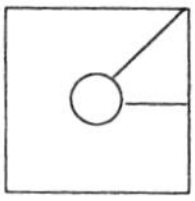

d

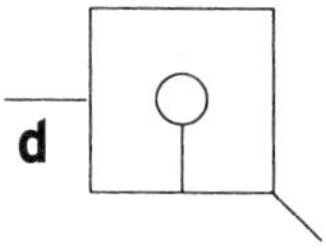

e

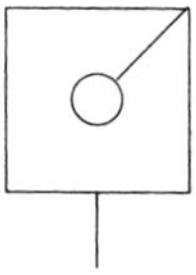

f

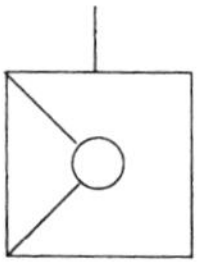

voir solution page 542

CHAPITRE 6

CORRIGÉS, EXPLICATIONS ET INTERPRÉTATIONS

Chapitre 6

Corrigés du chapitre 1

Test 1 (page 13)

1. Populaire.

2. 15 La progression est de + 3.

3. a 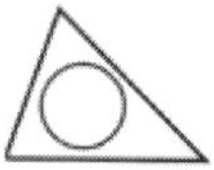 Dans chaque ligne et chaque colonne se trouvent : un carré, un rectangle et un triangle ; un petit rond, une croix ou un blanc.

4. La Grande-Bretagne n'est pas une région de France.

5. Enlevez DOUZE, reste TREIZE.

6. c  L'heure avance de 90 minutes.

7. 60,10 €

8. COUSIN.

9. 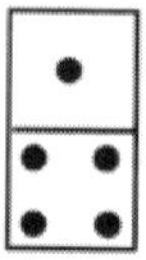 Les dominos sont inversés deux à deux.

10. Dos ; **armoire** ; plume ; liberté.

11. a 

12. d 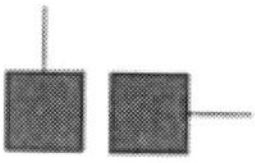 Les autres ne sont que pivotés.

13. N Les autres acceptent un axe de symétrie vertical.

14. Orange, qui est à la fois un fruit et une couleur.

Chapitre 6

15. HANNE**T**ON.

16. Heure et heurt.

17. G Ôtez les C, reste la suite de l'alphabet.

18. Distrait et étourdi.

19. 9,5 Tous les autres chiffres progressent de 1,7.

20. Impeccable.

21. 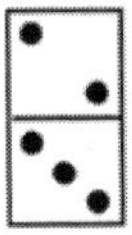 Le haut progresse de – 1, le bas de + 1.

22. c 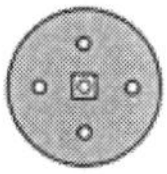 Un carré en moins, un petit rond en plus.

23. Rat / ras.

24. Chèvre. C'est la femelle de l'animal.

25. e  Dans chaque ligne et chaque colonne, il y a 2, 3 ou 4 pattes et les 3 positions de la queue.

26. Dépendant / autonome.

27. Maire / mère.

28. a  L'élément du haut devient l'élément du bas et réciproquement. La figure intérieure devient la figure extérieure et réciproquement.

29. Vrai : « Grimper à la corde lisse est difficile » (sauf pour certains !).

30. 9 6 x 3 = 18
18 : 2 = 9

31.  La louche est le seul couvert de service.

Chapitre 6

32. d  Tous les autres vont par paire.

33. 18 Somme des mains et des pieds.

34. c 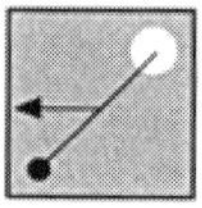 Chaque flèche tourne selon sa propre progression, d'un quart, d'un demi ou d'un huitième de tour.

35. Fleur, canapé, œuf, **cerise**.

Test 2 (page 24)

1. DIS fait paradis et dispute.

2. 36 La progression est de + 2, + 4, + 6, + 8...

3. b 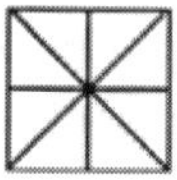 Chaque figure du bas est la superposition des deux du dessus.

4. Dispute et conflit.

5. a  La fleur pivote vers la droite et perd un pétale.

6. **Alphabet** ; faon ; parapluie ; poisson.

7. d 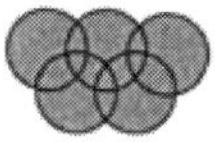 Une fleur donne cinq fleurs comme un rond donne cinq ronds.

8. Fer et faire.

Chapitre 6

9. 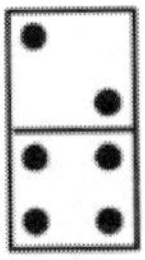 Le haut est fixe ; le bas augmente de 2.

10. 8 Somme des deux chiffres du dessus.

11. Bomber.

12. 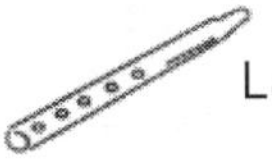 La flûte n'est pas un instrument à cordes.

13. 3 et 9.

14. Bref et succinct.

15. a  La figure du bas reprend les traits manquants aux deux du dessus pour faire des figures simples.

16. L On saute chaque fois une lettre.

17. Mais et mai.

18. Blâmé.

19. Violet ; lent ; triste ; **joyeux**.

20. a  C'est une figure blanche.

21. Ôtez PAIN, reste SOUPE.

22. b et f 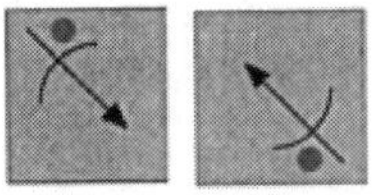 Les autres pivotent dans le carré.

23. 33 La progression est de – 5.

24. Uniforme et varié.

25. Vrai : « Être perplexe, c'est ne pas savoir quoi penser. »

Chapitre 6

26. c  Les fruits sont en nombre impair.

27. PER**M**IS

28. b  Il est inversé ; les autres ne sont que pivotés.

29. e 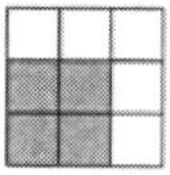 Dans deux figures successives, les petits carrés noirs et blancs sont complémentaires.

30. Température.

31. New York.

32.  La taupe est le seul mammifère.

33. Couché est formé avec le début du premier mot et la fin du dernier mot.

34. 8 et 2 Le chiffre du haut est la somme des deux précédents, le chiffre du bas la différence.

35. d 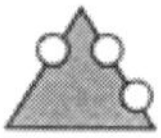 Chaque triangle dépend des deux qui sont sous lui. Superposez-les. Deux ronds au même emplacement dans ces deux triangles s'annulent et disparaissent donc dans le triangle du dessus. Un rond tout seul se maintient.

Test 3 (page 35)

1. Bientôt est le seul mot qui n'évoque pas le passé.

2.  Les cartes vont par paire, l'une à pique, l'autre à carreau.

Chapitre 6

3. Gauche et maladroit.

4. d 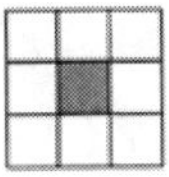 Le carré noir, dans un dessin sur deux, est au milieu ; l'autre tourne.

5. Ôtez ANNE, reste PAUL.

6. 9 La progression est de - 3.

7. Lettres.

8. Calcul.

9. e  Il y a une seule sorte de coque et de voile par ligne et par colonne.

10. Papier ; odeur ; matelas ; **acteur**.

11.  Tous les autres sont des vêtements.

12. Pierre a 7 ans et Matthieu 14 ans.

13. Il et île.

14. T C'est la lettre qui précède dans l'ordre alphabétique.

15. Faux : « La sardine est un poisson de rivière. »

16. a 

17. Pierre. C'est à la fois un minéral et un prénom.

18. h  Il manque une diagonale.

19. 8 Chaque nombre est suivi de son double.

20. Traîner.

Chapitre 6

21. c 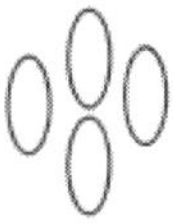 C'est le seul dessin qui ne soit pas fait de droites.

22. RE**L**IEF.

23. Cinq douzièmes (5/12).

24.  Il appartient à la même catégorie animale, mais est plus petit.

25. H Une lettre est à sa place, les deux suivantes sont inversées.

26. Gigantesque et minuscule.

27. b  Elle comporte un petit rond en trop.

28. H et hache.

29. 18 Soustraire la somme des membres droits à la somme des membres gauches donne la solution.

30. Ours, lenteur, **Espagne**, avion.

31. a  Phare debout, toit gris, carré noir en haut, triangle vers le bas.

32. Éplucher et peler.

33. a  On a une figure et une seule couleur par ligne.

34. Ton et thon.

35. CIR fait farcir et cirque.

Chapitre 6

Test 4 (page 46)

1. e  Il faut ajouter un carré noir de plus.

2. N Il faut suivre l'alphabet à l'envers.

3. Vrai : « Les piétons traversent au feu rouge. »

4.  La baleine est un mammifère qui vit dans la mer.

5. La moitié.

6. Soumission et domination.

7. c et f 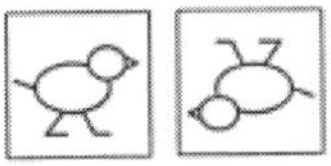 Les autres pivotent.

8. Lard, **costume**, cheval, montre.

9. Pot / peau

10. Maison.

11. b  C'est le seul à n'être pas symétrique.

12. Voiture.

13. d 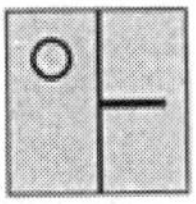

14. 13 La moitié d'un nombre donne le suivant.

15.  L'autruche n'est pas un animal de la ferme.

Chapitre 6

16. b 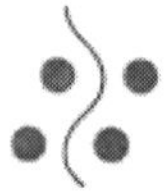 La ligne courbe tourne d'1/4 de cercle, les ronds augmentent d'un.

17. Menuisier.

18. Possible et vraisemblable.

19. e  La progression est de + 5 minutes : + 10, + 15, + 20.

20.  Le sapin est le seul conifère.

21. e  Une forme de tête et un nombre de cheveux différent par ligne et par colonne.

22. 49 Le carré du nombre donne la réponse.

23. Corse et Manche.

24.  Les cartes se suivent en ligne et les couleurs sont les mêmes dans chaque colonne.

25. Crayon, **hérisson**, vase, tulipe.

26. 

Ce sont les deux couleurs qui donnent du vert.

27. a 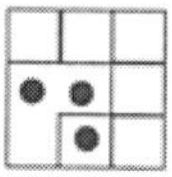 On a un carré de plus, un rond de moins.

28. Là / las

29. 24 / 16 Les chiffres du haut se multiplient pour donner celui de la 3e colonne. Ceux du bas s'additionnent.

30. c  Deux carrés adjacents conditionnent le carré du dessus. Superposez-les : deux tirets au même endroit disparaissent ; un tiret tout seul reste.

31. Poireau.

32. C**O**URONNE.

33. c 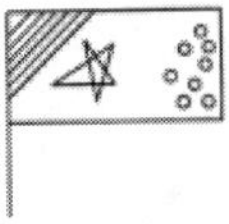 Il possède un trait de plus, un rond de moins, le sens de l'étoile est alterné.

34. Don et présent.

35. L Des couples de lettres se suivent.

Test 5 (page 58)

1.  Chacune des trois cartes se trouve une fois par ligne et une fois par colonne.

2. 33 La progression est de + 6.

3. Un artiste n'est pas forcément un musicien.

4. i 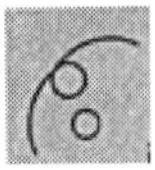 Il manque un petit rond.

5. Oiseau.

6. Maison.

7. Odeur, **muguet**, oignon, lune.

8.  C'est la seule racine.

9. Vaincre et gagner.

10. X La 3e lettre en partant du début correspond à la 3e lettre en partant de la fin.

Chapitre 6

11. 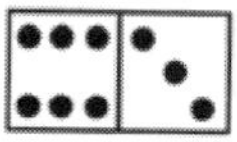 La face extérieure est le double de la face intérieure. Les points augmentent d'un en un ou de deux en deux en tournant dans le sens des aiguilles d'une montre.

12. Lait / laid

13. c  Il n'est pas symétrique.

14. 20

15. Pâle : le R devient P.

16. a  Dans chaque colonne et dans chaque ligne, il y a 4 rectangles, 5 carrés et 7 ronds.

17. Avocat.

18. b  Seul ce dessin est fait de six droites discontinues, au lieu de cinq droites continues.

19. Poire et navet.

20. Faux : « Les arbres perdent leurs feuilles au printemps. »

21. X Deux lettres se suivent, puis on en saute deux.

22. **Paresse**, bien, avenir, livre.

23. d 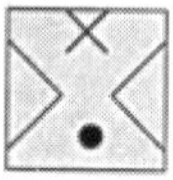 Les carrés du bas s'obtiennent par la superposition des deux carrés du dessus.

24. 6 On l'obtient par la soustraction des deux chiffres du dessus.

25. Né est le participe passé du verbe précédent.

26. e  Ce sont les droites qui joignent les angles opposés de la figure.

27. CART**O**N.

Chapitre 6

28. Aire et ère.

29. e 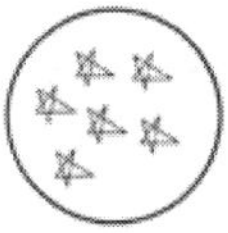 C'est le seul à avoir un nombre pair d'étoiles.

30. 24 €

31. Vert et ver.

32.  Deux cartes opposées sont le double l'une de l'autre.

33. Défendre et permettre.

34. Mouton est le seul mâle.

35. 11 : 20 La pendule avance de 25 minutes chaque fois.

Évaluation des résultats pour chacun des cinq tests					
	Moyen	Bon	Très bon	Excellent	Exceptionnel
11 ans	6 - 10	11 - 15	16 - 20	21 - 25	26 - 35
12 ans	7 - 12	13 - 17	18 - 22	23 - 27	28 - 35
13 ans	8 - 14	15 - 19	20 - 24	25 - 29	30 - 35
14 ans	9 - 16	17 - 21	22 - 26	27 - 31	32 - 35
15 ans	10 - 18	19 - 23	24 - 27	28 - 33	34 - 35
Évaluation de la note globale					
	Moyen	Bon	Très bon	Excellent	Exceptionnel
11 ans	25 - 54	55 - 79	80 - 104	105 - 129	130 - 175
12 ans	30 - 64	65 - 89	90 - 114	115 - 139	140 - 175
13 ans	35 - 74	75 - 99	100 - 124	125 - 149	150 - 175
14 ans	40 - 84	85 - 109	110 - 134	135 - 159	160 - 175
15 ans	45 - 94	95 - 119	120 - 139	140 - 169	170 - 175

Chapitre 6

Corrigés du chapitre 2

Tests verbaux

Exercice n° 1 (page 70)

1.	Cité.	
2.	Franc.	
3.	Masse.	
4.	Solde.	
5.	Inspirer.	
6.	PIS	forme TAPIS et PISTON.
7.	LIT	forme DÉLIT et LITIGE.
8.	CHAT	forme ENTRECHAT et CHÂTIER.
9.	TON	forme PITON et TONSURE.
10.	LION	forme TRUBLION et LIONCEAU.
11.	Manteau	est le seul à ne pas faire partie des fournitures scolaires.
12.	Fourchette	est le seul à ne pas être un outil de bricolage.
13.	Carotte	est la seule racine (les autres poussent sur des arbres ou arbustes), ou le seul légume parmi des fruits.
14.	Lourd	est le seul terme qui ne s'applique pas à la préparation ou à la cuisson des œufs.
15.	Aplomb	est le seul terme à évoquer quelque chose de vertical et non de penché.
16.	Arpenter	signifie « marcher rapidement », contrairement aux autres termes qui évoquent plutôt la lenteur.
17.	Se réfugier	évoque l'arrivée et la sécurité, contrairement aux autres verbes qui évoquent la fuite et le départ.

18. Comparer est le seul verbe à ne pas donner l'idée de causalité ou de filiation entre les deux choses.

19. Questionner et interroger.

20. Corridor et couloir.

21. Chantonner et fredonner.

22. Fainéant et paresseux.

23. Illustre et célèbre.

24. Goût et saveur.

25. Gêner et déranger.

26. Main forme mainlevée, mainmise, maintenir, mainmorte.

27. Bien forme bien-être, bienfait, bientôt, bienvenu.

28. Bas forme bas âge, bas-bleu, bas-relief, bas morceau.

29. Part forme quelque part, faire-part, mauvaise part, prendre part.

30. Rouge forme Peau-Rouge, vin rouge, place Rouge, lanterne rouge.

Exercice n° 2 (page 72)

1. Tristesse a le même sens que chagrin.

2. Estimable.

3. Gros.

4. Rusé.

5. Foi.

6. Penché.

7. Pliable.

8. Déguiser.

9. Cultivé.

10. Voyant.

11. Méchant a le sens contraire de gentil.

12. Clair.

13. Mobile.

14. Ignorant.

15. Disperser.

16. Infini.

Chapitre 6

17. Hésitant.

18. Facile.

19. Rusé.

20. Pratique.

21. Habileté a un sens très proche de dextérité.

22. Dépassé.

23. Liberté.

24. Nombreux.

25. Certaines.

26. Suffisance.

27. Émouvant.

28. Dépôts.

29. Poète.

30. Trouble.

Exercice n° 3 (page 75)

1. Montée est synonyme d'élévation comme descente l'est d'abaissement.

2. Décéder est le contraire de naître comme mourir est celui de vivre.

3. L'aigu est le timbre de voix de la soprano comme le grave est celui de la basse.

4. L'histoire décrit la réalité comme le conte décrit une fiction.

5. Bon est synonyme de juste comme livre l'est d'ouvrage.

6. Pomme et poire sont des fruits à pulpe, noix et noisette sont des fruits à coquille.

7. Effrayer est le contraire de rassurer comme prendre l'est de donner.

8. Homme est le masculin de femme comme cheval est celui de jument.

9. Gauche est le synonyme de maladroit comme habile l'est d'avisé.

10. Meilleur est le contraire de pire comme mêler l'est de séparer.

Chapitre 6

11. Le chef dirige l'orchestre comme le président dirige le pays.

12. Le cheval dort dans l'écurie comme le porc dans la porcherie.

13. Le moineau et le pigeon sont de la même espèce animale, la carpe et le brochet aussi.

14. Le violet est une couleur comme le curry est une épice.

15. La lave sort du volcan comme l'eau de la source.

16. La glace est froide comme le désert est sec.

17. On pèle une banane, on épluche une pomme de terre.

18. Le chien aboie, le lion rugit.

19. Dans son métier, le tailleur coud, l'actrice joue.

20. La peine se traduit par des larmes, la joie par un sourire.

21. Mai précède juin dans le calendrier, octobre précède novembre.

22. Fils et père ont le même degré de parenté que fille et mère.

23. Envoyé est l'action préalable à reçu, comme lancé est préalable à attrapé.

24. La robe est faite de tissu comme le pneu de caoutchouc.

25. Lire et lecture sont de la même famille comme se nourrir et nourriture.

26. La pluie mouille comme la flamme brûle.

27. Les mots composent les phrases comme les pages le livre.

28. L'avion et l'hélicoptère volent, la barque et le paquebot vont sur l'eau.

29. Le pansement recouvre la coupure comme la ficelle entoure le paquet.

30. Le blanc est la couleur de la neige comme le noir est celle du charbon.

Chapitre 6

Exercice n° 4 (page 78)

1. QUE forme banque et quête.
2. c signifie « du Sud » ; tous les autres mots font référence au Nord.
3. Page.
4. Mur ; fenêtre ; toit ; **chien** ; porte.
5. AIO forment le mot abricot.
6. Clos donne vase clos, espace clos, huis clos.
7. Eau donne bateau, veau, radeau, chapeau.
8. Rat donne ingrat et ration.
9. Rond donne compte rond, chapeau rond, chiffre rond.
10. Billet.
11. b et e Eux seuls ont le sens de « rendre plus beau ».
12. OUE forment le mot louer.
13. Cousine ; **amie** ; sœur ; tante ; mère.
14. OIRE forme boire, ivoire, moire, noire.
15. Mi forme mi-course, mi-carême, mi-clos.
16. Livre.
17. c et e ont le même sens : « qui commande avec énergie ».
18. d a = camembert, b = bleu, c = gruyère, d = **matière**, e = edam.
19. Main donne main morte, main propre, main basse.
20. ION donne lion, pion, action, camion.
21. EOE Les deux voyelles permettent d'écrire pelote.
22. SON forme maison et sonore.
23. Haricot.
24. TRI forme tripot, tribut, tricher, trique.
25. EIE Ces deux voyelles permettent d'écrire église.

Votre résultat

18 points et plus : très bon résultat
12 à 17 points : bon résultat
5 à 11 points : résultat moyen
0 à 4 points : résultat médiocre

Ce test mesure vos performances dans le domaine verbal. Une note médiocre indique que vous ne ferez certainement pas carrière dans un emploi où le support du travail n'est que verbal et où la tâche essentielle consiste à agencer des mots entre eux. Il vous faut un support plus technique, plus matériel ou plus mathématique. Une note élevée indique, à l'inverse, que vous devriez pouvoir tirer parti de cette capacité dans votre vie professionnelle. Ne serait-ce que pour rédiger des lettres de candidature qui retiennent l'attention par leur pertinence ! Vous pouvez postuler pour tous les emplois de bureau. Vous avez un bon vocabulaire et vous savez vous en servir : les mots sont vos amis. Attention toutefois : ce test ne mesure pas votre niveau d'orthographe !

Séries de chiffres et de lettres
Exercice n° 1 (page 81)

1. 5 Les chiffres se suivent : 1, 2, 3, 4, 5, 6.

2. 0 Les nombres décroissent de 1, 2, 3 puis 4.

3. 368 Le nombre du centre est égal à la somme des trois qui l'entourent.

4. 10 Chaque nombre est égal à la somme des deux qui le précèdent.

5. 15 Les nombres augmentent régulièrement de 3 en 3.

Chapitre 6

6. 32 Chaque nombre est le double du précédent.

7. 30 Chaque nombre du centre est égal à la somme des deux qui l'entourent.

8. 1 ; 2 Il s'agit de deux séries alternées : 4, 3, 2, 1 et 5, 4, 3, 2.

9. 2 10 - 7 = 3 ; 7 - 5 = 2 et 3 - 2 = 1

10. 4 Chaque nombre est le tiers du précédent.

11. 26 Il s'agit d'une série qui croît alternativement de 2 et de 5 : 5 (+ 2) 7 (+ 5) 12 (+ 2) 14 (+ 5) 19 (+ 2) 21 (+ 5) 26.

12. 43 Les nombres augmentent de 10, 9, 8, 7 et 6.

13. 13 Chaque colonne est à voir comme une soustraction : 11 - 3 = 8 ; 15 - 10 = 5 et 19 - 6 = 13.

14. 20 Les nombres de droite sont égaux au double de la somme des deux nombres dont ils sont issus : (1 + 6) x 2 = 14 ; (6 + 4) x 2 = 20 et (14 + 20) x 2 = 68.

15. 18 Les nombres augmentent de 2, 3, 4, 5.

16. 33 Les nombres augmentent de 2 de plus à chaque fois : 9 (+ 3) 12 (+ 5) 17 (+ 7) 24 (+ 9) 33.

17. 60 Le nombre qui est en dessous est le triple de celui qui est au-dessus.

18. 22 Les nombres décroissent de moitié moins à chaque fois : 52 (- 16) 36 (- 8) 28 (- 4) 24 (- 2) 22.

19. 45 Le nombre du centre est égal à la différence entre les deux qui l'encadrent.

Chapitre 6

20. 4 Dans chaque ligne, le troisième nombre est égal à la somme des deux premiers.

21. 24 16 Il s'agit de deux séries alternées : l'une progresse d'un de plus à chaque fois, l'autre est une suite de multiplication par 2 : 6 (+ 5) 11 (+ 6) 17 (+ 7) 24 / 2 (x 2) 4 (x 2) 8 (x 2) 16.

22. 53 56 - Un nombre sur deux est égal au précédent + 3
- Un nombre sur deux est égal à la somme des deux précédents.

23. 61 Chaque nombre est déduit du précédent par la règle : x 2 + 3.
1 x 2 = 2 + 3 = 5 ; 5 x 2 = 10 + 3 = 13, etc.

24. 45 Les nombres augmentent de 3 de plus à chaque fois : + 1, + 4, + 7, + 10, + 13.

25. 12 Le nombre du milieu est égal au double de la différence entre les deux qui l'entourent : (39 - 28) x 2 = 22 et (12 - 6) x 2 = 12.

26. 14 Tournez la croix située en haut à droite d'un quart de tour vers la gauche. Additionnez les nombres qui sont aux mêmes places dans les deux croix du haut : la somme se trouve à la même place dans la croix du bas : 7 + 11 = 18 ; 5 + 3 = 8 ; 9 + 8 = 17 et 10 + 4 = 14.

27. 6 La somme des trois nombres de chaque ligne est égale à 15. 0 + 9 + ? = 15, donc ? = 6.

28. 0 Le chiffre qui se trouve sur la tête du bonhomme est égal à la somme de ses mains moins la somme de ses pieds : (6 + 6) - (2 + 3) = 7 et (9 + 7) - (8 + 8) = 0.

Chapitre 6

29. 21 Le nombre du centre est égal au produit des deux qui l'entourent, divisé par 2 :
(6 x 4) : 2 = 12 et (7 x 6) : 2 = 21.

30. 15 Le nombre du centre est égal à la somme des trois qui l'entourent, divisé par 3. (20 + 15 + 4) : 3 = 13 et (3 + 25 + 17) : 3 = 15.

31. T Les lettres progressent de 2 en 2.

32. N Les lettres défilent à rebours.

33. F Chaque ligne est formée de trois lettres qui se suivent.

34. 16 Chaque lettre est suivie de sa place dans l'alphabet.

35. CHR Les lettres BNQ sont celles qui précèdent immédiatement les lettres COR. Celles qui précèdent DIS sont CHR.

36. BCE Les nombres indiquent les places des lettres correspondantes dans l'alphabet.

37. 4 Les nombres correspondent à la place de la lettre qui précède, plus 1.

38. Q Les lettres progressent de trois en trois (donc on en saute deux chaque fois).

39. F Les lettres reculent de quatre en quatre (donc on en saute trois, tout en faisant défiler l'alphabet à rebours).

Chapitre 6

40. TS Dans chaque ligne, les lettres se suivent en partant de la droite (CDE, MNO, STU).

41. 25 Les nombres représentent la place de la lettre qui précède, moins 1.

42. SPJ Les trois lettres de droite sont celles qui suivent immédiatement les trois lettres de gauche.

43. WY Sur chaque ligne, les trois lettres se suivent de deux en deux (il faut donc en sauter une pour trouver la suivante).

44. ENGH Les lettres du mot de gauche sont 3 rangs, dans l'alphabet, avant celles du mot de droite.

45. JN La première lettre d'une paire suit juste la dernière lettre de la paire précédente. Au sein de chaque paire, les deux lettres sont séparées d'une place, deux, trois et quatre places.

46. P Les lettres dans l'alphabet se succèdent comme ceci : + 4, - 1, + 4, - 1, etc.

47. NP Dans chaque groupe, les quatre lettres se suivent comme ceci : - 2, - 1, + 2.

48. HO Il s'agit de deux séries intercalées : d, e, f, g, h et k, l, m, n, o.

49. DI Il s'agit de deux séries intercalées à progression + 2 pour l'une (c, e, g, i) et - 2 pour l'autre (j, h, f, d).

50. G Il s'agit d'une suite de lettres dont les places dans l'alphabet reculent de 1, 2, 3, 4 rangs.

Chapitre 6

Exercice n° 2 (page 86)

1. K On saute une lettre.

2. K On recule d'une lettre.

3. a On retrouve le même ordre des lettres dans chaque groupe à savoir : + 1, -2, + 3.

4. TVU Chaque lettre figure 1 fois par ligne et colonne.

5. b On ajoute 3.

6. e On enlève 9.

7. c La progression est : - 5, + 2, - 5, + 2, - 5.

8. e On multiplie par 1, puis par 2, 3, 4.

9. d Deux séries alternent : 3, 6, 12, 24 et 1, 3, 5, 7.

10. a Le milieu est la somme des extrêmes.

11. c Le milieu est la somme des extrêmes + 5.

12. e Le milieu est le produit des extrêmes.

13. b Le carré du bas est la somme des nombres à la même place dans les autres carrés : 10 + 9 = 19 ; 21 + 5 = 26 ; 8 + 15 = 23.

14. b Chaque nombre est la somme des 2 qui précèdent : 2 + 8 = 10 ; 8 + 11 = 19 ; 10 + 19 = 29.

15. d Chaque nombre est la différence des 2 précédents multipliée par 3 : (20 - 15) x 3 = 15 ; (15 - 12) x 3 = 9 ; (15 - 9) x 3 = 18.

Chapitre 6

16. e 7 x 7 x 7, 8 x 8 x 8, 9 x 9 x 9, 10 x 10 x 10.

17. a Le nombre de départ est divisé par 6, puis 5, puis 4, puis 3.

18. c Tête = bras + jambes : 18 = (2 + 4) + (7 + 5) ; 25 = (6 + 3) + (10 + 6).

19. c Tête = jambes - bras : 7 = (5 + 7) - (2 + 3) ; 10 = (6 + 9) - (2 + 3).

20. c Le nombre correspond au rang de la lettre - 1.

21. b La réponse est la somme des 3 chiffres, multipliée par 2.

Votre résultat

18 points et plus : très bon résultat
12 à 17 points : bon résultat
6 à 11 points : résultat moyen
0 à 5 points : résultat médiocre

Ce test vise à mesurer vos performances dans le domaine logique. Tantôt à base de chiffres, tantôt à base de lettres, il est indépendant de votre niveau de culture. Il détermine une aptitude à résoudre rapidement, en envisageant mentalement une succession d'hypothèses, des problèmes logiques. Cette aptitude est présente dans toutes les professions de type informatique, gestion, comptabilité, ainsi que dans tous les postes à responsabilité techniques ou commerciaux et dans les postes d'encadrement. Une note élevée vous autorise, selon votre curriculum vitae, à postuler dans ces domaines. Les tests dits « tests d'intelligence » ou « tests de raisonnement » que vous aurez à passer lors des séances de recrutement, du même genre que celui-ci, seront sans difficulté pour vous.

Chapitre 6

Tests à base de dessins

Exercice n° 1 (page 90)

1. b Le nombre de barres augmente de 1. Elles restent horizontales.

2. d Deux figures sont alternées. La seconde se retrouve donc en quatrième position.

3. d Il s'agit d'une même spirale qui, chaque fois, se prolonge d'un trait.

4. b Trois dessins sont alternés. Celui qui est en troisième place se retrouve donc en sixième.

5. a Il y a un point de plus dans chaque carré. Ces points sont situés sur une diagonale qui change de sens une fois sur deux.

6. e En colonne, les deux dessins sont identique, mais le second est plus gros que le premier. En ligne, les deux dessins ont la même taille, mais on passe d'un carré noir à un triangle blanc.

7. c En colonne, le dessin s'inverse en position et en couleur. En ligne, on passe d'un gros dessin à deux petits, de couleur et position inverses.

8. c Sur chaque ligne, les deux dessins sont identiques.

9. a La barre tourne d'un quart de tour vers la gauche.

10. b Le carré blanc va de coin en coin en tournant vers la droite. Le carré noir fait la même chose en tournant vers la gauche.

11. e Il s'agit de deux séries alternées. Pour trouver la figure suivante, il faut faire subir à la deuxième figure les mêmes transformations que celles nécessaires pour passer de la première à la troisième figure : changer le sens de la diagonale et changer le sens de la barre.

12. c La barre verticale se décale progressivement vers la droite, jusqu'à se confondre avec celle du cadre. La barre horizontale remonte régulièrement. Le carré noir occupe les coins en tournant vers la gauche.

13. a On peut résoudre cet item de deux façons :

- le nombre de tirets augmente de 1 : il doit donc y en avoir sept ;
- il y a deux séries alternées. Pour passer de la première à la troisième figure, on ajoute deux tirets en bas. Il suffit donc d'ajouter deux tirets au bas de la deuxième figure pour avoir la quatrième.

14. e Pour dessiner chaque figure, on a besoin de trois, quatre, cinq, puis six segments de droite.

15. d La barre tourne autour du carré vers la droite. Le point est tantôt à l'une, tantôt à l'autre extrémité. La lettre avance dans l'alphabet et remonte le long de la diagonale.

16. b Pour obtenir la seconde figure à partir de la première, il suffit de la couper en deux suivant une diagonale, puis d'espacer les morceaux sur l'autre diagonale.

Chapitre 6

17. d Si l'on avance d'une figure à l'autre, on constate que :
- le carré du milieu reste ;
- le carré en bas à gauche fait les coins dans le sens des aiguilles d'une montre ;
- le carré en haut à droite avance d'une case vers la gauche.

18. b C'est le triangle, la seule figure à n'avoir que trois côtés.

19. b La diagonale du petit carré est inversée par rapport aux quatre autres, qui sont simplement pivotées sur elles-mêmes (d) ou pivotée et retournée recto verso (c et e).

20. c La barre tourne régulièrement de trois huitièmes de tour (un quart de tour, plus la moitié d'un quart) vers la droite. La troisième figure est fausse par rapport à cette progression.

21. b Cette figure est tournée recto verso par rapport aux quatre autres.

22. a Cette figure est la seule où l'on ne trouve que des barres verticales ou horizontales.

23. e La figure a été tournée d'un quart de tour dans le sens des aiguilles d'une montre puis retournée recto verso.

24. c La figure a été tournée d'un quart de tour dans le sens inverse des aiguilles d'une montre puis retournée recto verso.

Chapitre 6

25. b La figure a été tournée d'un quart de tour dans le sens inverse des aiguilles d'une montre puis retournée recto verso.

26. a La figure a été tournée d'un quart de tour dans le sens des aiguilles d'une montre puis retournée recto verso.

27. d La barre verticale change d'axe. L'autre reste en place. Le carré (donc le rectangle) change de couleur.

28. a La figure est tournée sur elle-même de 90 degrés et les proportions réciproques des deux formes s'inversent (la plus grosse devient la plus petite).

29. c Le petit triangle qui était sur le grand carré passe dessous et change de couleur. De même, le petit carré qui était sous le grand triangle va passer dessus et changer de couleur. Du grand carré il ne reste que l'intérieur, dont la couleur change. Idem pour le grand triangle.

30. d La flèche qui rentrait sort. La croix passe de l'intérieur à l'extérieur du grand carré (ou l'inverse). Le petit carré change de couleur.

Chapitre 6

Exercice n° 2 (page 99)

1. f Les trois mêmes figures se retrouvent sur les trois lignes, dans un ordre différent. Sur la troisième ligne, le carré noir manque.

2. d Sur chaque ligne, la figure de droite est le résultat de la superposition (ou addition) des deux figures précédentes.

3. a Pour obtenir la figure de droite à partir des deux figures précédentes, on procède, sur chaque ligne, de la façon suivante :
- on superpose les deux premières figures comme précédemment ;
- on supprime les éléments communs à ces deux figures.

Si l'on superpose les deux premières figures de la troisième ligne, les deux cercles disparaissent. Il ne reste que le petit carré noir.

4. c Sur les deux premières lignes, on retrouve les trois mêmes figures : un carré, un rond, un triangle, mais de taille différente. Sur chaque ligne, on observe une figure petite, une moyenne et une grande. Dans les huit figures, il y a :
- 3 carrés : un moyen, un grand, un petit ;
- 3 ronds : un grand, un petit, un moyen ;
- 2 triangles : un petit et un moyen.

Logiquement, la figure manquante est le grand triangle.

Chapitre 6

5. e Sur les deux premières lignes, on observe deux figures identiques et une différente. Il doit en être de même pour la troisième ligne.

6. f Sur chaque ligne, il faut voir les deux figures de droite comme deux moitiés devant se réunir pour former la figure de gauche. Autrement dit, la figure de droite est obtenue en déduisant la figure du centre de celle de gauche.

7. a Sur les deux premières lignes, on constate que :
- les figures 1 et 2 (gauche et centre) sont identiques ;
- la figure 3 (droite) a la même forme, mais elle est tournée d'un quart de tour et sa couleur est inversée.

En appliquant la même règle à la troisième ligne, on en déduit que la figure manquante est un rectangle, horizontal, de couleur noire.

8. e Sur chaque ligne, pour passer d'une figure à l'autre, on applique la règle suivante :
- une des aiguilles reste fixe ;
- l'autre avance d'un huitième de tour.

9. b Sur chaque ligne, la figure 3 (de droite) s'obtient en accolant les figures 1 et 2, mais en passant la figure 1 à droite de la figure 2.

Chapitre 6

10. d Sur chaque ligne et dans chaque colonne, il y a :
- une fois chaque forme (carré, triangle, cercle) ;
- une fois chaque trame.

11. c Les trois figures de chaque ligne ont la même forme. L'une a l'intérieur noir, l'autre a l'extérieur noir, la troisième est entièrement blanche.

12. f Chaque figure est composée de deux petits rectangles. Chacun d'eux, sur chaque ligne et dans chaque colonne, peut avoir l'un des trois motifs suivants : lignes verticales, lignes horizontales, lignes obliques.
En regardant les rectangles dessinés sur la dernière ligne et dans la dernière colonne, on voit que le premier manquant ne peut être qu'à lignes obliques et le second, à lignes horizontales.

13. c La figure de droite de chaque ligne s'obtient en appliquant les règles suivantes :
- on superpose les figures 1 et 2 ;
- on supprime les tirets qui sont au même emplacement.

14. b La règle est semblable à celle de l'exercice précédent :
- on superpose les deux premières figures ;
- on supprime tout ce qui est commun aux deux.
Le résultat donne la figure 3.

15. d Ici encore, pour trouver la troisième figure, il faut commencer par superposer les deux premières. Ensuite, la règle est la suivante :
- trame horizontale + blanc = trame verticale ;
- trame verticale + blanc = trame horizontale ;
- blanc + blanc = blanc ;
- trame horizontale + trame verticale = noir.

16. a La troisième figure s'obtient en accolant la partie gauche de la deuxième figure à la partie droite de la première figure.

17. e Chaque ligne suit les deux règles suivantes :
- la flèche tourne d'un quart de tour à droite ;
- le point est alternativement au bout et au milieu de la flèche.

18. f Sur chaque ligne, la figure évolue dans les trois carrés de la façon suivante :
- elle s'aplatit de plus en plus ;
- elle tourne d'un quart de tour à droite.

19. b Pour obtenir, sur chaque ligne, la troisième figure, il faut superposer les deux premières puis appliquer la règle suivante :
- si deux traits se trouvent dans l'alignement (l'un étant à l'intérieur du carré et l'autre à l'extérieur), ils se suppriment mutuellement, comme deux nombres de signes contraires ;
- si deux traits se superposent juste, ils changent de côté.

20. d On observe une combinaison des trois règles suivantes :
- le dessin, identique sur chaque ligne, peut avoir trois motifs : tramé, blanc ou noir (cette alternance se retrouve dans les colonnes) ;
- le cadre autour du dessin peut prendre trois états : pointillés, tirets, trait continu (cette alternance se retrouve dans les colonnes) ;
- le dessin lui-même tourne vers la gauche d'un quart de tour sur la première ligne, d'un huitième de tour sur la deuxième ligne et d'un seizième de tour sur la troisième ligne.

Chapitre 6

Exercice n° 3 (page 110)

1. c

2. d

3. a

4. b

5. e

6. b

7. c

8. c

9. e

10. a

11. 5

12. 6

13. 7

14. 10

15. 13

16. d Le point est dans le rond alors qu'il n'y est pas dans les autres figures.

17. c Le point est dans un seul carré et non dans les deux.

18. b Le point est à la fois dans le carré et dans le cercle.

19. c Le point est de l'autre côté de la ligne par rapport au carré.

20. a Le point est dans le carré au lieu d'être dans le rectangle.

Tests à base de cartes à jouer

Exercice n° 1 (page 115)

La méthode la plus simple pour trouver la réponse à ce type de problème est de séparer la recherche de la couleur de la carte (pique, cœur, carreau, trèfle) de la recherche de sa valeur (1 à 10). Les deux problèmes ne sont jamais liés et doivent donc être traités l'un après l'autre, afin d'éviter toute confusion.

Trouver la couleur de la carte est toujours plus simple (parce qu'il n'y a que quatre valeurs possibles et parce qu'il s'agit d'une variable qualitative). C'est donc par là que nous allons chaque fois commencer. En second, nous chercherons la valeur de la carte.

Pour qu'une réponse soit considérée comme bonne, il faut que la valeur et la couleur de la carte à trouver soient justes.

1. 

- Les trois premières cartes sont de la même couleur, pique. On peut donc supposer qu'il en est de même pour les trois autres. La carte cherchée est donc du carreau.
- La première carte, un 4, est égale à la somme des deux autres : 4 = 3 + 1.

En appliquant la même règle au groupe de cartes suivant, on obtient : 7 = ? + 3. Donc ? = 4.

La carte recherchée est donc le 4 de carreau.

Chapitre 6

2. 

- Deux cartes de même couleur se font face : on voit deux cartes de pique et deux cartes de carreau. En face du cinq de cœur doit logiquement se trouver une autre carte de cœur.
- En regardant toujours les cartes qui se font face, donc celles de même couleur, on constate que l'une est le double de l'autre : 3 x 2 = 6 et 1 x 2 = 2.

  De la même façon, le cinq doit être multiplié par deux (s'il s'agissait d'un chiffre pair, il y aurait un doute entre le multiplier par deux ou le diviser par deux, mais ici il ne peut s'agir que d'une multiplication). 5 x 2 = 10. La carte recherchée est donc le dix de cœur.

3. 

- Sur la première rangée, on trouve successivement les quatre couleurs : trèfle, pique, cœur et carreau. Sur la seconde rangée, on trouve cœur, carreau et trèfle. On peut donc supposer que les couleurs sur les deux rangées sont les mêmes, et qu'elles ont seulement changé de place. La couleur manquante sur la seconde rangée est le pique.
- On trouve en haut les valeurs : 8, 3, 5 et 1. En bas, on a les valeurs : 5, 1, 8 et ?

En appliquant le même raisonnement que pour la couleur, on déduit que les valeurs sont les mêmes en haut et en bas. Donc, la valeur manquante est un 3.

On peut aboutir à ce résultat plus rapidement en constatant que les cartes sont les mêmes dans la première et dans la seconde rangée. Mais ce n'est pas toujours le cas, aussi vaut-il mieux appliquer un raisonnement qui sera valable même si les couleurs appliquées à chaque valeur s'échangent.

4. 

- Comme précédemment, les quatre couleurs étant présentes sur la première rangée, elles doivent se retrouver dans la seconde rangée. L'ordre où elles apparaissent a changé, mais on voit vite que le pique, qui se trouve sur la première rangée, manque sur la seconde. La carte cherchée est donc à pique.
- Regardons la valeur des cartes de la rangée du haut : 9, 7, 5, 3.

On constate que la valeur baisse de deux points à chaque carte. Dans la rangée du bas, on a : 8, 6, 4 ?
La valeur baisse également de deux en deux. La carte suivante doit avoir la valeur : 4 – 2 = 2.

Chapitre 6

5.

- Les couleurs des cartes qui sont côte à côte sont identiques : trèfle-trèfle et cœur-cœur. La couleur de la carte à trouver, située à côté d'un pique, doit donc en être un aussi.
- Regardons les valeurs verticalement. Dans la première colonne, on repère que le chiffre du milieu est égal à la somme des chiffres qui l'encadrent : 6 = 2 + 4.

Si on applique la même règle à la deuxième colonne, on obtient : 7 = 4 + ? Donc ? = 3.

6.

- Les couleurs des cartes qui sont l'une au-dessus de l'autre sont les mêmes : pique-pique et cœur-cœur. La carte qui manque, située sous un trèfle, doit donc en être un également.
- Les valeurs des cartes de la première ligne croissent régulièrement d'un point : 7, 8, 9.

En regardant les valeurs de la seconde ligne : 5, ?, 3, on devine facilement que, à l'inverse des valeurs du dessus, elles décroissent régulièrement d'un point. La valeur manquante est donc 4.

7.

- Les couleurs de la suite des cartes alternent : pique, carreau, pique, carreau, ?

On en déduit que, pour poursuivre la série, la carte suivante doit être à pique.

- Les valeurs des cartes décroissent régulièrement de deux en deux : 10, 8, 6, 4, ? La valeur manquante est donc : 4 - 2 = 2.

8. 

- Les cartes qui se font face sur chaque diagonale ont les mêmes couleurs, disposées de façon symétrique. Pique et cœur pour la diagonale complète, trèfle et carreau pour la diagonale où il manque une carte. Cette carte, symétrique d'une carte à carreau, est donc aussi une carte à carreau.

D'une autre façon, on peut constater que les cartes intérieures alternent : cœur, trèfle, cœur, trèfle, tandis que les cartes extérieures alternent pique et carreau.

- Dans chaque paire de deux cartes côte à côte, la valeur de la carte extérieure est obtenue en ajoutant trois à la carte intérieure : 7 + 3 = 10 ; 6 + 3 = 9 et 4 + 3 = 7.

En appliquant la même règle à la dernière paire, on obtient : 5 + 3 = ?, donc la carte à trouver a pour valeur 8.

9. 

- Les couleurs de la première rangée alternent : trèfle, carreau, trèfle, carreau.

On en déduit que les couleurs de la seconde rangée appliquent la même règle : cœur, pique, cœur, ? La carte à trouver est donc à pique.

- Les valeurs des cartes de la première rangée décroissent de deux en deux : 9, 7, 5, 3.

Les valeurs de la seconde rangée étant 8, 6, 4, ?, on en déduit qu'elles suivent la même règle et décroissent également de deux en deux. La valeur manquante est donc : 4 - 2 = 2.

Chapitre 6

10.

- Dans la diagonale complète, on trouve une carte de chaque couleur : trèfle, pique, carreau et cœur. En appliquant cette même règle à l'autre diagonale qui comporte déjà un pique, un cœur et un trèfle, on en déduit que la carte manquante est un carreau.
- Dans la diagonale complète, on constate que les valeurs sont les mêmes de part et d'autre du centre, reproduites identiquement : 6, 3 et 6, 3. Dans l'autre diagonale, les valeurs fournies (7, 5 et 7, ?) laissent supposer que la règle est la même et que la valeur manquante est 5.

11.

- La couleur des deux cartes situées l'une au-dessus de l'autre est la même. La carte manquante est donc à trèfle.
- Si l'on regarde attentivement les valeurs de ces paires de cartes de même couleur (3 et 6 ; 5 et 4 ; 1 et 8), on constate que leur somme est toujours égale à 9.

Appliquant la même règle à la dernière paire, on trouve : 7 + ? = 9, donc la valeur à trouver est 2.

12. 

- Nous sommes devant deux groupes de quatre cartes disposées de façon particulière. Dans le premier groupe, chaque carte est d'une couleur différente des autres. Dans le second groupe, on voit les couleurs pique, carreau et trèfle. On en déduit que la quatrième carte est à cœur.
- Regardons la disposition des cartes dans chaque groupe : c'est la carte centrale (horizontale) qui doit être devinée. La règle est la suivante : la valeur du centre est égale à la somme des deux valeurs du haut, moins la valeur du bas, comme si la carte horizontale était en fait un signe de soustraction. Donc : 3 + 7 - 4 = 6. De la même façon : 5 + 4 - 1 = ?, donc ? = 8.

13. 

- Les couleurs des cartes sont les mêmes dans chaque colonne de cartes : première colonne à carreau, deuxième colonne à cœur, troisième colonne (dont la carte cherchée) à trèfle.
- Il faut se représenter mentalement ce groupe de dix cartes séparé par une ligne horizontale en deux groupes de cinq. Il apparaît alors rapidement que les valeurs des cartes au sein de chaque groupe se suivent, dans l'ordre et selon la même disposition.

On trouve : 1, 2, 3, 4, 5 dans le groupe du haut et 6, 7, 8, ?, 10 dans le groupe du bas. La carte manquante a donc pour valeur 9.

Chapitre 6

14. 

- Comme dans le cas précédent, les couleurs des cartes sont les mêmes dans chaque colonne. La carte manquante est donc à cœur.
- Regardons la rangée de cartes du dessus. Elle se présente comme une soustraction : 8 - 2 = 6.

En appliquant la même règle à la rangée du dessous, on obtient : ? - 3 = 4, d'où ? = 7.

15. 

- Dans la première colonne de quatre cartes, chaque couleur est représentée une fois : carreau, pique, cœur et trèfle. Dans la seconde colonne, on voit trois cartes à trèfle, carreau et cœur. On en déduit que la dernière carte, cachée, est à pique.
- Regardons maintenant les lignes :

6 (+ 1) = 7

3 (+ 2) = 5

1 (+ 3) = 4

6 (+ 4) = ?

Une fois que l'on a repéré que, pour passer de la carte de gauche à la carte de droite, on ajoutait chaque fois une unité de plus, on en déduit facilement que la valeur cherchée est 10.

16. 

- Les couleurs sont les mêmes que les cartes situées en vis-à-vis, de façon symétrique :

cœur/pique pique/cœur (rangée verticale)
trèfle/carreau carreau/ ? (rangée horizontale).

Donc, la carte cherchée est à trèfle.

- Regardons les valeurs des quatre cartes centrales : elles se suivent en tournant dans le sens des aiguilles d'une montre (2, 3, 4, 5). Regardons les valeurs des cartes périphériques en tournant dans le même sens. On trouve : 6, 7, ?, 9.

On devine alors que la valeur à trouver est 8.

17. 

- La couleur est la même pour les trois cartes de chaque rangée : trois cartes à pique, trois cartes à carreau, donc trois cartes à trèfle.
- Si l'on regarde les valeurs des cartes de chaque rangée, on constate que la première valeur est égale au produit des valeurs des deux cartes suivantes : 6 = 2 x 3 ; 10 = 5 x 2 ; 9 = 3 x ?. Donc la valeur cherchée est 3.

18. 

- Toutes les cartes de la ligne centrale sont à carreau. Toutes les autres cartes qui ne sont pas à carreau sont à trèfle, donc la carte recherchée l'est également également.
- Imaginons une ligne verticale qui séparerait les cartes en deux groupes de quatre et regardons le groupe de gauche. On constate que la valeur de la carte seule à droite est égale à la somme des valeurs des trois autres cartes situées à sa gauche : 1 + 1 + 4 = 6.

Appliquons la même règle à l'autre groupe de quatre cartes. On obtient : 4 + 3 + ? = 9. D'où il ressort que la valeur recherchée est un 2.

Chapitre 6

19. 

- Les couleurs des cartes sont les mêmes dans les deux rangées, disposées dans le même ordre. La couleur manquante est donc à carreau.
- Si l'on fait la somme des cartes de même couleur, situées l'une au-dessus de l'autre, on trouve :

Première colonne : 1 + 7 = 8.

Deuxième colonne : 3 + 6 = 9.

Troisième colonne : 5 + ? = ?.

Quatrième colonne : 8 + 3 = 11.

Pour reproduire la suite logique (8, 9, 10, 11), la somme des deux cartes de la troisième colonne doit être 10. Si 5 + ? = 10, alors ? = 5.

20. 

- Si l'on trace une ligne horizontale imaginaire qui sépare les dix cartes en deux groupes de cinq, on constate que toutes les cartes du groupe supérieur sont du carreau, et toutes les cartes du groupe inférieur sont du trèfle. Donc la carte à trouver l'est également.
- Regardons le groupe du haut (cartes à carreau). On devine que la carte centrale, dont l'équivalente en dessous est cachée, doit être la résultante de calculs effectués sur les quatre cartes qui l'entourent. En cherchant un peu, on s'aperçoit que : (10 + 6) - (4 + 3) = 9.

Autrement dit, la valeur centrale est égale à la somme des valeurs de gauche de laquelle on déduit la somme des valeurs de droite. Appliqué au groupe inférieur (cartes à trèfle), on obtient : (5 + 3) - (3 + 1) = ? Donc, la valeur cherchée est 4.

Exercice n° 2 (page 126)

1. 3 de cœur	Les cartes sont alternées.
2. 6 de trèfle	Plus 1, dans la suite des couleurs.
3. 5 de cœur	La carte centrale est la somme des deux qui l'encadrent.
4. 10 de pique	La troisième carte est la somme des deux premières sur chaque ligne. Les couleurs sont fixes par colonne.
5. 8 de pique	Les couleurs sont fixes par colonne. Les valeurs progressent de + 1.
6. 4 de carreau	Les valeurs diminuent de - 1 dans chaque ligne. Les couleurs sont fixes par ligne.
7. 3 de pique	Les cartes sont identiques en haut et en bas mais dans un ordre différent.
8. 7 et 10 de pique	Les cartes observent une progression de + 1 de haut en bas selon les diagonales.
9. 3 de pique	Les couleurs sont fixes par colonne. Les valeurs diminuent de - 2 sur les lignes.
10. 1 de cœur	On retrouve les trois mêmes couleurs en ligne et en colonne. Les valeurs augmentent de + 1 horizontalement.
11. 7 de carreau	Les valeurs augmentent de + 3 horizontalement et il y a une couleur par colonne.
12. 3 de carreau	Deux cartes différentes sont reproduites trois fois.
13. 2 de cœur	La somme des valeurs de chaque colonne augmente de + 1 (4, 5, 6, 7). Il n'y a que deux couleurs.
14. 6 de carreau	La couleur est fixe. La somme dans chaque colonne est 9.
15. 7 de trèfle	La somme de chaque colonne augmente de + 1 (4, 5, 6, 7) ; il y a une couleur par colonne.

Chapitre 6

Tests à base de dominos

Exercice n° 1 (page 135)

Pour qu'une réponse soit considérée comme bonne, il faut que les deux valeurs du domino à trouver soient justes. Comme ces deux valeurs sont le plus souvent indépendantes l'une de l'autre, il faut trouver la suite logique qui régit chacune d'elles.

1. 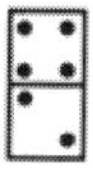 On constate que les dominos qui se suivent sont les mêmes, mais un sur deux a été retourné. Les dominos ont donc les mêmes valeurs que les précédents après avoir été pivotés de 90 degrés.

Une autre façon d'arriver au résultat est de regarder d'abord la suite des valeurs du haut : 2, 4, 2, ? Puis celle du bas : 4, 2, 4, ? Dans ce cas, on considère ces deux suites comme autonomes et on les résout l'une après l'autre, très simplement.

2. 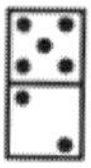 Regardons les valeurs du haut : 1, 2, 3, 4, ?

Puis celles du bas : 5, 6, 0, 1, ?

Il s'agit de deux suites reposant sur le même principe simple d'une progression de 1 point d'un domino à l'autre.

3. 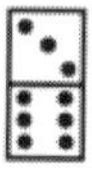 Les valeurs du haut (0, 6, 5, 4, 3) forment une suite décroissante de 1 point.

Les valeurs du bas (2, 3, 4, 5, 6) forment une suite croissante de 1 point.

4. 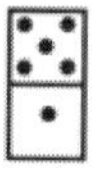 Les valeurs du haut augmentent progressivement de 1, 2, 3, puis 4 points. Donc 1 + 4 = 5.

Les valeurs du bas diminuent progressivement de 1, 2, 3, puis 4 points. Donc 5 - 4 = 1.

Chapitre 6

5. 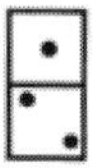 Dans cette figure, il s'agit de deux progressions croisées, c'est-à-dire qu'il faut passer du haut du premier domino, au bas du deuxième puis en haut du troisième, etc. On se trouve alors face à deux suites très simples.

L'une n'est faite que de 2, donc la valeur cherchée est 2.

L'autre augmente de 1 point d'un domino à l'autre : 3, 4, 5, 6, 0, ?. Donc la valeur suivante est 1.

6. 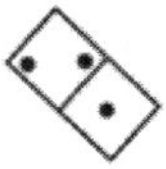 Ici encore, il s'agit de deux progressions croisées. En avançant de façon alternée haut-bas, on se trouve face à deux nouvelles séries numériques très simples : 0, 2, 4, 6, 1   1, 3, 5, 0, 2.

7. 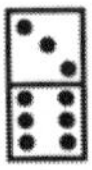 Pour résoudre ce problème, il faut séparer les dominos en trois groupes de trois par deux lignes horizontales imaginaires.

ou

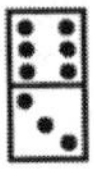 En regardant les deux premiers groupes complets, on constate que les six parties des dominos présentent les six valeurs 1, 2, 3, 4, 5 et 6.

Appliquons la même règle au dernier groupe. Les quatre valeurs visibles sont 1, 2, 4 et 5. Les deux valeurs manquantes, 3 et 6, sont donc celles que l'on cherchait.

8. 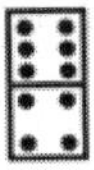 La suite des valeurs du haut des dominos et celle des valeurs du bas suivent la même règle : alternance entre une progression de 3 points et un recul de 4 points.

Haut : 5 (- 4) 1 (+ 3) 4 (- 4) 0 (+ 3) 3 (- 4) 6.

Bas : 3 (+ 3) 6 (- 4) 2 (+ 3) 5 (- 4) 1 (+ 3) 4.

9. 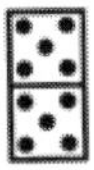 Examinons la première ligne de trois dominos. Les valeurs du troisième sont obtenues en additionnant les valeurs des deux premiers dominos selon les diagonales : 4 + 2 = 6 et 2 + 1 = 3.

Chapitre 6

En appliquant la même règle à la seconde ligne de dominos, on obtient : 2 + 3 = 5 et 3 + 2 = 5.

10. 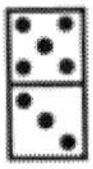 Nous sommes en présence de trois lignes de trois dominos. Examinons la première. On constate que :

- la valeur du haut du troisième domino est égale à la somme des valeurs du haut des deux premiers dominos (3 + 2 = 5);
- la valeur du bas du troisième domino est égale à la différence des valeurs du bas des deux premiers dominos (4 - 0 = 4).

Examinons la seconde ligne. La même règle s'applique : 0 + 3 et 2 - 1 = 1.
Appliquons cette règle à la dernière ligne :
1 + 4 = 5 et 6 - 3 = 3.

11. 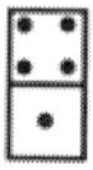 Il s'agit de deux progressions croisées, l'une augmentant de 1 point (6, 0, 1, 2, 3, 4), l'autre décroissant de 2 points (4, 2, 0, 5, 3, 1).

12. 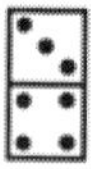 Lorsqu'on regarde attentivement le tableau dans son ensemble, on peut constater que les trois diagonales haut-gauche/bas-droite sont constituées par des dominos identiques.

13. 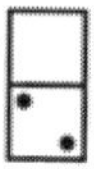 Les dominos présentent deux suites :

- la première où les chiffres croissent régulièrement de 1 point (1, 2, 3, 4, 5, 6, 0) ;
- il en est de même pour la seconde suite (3, 4, 5, 6, 0, 1, 2).

Chapitre 6

14. 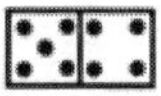 Considérons que les dominos forment un cercle. Les deux dominos situés face à face sont identiques et disposés de façon symétrique.

15. 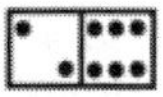 Si l'on tourne dans le sens de la flèche en partant du premier domino, on constate que :

- dans la première suite, les chiffres croissent de 1 point (3, 4, 5, 6, 0, 1, 2) ;
- dans la seconde suite, les chiffres décroissent de 1 point (5, 4, 3, 2, 1, 0, 6).

16. 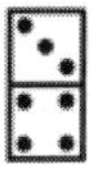 En regardant attentivement la suite des dominos (en partant du centre de la spirale), on constate que deux lois se complètent :

- dans chaque domino, la première partie est égale à la seconde augmentée de 1 point ;
- en passant d'un domino à l'autre, on saute de 2 points.

17. 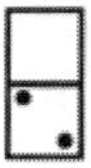 Dans chaque ligne de trois dominos :

- les valeurs du haut augmentent de deux en deux ;
- la valeur du bas du premier domino est égale à la somme des valeurs du bas des deux autres dominos.

18. 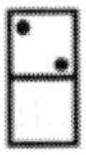 En partant du premier domino et en tournant dans le sens de la flèche, on constate que :

- les valeurs de la première suite augmentent de 1 point ;
- les valeurs de la seconde suite valent alternativement 2 et 5.

Chapitre 6

19. 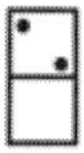 ou 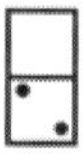 ou 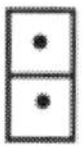 La somme des valeurs du haut et du bas de chaque domino décroît régulièrement de 1 point :
4 + 3 = 7 ; 2 + 4 = 6 ; 5 + 0 = 5, etc.

20. 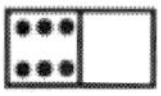 Regardons les paires de dominos en vis-à-vis : les valeurs de celui de droite sont égales au double des valeurs du domino de gauche, symétriquement par rapport à l'axe central.

21. 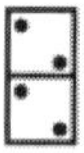 Imaginons deux lignes verticales qui séparent les dominos en trois groupes de trois.
Dans les deux premiers groupes, on s'aperçoit que les valeurs du domino du centre sont calculées à partir des dominos qui l'entourent de la façon suivante :
- la valeur du haut est égale à la différence entre les deux valeurs du domino supérieur ;
- la valeur du bas est égale à la somme des valeurs du domino inférieur. Ce qui donne, pour le premier groupe : 6 - 2 = 4 et 3 + 1 = 4. Appliquée au dernier groupe, cette règle donne : 4 - 2 = 2 et 0 + 2 = 2.

22. 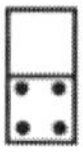 Dans cet exercice, il faut voir la série de dominos comme composée de deux suites indépendantes. Suivons la flèche :
- pour la première suite, on a : 4, 2, 5, 2, 6, 2, ?, soit une suite croissante (4, 5, 6) où s'intercale la valeur 2;
- pour la seconde suite, on a : 4, 3, 4, 2, 4, 1, ?, soit une suite décroissante (3, 2, 1) où s'intercale la valeur 4.

Chapitre 6

23. 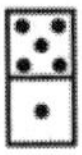 Pour résoudre facilement ce problème, il faut regarder séparément :

- les parties des dominos qui forment une ligne médiane : leur valeur décroît régulièrement de 1 point (3, 2, 1, 0, 6, 5) ;
- les parties se trouvant de part et d'autre de cette ligne qui décroissent de 2 en 2 (6, 4, 2, pour les valeurs du dessus ; 5, 3, 1, pour les valeurs du dessous).

24.  Deux règles régissent cette suite de dominos :

- à l'intérieur de chaque domino, il y a une progression de 2 points entre les deux côtés ;
- pour passer d'un domino à l'autre, on soustrait 1 point, puis 2, 3, 4, etc.

25. 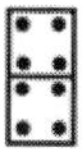 Il faut voir cette suite de six dominos comme deux séries de trois. On constate alors que le troisième se déduit des deux précédents selon les règles suivantes :

- la valeur du haut est égale à la somme des deux valeurs du haut précédentes : (3 + 3 = 6 et 0 + 4 = 4) ;
- la valeur du bas est égale à la différence des deux valeurs du bas précédentes : (4 - 1 = 3 et 6 - 2 = 4).

26. 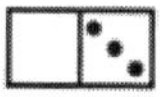 Il faut voir ce problème comme trois suites horizontales de trois dominos. En cherchant comment la valeur du domino central peut être déduite des deux dominos qui l'encadrent, on constate que chaque partie du domino central est égale à la partie du domino adjacent - 1 :

6 - 1 = 5 ; 0 - 1 = 6 et 4 - 1 = 3 ;
2 - 1 = 1 ; 4 - 1 = 3 et 1 - 1 = 0.

Chapitre 6

27. 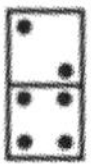 Voyons ce groupe de dominos comme s'il était composé de trois paires de dominos.
Dans chaque paire, le second domino se déduit du premier de la façon suivante :
- la valeur du haut du second est égale à la valeur du bas du premier ;
- la valeur du bas du second est égale à la valeur du haut du premier dont on a soustrait 1.

28. 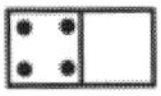 Ces dominos suivent une progression croisée (première partie du premier domino, seconde partie du deuxième...). Partant du domino central et tournant dans le sens de la flèche, on obtient deux nouvelles séries de valeurs :
0, 1, 2, 3, 4, 5, 6, 0 (progression + 1) et 4, 2, 0, 5, 3, 1, 6, 4 (progression - 2).

29. 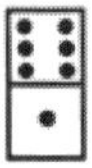 La règle qui régit cette série de dominos est toute simple : la somme des deux valeurs de chaque domino est toujours égale à 7 et tous les dominos sont différents. Le seul domino manquant est 6/1.
On peut résoudre ce problème d'une autre façon en constatant que les trois premiers dominos ont tous leur inverse dans la seconde moitié de la série, sauf un.

30. 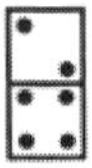 Il faut voir ce problème comme trois suites horizontales de trois dominos, dont le troisième découle des deux premiers selon les règles suivantes :
- les valeurs du haut décroissent de 2 en 2 ;
- la valeur du bas du troisième domino est égale au produit des valeurs du bas des deux autres dominos : $2 \times 0 = 0$; $3 \times 2 = 6$; $4 \times 1 = 4$.

Chapitre 6

Exercice n° 2 (page 149)

1. 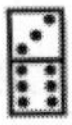 Le haut et le bas des dominos alternent.

2. 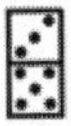 Hauts et bas progressent de deux.

3. 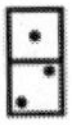 Il y a une symétrie de part et d'autre du domino central.

4. 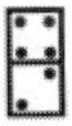 Il y a une symétrie par rapport à un axe horizontal.

5. 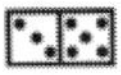 Les dominos en vis-à-vis sont symétriques.

6. 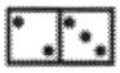 Il y a une symétrie de part et d'autre du domino central.

7. 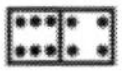 Chaque domino est le symétrique du domino opposé.

8. 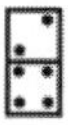 Il y a une progression de + 1 en haut et en bas.

9. 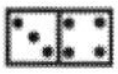 Les dominos glissent selon la diagonale partant du haut à gauche : le premier de la première ligne devient le deuxième de la deuxième ligne, etc.

Chapitre 6

10. 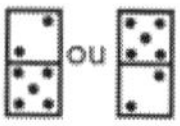 On retrouve les six valeurs dans chaque ligne.

11. 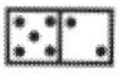 Les faces extérieures augmentent de 1, les faces intérieures aussi.

12. 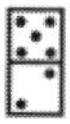 Les faces supérieures augmentent de 1, les faces inférieures diminuent de 1.

13. 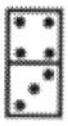 Face supérieure de la colonne 1 + face gauche de la colonne 2 = face supérieure de la colonne 3. Face inférieure de la colonne 1 + face droite de la colonne 2 = face inférieure de la colonne 3.

14. 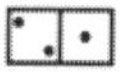 On a une diminution de 1 dans chaque ligne.

15. 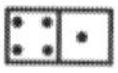 Par groupes de deux, les dominos s'inversent.

16. 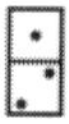 Face inférieure = face supérieure + 1.
Face supérieure = face inférieure du domino précédent.

17. 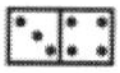 Les deux mêmes dominos alternent.

18. 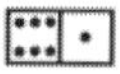 On a une diminution de 1 en partant du haut à gauche puis de droite à gauche et une augmentation de 1 du haut à droite puis de gauche à droite.

19. 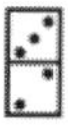 La somme des faces gauches des dominos horizontaux est égale à la face supérieure du domino central. Idem pour les faces droites vis-à-vis de la face inférieure.

20. 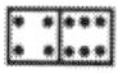 La troisième colonne est l'addition des deux précédentes (somme des faces gauches et somme des faces droites).

Corrigés du chapitre 3

Test 1 (page 160)

1. b  Le nombre de « V » augmente : 1, 2, 3 puis 4. Leur sens s'inverse d'un dessin à l'autre.

2. e  La figure cherchée doit à la fois être semblable à celle du dessus et de la même couleur que celle d'à côté.

3. f  Pour obtenir le second dessin, on coupe le premier selon un axe horizontal et on éloigne les deux parties. Si l'on fait subir le même sort au troisième dessin, on obtient la figure f.

4. 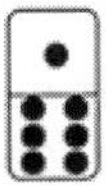 Sur la ligne du haut, le nombre de points va croissant : 4, 5, 6, 0, 1. Il en est de même sur la ligne du bas : 2, 3, 4, 5, 6.

5. e  Le nombre d'éléments dans chaque case augmente de 1 à chaque fois. Ces dessins sont orientés tantôt verticalement, tantôt horizontalement.

6. a 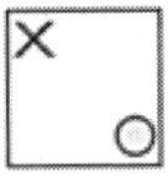 Le cercle se déplace d'un coin à l'autre selon la diagonale : il n'a que deux places possibles. La croix fait tous les coins dans le sens des aiguilles d'une montre.

7. c Seul le verbe « patienter » n'a pas le sens de « permission » que contiennent tous les autres verbes.

8. e  Sur chaque ligne, il suffit d'accoler les deux figures de gauche pour obtenir la figure de droite.

9. c Les initiales des mots de la série suivent l'ordre alphabétique. Le mot suivant est donc « envie ».

Chapitre 6

10. d 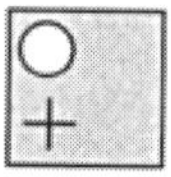 C'est la seule figure où la croix et le cercle sont retournés recto verso.

11. b 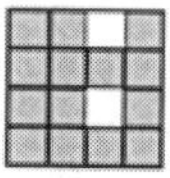 Les deux triangles se superposent et changent de couleur. Les carrés doivent faire de même.

12. c  Les trois petits cercles ont deux positions possibles, qui alternent d'un carré à l'autre. La croix est tantôt en haut, tantôt en bas. Si bien que l'on obtient l'alternance de deux figures identiques.

13. f 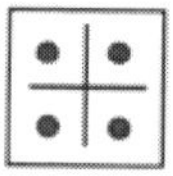 La croix accueille 1, 2, 3 puis 4 points.

14. b Seul le verbe « surprendre » ne contient pas la notion de peur.

15. b  Sur chaque ligne, les deux figures de gauche sont identiques. La figure de droite s'obtient en tournant la figure de gauche d'un quart de tour vers la droite et en changeant de couleur.

16. b Rose, **tendre**, marron, gris.

17. b  La zone hachurée augmente régulièrement et les hachures sont toujours dans le même sens.

18. 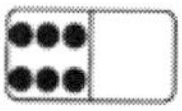 Les deux dominos qui se font face sont construits de façon symétrique.

19. a  C'est la seule figure où le trait simple est dans le plus petit angle du triangle.

20. c  La loi est la suivante : les positions des deux figures s'inversent (celle qui incluait est inclue) et celle du centre est noircie.

Chapitre 6

21. f  La croix est toujours la même et le point tourne autour dans le sens des aiguilles d'une montre.

22. d  Les dessins représentent successivement les quatre angles d'un carré, dessinés dans le sens des aiguilles d'une montre.

23. f Les prénoms pris deux par deux ont le même nombre de lettres. Dans les noms proposés, seul Anne a quatre lettres, comme Jean.

24. d  Chaque ligne et chaque colonne sont composées d'un exemplaire de chacun des trois cercles.

25. c Les mots sont : orgue, harpe, **tabouret**, piano.

26. f  Chaque trait unique est la médiatrice de l'angle formé par les deux traits de la figure suivante.

27.  Dans sa partie haute, le troisième domino est égal à la somme des deux autres. En bas, les parties des trois dominos sont identiques.

28. b 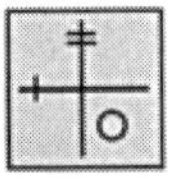 Toutes les figures sont pivotées sauf la b qui est retournée recto verso.

29. c  La petite croix passe à l'intérieur de la figure (cercle ou carré) centrale.

30. a  La flèche tourne de trois huitièmes de tour à chaque fois, dans le sens des aiguilles d'une montre.

Chapitre 6

31. d 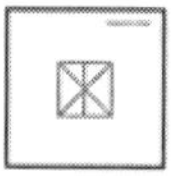 Le trait qui est extérieur au petit carré lui est chaque fois intégré dans la figure suivante. Le petit carré possède donc 0, 1, 2 puis 3 axes, les précédents étant reportés de façon identique.

32. Gros Forme le gros sel, le gros œuvre et le gros mot.

33. a 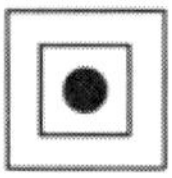 Sur chaque ligne, deux dessins sont identiques, alors que le troisième est différent. Le dessin manquant sur la dernière ligne est donc semblable à l'un des deux dessins précédents.

34. d Les mots sont : oncle, mère, fils, **voisin**.

35. d 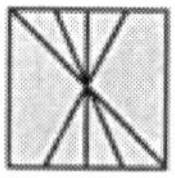 Un axe s'ajoute chaque fois au carré, mais les précédents restent les mêmes.

36. 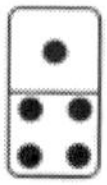 La série est composée des deux mêmes dominos simplement alternés.

37. b  En descendant d'une case, on ajoute une figure identique à la précédente.

38. 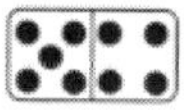 Sur chaque ligne, le nombre de points va décroissant : 4, 3, 2, 1; 6, 5, 4, 3 et 0, 6, 5, 4.

Test 2 (page 177)

1. e  Chacun des quatre éléments de la diagonale occupe alternativement chacune des places disponibles.

2. d  En passant de la case de gauche à celle de droite, le rond devient un carré, mais garde sa taille et sa couleur.

Chapitre 6

3. b  Le gros point noir tourne dans le sens des aiguilles d'une montre et se place au bout d'une diagonale. Le petit point n'a que deux positions possibles.

4. 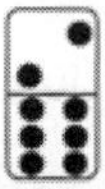 L'une des deux moitiés, de manière alternée, est toujours égale à 2. Le nombre de points sur l'autre moitié diminue de 1 régulièrement.

5. e  La ligne formée par les figures est tantôt horizontale, tantôt en diagonale. Avant de basculer, les trois éléments subissent une permutation : le dernier passe en premier.

6. a  On observe deux séries alternées, l'une de +, l'autre de X. Dans la série X, le tiret tourne dans le sens des aiguilles d'une montre et dans le sens inverse des aiguilles d'une montre pour la série +.

7. e « Savoir » est le seul verbe qui relève d'une certitude.

8. d  Les carrés doivent être vus comme des cadrans d'horloge. Sur chaque ligne, en passant d'un carré à l'autre, l'une des « aiguilles » reste immobile alors que l'autre avance régulièrement d'un quart d'heure (ou d'un quart de tour).

9. b Belgique, **Éthiopie**, Norvège, Portugal et France.

10. e  Les six autres dessins sont identiques, seulement orientés différemment. Celui-là est présenté recto verso.

11. 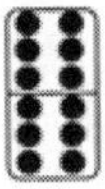 Chaque partie de domino se retrouve identique si l'on saute un domino et que l'on change de partie (ex. : le 3 sur la partie extérieure du premier domino se retrouve sur la partie intérieure du troisième domino).

Chapitre 6

12. d  Le cercle se déplace d'un demi-côté dans le sens inverse des aiguilles d'une montre. Le triangle circule dans le même sens alternativement d'un côté à l'autre.

13. b  Le cercle passe d'un coin à l'autre du carré dans le sens des aiguilles d'une montre. Les tirets ne changent pas de place mais un tiret supplémentaire s'ajoute chaque fois.

14. b « Cribler » est le seul verbe qui implique une multitude d'impacts. Tous les autres n'évoquent l'idée que d'un seul « trou ».

15. b  Verticalement, le dessin reste identique. Les zones colorées ne peuvent prendre successivement que trois états qui sont illustrés sur les deux premières lignes.

16. Marché Forme marché noir, marché conclu et marché à terme.

17. d  Son orientation est inversée par rapport aux quatre autres dessins qui sont identiques et juste pivotés.

18. 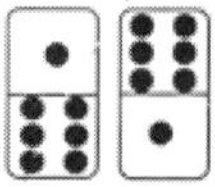 Sur chaque ligne de trois dominos, tous les chiffres de 1 à 6 sont représentés, en ordre divers.

19. c  D'un dessin à l'autre, la flèche change d'orientation, le nombre de croix augmente et le groupe des croix remonte sur l'axe de la flèche.

20. c  D'une figure à la suivante :
- le dessin « englobant » se réduit et passe entre les deux autres ;
- les deux autres dessins inversent leur position et changent de couleur.

Chapitre 6

21. b  La flèche qui suit un angle formé de deux traits est située dans le prolongement de la médiane de cet angle.

22. d 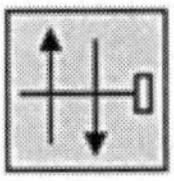 Le dessin pivote d'1/4 de tour dans le sens inverse des aiguilles d'une montre et les flèches changent de sens.

23. c Tulipe, violette, **casserole**, glaïeul et rose.

24. f 

Verticalement comme horizontalement, on doit trouver les trois lettres A, B, C et les trois tailles : petit, moyen, grand.

25. a D'un prénom au suivant, le nombre de lettres augmente de 1. Le prénom à trouver a donc forcément huit lettres.

26. b  La flèche tourne dans le sens des aiguilles d'une montre d'1/8ᵉ de tour à chaque fois, sauf en b.

27.  Sur chaque ligne, le troisième domino est égal à la somme des deux précédents.

28. e  Les zones noire et blanche alternent. La flèche change de sens.

29. a 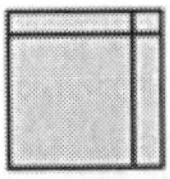 La droite verticale n'a que deux positions possibles alternées. La droite horizontale remonte régulièrement.

30. c  Le petit carré suit les coins dans le sens des aiguilles d'une montre, une fois blanc, une fois noir. La droite tourne également, dans le sens inverse.

31. a  En descendant, le fond du dessin est alternativement jaune et rouge et le dessin blanc et noir.

Chapitre 6

32. c Prononcé à haute voix, « immangeable » est le seul mot commençant par le son « in » et non par le son « i ».

33. c  Sur chaque ligne de trois dessins, le troisième est constitué par la simple superposition des deux précédents.

34. d Renard, dromadaire, mouton, **canard** et chat.

35. a  Les carrés noirs sur les lignes 2 et 3 ne bougent pas. Le carré de la ligne supérieure se décale régulièrement vers la droite. Celui de la ligne inférieure se décale régulièrement vers la gauche.

36. f  De gauche à droite, le dessin reste identique mais diminue de taille.

37. a  En passant aux figures inférieures, le dessin reste le même mais partie noire et partie blanche changent de côté.

38. 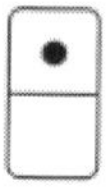 Le nombre de points sur la première case des dominos augmente régulièrement de 2. Sur la seconde case, ce nombre diminue régulièrement de 2.

Test 3 (page 194)

1. a  Il faut voir le premier dessin comme la superposition de deux aiguilles. L'une avance d'un quart d'heure dans le sens inverse des aiguilles d'une montre, l'autre de cinq minutes dans le bon sens.

2. a et e   Les cinq autres figures sont identiques, elles sont seulement orientées différemment. Seules ces deux-là sont différentes.

Chapitre 6

3. b et g 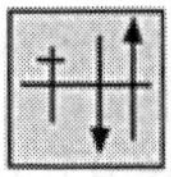 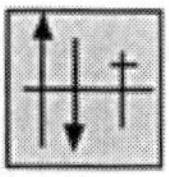 Les cinq autres figures sont identiques, elles sont seulement orientées différemment. Seules ces deux-là sont différentes.

4. 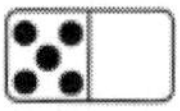 Chaque domino est construit en fonction de son vis-à-vis : côté intérieur + 1 (4 + 1 = 5), côté extérieur - 2 (2 - 2 = 0).

5. f  Sur chaque ligne, la troisième figure est faite de la superposition des deux précédentes. Mais une règle supplémentaire veut que lorsque deux tirets sont superposés, ils disparaissent.

6. e 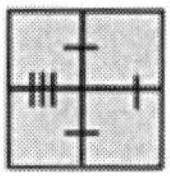 Les trois petits tirets changent d'axe d'une figure à l'autre, dans le sens des aiguilles d'une montre. Chaque fois, ils laissent derrière eux un petit tiret.

7. c  Le triangle noirci tourne régulièrement dans le sens des aiguilles d'une montre. La bordure du carré et les limites des triangles s'effacent en sens inverse. La flèche tourne de 3/8e de tour en sens inverse également.

8. c  Les deux croix tournent en sens inverse en passant d'une case à l'autre. Les petits ronds changent d'arc de cercle dans le sens des aiguilles d'une montre et leur nombre augmente de 1 à chaque fois.

9. b  Le carré noir descend verticalement en trois étapes, puis recommence. Le carré vide monte et descend en oblique en trois étapes.

10. e  Le dessin en bas à gauche subit les mêmes modifications que celui juste au-dessus : doublement de l'ovale et changements d'orientation.

Chapitre 6

11. d  Il faut voir la première figure comme deux aiguilles d'une pendule superposées. L'une des aiguilles avance de 15 minutes d'une figure à l'autre, l'autre de la moitié (un huitième de tour).

12. 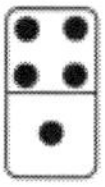 La moitié supérieure des dominos de la ligne du milieu est égale à la somme des moitiés de gauche des deux dominos qui l'encadrent en haut et en bas ; leur moitié inférieure est égale à la différence des moitiés de droite de ces deux dominos.

13. c « Fémorale » se rapporte à une artère alors que tous les autres mots se rapportent à une glande.

14. 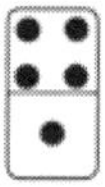 Le troisième domino de chaque ligne est obtenu grâce aux deux premiers : chacune de ses moitiés est égale à la différence des deux moitiés qui la précèdent.

15. e Merle, roitelet, pigeon, rossignol et **brochet**.

16. a  Le carré blanc est alternativement présent et absent. Le petit carré barré tourne vers la gauche en suivant les coins du grand carré. La petite croix n'a que deux positions possibles qu'elle prend alternativement.

17. d  La figure subit une rotation vers la droite. Puis, il y a inversion des deux éléments du haut et du bas à chaque extrémité.

18. d Les deux premières lettres des mots de la série sont celles des jours de la semaine : LUndi, MArdi, MErcredi, etc.

19. d  Sur chaque ligne, la troisième figure est faite de la superposition des deux figures précédentes, selon cette règle : deux tirets dans le prolongement l'un de l'autre s'annulent et disparaissent.

Chapitre 6

20. f Le brochet est le seul poisson de rivière. Les autres sont des poissons de mer.

21. b et f 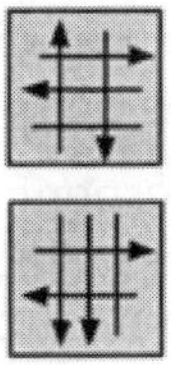 Les cinq autres figures sont identiques, elles sont seulement orientées différemment. Seules ces deux-là sont différentes.

22. 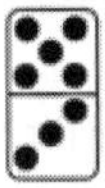 Au sein du même domino, la seconde moitié a deux points de moins que la première. D'un domino à l'autre, on augmente d'un point, deux points, trois points, etc.

23. c 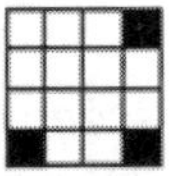 Il faut voir le petit carré noir de la première figure comme la superposition de trois carrés noirs de même taille qui vont s'éloigner progressivement les uns des autres, chacun sur son axe.

24. c  La figure reste la même mais les zones noires et vides s'inversent.

25. d Paris, Dijon, Limoges, **Prague** et Bergerac.

26. e  Sur chaque ligne, d'une figure à l'autre, la flèche tourne de 3/8e de tour dans le sens inverse des aiguilles d'une montre et la zone noircie peut prendre trois positions différentes le long de son axe.

27. a Les initiales des mots de la série sont celles des premiers chiffres : Un, Deux, Trois, etc.

28. c 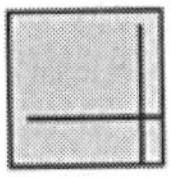 Le segment vertical se déplace progressivement vers la droite. Le segment horizontal descend régulièrement.

Chapitre 6

29. 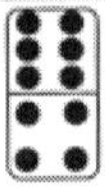 Construisez une ligne brisée allant de la moitié supérieure du premier domino à la moitié inférieure du deuxième, etc. : le nombre de points baisse de 1 point régulièrement. La ligne opposée montre une hausse régulière de deux points.

30. e  Les deux traits parallèles tournent autour du carré dans le sens inverse des aiguilles d'une montre. La croix se situe toujours face aux deux traits, un de ses axes leur étant parallèle et l'autre perpendiculaire.

31. d 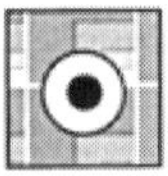 Dans chaque colonne, on ajoute à l'intérieur du dessin du haut la même figure, mais de taille réduite et en inversant la couleur. Les quatre fonds sont différents.

32. f 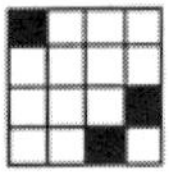 Le carré noir de la première ligne descend régulièrement d'un carreau. Celui de la troisième ligne progresse vers la droite (il va se superposer au premier dans la quatrième figure). Celui de la quatrième ligne remonte le long de la diagonale.

33. f  La figure est composée de deux droites, puis trois, puis quatre. La figure recherchée est celle composée de cinq droites.

34. couvre Forme les mots couvre-lit, couvre-chef et couvre-feu.

35. b  Sur chaque ligne, la troisième figure est faite de la superposition des deux figures précédentes, selon cette règle : rayures dans un sens + blanc = rayures dans l'autre sens ; rayures dans un sens + rayures dans l'autre sens = noir.

36. c Proust, Benoît, **Groult**, Vian et Cronin.

Chapitre 6

37. c 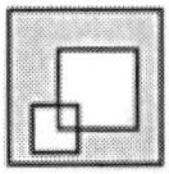 Le grand carré blanc passe de coin en coin dans le sens des aiguilles d'une montre. Le petit carré se déplace dans le même sens en changeant d'abord de couleur, puis en augmentant.

38. e  La flèche sort au lieu de rentrer. Rond et croix passent de l'extérieur à l'intérieur du carré et inversement ; le rond change de couleur.

39. e 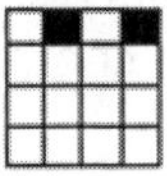 Le carré noir de la première ligne progresse vers la droite horizontalement. Le premier carré de la quatrième ligne remonte selon la diagonale. Le second remonte verticalement.

40. d  Sur chaque ligne, le premier dessin est la superposition des deux suivants à sa droite.

Chapitre 6

Corrigés du chapitre 4

Test 1 (page 214)

1. Source La lave jaillit du volcan comme l'eau de la source.

2. 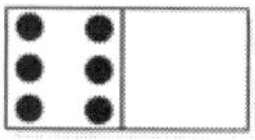 Dans les dominos en vis-à-vis, la valeur de celui de droite est égale au double de celui de gauche, symétriquement par rapport à l'axe central.

3. Cran Faire un cran et avoir du cran.

4. 640 Dans chaque colonne et dans chaque ligne, le premier chiffre est égal au produit des deux suivants.

5. d  Il s'agit de pendules avançant chaque fois de 25 minutes.

6. Tapage et vacarme.

7. d 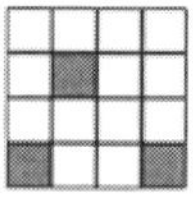 Le premier carré noir descend en diagonale, le deuxième ne bouge pas, le troisième longe le bas vers la gauche.

8. BOITER.

9. Oculaire.

10. a 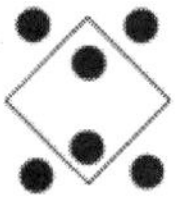 La règle veut qu'il y ait deux points à l'intérieur de la figure.

11. Ouvrir On épluche une pomme pour la manger, mais on ouvre une huître.

12. 13 5A = 20 ; donc A = 4 et 4 + 9 = 13.

Chapitre 6

13. Égoïsme et altruisme.

14. c 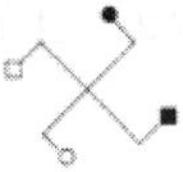 C'est la seule figure identique.

15. Serrure, mare (ou rame), grive (ou givre), **laurier**, soleil.

16. 14 Pour trouver ce nombre, on additionne le produit des deux pattes avant et arrière : (1 × 6) + (2 × 4) = 6 + 8 = 14.

17. Faux : « Le soleil semble se coucher en direction de l'Orient. »

18. F**O**UINE.

19. c 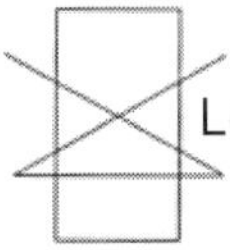 Les figures comportent 4, 5, 6, puis 7 droites.

20. GOUVERNER.

21. Ardennes et Somme sont les deux seuls départements du Nord de la France. Les autres sont au Sud.

22. 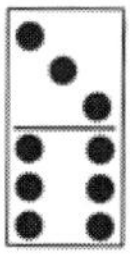 Le troisième domino de chaque ligne est composé par la somme des valeurs du haut et la soustraction des valeurs du bas des deux dominos précédents.

23. N Le début est A. Les lettres suivent l'ordre alphabétique en alternant : pas de saut, un saut de deux lettres.

24. Renoir et Mozart.

Chapitre 6

25.  Les quatre mêmes cartes se retrouvent sur les deux lignes.

26. e 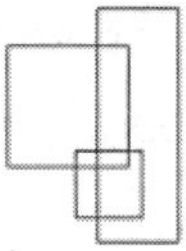 C'est le seul dessin où les trois figures ont des intersections communes trois à trois.

27. b  Sur chaque ligne, le premier dessin est la somme des deux autres.

28. v La cinquième lettre du début de l'alphabet correspond à la cinquième en commençant par la fin.

29. d  On compte un rond de moins dans chaque dessin.

30. Fourmi et puce sont les seules à ne pas voler.

31. ULE Forme gueule, nodule, rotule, seule, boule.

32. a  On a une fleur et un angle différents dans chaque ligne et dans chaque colonne.

33. ESPA**G**NOL.

34. e  La flèche change de sens et la petite figure devient la grande. La couleur n'intervient pas.

35.  Les trois couleurs trèfle, carreau et pique se retrouvent sur chaque ligne et chaque colonne. En descendant chaque colonne, la valeur augmente d'un.

Chapitre 6

Test 2 (page 227)

1. 644 En partant du bas à gauche, le chiffre des centaines augmente de 1, celui des unités diminue de 1.

2. Solitaire et grégaire.

3. CANARI.

4. d  Deux séries sont alternées et suivent la même loi : tourner d'un quart de tour vers la droite et alterner les couleurs.

5. c 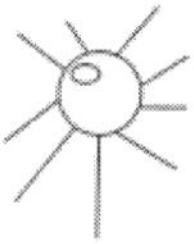

6. 64 € 80 - (80 × 20 : 100) = 64.

7. 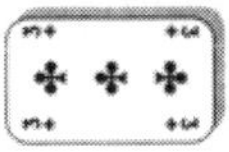 L'ensemble des cartes est composé de paires rouges ou noires de même valeur.

8. Ordonner.

9. a 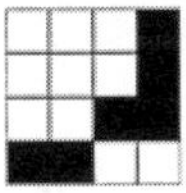 Chaque figure comporte un carré noir supplémentaire.

10. PORT fait rapport et portrait.

11. Chasser et expulser.

12. a  La figure admet une symétrie horizontale.

13. 3 Dans chaque ligne et colonne, le premier chiffre est égal à la somme des deux autres.

14. GUENON.

Chapitre 6

15. d 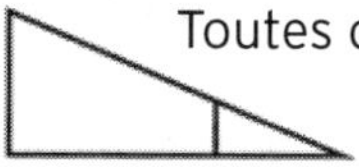 Toutes ont un angle droit.

16. Médecin, **meurtrier**, copain, valet et fermier.

17. d  Les pendules reculent d'une heure cinq.

18. LIONCEAU.

19. Vrai : « Le ragondin et le paresseux sont des mammifères. »

20. d  Il manque une droite.

21. Captivant et intéressant.

22. PV Deux lettres se suivent, puis on en saute cinq.

23. d 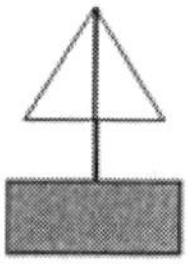

24. Mots.

25. 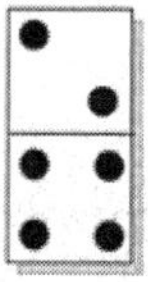 La valeur du haut des dominos de droite est égale à la valeur du bas du domino de gauche. La valeur du bas est égale à la valeur du haut du premier domino moins un.

26. QUERELL**E**.

27. Trompettiste et saxophoniste (instruments à vent).

28.  Dans chaque diagonale, on trouve les quatre couleurs et deux fois les mêmes valeurs de cartes.

Chapitre 6

29.  Le castor est le seul à ne pas pondre des œufs.

30. BOMBARDER.

31. 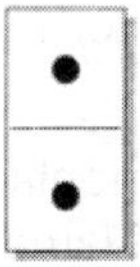 Sur chaque ligne, la valeur du haut augmente de 1, la valeur du bas diminue de 1.

32. Jars. Il s'agit du mâle de l'animal.

33. M Quatre lettres se suivent en partant du haut de part et d'autre de l'axe central.

34. d 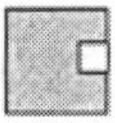 Chaque carré est la superposition des 2 au-dessous. Quand deux petits carrés se superposent, ils disparaissent.

35. Grenade et Naples.

Test 3 (page 240)

1. I Le début est en C et on prend une lettre sur deux.

2. 4 Chaque nombre extérieur est la somme des 2 nombres inscrits dans les les angles opposés du triangle.

3. CHON donne bouchon, cruchon, fourchon, cochon.

4. Bande.

5. 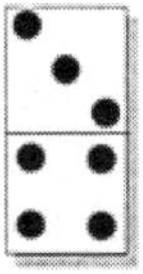 Les dominos sont identiques dans les diagonales.

6. Chanson, **récit**, spectacle, rumeur.

7. c  Dans chaque ligne et chaque colonne, il y a une flèche de chaque taille et de chaque orientation. Le rond est à droite de la flèche en ligne 1 et 3, à gauche en ligne 2.

Chapitre 6

8. K On écrit 1 lettre sur 2 dans l'ordre alphabétique inverse.

9. 55 C'est la somme des deux chiffres précédents.

10. Colis, formé avec la première syllabe du premier mot et la dernière du deuxième.

11. d 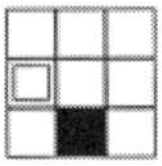 Les carrés noir et blanc suivent un déplacement régulier. Le point noir est alternativement présent et absent.

12. Terroriser Les autres ont le sens de « haïr ».

13.  Dans chaque couleur, la première carte est la somme des deux suivantes.

14. JADE.

15. 8 € (8,1 + 8,4 + 7,5) : 3 = 8.

16. TONDRE.

17. b  Deux figures contiguës se superposent pour former celle du dessus.

18. Rome Il s'agit de la capitale du pays dont c'est la spécialité.

19. Gratuit et intéressé.

20. a  Dans chaque ligne, les petits ronds extérieurs valent + 1 et les petits ronds intérieurs valent – 1. Le troisième dessin est la somme algébrique des deux précédents.

21. AIGL**E**FIN.

22. c  La règle est : un Z à l'endroit.

Chapitre 6

23. Corvée C'est le seul à supposer la pénibilité.

24.  On passe du chiffre du haut au chiffre du bas de chaque domino en enlevant 1 et du chiffre du bas d'un domino au chiffre du haut du suivant en enlevant 2.

25. a  L'horloge avance de 5 minutes, puis de 10, 15, etc.

26. c  Dans chaque ligne et chaque colonne, il y a au total 5 ronds, 3 rectangles et 4 carrés.

27. Faux : « Saint Paul fait partie des quatre évangélistes. »

28. Vermeil et magenta.

29. c 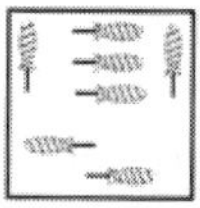 C'est le seul où le nombre de sucettes est impair.

30. MOUCHERON.

31. T**R**ICOT.

32. e 

33. Endommager et réparer.

34. e  On a une flèche de moins à chaque fois, et la roue tourne vers la droite.

35.  La somme des valeurs des deux cartes l'une au-dessus de l'autre détermine celle de la troisième. Il y a une couleur par colonne.

Chapitre 6

Test 4 (page 253)

1. Novice et expert.

2. a 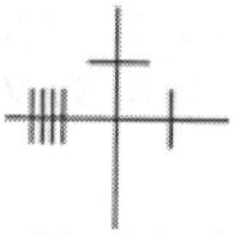 Les branches en haut et à droite ne changent pas. Il y a un tiret de plus sur la branche de gauche, et tantôt un tiret tantôt rien sur la branche du bas.

3. R C'est la la lettre qui précède dans l'alphabet.

4. 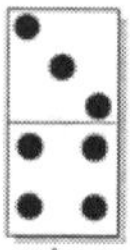 Chaque domino a son inverse.

5. d 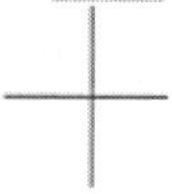 Sur chaque ligne et chaque colonne, on superpose les deux premières figures et on ôte ce qu'elles ont en commun pour obtenir la troisième.

6. e 

7. MARCHE On obtient la réponse en prenant la première syllabe des deux mots.

8. BROCHE.

9. 9 La réponse correspond à la somme des pieds moins la somme des mains.

10. Épices.

11. Niveau et degré.

12.  Verticalement, la valeur diminue de 1, les quatre couleurs sont présentes sur chaque ligne. En séparant les cartes en 2 groupes de 4 par une ligne verticale centrale, on trouve 2 fois 2 couleurs.

13. FOURNAISE.

14. c  Les pendules avancent d'une heure cinq.

Chapitre 6

15. Vrai : « L'aire du carré est égale au carré du côté. »

16. $1/12^{e}$

17. b 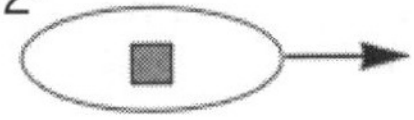

18. 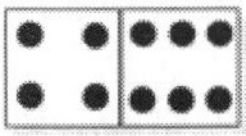 La valeur de gauche du domino central est inférieure d'un point à sa voisine de droite. Sa valeur de droite aussi par rapport au domino de gauche.

19. OURSIN Ce n'est pas un coquillage.

20. e 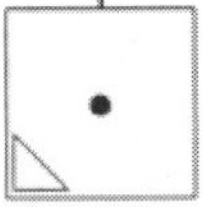 Le triangle tourne autour du carré, le point monte progressivement la diagonale puis redescend, la flèche change de sens tous les deux carrés.

21. Franc.

22. b 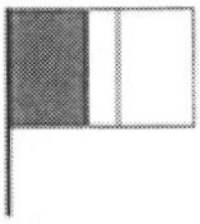

23. TROM**P**EUR.

24. Souris, abeille, voisin, **perruche**, nuage.

25. d  En commençant en haut à gauche, on inverse les deux premières cases. Idem avec les deux suivantes, en tournant dans le sens des aiguilles d'une montre.

26. Cauchemar.

27. a 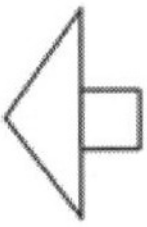 Ils admettent une symétrie horizontale.

28. MOUTON À chaque abri correspond un animal.

29. M D est le début, puis les lettres s'enchaînent, une sur trois, dans l'ordre alphabétique dans le sens inverse des aiguilles d'une montre.

Chapitre 6

30. In**d**igo.

31. 6 Le dernier nombre de chaque ligne et de chaque colonne est le produit des deux précédents.

32. Perche et goujon.

33.  On retrouve les mêmes couleurs sur chaque ligne. La valeur de la première carte de chaque ligne est égale à la somme des deux autres.

34. Dauphin et ours sont les seuls noms masculins.

35. e 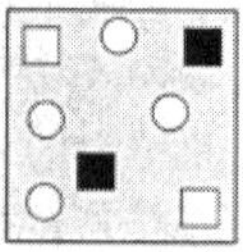 Il comporte 8 éléments au lieu de 7.

Test 5 (page 266)

1. Qualificatif C'est le seul à ne pas s'appliquer au pronom.

2. a 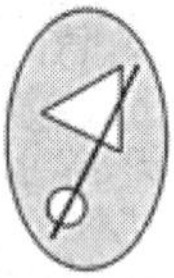

3. VERMO**U**LU.

4.  Les quatre couleurs se retrouvent sur chaque ligne. Les valeurs augmentent de 3 sur la ligne du haut et diminuent de 3 sur la ligne du bas.

5. MOULIN.

6. h 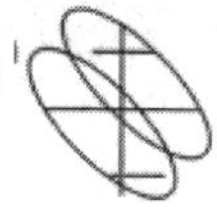 Il manque une diagonale.

7. Lancer et attraper.

8. 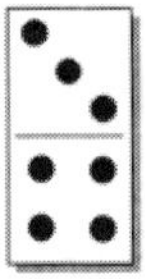 Dans chaque colonne, les valeurs des parties de dominos augmentent de 1 en descendant régulièrement.

9. ANCIEN.

10. Index.

11. c  Superposez deux triangles contigus et supprimez les tirets dans le prolongement l'un de l'autre.

12. Creuse et Drôme.

13. 415 La somme des chiffres des autres nombres est égale à 11.

14. d 

15. Vrai : « Orgue est un nom commun qui devient féminin au pluriel. »

16. c  Deux carrés qui se suivent sont complémentaires.

17. HT Deux séries alternent, de progression + 1.

18.  La valeur de la première carte de chaque ligne est le produit des deux suivantes. Les couleurs sont fixes dans les diagonales.

19. a 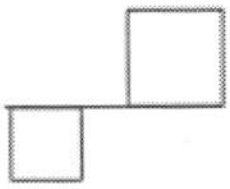 Il y a deux carrés seulement.

20. GAULOISE.

Chapitre 6

21. e  Le petit rond tourne de 1/8 de tour, le carré de 1/4 et la flèche de 1/2.

22. Chien, **bison**, castor, loup, araignée.

23. b 

24. Crû Il s'agit du participe passé du verbe.

25. Riz C'est le seul dont on ne fait pas d'huile.

26. 4 8π : 2π = 4

27. 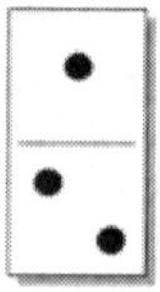 Sur chaque ligne, la moitié supérieure croît de 1 et la moitié inférieure du premier domino est égale à la somme des 2 suivants.

28. CLAFOUTIS.

29. d 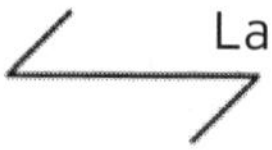 La figure n'a que des angles aigus.

30. Brave et intrépide.

31. a 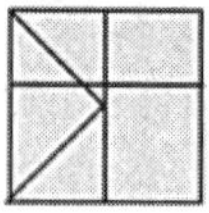 Les demi-diagonales pivotent d'un quart de tour dans le sens des aiguilles d'une montre, l'axe horizontal monte, l'axe vertical ne bouge pas.

32. DENT donne TRIDENT et DENTELLE.

33. W Chaque lettre est en face de celle qui a le même rang dans l'ordre alphabétique inverse (A face à Z, etc.).

34. Omelette

35. 35/29 Au sein d'une même paire, les nombres de gauche diminuent de 2, 3, 4... D'une paire à l'autre, ils diminuent de 1 (51 à 50, 47 à 46...).

Évaluation de vos résultats à chacun de ces 5 tests		**Évaluation du résultat global (somme des notes aux 5 tests)**	
Moyen	8 - 14 points	Moyen	30 - 70 points
Bon	15 - 19 points	Bon	71 - 95 points
Très bon	20 - 24 points	Très bon	96 - 120 points
Excellent	25 - 29 points	Excellent	121 - 145 points
Exceptionnel	30 - 35 points	Exceptionnel	146 - 175 points

Chapitre 6

Correction du test avant apprentissage

Lisez attentivement les explications des réponses que vous n'avez pas trouvées. Puis reprenez les questions et voyez si elles s'éclairent. Considérez le fait de comprendre ces mécanismes logiques comme une partie importante de votre entraînement. Celui-ci commence maintenant.

1.	35	Les nombres augmentent de 4 en 4.
2.	9	Les nombres diminuent de 5, 4, 3, 2.
3.	65	Pour passer d'un nombre au suivant, on le multiplie par 2 et on soustrait 1.
4.	39	Les nombres augmentent de 1, 4, 7, 10, 13 (3 de plus à chaque fois).
5.	12. 17	Il y a deux séries alternées. L'une augmente de 2 (9, 11, 13, 15, 17), l'autre diminue de 2 (18, 16, 14, 12).
6.	70. 140	Il y a deux systèmes alternés : + 2, × 2, + 2, × 2, etc.
7.	583	Pour passer d'un nombre à l'autre, on ajoute une centaine et on enlève une unité (ce qui revient à faire + 99).
8.	251	La somme des chiffres qui forment tous les nombres est égale à 8 (2 + 5 + 1 = 8).
9.	5	Le nombre de la tête s'obtient en calculant la différence entre les nombres des pattes avant, ou des pattes arrière (c'est la même) : 6 - 1 = 15 - 10 = 5.

10. 2 Le nombre de la tête s'obtient en déduisant la somme des jambes de la somme des bras.

11. 5 Le nombre du toit s'obtient en déduisant la somme des fenêtres de droite de la somme des fenêtres de gauche.

12. 3 Verticalement, les nombres se suivent en décroissant (8, 7, 6, 5, 4, 3).

13. 15 La somme de deux nombres superposés donne le suivant.

14. 16 Le nombre de droite est le double de celui de gauche.

15. 13 La somme des deux nombres est égale à 25.

16. 7 Le nombre dans le triangle est égal à la somme des trois autres nombres divisée par 2 (6 + 8 + 0 = 14, 14 : 2 = 7).

17. 15 Chaque fraction est égale à 1/3.

18. 32 Tous les autres nombres sont divisibles par 7.

19. 10 La somme des chiffres de tous les autres nombres est 10.

20. 71 Il s'agit du regroupement du premier chiffre du nombre de droite et du dernier chiffre du nombre de gauche.

21. 12 Il s'agit de la somme des chiffres qui composent les deux nombres qui l'encadrent.

Chapitre 6

22.	6	Le nombre du drapeau s'obtient par la somme des nombres sur les voiles, moins le nombre sur la coque.
23.	21	Chaque nombre a son triple en vis-à-vis.
24.	24	Le résultat est égal à la somme des produits des deux nombres en vis-à-vis : (4 x 3) + (6 x 2) = 12 + 12 = 24.
25.	12, 5	Chaque nombre est remplacé par deux fois et demi ce nombre (le double + la moitié, ou encore × 2,5).
26.	11	Chaque nombre est remplacé par son quart.
27.	N	On suit l'ordre alphabétique normal, en sautant 2 lettres à chaque fois.
28.	R	On suit l'ordre alphabétique en sens inverse, en sautant 1 lettre.
29.	M.Q	On a deux lettres successives, puis on en saute 3.
30.	U.8	Deux séries sont alternées : lettres en ordre alphabétique, suite des chiffres pairs.
31.	4	Le chiffre correspond à la place dans l'alphabet de l'initiale du mot (ex : « bosse » commence par la 2ᵉ lettre de l'alphabet).
32.	K	Il se trouve au-dessus de O qui est à gauche de C.
33.	H	Il se trouve à droite de P qui est au-dessus de A.

34. Estimer et supposer.

35. Enceinte et rempart.

Chapitre 6

36.	Courtois et galant.	
37.	Imiter et reproduire.	
38.	Crayon	C'est le seul objet qui serve à écrire, les autres sont des supports d'écriture.
39.	Énervé	C'est le seul qui ne commence pas par A.
40.	Brise	C'est le seul vent, les autres sont des pluies.
41.	Mouche	C'est le seul insecte de nos régions qui ne fasse pas de piqûres.
42.	4	Le chiffre correspond au nombre de côtés de la figure.
43.	Degré	Il s'agit des unités de mesure.
44.	Troupeau	Beaucoup de cailloux ensemble forment un tas; beaucoup de moutons, un troupeau.
45.	État	L'élément de droite définit celui de gauche. Séville est une ville d'Espagne, la Floride est un État des États-Unis.
46.	Enlaidir	Il s'agit du verbe qui découle de l'adjectif.
47.	Toucher	Il s'agit du sens correspondant à l'organe.
48.	Bru	
49.	Descente	Il s'agit de couples d'opposés.
50.	Main	

Chapitre 6

51.	Agneau	Il s'agit du mâle et de son petit.
52.	5	Le résultat correspond au nombre de consonnes de chaque mot.
53.	1, 20	Les nombres correspondent au rang de la première et de la dernière lettres du mot.
54.	1	Le résultat correspond au nombre de E dans le mot.
55.	belle	Ce mot apparaît lorsque l'on a barré les lettres du mot « cadeau ».
56.	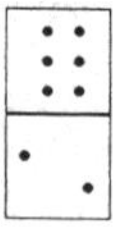	Il s'agit de paires de dominos simplement inversés.
57.	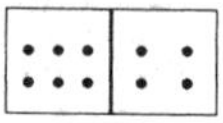	Chaque moitié du domino central est égale à la somme des moitié du domino qui le jouxte.
58.	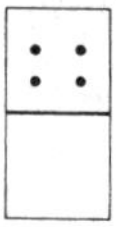	Sur chaque ligne composée des moitiés de dominos, le nombre de points augmente de 2 en 2.
59.		Dans chaque couleur, la carte du milieu a pour valeur la somme des deux autres.
60.		Les valeurs décroissent de deux en deux sur une même diagonale et les quatre couleurs se suivent.
61.		Si on regarde les paires de cartes et leurs vis-à-vis, on voit que les valeurs sont inversées et que les quatre couleurs sont présentes.

Chapitre 6

62. b 

63. e 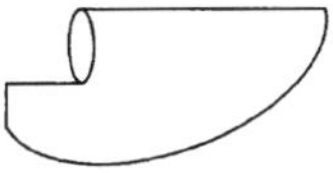

64. b et d 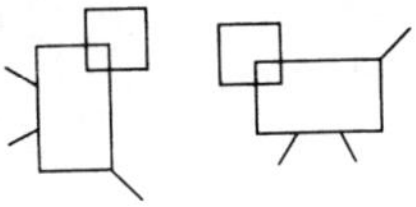

65. 10

66. 10

67. a et f 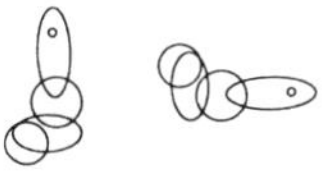

68. d 

69. a 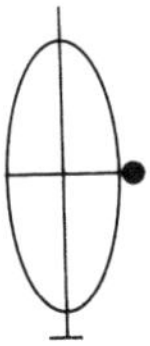

70. c 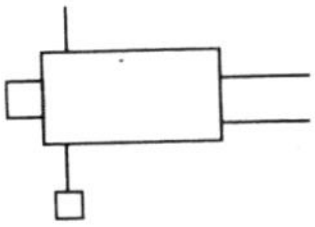

Le bonhomme tourne dans le sens des aiguilles d'une montre et perd un membre à chaque fois, dans l'ordre.

71. b 

La spirale s'enroule et le nombre de ronds augmente.

Chapitre 6

72. f 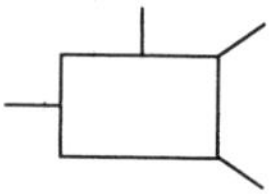 Chaque tiret reste en place. Il s'en ajoute un distant de 3/8e de tour.

73. d  Sur chaque ligne, la figure pivote sur elle-même.

74. e 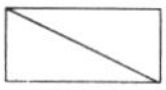 Sur chaque ligne, le premier dessin est la superposition des deux suivants.

75. d  Le petit tiroir a trois positions possibles et les ronds aussi, que l'on retrouve sur chaque ligne et sur chaque colonne.

Chapitre 6

Calculez maintenant votre Q(T)I 1

Les deux tests que vous trouverez dans ce chapitre n'ont pas été étalonnés ni validés. Ils ne peuvent donc pas vous fournir une note de Q.I. comme le ferait un test d'intelligence conçu à cet effet. C'est pourquoi j'ai élaboré un quotient, spécialement pour ces deux tests, que j'ai appelé Q(T)I, pour « Quotient (aux Tests) d'Intelligence ». Ce quotient est certainement corrélé avec le Q.I. que vous obtiendriez à un test standard. Néanmoins, l'essentiel est de voir si vous pouvez progresser dans vos résultats. Si votre QTI augmente, votre Q.I. également. Votre souci principal doit donc être la différence entre votre QTI 1 (test avant apprentissage) et votre QTI 2 (test après apprentissage).

Pour mesurer votre QTI 1 :

- Comptez un point par réponse exacte au test que vous venez de passer (TA).
- Multipliez votre résultat par 4 et divisez-le par 3 (ce qui revient à le multiplier par 4/3).
- Ajoutez 80.

Chapitre 6

Correction du test après apprentissage

1.	63	Les nombres augmentent de + 6.
2.	23	Les nombres augmentent de + 1, + 2, + 3, + 4.
3.	22	Les nombres diminuent régulièrement de 9.
4.	360	La progression suit la série × 1, × 2, × 3, × 4, × 5.
5.	36	Il s'agit de la suite des premiers carrés (1^2, 2^2, 3^2, etc.).
6.	13. 48	Deux séries alternent, l'une de progression × 2, l'autre de progression - 1.
7.	716	Le premier chiffre de chaque nombre est la somme des deux autres.
8.	52	La somme des deux chiffres des nombres est égale à 2, 3, 4, 5, 6 et 7.
9.	11	La tête est égale à la somme des pattes arrière qui correspond également à la somme des pattes avant.
10.	17	La tête est égale à la somme des quatre membres.
11.	2	Le toit est égal à la somme des fenêtres du bas moins la somme des fenêtres du haut.
12.	11	Les nombres se suivent de 2 en 2 : 3, 5, 7, 9 et 11.
13.	4	La différence de deux nombres superposés donne le suivant.

Chapitre 6

14.	49	Chaque nombre est suivi de son carré.
15.	32	La différence entre les deux nombres est 16.
16.	24	La double somme des nombres extérieurs au triangle donne le nombre intérieur.
17.	9	Dans chaque colonne, le nombre du haut est égal à la somme des deux d'en dessous.
18.	58	Tous les autres sont divisibles par 8.
19.	55	Tous les autres sont des carrés.
20.	5143	Ce nombre est composé avec les deux chiffres centraux des nombres qui l'encadrent.
21.	15	Le nombre est obtenu par la somme des six chiffres qui l'encadrent.
22.	11	Il s'agit du produit des deux voiles moins le nombre de la coque.
23.	11	La somme des nombres opposés est toujours égale à 15.
24.	80	Il s'agit du produit de la somme des deux chiffres opposés : $(8 + 2) \times (5 + 3) = 10 \times 8 = 80$.
25.	11	Chaque nombre est remplacé par son double, + 1.
26.	7,5	Chaque nombre est remplacé par les trois quarts de sa valeur.
27.	O	Il faut suivre l'ordre inverse de l'alphabet.

Chapitre 6

28.	U. W	On a d'abord deux lettres à l'endroit puis deux lettres en sens inverse.
29.	R	On suit l'ordre normal de l'alphabet, avec N alterné.
30.	1	Le nombre correspond à la place de la lettre dans l'alphabet.
31.	6	Il faut compter le nombre de lettres du mot.
32.	M	
33.	T	
34.	Clore et fermer.	
35.	Futile et frivole.	
36.	Apte et capable.	
37.	Infini et illimité.	
38.	Abricot	C'est le seul fruit à noyau.
39.	Tortue	Ce n'est pas un mammifère.
40.	Vert	Ce n'est pas une couleur de cheveux.
41.	Tournevis	Ce n'est pas un outil de jardinage.
42.	Fruit.	
43.	Dieu.	
44.	Pied.	
45.	100.	
46.	Bourgogne.	
47.	Gaz.	
48.	Musiciens.	

Chapitre 6

49. Soif.

50. Présent.

51. Farine.

52. 4 — Il s'agit du nombre de voyelles.

53. ASI — Tous les mots sont symétriques par rapport à une lettre centrale.

54. Graphe — Il faut observer la place de la lettre H : en 1er, en 2e, en 3e, etc.

55. 10 152 118 — Les rangs alphabétiques des lettres sont mis bout à bout.

56. 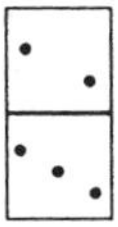 On observe une symétrie par rapport au domino central.

57. 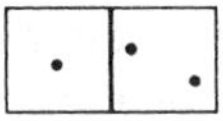 Le domino en face a des valeurs doubles.

58. 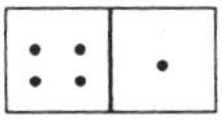 Les valeurs augmentent de 1 dans le sens des aiguilles d'une montre.

59. 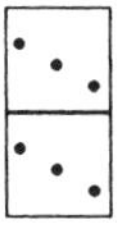 Le premier domino est la somme des deux suivants.

60. 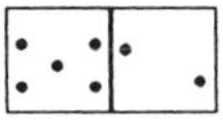 Une des faces augmente de 1 point, l'autre diminue de 1 point.

Chapitre 6

61.  On retrouve les mêmes cartes sur les deux lignes, en ordre différent.

62.  La carte du centre est la somme des deux cartes qui l'entourent. Les couleurs sont fixes sur les lignes.

63.  La carte d'en face a la même couleur, mais un chiffre de moins.

64.  Les valeurs augmentent de deux sur chaque ligne et il n'y a que trois couleurs par ligne.

65.  La 3e carte est le produit des deux précédentes ; les couleurs sont les mêmes sur les diagonales.

66. c 

67. a 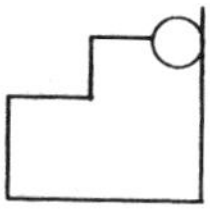

68. b  C'est la seule figure sans diagonale.

Chapitre 6

69. d

C'est le seul qui n'ait pas 3 carrés noirs.

70. b et e

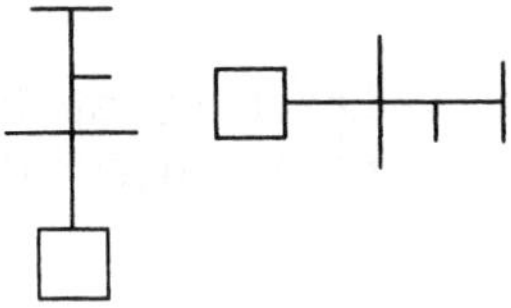

71. a et c

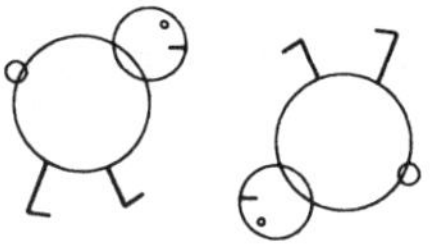

72. b, c et f

73. 10

74. 13

75. d

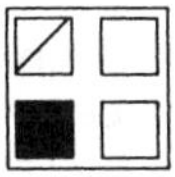

Les deux carrés tournent dans le même sens.

76. a

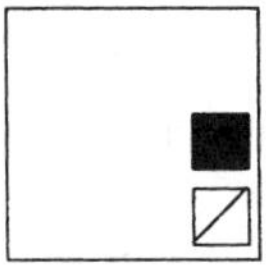

77. e

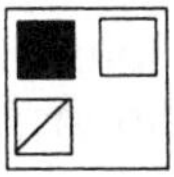

Les dessins sur la même ligne se reflètent en vis-à-vis.

Chapitre 6

78. b 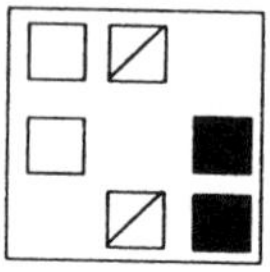 On augmente d'un carré de plus à chaque fois, dans chaque colonne et dans chaque couleur successivement.

79. c 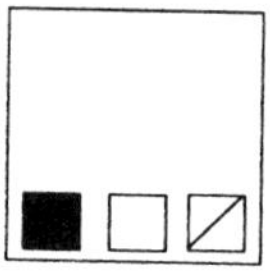 Les trois carrés tournent autour du grand, chacun dans son sens.

80. f 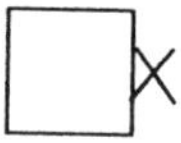 La croix sort et pivote.

81. a  La figure blanche devient barrée, la barrée devient noire, et la noire devient blanche.

82. e 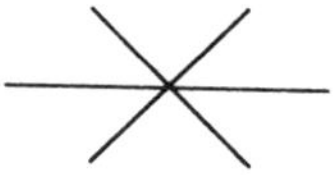 Il s'agit des diagonales de la figure.

83. d 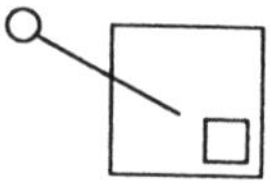 La figure intérieure change de couleur. Le bâton change de sens.

84. c 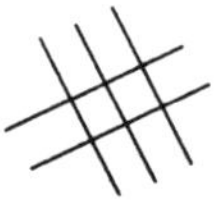 Le nombre de droites augmente de 1.

85. b  La surface blanche tourne vers la droite ; le point a deux positions possibles.

Chapitre 6

86. c 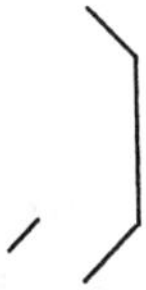 La figure perd une droite à chaque fois et le tiret tourne autour de la figure.

87. a  Le tiret dans le coin se trouve toujours en face du carré qui précède.

88. d 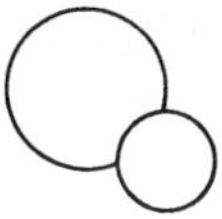 Le rond qui tourne augmente de taille et alterne les couleurs.

89. c 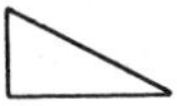 Trois figures différentes et trois tailles de figures alternent dans les lignes et dans les colonnes.

90. f 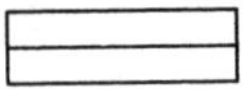 Les figures pivotent vers la droite et possèdent 1, 2 ou 3 traits.

91. e 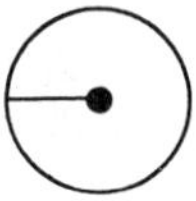 Sur chaque ligne, une aiguille est fixe, l'autre avance de 1/8e de tour.

92. b  Les caractéristiques alternent sur les lignes et les colonnes.

Chapitre 6

93. d

Idem.

94. c

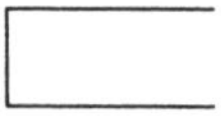

Si l'on superpose les deux premières figures de chaque ligne et que l'on supprime les parties communes, on obtient la 3e figure.

95. e

Trois positions de la droite alternent en ligne et en colonne. Les points sur la droite sont positifs, les points sous la droite négatifs. Leur addition donne la 3e figure.

96. d

97. b

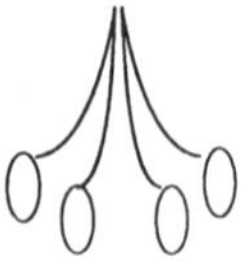

Le nombre de cerises du dernier dessin de chaque ligne est égal à la somme des deux précédents.

98. f

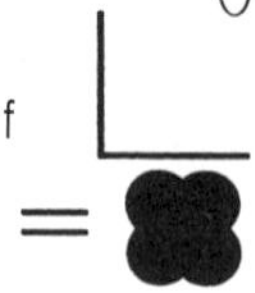

Trois couleurs de fleur alternent avec trois possibilités pour le tiret (absent/à la verticale de la fleur/à l'horizontale).

99. c

La flèche tourne d'1/4 de tour vers la gauche, la fleur a trois positions (à la pointe, au milieu ou à l'extrémité de la flèche).

100. a

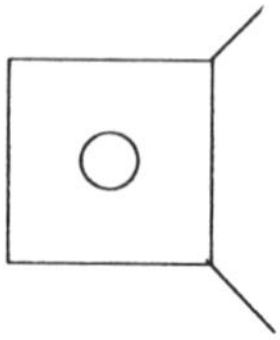

On superpose les deux premières figures et on supprime les tirets qui sont dans le prolongement l'un de l'autre pour obtenir la 3e figure.

Mise en pages
Maogani

Imprimé en Italie
par Rotolito Lombarda

Dépôt légal
Mars 2010

ISBN 13 : 978-2-501-06633-4
40.5730.3 - Édition 01

Calculez maintenant votre Q(T)I 2

- Comptez un point par bonne réponse au test que vous venez de corriger.
- Ajoutez 80.
- Vous avez maintenant votre QTI 2, après entraînement.

QTI

Ce graphique n'est qu'approximatif. Il vous donne une idée de votre point de départ et de votre point d'arrivée. Vous pouvez noter, sur l'axe vertical, l'endroit où se situe votre premier résultat, QTI 1. À présent vous avez fait et corrigé votre second test ; vous pouvez reporter le résultat, QTI 2, sur le même graphique, afin de visualiser votre progression.

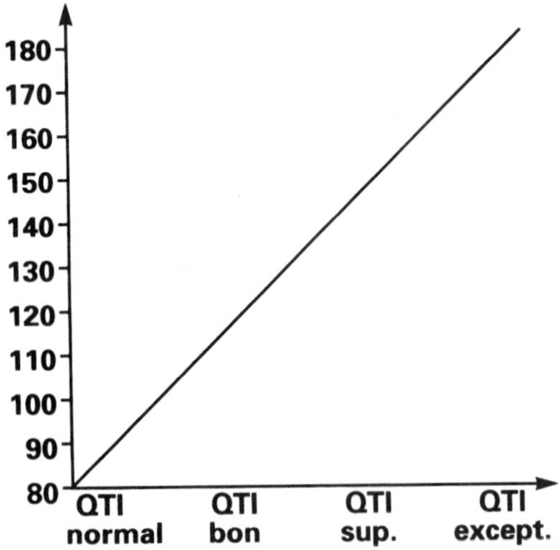